U0862381

普通高等学校车辆工程专业卓越特色系列教材

轨道车辆制造工艺

宋永增　主　编

科学出版社
北　京

内 容 简 介

本书是普通高等学校车辆工程专业卓越特色系列教材之一，主要介绍轨道车辆转向架和车体的制造工艺。

本书共八章。第一章介绍轨道车辆的特点与基本组成、轨道车辆制造工艺基本概念及轨道车辆制造的发展历史和现状等；第二章介绍机械加工基础知识，重点介绍车轴、车轮、轴箱及构架的机械加工及典型加工设备；第三章介绍转向架组装，重点介绍轮对组装及其质量评价、轴箱组装和典型转向架组装工艺过程；第四章介绍车体零部件的冲压加工，重点介绍各种冲压工序变形特点、冲压模具设计；第五章介绍车体装配焊接工艺，重点介绍焊接结构特点及焊接变形分析、不锈钢和铝合金车体焊接工艺特点；第六章介绍货车车体制造工艺过程，重点介绍通用敞车车体工艺部件的装配-焊接工艺和车体总装工艺流程等；第七章介绍客车车体制造工艺过程，重点介绍25型客车车体工艺部件的装配-焊接工艺和车体总装工艺流程等；第八章介绍动车组车体制造工艺过程，重点介绍铝合金车体工艺部件的装配-焊接工艺和车体总装工艺流程等。

本书是高等学校机车车辆专业本科生教材，也可作为相关专业技术人员的参考书。

图书在版编目(CIP)数据

轨道车辆制造工艺/宋永增主编. —北京：科学出版社，2015.6

普通高等学校车辆工程专业卓越特色系列教材

ISBN 978-7-03-044546-9

Ⅰ. ①轨… Ⅱ. ①宋… Ⅲ. ①轻轨车辆-车辆制造-高等学校-教材 Ⅳ. ①U270.6

中国版本图书馆CIP数据核字（2015）第122361号

责任编辑：毛 莹 朱晓颖 / 责任校对：郭瑞芝

责任印制：赵 博 / 封面设计：迷底书装

科学出版社 出版

北京东黄城根北街16号

邮政编码：100717

http://www.sciencep.com

北京凌奇印刷有限责任公司印刷

科学出版社发行 各地新华书店经销

*

2015年6月第 一 版 开本：787×1092 1/16

2025年1月第九次印刷 印张：18 3/4

字数：466 000

定价：69.00 元

（如有印装质量问题，我社负责调换）

前　言

2010 年，教育部正式启动了“卓越工程师教育培养计划”。其宗旨是培养和造就一大批创新能力强、适应社会经济发展需要的高质量的各类型工程技术人才，为国家走新型工业化发展道路、建设创新型国家和人才强国战略服务。北京交通大学是首批“卓越工程师教育培养计划”实施的 61 所高校之一。机械工程及自动化（铁路机车车辆）专业卓越工程师培养计划作为北京交通大学“卓越工程师教育培养计划”之一，实施两年基础教育、两年轨道交通专业教育、两年工程硕士教育的“2+2+2”本、硕一体化人才培养模式。为此，北京交通大学机电学院申报了面向车辆工程专业的卓越工程师教育系列特色教材。

本书是普通高等学校车辆工程专业卓越特色系列教材之一。本书在原有《动车组制造工艺》教材基础上，新增了普通客、货车制造工艺等相关内容。本书介绍了轨道车辆制造的发展历史和现状，重点介绍了转向架零件的机械加工、转向架组装，以及普通客车、货车和动车组的制造工艺等，特别突出了铝合金车体焊接工艺特点等。

本书第一章、第二章第六节、第四～六章、第七章第一节和第八节、第八章第一～七节由北京交通大学宋永增编写，第二章第一～三节和第三章由北京交通大学胡准庆编写，第二章第四、五节由唐山轨道客车有限责任公司卢峰华编写，第七章第二～七节由唐山轨道客车有限责任公司聂丽丽、刘春宁编写，第八章第八节由唐山轨道客车有限责任公司勾波编写。宋永增担任主编，北京交通大学张励忠担任主审。

为方便读者学习，依托北京交通大学开设的“轨道车辆制造工艺”MOOC 课程，本书在重要知识点位置设置了 34 个二维码，通过手机、平板电脑等移动终端扫描二维码，即可链接至 MOOC 相关知识点的视频讲解，从而将纸质教材与网络资源有机结合，有利于提升学习效果。扫描封底二维码，点击“多媒体素材”，可显示书中所有视频资源，读者可根据学习需要，有选择性地进行观看。观看本书配套视频讲解会产生较大流量，建议在 Wifi 环境下访问相关资源。本书附带的所有视频文件版权所有，未经允许请勿擅自使用。

在本书的编写过程中，得到了唐山轨道客车有限责任公司及其他相关轨道车辆制造公司的大力支持和帮助，在此表示衷心的感谢。

由于水平所限，时间仓促，疏漏和不足之处在所难免，恳请广大读者提出批评和建议。

编　者

2015 年 1 月于北京

前　言

目　录

前言

第一章　绪论 …… 1

一、轨道车辆的特点 …… 1

二、轨道车辆的基本组成 …… 2

三、轨道车辆制造发展简史 …… 5

第二章　转向架零件的机械加工 …… 11

第一节　机械加工工艺基础 …… 11

一、基础知识 …… 11

二、机械加工工艺过程的组成 …… 13

第二节　机械加工工艺规程设计 …… 16

一、机械加工工艺过程的作用 …… 16

二、机械加工工艺规程制订的原则 …… 17

三、机械加工工艺过程的类型 …… 17

四、机械加工工艺规程制订的依据与步骤 …… 18

五、制订机械加工工艺规程考虑的问题 …… 20

第三节　夹具设计基础 …… 31

一、工件在夹具中的定位 …… 31

二、机床夹具 …… 36

三、专用夹具 …… 38

四、装配焊接夹具 …… 42

第四节　转向架典型零件机械加工 …… 47

一、车轴加工工艺 …… 48

二、车轮加工工艺 …… 49

三、轮轴加工专用设备 …… 51

第五节　轴箱和构架机械加工 …… 53

一、轴箱加工工艺 …… 53

二、构架加工工艺 …… 54

三、构架加工设备 …… 57

第六节　计算机辅助制造简介 …… 58

一、CAM 概述 …… 58

二、数控系统及其工作过程 …… 63

三、数控系统运动控制方式 …… 65

四、计算机在数控系统中的应用 …… 66

五、成组技术 …… 70

六、计算机辅助工艺规程设计 …… 74

七、计算机辅助 NC 编程 …… 76

复习思考题 …… 84

第三章　转向架组装 …… 85

第一节　机械装配基本知识 …… 85

一、机械装配基本概念 …… 85

二、机械装配基本内容 …… 85

三、机械装配精度 …… 86

四、装配方法 …… 87

第二节　轮对组装 …… 89

一、轮对组装技术要求 …… 90

二、轮对组装工艺过程 …… 91

三、轮对组装的质量评价 …… 94

第三节　轴箱组装 …… 99

一、轴箱组装方法 …… 99

二、轴箱体组装 …… 100

第四节　转向架组装 …… 104

一、转向架组装工艺流程 …… 104

二、轴箱弹簧组装 …… 104

三、转向架组装及落车 …… 105

四、驱动装置-齿轮箱安装(动力转向架) · 106

五、其他部件的安装 …… 107

六、转向架组装尺寸检查 …… 107

七、车体与转向架的上下关系尺寸检查 … 109

八、转向架组装过程图解 …… 110

复习思考题 …… 119

第四章　车体零件的冲压工艺 …… 121

第一节　概述 …… 121

一、冲压加工的特点 …… 121

二、冲压工艺的分类 …… 122

三、冲压设备 …… 123

第二节　冲裁 …… 123

一、冲裁时板料的变形过程 …… 124

二、冲裁件断面特征 …… 124

三、冲裁力的计算及压力机公称压力的选取 …… 125

四、排样设计 …… 128

五、冲裁模的分类及组成 …… 129

六、冲裁模设计…………………………… 132
七、冲裁模主要零部件的结构形式……… 135
八、冲裁间隙及凸、凹模刃口尺寸
的计算…………………………… 140
九、冲裁件的结构工艺性……………… 144
第三节　弯曲 ……………………………… 145
一、弯曲变形过程……………………… 146
二、弯曲后的回弹……………………… 147
三、最小弯曲半径……………………… 150
四、弯曲件的结构工艺性……………… 151
第四节　拉深 ……………………………… 152
一、拉深过程中金属变形的特点……… 152
二、压边装置及其选择………………… 154
三、拉深次数的确定…………………… 155
四、拉深件毛坯尺寸的确定…………… 158
五、拉深件的结构工艺性……………… 159
第五节　冷挤压…………………………… 160
一、冷挤压的基本方式………………… 160
二、冷挤压工艺的特点………………… 161
三、冷挤压件结构工艺性……………… 162
第六节　冲压工艺规程的制订………… 163
一、冲压工艺规程制订的步骤及内容…… 163
二、零件图的分析……………………… 163
三、冲压工艺方案的确定……………… 165
四、确定模具的结构形式……………… 167
五、冲压设备选择……………………… 167
六、编写冲压工艺卡…………………… 167
七、冲压工艺规程的编制实例………… 168
复习思考题………………………………… 170
第五章　车体焊接结构及工艺 …………… 171
第一节　车体制造中的焊接方法
及设备…………………………… 171
一、焊接方法及其分类………………… 171
二、车体制造中常用焊接方法………… 172
三、新型焊接电源设备………………… 177
第二节　车体结构的焊接变形………… 178
一、焊接应力和变形分析……………… 178
二、常见焊接结构的残余变形………… 180
三、车体结构焊接变形及防止措施……… 185
四、车体结构焊接变形的矫正………… 188
第三节　焊接结构及接头强度计算…… 190
一、焊接结构的主要特点……………… 190
二、焊接接头及其基本形式…………… 190
三、焊接结构设计……………………… 193
四、焊接接头静强度计算……………… 195
第四节　不锈钢车体焊接特点………… 200
一、不锈钢焊接特性…………………… 201
二、不锈钢焊接工艺…………………… 202
三、不锈钢焊接的主要问题及防止措施… 204
第五节　铝合金车体焊接特点………… 205
一、铝合金种类及焊接特性…………… 205
二、铝合金焊接工艺…………………… 207
三、铝合金焊接的主要问题及防止措施… 212
复习思考题………………………………… 214
第六章　货车制造………………………… 215
第一节　概述 ……………………………… 215
一、货车车体结构组成………………… 215
二、装配系统图………………………… 215
三、货车制造工艺流程………………… 215
第二节　底架组焊工艺 ………………… 217
一、主要技术要求……………………… 217
二、中梁制造工艺……………………… 217
三、底架制造工艺……………………… 222
第三节　侧墙组焊工艺 ………………… 224
一、主要技术要求……………………… 226
二、侧墙制造的工艺过程……………… 226
第四节　端墙组焊工艺 ………………… 226
一、主要技术要求……………………… 227
二、端墙制造工艺过程………………… 227
第五节　车体钢结构总组装及货车
总组装工艺……………………… 228
一、主要技术要求……………………… 228
二、车体钢结构总组装工艺过程……… 228
三、货车总组装工艺过程……………… 229
复习思考题………………………………… 229
第七章　客车制造………………………… 230
第一节　概述 ……………………………… 230
一、车体钢结构装配系统图…………… 231
二、车体钢结构的流水生产布局……… 231

第二节　车体钢结构备料及预处理…… 231
一、车体钢结构下料…… 231
二、车体表面处理…… 232
第三节　底架组焊工艺…… 233
一、主要技术要求…… 233
二、工艺分析…… 234
三、底架制造…… 234
第四节　侧墙组焊工艺…… 239
一、主要技术要求…… 240
二、侧墙组焊…… 240
三、侧墙组焊存在的问题及预防措施…… 242
第五节　车顶组焊工艺…… 244
一、主要技术要求…… 245
二、车顶装配基准…… 245
三、车顶组焊…… 245
四、车顶组焊存在的问题及预防措施…… 249
第六节　端墙组焊工艺…… 249
第七节　车体钢结构总组装工艺…… 250
一、主要技术要求…… 251
二、车体钢结构总组装…… 251
第八节　客车总组装工艺…… 253
一、木结构安装…… 253
二、车窗安装…… 253
三、钩缓、制动装置安装…… 254
四、车电装置安装…… 254
五、卫生设备安装…… 254
六、车体钢结构油漆…… 254
七、落车检查…… 255
八、试运转…… 255
复习思考题…… 256
第八章　动车组制造…… 257
第一节　概述…… 257
一、动车组车体结构及工艺特点…… 257
二、动车组装配系统图…… 257
第二节　底架组焊工艺…… 258
一、底架组焊技术要求…… 258
二、底架组焊工艺过程…… 259
第三节　侧墙组焊工艺…… 263
一、侧墙结构组成…… 263
二、侧墙组焊工艺过程…… 263
三、侧墙焊接变形分析及防止措施…… 267
第四节　车顶组焊工艺…… 268
一、车顶结构特点…… 268
二、车顶组焊工艺过程…… 268
第五节　端墙组焊工艺…… 268
一、端墙结构特点…… 268
二、端墙组焊工艺过程…… 269
第六节　驾驶室组焊工艺…… 269
一、驾驶室结构特点…… 269
二、驾驶室组焊工艺过程…… 270
第七节　车体总组装…… 271
一、车体总组装工艺特点…… 271
二、车体总组装工艺过程…… 272
第八节　动车组总装…… 273
一、动车组总装工艺流程…… 273
二、车下设备安装…… 274
三、车内设备安装…… 277
四、驾驶室设备组装…… 283
五、车顶设备组装…… 286
六、落车及交验…… 288
复习思考题…… 290
参考文献…… 291

第一章 绪　论

一、轨道车辆的特点

铁路运输的运载工具是轨道车辆。广义地说，所谓轨道车辆是指必须沿着专设的轨道运行的车辆，这些车辆在社会生活的各个方面获得了广泛的应用。除在铁路干线上及在厂矿、林区运行的轨道车辆外，城市中的轻轨车辆、有轨电车、地下轨道车辆、建筑工地及矿井中运送土石等的翻斗小车、某些工厂车间内运送物料的有轨车辆、旅游设施中的缆车、悬挂式单轨车以及研制中的磁悬浮车等均可列入有轨车辆的范畴。本书中提到的轨道车辆，不论其本身是否具有牵引动力，均能运送旅客或货物。仅提供牵引动力的机车不属于轨道车辆。本书主要论述在铁路干线上运行的轨道车辆，在不会混淆的情况下把它简称车辆。由于各种有轨车辆之间有许多共同的特点，本书所述的车辆结构原理基本上也适用于其他有轨车辆。

轨道车辆与其他车辆的最大不同点在于这种车辆的轮子必须在专门为它铺设的钢轨上运行。这种特殊的轮轨关系成了轨道车辆结构上最大的特征，并由此产生出许多其他的特点。

(1) 自行导向：除轨道车辆之外的各种运输工具几乎全有操纵运行方向的机构，唯轨道车辆通过其特殊的轮轨结构，车轮才能沿轨道运行而无需专人掌握运行的方向，如图 1-1 所示。

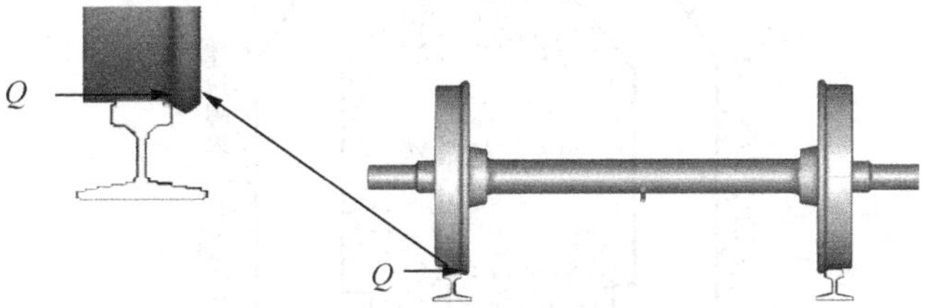

图 1-1　导向力示意图

(2) 低运行阻力：除坡道、弯道及空气对车辆的阻力，运行阻力主要来自于走行机构中的轴与轴承以及车轮与轨面的摩擦阻力。轨道车辆的车轮及钢轨都是含碳量偏高的钢材，轮轨接触处的变形较小，而且铁道线路的结构状态也尽量使其运行阻力减小，故轨道车辆运行中的摩擦阻力较小，如图 1-2 所示。

图 1-2　车轮在钢轨上滚动

(3) 成列运行：由于以上两个特点决定它可以编组、连挂组成列车。为了适应成列运行的特点，车厢与车厢之间需设连接、缓冲装置，且由于列车的惯性很大，每辆车均需设制动装置，如图 1-3 所示。

图 1-3　8 辆编组的高速列车

(4) 严格的外形尺寸限制：轨道车辆只能在规定的线路上行驶，无法像其他车辆那样主动避让靠近它的物体，为此要制定限界，严格限制车辆的外形尺寸以确保运行安全。图 1-4 为铁路限界。铁路限界是铁路安全行车的基本保证之一，是铁路各业务部门必须遵循的基础技术规程。铁路限界由机车车辆限界(简称车限)和建筑限界(简称建限)两者共同组成，两者间相互制约与依存。

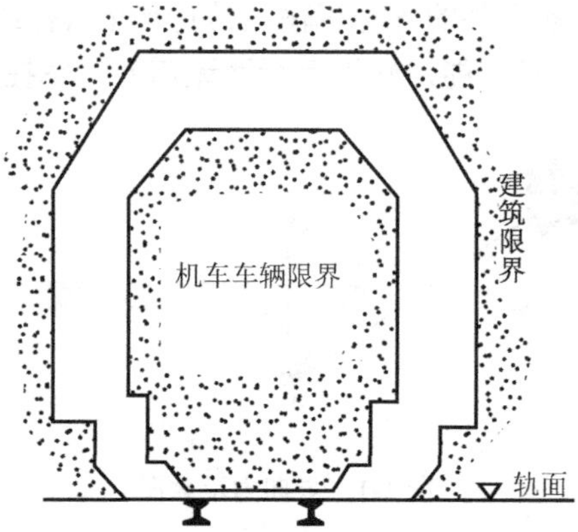

图 1-4　铁路限界

二、轨道车辆的基本组成

铁道车辆从出现至今，由于不同的目的、用途及运用条件，车辆形成形形色色的类型与结构，但均可以概括为由以下五个基本部分组成。

(1) 车体。车体是容纳乘客和驾驶员驾驶的地方，又是安装与连接车辆其他组成部分的基础，如图 1-5 所示。早期的车体除底架多以木结构为主，辅以钢板、弓形杆等来加强；近代的车体以钢结构或轻金属结构为主，尽量使所有的车体构件均承受载荷以减轻自重。绝大部分车体均有底架，视需要添加端墙、侧墙及车顶等。为使车体轻量化，高速动车组车体通常采用铝合金和不锈钢材料制造，而铝合金将是今后动车组车体的主导材料。

(2) 转向架。它介于车体与轨道之间，牵引和引导车辆沿钢轨行驶和承受来自车体及线路的各种载荷并缓和动作用力，是保证车辆运行品质的关键部件，如图 1-6 所示。早期二轴车的转向架将轮对、轴箱、弹簧等直接装在车体底架下，近代转向架的结构形式多样，一般都做成一个相对独立的通用部件以适应多种车辆的需要。高速动车组转向架还包括带动力的转向架。转向架通常由轮对轴箱装置、弹簧悬挂装置、构架或侧架、基础制动装置和支承车体的装置组成。

(a)铝合金客车车体

(b)C80货车车体

图1-5 车体

(a)客车转向架

(b)货车转向架

图1-6 转向架

(3)制动装置。它是保证列车准确停车及安全运行所必不可少的装置，如图1-7所示。由于整个列车的惯性很大，不仅要在机车上设制动装置，还必须在每辆车上也设制动装置，这样才能使运行中的车辆按需要减速或在规定的距离内停车。车辆上常见的制动装置是通过列车主管中空气压力的变化而使制动装置产生相应的动作。此外，车辆上还设有手制动装置，货车在编组、调车作业中常要用到手制动装置，其他车辆的手制动装置作为一种辅助装置以备急需。

制动装置包括动力制动装置、空气制动装置、控制系统和电子防滑器等。

(a)盘形制动

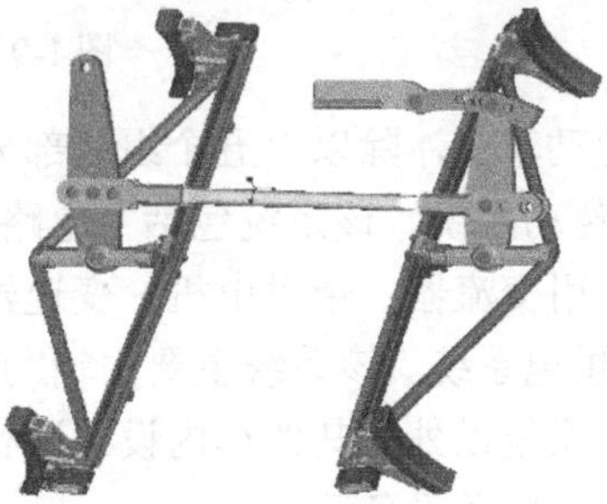
(b)踏面制动

图1-7 制动装置

(4)连接、缓冲装置。车辆要成列运行必须借助于连接装置。机械连接包括车钩缓冲装置和风挡等；同时还有车辆之间的电气和空气管路的连接、高压电器连接、辅助系统和列车供电连接以及控制系统连接等，如图 1-8 所示。早期的连接装置仅考虑牵引工况，由链条、销子之类组成链子钩，之后在链子钩两侧装有带弹性的缓冲盘以适应推送，这种结构虽然陈旧但某些国家仍在使用。近代车辆的连接装置多为各种形式的自动车钩和密接式车钩。车钩后部的钩尾框中装有能储存和吸收机械能的缓冲装置，以缓和列车冲动。

(a)密接式车钩缓冲装置

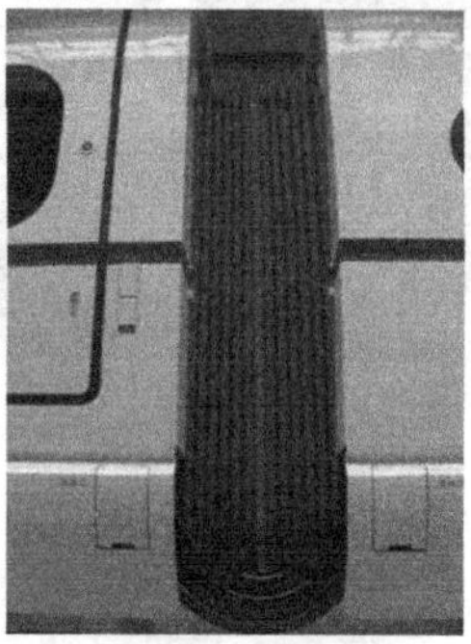
(b)风挡及管线连接

图 1-8　车辆连接装置

(5)车辆内部设备。车辆内部设备是一些能良好地为运输对象服务而设于车体内的固定附属装置，如图 1-9 所示，如客车上的电气、给水、取暖、通风、空调、座席、卧铺、行李架等装置，旅客信息服务系统等。货车由于类型不同，内部设备也因此千差万别，一般来说，比客车简单，如棚车中的拴马环、床托等分别为运送大牲畜及人员所设；其他如保温车、家畜车等各有其特殊的内部设备。

(a)一等车内设备

(b)餐车二等车合造车

图 1-9　车辆内部设备

对于高速动车组，除以上五个组成部分，还包括以下三个组成部分。

(1)牵引传动系统。该系统包括主电路、高压设备、受电弓、主断路器、其他高压设备、主变压器、牵引变流器、牵引电机、变速器及电传动系统的保护等。

(2)辅助供电系统。该系统主要由辅助变流器、蓄电池、充电机等组成。辅助供电系统专门为牵引供电系统以外的其他车内设备进行供电，如空气压缩机、空气调节系统、采暖设备、照明设备、旅客服务设备等。

(3)动车组控制及信息管理系统。现代列车普遍配置了基于网络的分布式计算机控制系统，提供整列车的控制、监测、诊断等功能。列车通信网络就是应用于列车上的计算机通信网络。列车网络控制已成为动车组的必备技术之一。该系统可实现各动力车的重联控制、全列车所有由计算机控制的部件联网通信和资源共享、全列车的制动控制、自动门控制、轴温监测及空调控制等功能，并完成全列车的自检及故障诊断决策。

三、轨道车辆制造发展简史

我国轨道车辆制造业始于新中国成立初期。中国铁路机车车辆工业管理体制，由最初的铁道部厂务局，中间经历一系列变化，到 2008 年，发展成为中国北车股份有限公司(简称中国北车)和中国南车股份有限公司(简称中国南车)。

中国北车下属的主要公司厂家有：长春轨道客车股份有限公司、唐山轨道客车有限责任公司、齐齐哈尔铁路车辆(集团)有限责任公司、太原机车车辆厂、济南机车车辆厂、西安车辆厂等。

中国南车下属的主要公司厂家有：青岛四方机车车辆股份有限公司、南京浦镇车辆厂、株洲车辆厂、眉山车辆厂、武昌车辆厂、北京二七车辆厂、石家庄车辆厂等。

长春轨道客车股份有限公司前身是长春客车厂，始建于 1954 年，隶属中国北车。现已成为我国最大的轨道客车和城市轨道车辆的研发、制造和出口基地。

青岛四方机车车辆股份有限公司前身是四方机车车辆厂，诞生于 1900 年 10 月。它是中国高速列车产业化基地，铁路高档客车的主导设计制造企业，国内地铁、轻轨车辆定点生产厂家和国家轨道交通装备产品重要出口基地。

唐山轨道客车有限责任公司前身是唐山机车车辆厂，始建于 1881 年，是中国第一家轨道装备制造企业。曾制造出中国第一辆客车——“銮舆龙车”，研制了中国第一辆货车、第一辆特种车和第一辆高级公务车等，成为轨道装备高端产品制造基地。

齐齐哈尔铁路车辆(集团)有限责任公司前身是齐齐哈尔车辆厂，始建于 1935 年，是中国轨道货车、轨道起重机设计制造领军企业和出口基地，隶属于中国北车。

中国北车和中国南车是中国轨道交通装备制造行业的领军企业，也是世界轨道交通装备制造行业的重要成员，具备铁路机车车辆(含动车组)、城市轨道车辆、工程机械机电设备、电子设备及相关部件等产品的研发、设计、制造、维修等综合能力，是中国最大的轨道车辆制造商。我国轨道车辆制造的发展可概括为以下几个阶段。

2014 年 12 月 30 日，中国南车和中国北车发布重组公告，将中国南车和中国北车合并组建国有企业一中国中车股份有限公司，中文简称为“中国中车”，英文名称为“CRRC Corporation Limited”，英文简称为“CRRC”。通过重组整合，以进一步提升公司的业务规模，增强盈利能力，打造以轨道交通装备为核心、跨国经营、全球领先的大型综合性产业集团。如图 1-10 所示。

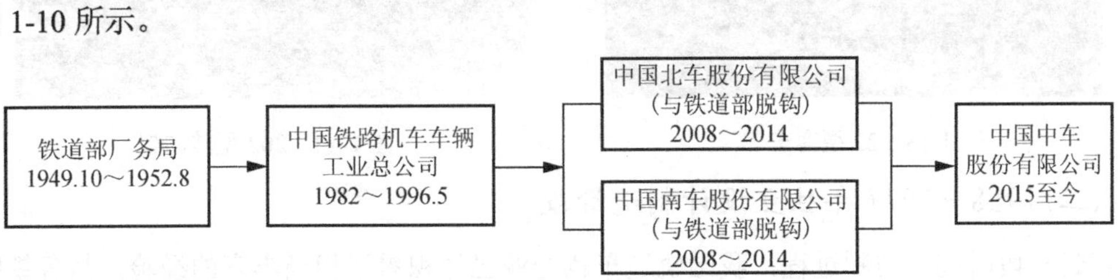

图 1-10 中国铁路机车车辆工业管理体制

(一)1949～1957 年仿制阶段

1949 年，我国开始制造货车，首先仿制了 C1 型 30t 敞车，采用铆接钢底架、钢骨木板车体、转 15 型螺栓拱架结构转向架和滑动轴承轮对。从此以后，我国制造的货车车型逐渐增加，先后制造了平车、棚车、各种用途的罐车、漏斗车、家畜车和保温车等，货车的吨位也逐渐由30t、40t增加到50t，标志着中国铁路货车实现了载重由30 t级向50t级的第一次大的升级换代。同时也设计制造了转6型和转8型D轴三大件货车铸钢转向架及部分60t货车，如N6和N12型平车。

1953年，我国正式成批制造21型全钢客车，是中国铁路第一代主型客车，如图1-11所示。采用101型均衡梁式铸钢转向架，如图1-12所示。21型客车虽然结构不十分先进，但是开辟了中国自己制造车辆的历史。21型客车有硬席车、硬卧车、软席车、软卧车、餐车、行李车和邮政车等车种。21型客车1961年停止生产，逐渐由22型客车取代。

图1-11　21型客车

图1-12　101型转向架

1955年，仿照苏联全钢客车制造了车长为23.6m的22型客车，采用独立温水取暖，是中国铁路第二代主型客车，如图1-13所示。有一部分车辆采用大气压式蒸汽取暖，称为23型。两种客车的车体结构基本相似。22型客车1994年停止生产。

1956～1957年，仿制苏联无导框式转向架成为我国的201系列的D轴转向架和仿制带螺旋弹簧和液压减振器的202型C轴转向架。202型客车转向架逐步改进，成为我国C轴客车主型转向架，如图1-14所示。

图1-13　22型客车

图1-14　202型转向架

(二)1958～1977年独立设计制造阶段

经过一段时间的仿制过程，我国轨道车辆企业已经积累了相当丰富的经验，从各铁路院校中培养出的一批轨道车辆高级专业设计人才也逐渐成长，我国的轨道车辆工业迈上了一个新台阶。

在此阶段，先后由株洲车辆厂、齐齐哈尔车辆厂、太原机车车辆厂、西安车辆厂等设计制造50t级和60t级的平车、敞车(如C62和C65型敞车等)、棚车、漏斗车和罐车等。

1958年，四方机车车辆厂成功研制了我国第一列双层客车。

1965～1967年，我国研制生产了25型客车，这是中国铁路第三代主型客车。

1960～1970年，四方机车车辆厂先后研制成功UD1型、UD2型和UD3型(即206型)转向架，如图1-15所示。1974年，浦镇车辆厂研制成功了209型D轴客车转向架，如图1-16所示。由于这两种转向架性能良好，推广使用后被定为我国D轴客车主型转向架。

图1-15　206型转向架

图1-16　209型转向架

(三)1978～2006年迅速发展阶段

在货车方面，20世纪70年代末80年代初，载重60t的C62A型敞车诞生，标志着中国铁路货车实现了载重由50t级向60t级的第二次大的升级换代。

2003～2005年，C80、X2K、C70等新型70t级、80t级货车研制成功，标志着中国铁路货车实现了载重由60t级向70t级、时速由70～80 km向120 km的第三次大的升级换代。

在客车方面，20世纪80年代中期，25型客车进入批量生产阶段，1986年，在国内率先引进25A型车制造技术，奠定了中国轨道客车制造技术发展的基础。

1989年，168辆25型国际招标客车的生产，结束了中国铁路30年一贯制生产普通22型轨道客车的历史，开创了中国铁路25型轨道客车研发的新时代。部分25型轨道客车如图1-17所示。

(a)25G型客车

(b)25K型客车

(c)双层25型客车

(d)25T型客车(青藏型)

图1-17　25型客车车型

1994年，四方机车车辆厂、长春客车厂和浦镇车辆厂分别制造了25型准高速列车，其中，浦镇车辆厂生产的是双层列车。三个工厂分别研制出206KP、209HS和CW-2型转向架，在广深线动力学试验中最高时速达到 174 km/h，这些转向架的成功研制，标志着我国客车转向架技术迈上了一个新台阶。

(四)2007 年以来高速动车组发展

从 1997 年起，中国铁路相继进行了五次大面积提速后，2007 年 4 月 18 日，中国铁路进行了第六次大面积提速，首次在中国铁路既有线上开行速度为 200 km/h 的高速动车组。这些动车组是通过引进国外高速列车技术在国内生产的，动车组型号分别为 CRH1、CRH2、CRH3 和 CRH5。其中，CRH1、CRH2 和 CRH5 型动车组运营速度达到 200km/h，CRH3 型动车组运营速度达到 300km/h 以上。四种类型的动车组如图 1-18 所示。其中，CRH1 由青岛四方庞巴迪铁路运输设备有限公司(简称 BST)制造，CRH2 由青岛四方机车车辆股份有限公司制造，CRH3 由长春轨道客车股份有限公司和唐山轨道客车有限责任公司共同制造，CRH5 由长春轨道客车股份有限公司制造。

(a)CRH1 型动车组

(b)CRH2 型动车组

(c)CRH3 型动车组

(d)CRH5 型动车组

图 1-18　四种类型的动车组

从 2010 年开始，CRH380 系列动车组相继下线，分别为 CRH380A、CRH380B、CRH380C 和 CRH380D，如图 1-19 所示。这些产品也是由以上四个公司制造的。

(a)CRH380A 型动车组

(b)CRH380B 型动车组

(c)CRH380C 型动车组

(d)CRH380D 型动车组

图 1-19 CRH380 系列动车组

(五)车辆制造工艺与装备的发展

20 世纪 50 年代，我国轨道车辆制造工艺水平比较落后，轨道车辆车体大量采用铆接钢底架、钢骨木板车体结构。车体制造大量采用热铆接工艺，轨道车辆制造技术总体上比较落后。

20 世纪 60 年代，轨道车辆逐步开始了以钢代木的设计制造过程。全钢结构的轨道车辆制造带动了冲压技术和焊接技术的发展和应用。冲压技术主要用于板材及型钢的剪切下料、校平及压型。焊接技术的应用，使绝大多数的铆接结构被焊接结构所取代。在货车底架中梁等部件的制造中应用了埋弧自动焊等焊接技术。

20 世纪 80 年代，耐候钢取代普通碳素钢开始在轨道车辆钢结构中应用，推动了耐候钢车体制造技术的发展。耐候钢焊接工艺及冲压工艺得到进一步提升。焊接工艺方面逐步由手工电弧焊为主发展为大量采用 CO_2 气体保护焊，大大改善了焊接操作条件和焊接质量。冲压工艺实现了机械化，大中型冲压设备和模具的应用更加广泛。

2005 年以后，冷弯型钢制造工艺、不锈钢和铝合金焊接工艺、货车转向架摇枕和侧架整体芯铸造工艺、车钩连续热处理工艺等制造新技术得到了普遍应用。射线探伤、超声波探伤、高能射线数字成像检测技术(DR)及工业用计算机断层成像技术(工业 CT)等检测技术的应用，提高了产品制造的可靠性。

不锈钢和铝合金材料在车体结构中的大量应用，推动了自动化焊接技术在轨道车辆制造中的广泛应用。在焊接方法上，普遍采用气体保护焊，如熔化极氩弧焊(MIG 焊)、钨极氩弧焊(TIG 焊)等，大大提高了车体的制造质量。

随着轨道车辆制造业的深入发展，对轨道车辆的制造技术提出越来越高的要求。如何提高焊接效率、获得更优良抗时效性的焊接接头、净化工作环境是轨道车辆焊接工艺发展的方向。

搅拌摩擦焊是一种纯热-力锻造的固相连接方法，利用轴肩、搅拌针与工件间的摩擦热使接合面处的金属塑性软化，热塑化的金属在搅拌头和轴肩的共同牵引、搅拌作用下向后转移、填充形成锻造的固相焊缝。与传统的弧焊相比，搅拌摩擦焊焊接薄板的速度比 MIG 焊快 1 倍。对于厚板结构，搅拌摩擦焊的焊接速度和 MIG 焊相差不大，但综合焊接生产速度是 MIG 焊的 5 倍以上。目前部分轨道车辆企业已对此焊接工艺在铝合金车体上的应用开展了基础研究，并取得了一定的成果。

激光焊接是以高功率聚焦的激光束为热源，采用偏光镜反射激光产生的光束，使其集中在聚焦装置中产生高能量的光束，通过工件熔化接合的物理变化形成焊缝。采用激光焊接的不锈钢车体，其焊缝是连续的线接合方式，可有效地保证车体结构的密封性。

等离子弧焊是利用等离子弧作为热源的焊接方法。气体被电弧加热产生离解，在高速通过水冷喷嘴时受到压缩，使其能量密度和离解度增大，形成等离子弧。等离子弧焊大大提高了能量的利用率，可一次性获得良好和稳定的焊缝。等离子弧焊可应用于不锈钢车体板材和底架的焊接。

激光-电弧复合焊是激光和电弧同时向被焊接区输入能量，同时作用于焊缝区。通过激光与电弧相互作用，充分发挥了两种热源各自的优势，激光吸引、压缩电弧，降低了电弧电压，提高了电弧的电流密度，从而增大了焊缝熔深，同时可提高焊接过程的稳定性。

目前，激光-电弧复合热源焊接技术已经在汽车、船舶、航天航空、石油管道等方面得到了实际应用。在轨道车辆转向架构架的焊接上具有推广应用潜力和良好的发展前景。

综上所述，现代焊接技术是以高效、节能、优质及工艺过程数字化、自动化、智能化控制为特征的。因此，无论是开发新的焊接工艺方法，还是改进常用的焊接工艺方法，焊接技术的不断发展对轨道车辆制造工艺水平的提升都将起重要作用。

第二章　转向架零件的机械加工

第一节　机械加工工艺基础

一、基础知识

(一)生产过程

生产过程是指把原材料(半成品)转变成为产品的全过程。机械产品的生产过程一般包括以下几个方面。

(1)生产与技术的准备，如工艺设计和专用工艺装备的设计和制造、生产计划的编制、生产资料的准备。

(2)毛坯的制造，如铸造、锻造、冲压等。

(3)零件的加工，如切削加工、热处理、表面处理等。

(4)产品的装配，如总装、部装、调试检验和油漆等。

(5)生产的服务，如原材料、外购件和工具的供应、运输、保管等。

机械产品的生产过程一般比较复杂，目前很多产品往往不是在一个工厂内单独生产的，而是由许多专业工厂共同完成的。例如，飞机制造工厂就需要用到许多其他工厂的产品(如发动机、电器设备、仪表等)，相互协作共同完成一架飞机的生产过程。因此，生产过程既可以指整台机器的制造过程，也可以是某一零部件的制造过程。

(二)工艺

工艺就是使各种原材料或半成品成为产品的方法和过程。工艺技术是人类在劳动中逐渐积累起来并经过总结的操作技术经验，它是应用科学、生产实践及劳动技能的总和。

工艺是科学技术第一生产力的基本要素。只要有生产，就得有工艺，其重要性体现在以下三个方面。

(1)在产品生产的全过程中，都是按照工艺要求进行施工作业的。特别是现代化大工业的生产，工艺的基础作用尤为重要和明显。

(2)工艺是组织、指挥生产的技术依据。依靠工艺工作的基础与纽带作用，使人、机、料、法、环、测(即人员、机器、原料、方法、环境、测量)等生产要素有机地结合起来，并有效地开展生产活动。

(3)企业工艺先进性决定了生产的现代化水平。评价工艺的先进性，应该对工艺进行技术与经济的全面、综合的评价，而不能单纯地考虑工艺的先进性与装备的自动化程度等。工艺的先进性、适用性是企业技术资源的优化配置和合理运用的程度，其评价标准是适合企业生产与发展的工艺能力。因此工艺的进步是企业生产现代化的重要和基本内涵。很难想象，一个实行现代化管理的企业却沿用落后的工艺。

(三)工艺过程

工艺过程是指在生产过程中改变生产对象的形状、尺寸、相对位置和性质等，使其成为成品或半成品的过程。如毛坯的制造、机械加工、热处理、装配等均为工艺过程。在工艺过程中，若用机械加工的方法直接改变生产对象的形状、尺寸和表面质量，使之成为合格零件的过程，称为机械加工工艺过程。同样，将加工好的零件装配成机器使之达到所要求的装配精度并获得预定技术性能的过程，称为装配工艺过程。为了达到预期的技术指标，工艺过程中所需选用或控制的有关量，称为工艺参数。

(四)工艺装备

产品制造过程中所用的各种工具，包括刀具、夹具、模具、量具、检具、辅具、钳工工具和工位工具等称为工艺装备。

(五)工艺流程

产品和零部件在生产过程中，由毛坯准备到成品包装入库，经过企业各有关部门或工序的先后顺序，称为工艺路线或工艺流程。

(六)工艺文件和工艺规程

指导工人操作以及用于生产、工艺管理的各种技术文件称为工艺文件。

零部件或产品的加工工艺过程可以是多种方法，把最合理的工艺过程有关内容编写成工艺文件用于指导生产，这套工艺文件称为工艺规程。按照工艺过程性质，工艺规程可分为机械加工工艺规程、热处理工艺规程和装配工艺规程等。用表格的形式将机械加工工艺过程的内容规定下来，成为指导生产的技术性文件，称为机械加工工艺规程。

工艺规程是指挥现场生产的根据，又是组织生产、做好生产技术准备的主要文件。对于新建厂，它是提出生产面积、厂房布局、人员编制、设备购置等各项工作的依据。制订工艺规程时，必须做到技术上先进、经济上合理。

(七)工艺设计和工艺准备

编制各种工艺文件和设计工艺装备等过程称为工艺设计。

产品投产前要进行对产品图纸的审查和工艺性分析、拟订工艺方案、编制各种工艺文件、设计制造和调整工艺设备、设计合理的生产组织形式等，这些工作总称为工艺准备。

(八)生产纲领和生产类型

企业在计划期内生产的产品的数量和进度计划称为生产纲领。生产纲领的大小对生产组织形式和零件加工过程起重要的作用，它决定了各工序所需专业化和自动化的程度，决定了所应选用的工艺方法和工艺装备。

企业(或车间、工段、班组、工作地)生产专业化程度的分类称为生产类型。生产类型一般可分为单件生产、成批生产、大量生产三种。

1. 单件生产

定义：单个地生产不同结构和不同尺寸的产品。

特点：生产的产品种类繁多，每种产品的产量很少，而且很少重复生产。例如，重型机械产品制造和新产品试制等都属于单件生产。

2. 成批生产

定义：一年中分批、分期地制造同一产品。

特点：分批地生产相同的产品，生产呈周期性重复。如机床制造、电机制造等属于成批生产，成批生产又可按其批量大小分为小批量生产、中批量生产、大批量生产三种类型。其中，小批量生产和大批量生产的工艺特点分别与单件生产和大量生产的工艺特点类似；中批量生产的工艺特点，介于小批生产和大批生产之间。

3. 大量生产

定义：全年中重复制造同一产品。

特点：产量大、品种少，大多数工作长期重复地进行某个零件的某一道工序的加工。例如，汽车、拖拉机、轴承等的制造都属于大量生产。

生产类型的划分除了与生产纲领有关，还应考虑产品的大小及复杂程度，如表 2-1 所示，各种生产类型工艺过程的主要特点如表 2-2 所示。

表 2-1　各种生产类型的规范

生产类型		零件的年生产纲领/(件/年)		
		重型机械	中型机械	小型机械
单件生产		＜5	＜20	＜100
成批生产	小批量生产	5～100	20～200	100～200
	中批量生产	100～300	200～500	500～5000
	大批量生产	300～1000	500～5000	5000～50000
大量生产		＞1000	＞5000	＞50000

表 2-2　各种生产类型工艺过程的主要特点

工艺过程特点	生产类型		
	单件生产	成批生产	大量生产
工件的互换性	一般是配对制造，没有互换性，广泛用钳工修配	大部分有互换性，少数用钳工修配	全部有互换性，某些精度较高的配合件用分组选择装配法
毛坯的制造方法及加工余量	铸件用木模手工造型；锻件用自由锻。毛坯精度低，加工余量大	部分铸件用金属模；部分锻件用模锻。毛坯精度中等，加工余量中等	铸件广泛采用金属模机器造型，锻件广泛采用模锻，以及其他高生产率的毛坯制造方法。毛坯精度高，加工余量小
机床设备	通用机床或数控机床或加工中心	数控机床加工中心或柔性制造单元。设备条件不够时，也采用部分通用机床、部分专用机床	专用生产线、自动生产线、柔性制造生产线或数控机床
夹具	多用标准附件，极少采用夹具，靠画线及试切法达到精度要求	广泛采用夹具或组合夹具，部分靠加工中心一次安装	广泛采用高生产率夹具，靠夹具及调整法达到精度要求
刀具与量具	采用通用刀具和万能量具	可以采用专用刀具及专用量具或三坐标测量机	广泛采用高生产率刀具和量具，或采用统计分析法保证质量
对工人的要求	需要技术熟练的工人	需要一定熟练程度的工人和编程技术人员	对操作工人的技术要求较低，对生产线维护人员要求有高的素质
工艺规程	有简单的工艺路线卡	有工艺规程，对关键零件有详细的工艺规程	有详细的工艺规程

二、机械加工工艺过程的组成

图 2-1 为机械加工工艺过程示意图。它由一个或若干个顺序排列的工序组成，而工序又可分为若干个安装、工位、工步和走刀。毛坯就是依次通过这些工序的加工而变成成品的。

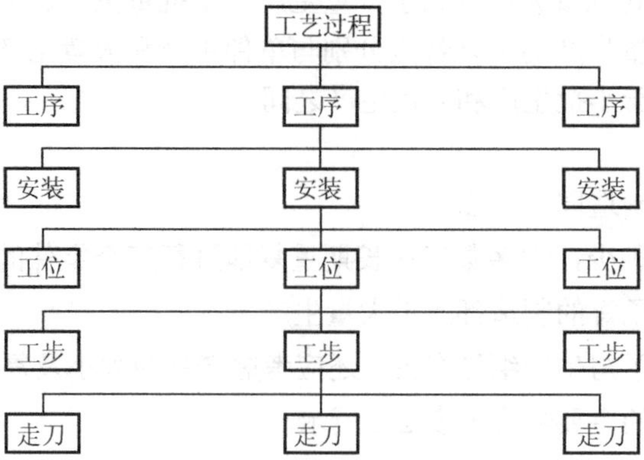

图 2-1　机械加工工艺过程的组成

1. 工序

工序是指一个或一组工人，在一个工作地点对一个或同时对几个工件所连续完成的那一部分工艺过程。区分工序的主要依据，是工作地点(或设备)是否变动和完成的那部分工艺内容是否连续。如图 2-2 所示的零件需要进行钻孔、扩孔和锪孔三个工步。如果一批工件中，每个工件都是在同一台机床上依次完成钻孔、扩孔和锪孔，这部分工艺过程就构成一个工序。如果将整批工件都先进行钻孔和扩孔，然后整批工件再进行锪孔，而锪孔不是与前两个工步一起连续完成的，这样钻孔和扩孔构成一个工序，而锪孔就成为另一个工序了。

工序不仅是组成工艺过程的基本单元，也是制订工时定额、配备工人、安排作业和进行质量检验的依据。

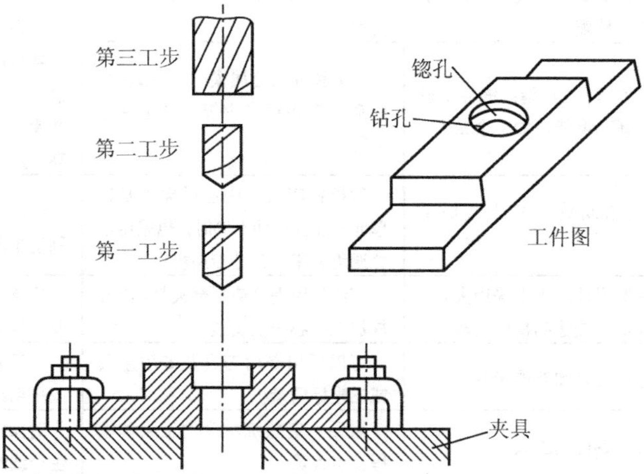

图 2-2　零件

2. 安装与工位

工件在加工前，在机床或夹具上先占据某一正确位置，然后再夹紧的过程称为装夹。工件经一次装夹后所完成的那一部分工艺内容称为安装。在一道工序中可以有一个或多个安装。工件加工中应尽量减少装夹次数，因为多一次装夹就多一次装夹误差，而且增加辅助时间。

因此生产中常用各种回转工作台、回转夹具或移动夹具等，以便在工件一次装夹后，可使其处于不同的位置加工。为完成一定的工序内容，一次装夹工件后，工件与夹具或设备的可动部分一起相对刀具或设备固定部分所占据的每一个位置，称为工位。简单地说，工件相对于机床或刀具每占据一个加工位置所完成的那部分工序内容，称为工位。图 2-3 所示为一种利用回转工作台在一次装夹后顺序完成装卸工件、钻孔、扩孔和铰孔四个工位加工的实例。

3．工步

在加工表面、切削刀具、切削速度和进给量都不变的条件下，连续完成的那部分工序内容，称为工步。工步是构成工序的基本单元。

为了提高生产率，常用几把刀具同时加工几个表面，这样的工步称为复合工步，如图 2-4 所示。

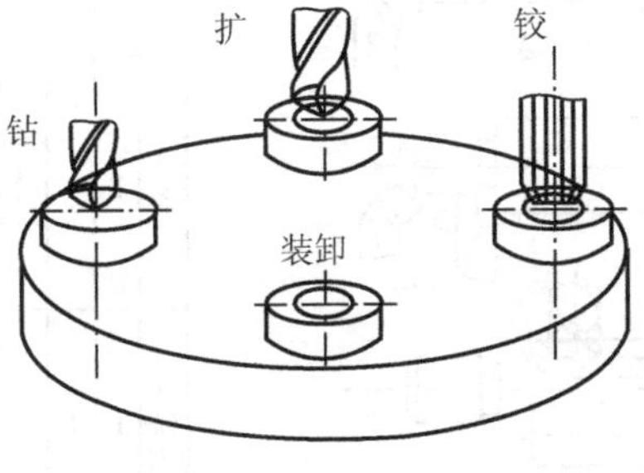

图 2-3　多工位加工

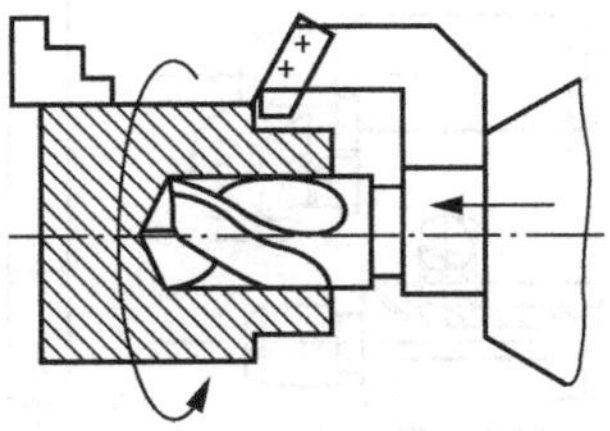

图 2-4　复合工步

4．走刀

走刀(又称工作行程)是指刀具相对工件加工表面进行一次切削所完成的那部分工作。每个工步可包括一次走刀或几次走刀，如图 2-5 所示，通过两次走刀，将$\phi 85$轴加工成$\phi 65$的轴，最后形成阶梯轴的过程。

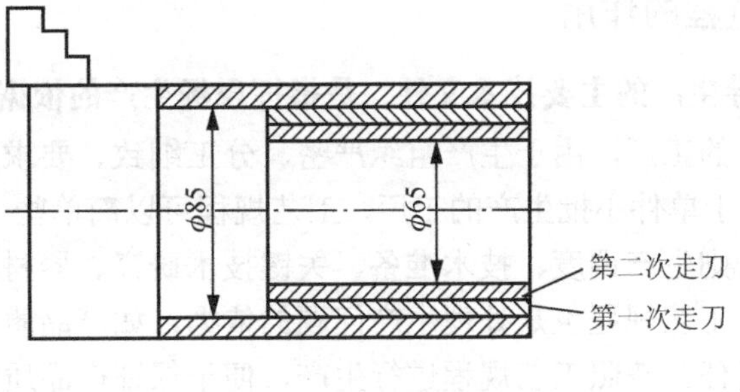

图 2-5　走刀

图 2-6 是一个带半封闭键槽阶梯轴两种生产类型的工艺过程实例，从图中可看出各自的工序、安装、工位、工步、走刀之间的关系。

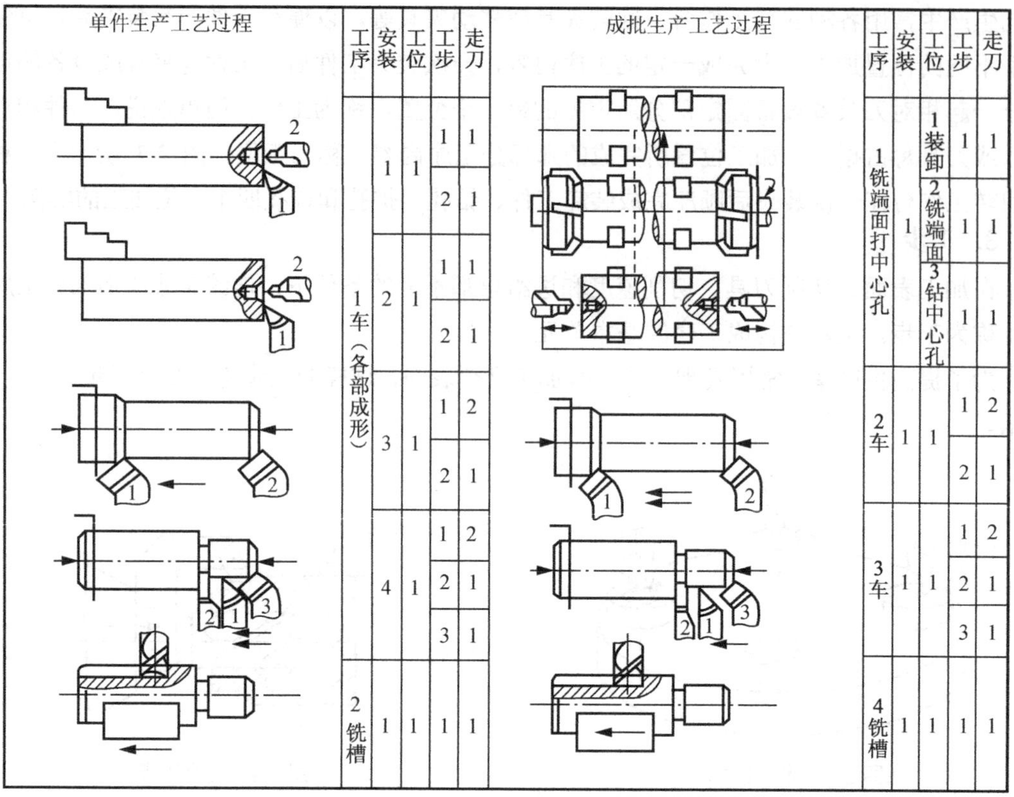

图 2-6　工艺过程组成实例

第二节　机械加工工艺规程设计

一、机械加工工艺过程的作用

1. 工艺规程是指导生产的主要技术文件，是指挥现场生产的依据

对于大批大量生产的工厂，由于生产组织严密、分工细致、要求工艺规程比较详细，便于组织和指挥生产。对于单件小批生产的工厂，工艺规程可以简单些。但无论生产规模大小，都必须有工艺规程，否则生产调度、技术准备、关键技术研究、器材配置等都无法安排，生产将陷入混乱。同时，工艺规程也是处理生产问题的依据，如产品质量问题，可按工艺规程来明确各生产单位的责任。按照工艺规程进行生产，便于保证产品质量、获得较高的生产效率和经济效益。

2. 工艺规程是生产组织和管理工作的基本依据

首先，有了工艺规程，在新产品投入生产之前，就可以进行有关生产前的技术准备工作。例如，为零件的加工准备机床，设计专用的工、夹、量具等。其次，工厂的设计和调度部门根据工艺规程，安排各零件的投料时间和数量，调整设备负荷，各工作地按工时定额有节奏地进行生产等，使整个企业的各科室、车间、工段和工作地紧密配合，保证均衡地完成生产计划。

3. **工艺规程是新建或改(扩)建工厂或车间的基本资料**

在新建或改(扩)建工厂或车间时，只有依据工艺规程才能确定生产所需要的机床和其他设备的种类、数量和规格；车间的面积；机床的布局；生产工人的工种、技术等级及数量；辅助部门的安排。

但是，工艺规程并不是固定不变的，它是生产工人和技术人员在生产过程中实践的总结，它可以根据生产实际情况进行修改，使其不断改进和完善，但必须有严格的审批手续。

二、机械加工工艺规程制订的原则

工艺规程制订的原则是优质、高产、低成本，即在保证产品质量的前提下，争取最好的经济效益。在制订工艺规程时应注意下列问题。

1. **技术上的先进性**

在制订工艺规程时，要了解国内外本行业的工艺技术的发展水平，通过必要的工艺试验，积极采用先进的工艺和工艺装备。

2. **经济上的合理性**

在一定的生产条件下，可能会出现几种能保证零件技术要求的工艺方案，此时应通过核算或相互对比，选择经济上最合理的方案，使产品的能源、材料消耗和生产成本最低。

3. **有良好的劳动条件**

在制订工艺规程时，要注意保证工人操作时有良好而安全的劳动条件。因此，在工艺方案上要注意采用机械化或自动化措施，以减轻工人繁杂的体力劳动。

三、机械加工工艺过程的类型

1. **机械加工工艺过程卡片**

它是以工序为单位说明一个零件全部加工过程的工艺卡片。这种卡片包括零件各个工序的名称、工序内容，经过的车间、工段、所用的机床、刀具、夹具、量具，工时定额等。主要用于单件小批生产及生产管理，如表 2-3 所示。

表 2-3　机械加工工艺过程卡片

<table>
<tr><td rowspan="4">(工厂名)</td><td rowspan="4">机械加工工艺过程卡片</td><td colspan="2">产品名称及型号</td><td></td><td colspan="2">零件名称</td><td></td><td>零件图号</td><td colspan="3"></td></tr>
<tr><td rowspan="3">材料</td><td>名称</td><td></td><td rowspan="2">毛坯</td><td>种类</td><td></td><td rowspan="2">零件质量/kg</td><td>毛重</td><td></td><td>第　页</td></tr>
<tr><td>牌号</td><td></td><td>尺寸</td><td></td><td>净重</td><td></td><td>共　页</td></tr>
<tr><td>性能</td><td></td><td colspan="2">每料件数</td><td></td><td>每台件数</td><td></td><td>每批件数</td><td></td></tr>
</table>

<table>
<tr><td rowspan="2">工序号</td><td rowspan="2">工序内容</td><td rowspan="2">加工车间</td><td rowspan="2">设备名称及编号</td><td colspan="3">工艺装备名称及编号</td><td rowspan="2">技术等级</td><td colspan="2">时间定额/min</td></tr>
<tr><td>夹具</td><td>刀具</td><td>量具</td><td>单件时间</td><td>准备—终结时间</td></tr>
<tr><td></td><td></td><td></td><td></td><td></td><td></td><td></td><td></td><td></td><td></td></tr>
<tr><td rowspan="3">更改内容</td><td colspan="9"></td></tr>
<tr><td colspan="9"></td></tr>
<tr><td colspan="9"></td></tr>
</table>

编制		抄写		校对		审核		批准	

2. 机械加工工艺卡

它以工序为单位，详细说明零件的机械加工工艺过程，其内容介于工艺过程卡片和工序卡片之间。它是用来指导工人进行生产和帮助车间干部和技术人员掌握整个零件加工过程的一种主要工艺文件，广泛用于成批生产和单件小批生产中比较重要的零件或工序，如表 2-4 所示。

表 2-4　机械加工工艺卡片

(工厂名)	机械加工工艺卡片	产品名称及型号			零件名称			零件图号			
		材料	名称		毛坯	种类		零件质量/kg	毛重		第　页
			牌号			尺寸			净重		共　页
			性能		每料件数			每台件数		每批件数	

工序	安装	工步	工序内容	同时加工零件数	切削用量				设备名称及编号	工艺装备名称及编号			技术等级	时间定额/min	
					背吃刀量/mm	进给量/(mm/r)或(mm/min)	主运动速度/(r/min)或双行程数/min	切削速度/(m/min)		夹具	刀具	量具		单件时间	准备—终结时间
更改内容															
编制		抄写			校对			审核				批准			

3. 机械加工工序卡

用于具体指导工人操作的一种最详细的工艺文件，卡片上要画出工序简图，注明该工序的加工表面及应达到的尺寸精度和粗糙度要求、工件的安装方式、切削用量、工装设备等内容，如表 2-5 所示。

四、机械加工工艺规程制订的依据与步骤

(一) 制订依据

制订工艺规程时，必须依据如下原始资料。

(1) 产品图样及技术条件，如产品的装配图及零件图。

(2) 产品的工艺方案，如产品验收质量标准、毛坯资料等。

(3) 产品零部件工艺路线表或车间分工明细表，以了解产品及企业的管理情况。

(4) 产品的生产纲领 (年产量)，以便确定生产类型。

表 2-5　机械加工工序卡片

<table>
<tr><td rowspan="2">(工厂名)</td><td rowspan="2">机械加工
工序卡片</td><td>产品名称及型号</td><td>零件名称</td><td>零件图号</td><td>工序名称</td><td>工序号</td><td>第　页</td></tr>
<tr><td></td><td></td><td></td><td></td><td></td><td>共　页</td></tr>
<tr><td colspan="3" rowspan="7">(画工序简图处)</td><td>车　间</td><td>工　段</td><td>材料名称</td><td>材料牌号</td><td>力学性能</td></tr>
<tr><td></td><td></td><td></td><td></td><td></td></tr>
<tr><td>同时加工件数</td><td>每料件数</td><td>技术等级</td><td>单件时间/min</td><td>准备—终结时间/min</td></tr>
<tr><td></td><td></td><td></td><td></td><td></td></tr>
<tr><td>设备名称</td><td>设备编号</td><td>夹具名称</td><td>夹具编号</td><td>工作液</td></tr>
<tr><td></td><td></td><td></td><td></td><td></td></tr>
<tr><td>更改内容</td><td colspan="4"></td></tr>
</table>

<table>
<tr><td rowspan="2">工步号</td><td rowspan="2">工步内容</td><td colspan="3">计算数据/mm</td><td rowspan="2">走刀次数</td><td colspan="4">切 削 用 量</td><td colspan="3">工时定额/min</td><td colspan="5">刀具、量具及辅助工具</td></tr>
<tr><td>直径或长度</td><td>进给长度</td><td>单边余量</td><td>背吃刀量/mm</td><td>进给量/(mm/r)或(mm/min)</td><td>主运动速度/(r/min)或双行程数/min</td><td>切削速度/(m/min)</td><td>基本时间</td><td>辅助时间</td><td>工作地服务时间</td><td>工步号</td><td>名称</td><td>规格</td><td>编号</td><td>数量</td></tr>
<tr><td></td><td></td><td></td><td></td><td></td><td></td><td></td><td></td><td></td><td></td><td></td><td></td><td></td><td></td><td></td><td></td><td></td></tr>
<tr><td colspan="2">编制</td><td colspan="2"></td><td>抄写</td><td colspan="3"></td><td>校对</td><td colspan="2"></td><td colspan="2">审核</td><td></td><td>批准</td><td colspan="2"></td></tr>
</table>

(5) 本企业的生产条件。为了制订的工艺规程切实可行，一定要了解和熟悉本企业的生产条件，如毛坯的生产能力、工人的技术水平以及专用设备与工艺装备的制造能力、企业现有设备状况等。

(6) 有关工艺标准，如各种工艺手册和图表，还应熟悉本企业的各种企业标准和行业标准。

(7) 有关设备及工艺装备和资料。对于本工艺规程选用的设备和工艺装备应有深入的了解，如规格、性能、新旧程度和现有精度等。

(8) 国内外同类产品的有关工艺资料。工艺规程的制订，要经常研究国内外有关工艺资料，积极引进适用的先进的工艺技术，不断提高工艺水平，以获得最大的经济效益。

(二) 制订步骤

(1) 计算零件的生产纲领、确定生产类型。

⑵分析产品装配图样和零件图样。主要包括零件的加工工艺性、装配工艺性、主要加工表面及技术要求，了解零件在产品中的功用。

⑶确定毛坯的类型、结构形状、制造方法等。

⑷拟订工艺路线。包括选择定位基准、确定各表面的加工方法、划分加工阶段、确定工序的集中和分散的程度、合理安排加工顺序等。

⑸确定各工序的加工余量，计算工序尺寸及公差。

⑹选择设备及工艺装备。

⑺确定切削用量及计算时间定额。

⑻填写工艺文件。

在制订工艺规程的过程中，往往要对前面已初步确定的内容进行调整，以提高经济效益。在执行工艺规程过程中，可能会出现前所未料的情况，如生产条件的变化，新技术、新工艺的引进，新材料、先进设备的应用等，都要求及时对工艺规程进行修订和完善。

五、制订机械加工工艺规程考虑的问题

（一）零件的工艺性分析

1. 零件工艺合理性分析

零件工艺分析的目的，一是审查零件的结构形状及尺寸精度、相互位置精度、表面粗糙度、材料及热处理等的技术要求是否合理，是否便于加工和装配；二是通过工艺分析，对零件的工艺要求有进一步了解，以便制订出合理的工艺规程。

在编制零件机械加工工艺规程前，首先应研究零件的工作图样和产品装配图样，熟悉该产品的用途、性能及工作条件，明确该零件在产品中的位置和作用；了解并研究各项技术条件制订的依据，找出其主要技术要求和技术关键，以便在拟订工艺规程时采用适当的措施加以保证。

如图 2-7 所示的汽车钢板弹簧吊耳，使用时，钢板弹簧与吊耳两侧面是不接触的，所以吊耳内侧的粗糙度可由原来的设计要求 $Ra3.2\mu m$ 改为 $Ra12.5\mu m$。这样在铣削时可只用粗铣不用精铣，减少铣削时间。

再如图 2-8 所示的方头销，其头部要求淬火洛氏硬度 55～60HRC，所选用的材料为 T8A，该零件上有一孔 $\phi 2H7$ 要求在装配时配作。由于零件长度只有 15mm，方头部长度仅有 4mm，如用 T8A 材料局部淬火，势必全长均被淬硬，配作时，$\phi 2H7$ 孔无法加工。若材料改用 20Cr 进行渗碳淬火，便能解决问题。

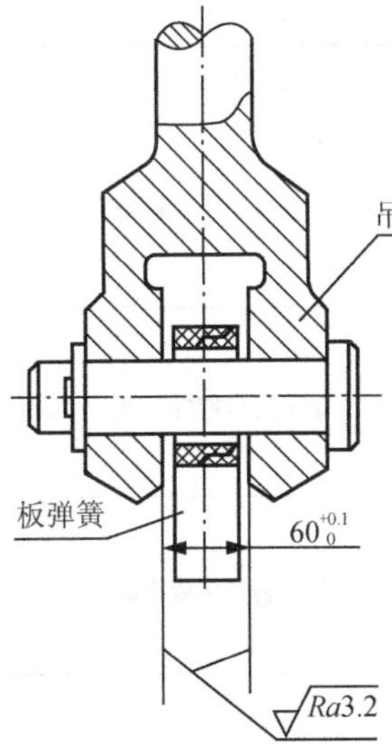

图 2-7　汽车钢板弹簧吊耳

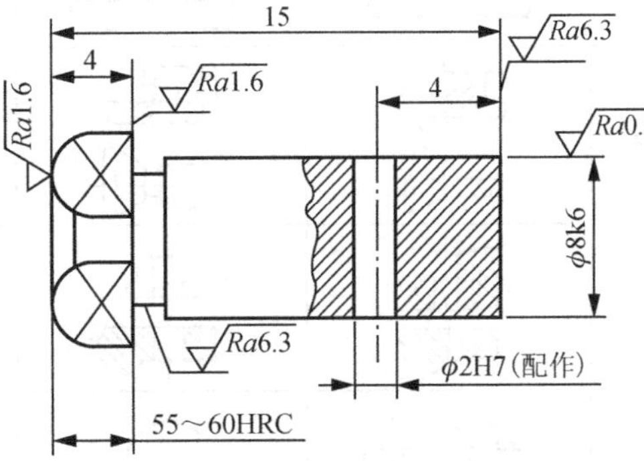

图 2-8　方头销

2. 机械加工对零件结构的要求

(1)便于装夹。

零件的结构应便于加工时的定位和夹紧，装夹次数要少。如图 2-9(a)所示零件，拟用顶尖和鸡心夹头装夹，但该结构不便于装夹。若改为图 2-9(b)所示结构，则可以方便地装置夹头。

(2)便于加工。

零件的结构应尽量采用标准化数值，以便使用标准化刀具和量具。同时还注意退刀和进刀，易于保证加工精度要求，减少加工面积及难加工表面等。如表 2-6 所示为便于加工的零件结构示例。

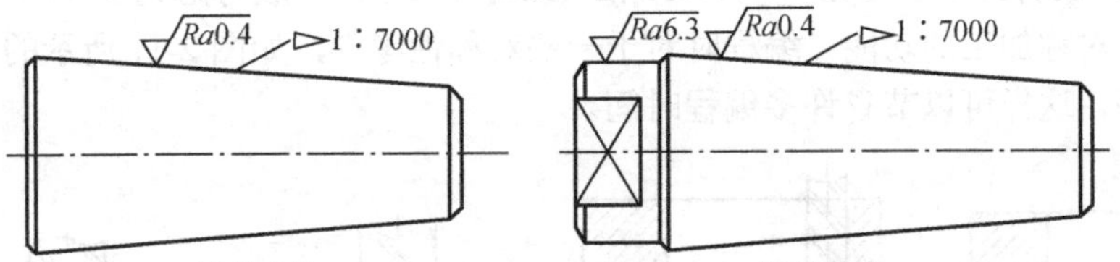

(a)修改前　　　　(b)修改后

图 2-9　便于装夹的零件结构示例

表 2-6　零件机械加工工艺性示例

序号	工艺性不好的结构 A	工艺性好的结构 B	说　明
1	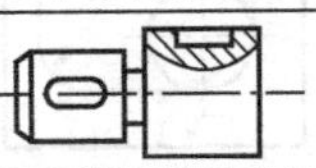	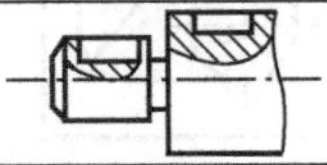	结构 B 键槽的尺寸和方位相同，则可在一次装夹中加工出全部键槽，以提高生产率
2	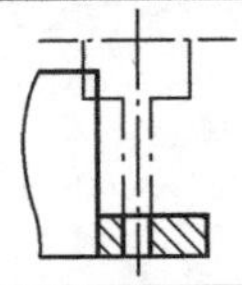	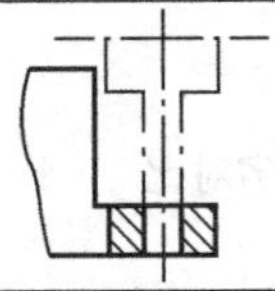	结构 A 的加工不便引进刀具

续表

序号	工艺性不好的结构 A	工艺性好的结构 B	说　明
3	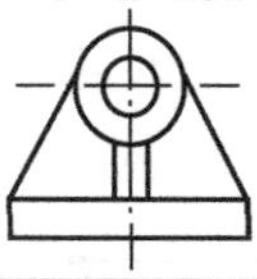	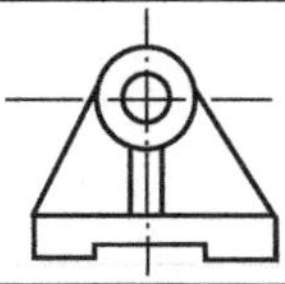	结构 B 的底面接触面积小，加工量小，稳定性好
4	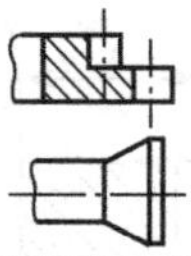	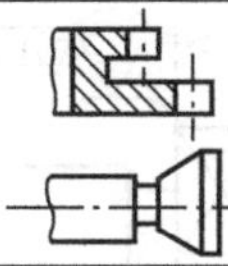	结构 B 有退刀槽，保证了加工的可能性，减少刀具(砂轮)的磨损
5	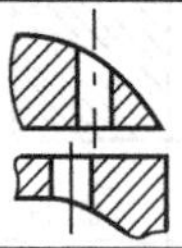	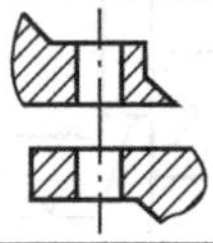	加工结构 A 上的孔时，钻头容易引偏或折断
6	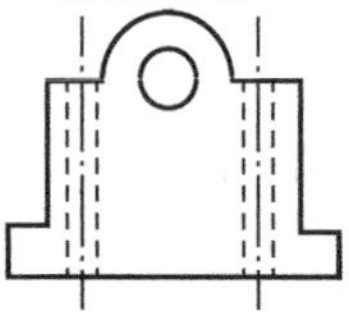	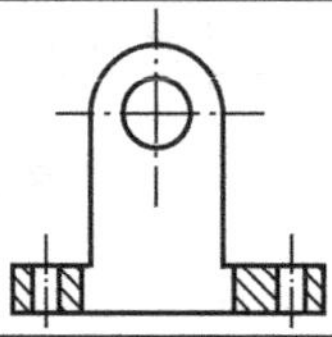	结构 B 避免了深孔加工，节约了零件材料，紧固连接稳定可靠
7	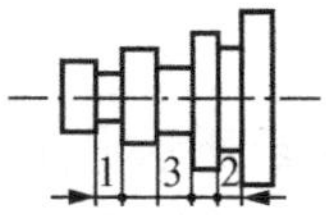	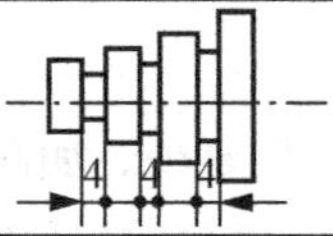	结构 B 凹槽尺寸相同，可减少刀具种类，减少换刀时间

(3)便于数控机床加工。

零件的外形、内腔最好采用统一的几何类型或尺寸，这样可以减少换刀次数，还有可能应用控制程序或专用程序以缩短程序长度。如图 2-10(a)所示，由于圆角大小决定着刀具直径大小，很容易看出工艺性好坏，所以应对一些主要的数控加工零件推荐规范化设计结构及尺寸。图 2-10(b)表明应尽量避免用球头刀加工(此时 $R=r$)，一般考虑为 $d=2(R-r)$。此外，有的数控机床有对称加工的功能，编程时对于一些对称性零件，如图 2-11 所示的零件，只需编其半边的程序，这样可以节省许多编程时间。

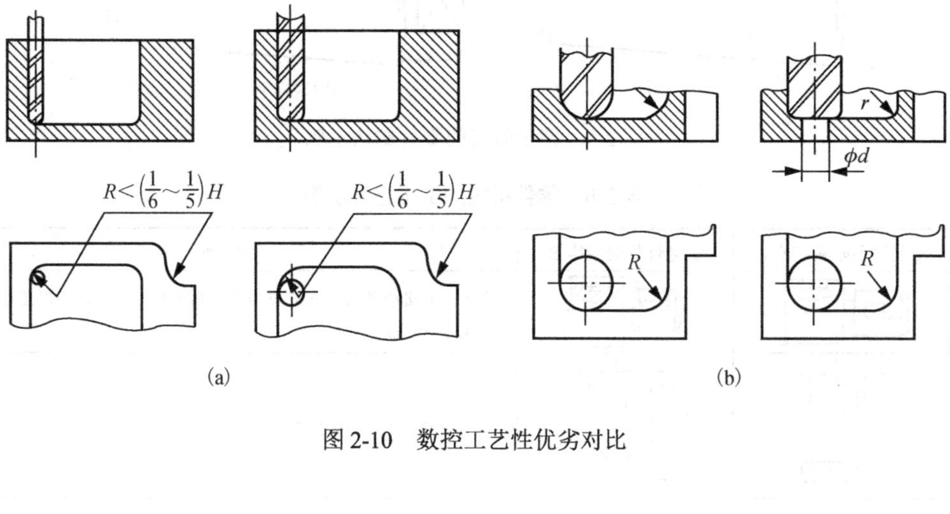

(a)　　(b)

图 2-10　数控工艺性优劣对比

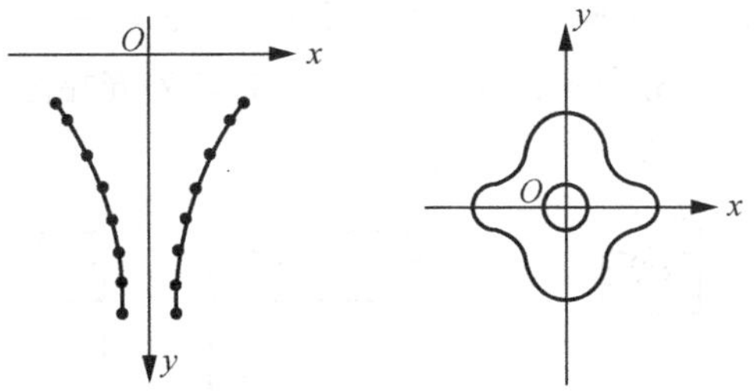

图 2-11　对称性零件图例

(4)便于测量。

设计零件结构时，还应考虑测量的可能性与方便性。如图 2-12 所示，要求测量孔中心线与基准面 A 的平行度。如图 2-12(a)所示的结构，由于底面凸台偏置一侧而平行度难于测量。在图 2-12(b)中增加一对称的工艺凸台，并使凸台位置居中，此时测量大为方便。

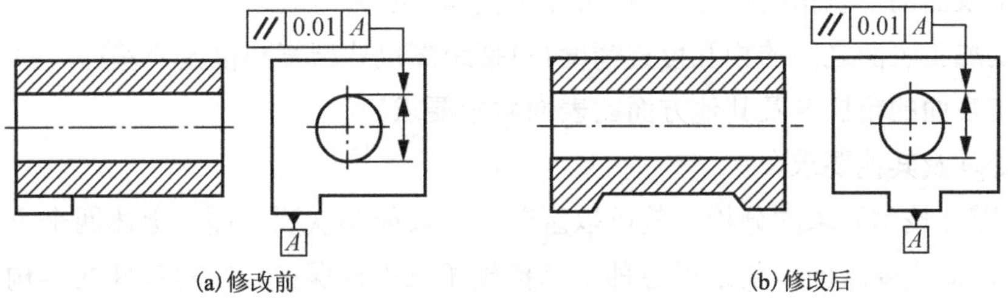

图 2-12　便于测量的零件结构实例

3. 装配和维修对零件结构工艺性的要求

零件的结构应便于装配和维修时的拆装，如图 2-13 所示。其中，图 2-13(a)左图结构无透气口，销钉孔内的空气难于排出，故销钉不易装入和拆卸。改进后的结构如图 2-13(a)右图所示。在图 2-13(b)中为保证轴肩与支承面紧贴，可在轴肩处切槽或孔口处倒角。图 2-13(c)为两个零件配合，由于同一方向只能有一个定位基面，故图 2-13(c)左图不合理，而右图为合理的结构。在图 2-13(d)中，左图螺钉装配空间太小，螺钉装不进。改进后的结构如图 2-13(d)右图所示。

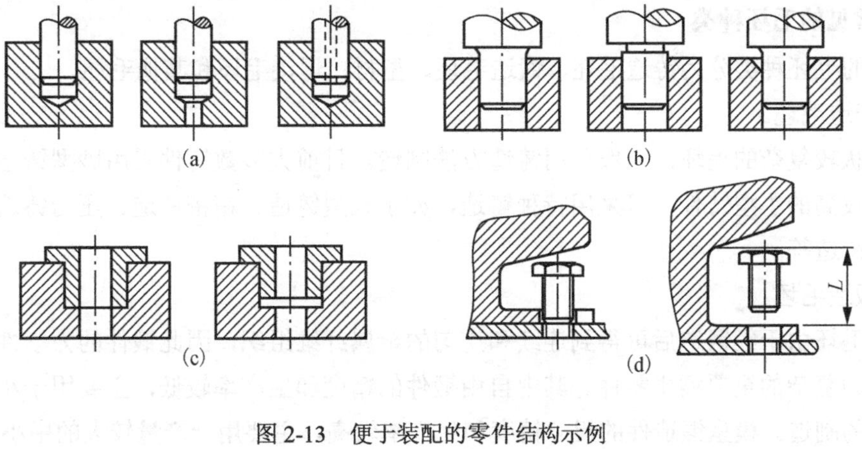

图 2-13　便于装配的零件结构示例

图 2-14 为便于拆卸的零件结构示例。在图 2-14(a)左图中，由于轴肩超过轴承内圈，故轴承内圈无法拆卸。如图 2-14(b)所示为压入式衬套。若在外壳端面设计几个螺孔，如图 2-14(b)右图所示，则可用螺钉将衬套顶出。

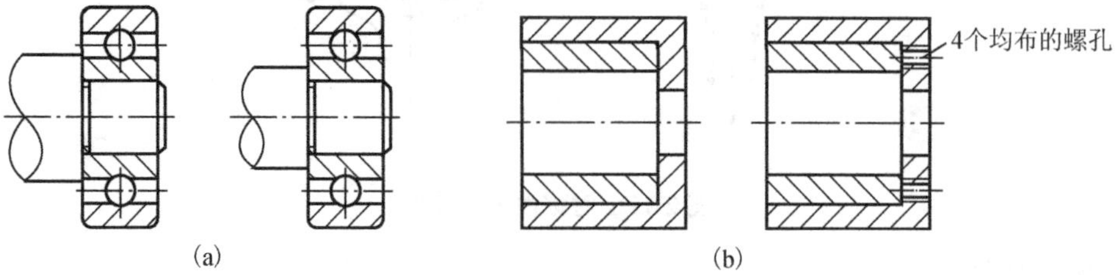

图 2-14　便于拆卸的零件结构示例

4. 技术要求分析

(1)加工表面的形状精度(包括形状尺寸精度和形状公差)。

(2)主要加工表面之间的相互位置精度(包括距离尺寸精度和位置公差)。

(3)加工表面的粗糙度及其他方面的表面质量要求。

(4)热处理及其他要求。

通过对零件技术要求的分析，就可以区分主要表面和次要表面。上述四个方面均为要求较高的表面，即主要表面，要采用各种工艺措施予以重点保证。在对零件的结构工艺性和技术要求分析后，对零件的加工工艺路线及加工方法就形成一个初步的轮廓，从而为下一步制订工艺规程做好准备。

若在工艺分析时发现零件的结构工艺性不好，技术要求不合理或存在其他问题，就可对零件设计提出修改意见，并经设计人员同意和履行规定的批准手续后，由设计人员进行修改。

(二)毛坯选择

毛坯种类的选择不仅影响毛坯的制造工艺及费用，还与零件的机械加工工艺和加工质量密切相关。为此需要毛坯制造和机械加工两方面的工艺人员密切配合，合理地确定毛坯的种类、结构形状，并绘出毛坯图。

1. 常见的毛坯种类

常见的毛坯种类分为铸造毛坯、锻造毛坯、型材、焊接毛坯和其他毛坯。

(1)铸造毛坯。

对形状较复杂的毛坯，一般可用铸造方法制造。目前大多数铸件采用砂型铸造，对尺寸精度要求较高的小型铸件，可采用特种铸造，如永久型铸造、精密铸造、压力铸造、熔模铸造和离心铸造等。

(2)锻造毛坯。

锻造毛坯由于经锻造后可得到连续和均匀的金属纤维组织，因此锻件的力学性能较好，常用于受力复杂的重要钢质零件。其中自由锻件的精度和生产率较低，主要用于小批生产和大型锻件的制造。模型锻造件的尺寸精度和生产率较高，主要用于产量较大的中小型锻件。

(3) 型材。

型材主要有板材、棒材、线材等。常用截面形状有圆形、方形、六角形和特殊截面形状。就其制造方法，又可分为热轧和冷拉两大类。热轧型材尺寸较大，精度较低，用于一般的机械零件。冷拉型材尺寸较小，精度较高，主要用于毛坯精度要求较高的中小型零件。

(4) 焊接毛坯。

焊接毛坯主要用于单件小批生产和大型零件及样机试制。其优点是制造简单、生产周期短、节省材料、减轻质量。但其抗振性较差，变形大，需经时效处理后才能进行机械加工。

(5) 其他毛坯。

其他毛坯包括冲压件、粉末冶金件、冷挤件、塑料压制件等。

2. 毛坯的选择原则

选择毛坯时应该考虑如下几个方面的因素。

(1) 零件的生产纲领。

大量生产的零件应选择精度和生产率高的毛坯制造方法，用于毛坯制造的昂贵费用可由材料消耗的减少和机械加工费用的降低来补偿。如铸件采用金属模机器造型或精密铸造；锻件采用模锻、精锻；选用冷拉和冷轧型材。单件小批生产时应选择精度和生产率较低的毛坯制造方法。

(2) 零件材料的工艺性。

例如，材料为铸铁或青铜等的零件应选择铸造毛坯；钢质零件当形状不复杂、力学性能要求又不太高时，可选用型材；重要的钢质零件，为保证其力学性能，应选择锻造件毛坯。

(3) 零件的结构形状和尺寸。

形状复杂的毛坯，一般采用铸造方法制造，薄壁零件不宜用砂型铸造。一般用途的阶梯轴，若各段直径相差不大，可选用圆棒料；若各段直径相差较大，为减少材料消耗和机械加工的劳动量，则宜采用锻造毛坯；尺寸大的零件一般选择自由锻造，中小型零件可考虑选择模锻件。

(4) 现有的生产条件。

选择毛坯时，还要考虑本厂的毛坯制造水平、设备条件以及外协的可能性和经济性等。

(5) 新技术的应用。

随着机械制造技术的发展，毛坯制造方面的新工艺、新技术和新材料的应用也发展很快，如精铸、精锻、冷挤压、粉末冶金和工程塑料等在机械中的应用日益增加。采用这些方法大大减少了机械加工量，有时甚至可以不再进行机械加工就能达到加工要求，其经济效益非常显著。因此，在选择毛坯时应给予充分考虑，在可能的条件下，尽量采用。

3. 毛坯的形状及尺寸

毛坯的形状和尺寸主要由零件组成表面的形状、结构、尺寸及加工余量等因素确定，并尽量与零件相接近，以达到减少机械加工的劳动量，力求达到少或无切削加工。但是，由于现有毛坯制造技术及成本的限制，以及产品零件的加工精度和表面质量要求越来越高，所以毛坯的某些表面仍需留有一定的加工余量，以便通过机械加工达到零件的技术要求。

毛坯尺寸与零件图样上的尺寸之差称为毛坯余量。铸件公称尺寸所允许的最大尺寸和最小尺寸之差，称为铸件尺寸公差。毛坯余量与毛坯的尺寸、部位及形状有关，如铸造毛坯的加工余量，是由铸件最大尺寸、公称尺寸(两相对加工表面的最大距离或基准面到加工面的距离)、毛坯浇注时的位置(顶面、底面、侧面)、铸孔的尺寸等因素确定的。对于单件小批生产，铸件上直径小于 30mm 和铸钢件上直径小于 60mm 的孔可以不铸出。而对于锻件，若用自由锻，当孔径小于 30mm 或长径比大于 3 的孔可以不锻出。对于锻件应考虑锻造圆角和模锻斜度。带孔的模锻件不能直接锻出通孔，应留冲孔连皮等。

毛坯的形状和尺寸的确定，除了将毛坯余量附在零件相应的加工表面上，有时还要考虑毛坯的制造、机械加工及热处理等工艺因素的影响。在这种情况下，毛坯的形状可能与工件的形状有所不同，例如，为了加工时安装方便，有的铸件毛坯需要铸出必要的工艺凸台，如图 2-15 所示，工艺凸台在零件加工后一般应切去；又如，车床开合螺母外壳，由两个零件合成一个铸件，待加工到一定阶段后再切开，以保证加工质量和加工方便，如图 2-16 所示。

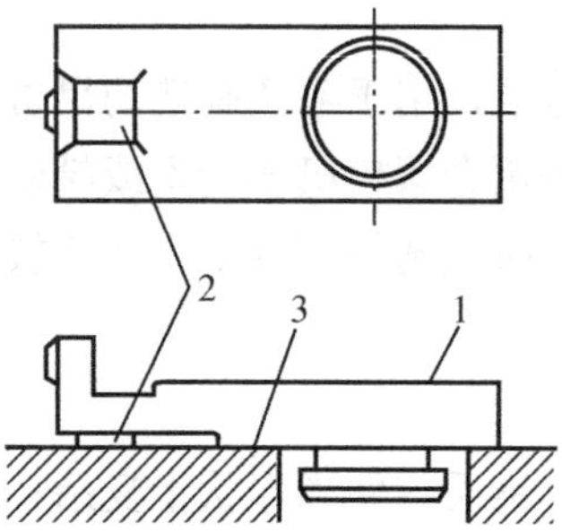

图 2-15　工艺凸台

1-工件；2-工艺凸台；3-夹具平台

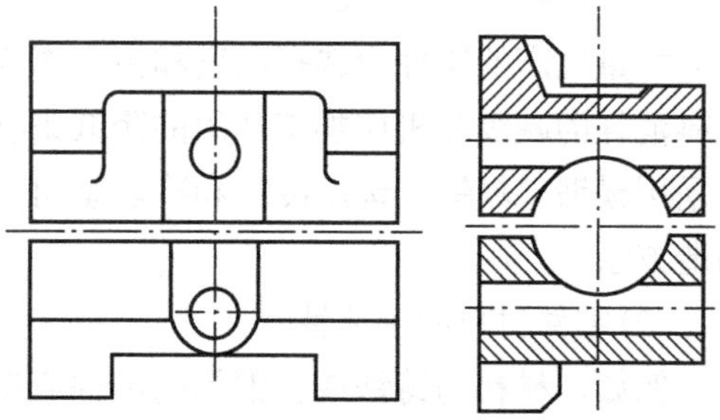

图 2-16　车床开合螺母外壳示意图

有时为了提高生产率和加工过程中便于装夹，可以将一些小零件多件合成一个毛坯，如图 2-17 所示的滑键为锻件，可以将若干零件先合成一件毛坯，待两侧面和平面加工后，再切割成单个零件。如图 2-18 所示为垫圈类零件，也应将若干零件合成一个毛坯，毛坯可取一长管料，其内孔直径要小于垫圈内径。车削时，用卡盘夹住一端外圆，另一端用顶尖顶住，这时可车外圆、车槽，然后用卡盘夹住外圆较长的一部分用 ϕ16mm 的钻头钻孔，这样就可以分割成若干个垫圈零件。

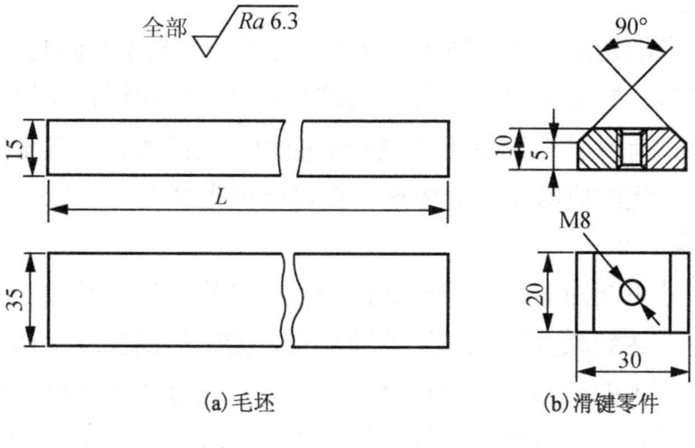

图 2-17　毛坯及滑键零件

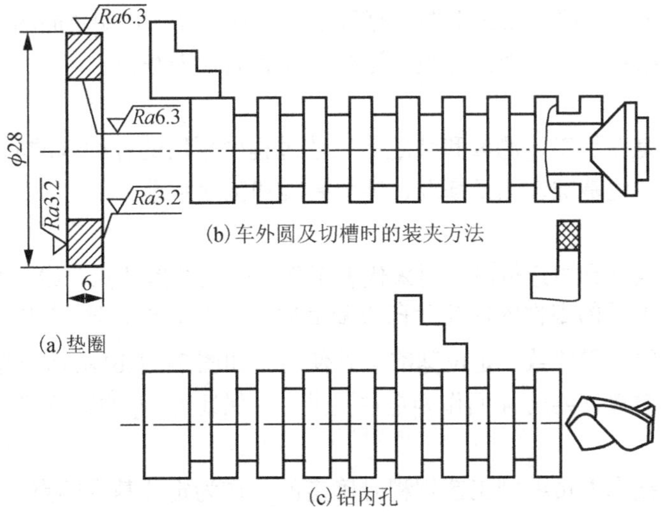

图 2-18　垫圈的整体毛坯及加工

(三) 基准与工件定位

制订机械加工工艺规程时，定位基准的选择是否合理，将直接影响零件加工表面的尺寸精度和相互位置精度。同时对加工顺序的安排也有重要影响。定位基准选择不同，工艺过程也将随之而异。

1. 基准

所谓基准是用来确定生产对象上几何要素间的几何关系所依据的那些点、线、面。基准根据功用不同可分为设计基准和工艺基准两大类。

(1) 设计基准。

所谓设计基准是指设计图样上采用的基准。如图 2-19(a) 所示的钻套轴线 *O-O* 是各外圆表面及内孔的设计基准；端面 *A* 是端面 *B*、*C* 的设计基准；内孔表面 *D* 的轴心线是 ϕ40h6 外圆表面的径向跳动和端面 *B* 的端面跳动的设计基准。同样，图 2-19(b) 中的 *F* 面是 *C* 面和 *E* 面的设计基准，也是两孔垂直度和 *C* 面平行度的设计基准；*A* 面为 *B* 面的距离尺寸及平行度设计基准。

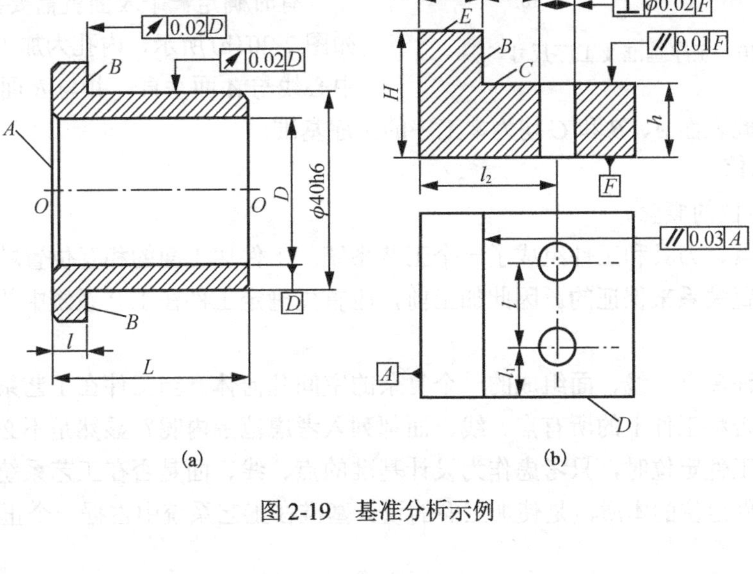

图 2-19　基准分析示例

作为设计基准的点、线、面在工件上有时不一定具体存在，如表面的几何中心、对称线、对称面等，而常由某些具体表面来体现，这些具体表面称为基面。

(2) 工艺基准。

所谓工艺基准是在加工、测量和装配等工艺过程中采用的各种基准的统称。工艺基准按不同的用途可分为定位基准、测量基准、装配基准和工序基准。

(a) 定位基准。

工件在机床上或夹具中定位时，用来代表工件在空间位置的点、线、面，称为定位基准，例如，将图 2-19 (a) 所示的零件的内孔套在心轴上加工 ϕ40h6 外圆时，内孔中心线即定位基准。加工一个表面时，往往需要数个定位基准同时使用。如图 2-19 (b) 所示的零件，加工内孔时，为保证对 A 面的垂直度，要用 A 面作为定位基准；为保证 l_1、l_2 的距离尺寸，用 B、C 面作为定位基准。

定位基准是由技术人员编制工艺规程时确定的。作为定位基准的点、线、面在工件上也不一定存在，点必须保证由相应的实际表面体现，这些表面就是定位基准面。

(b) 测量基准。

测量时用来确定各加工表面位置及尺寸的基准，称为测量基准。图 2-19 (a) 中，以内孔套在心轴上去检验 ϕ40h6 外圆的径向跳动和端面 B 的端面跳动，内孔中心线为测量基准。

(c) 装配基准。

装配时用来确定零件或部件在机器中位置的基准，称为装配基准。如图 2-19 (b) 所示的支承块，底面 F 为装配基准。

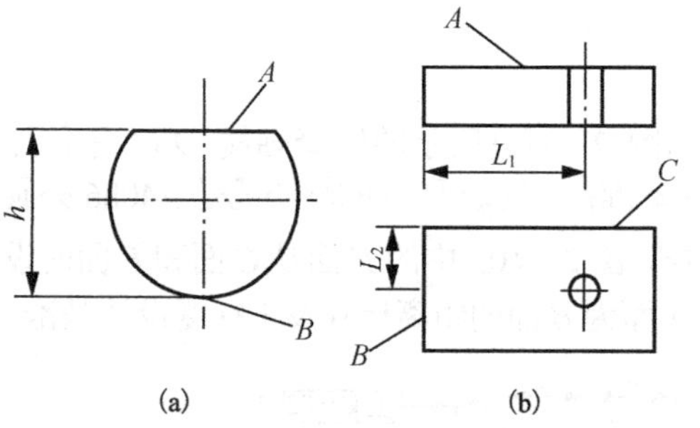

图 2-20　工序基准及工序尺寸

(d) 工序基准。

在工序图上用来确定本工序的加工表面加工后的尺寸、形状、位置的基准，称为工序基准。如图 2-20 (a) 所示，A 为加工面，母线 B 至 A 面的距离 h 为工序尺寸，位置要求 A 面对 B 面的平行度，所以母线 B 为本工序的工序基准。

有时确定一个表面就需要数个工序基准。如图 2-20 (b) 所示，内孔为加工表面，要求其中心线与 A 面垂直，并与 B 面及 C 面保持距离 L_1、L_2，因此表面 A、B 和 C 均为本工序的工序基准。

2. 工件定位

(1) 工件定位的概念。

机床、夹具、刀具和工件组成了一个工艺系统。工件加工面的相互位置精度是由工艺系统间的正确位置关系来保证的。因此加工前，应首先确定工件在工艺系统中的正确位置，即工件的定位。

工件是由许多点、线、面组成的一个复杂的空间几何体。当工件在工艺系统中占据一正确位置时，是否将工件上的所有点、线、面都列入考虑范围内呢？显然是不必要的。在实际加工中，进行工件定位时，只考虑作为设计基准的点、线、面是否在工艺系统中占有正确的位置。所以工件定位的本质，是使加工面的设计基准在工艺系统中占据一个正确位置。

工件定位时，由于工艺系统在静态下的误差，会使工件加工面的设计基准在工艺系统中的位置发生变化，影响工件加工面与其设计基准的相互位置精度，但只要这个变动值在允许的误差范围以内，即可认定工件在工艺系统中已占据了一个正确的位置，即工件已正确定位。

(2)工件定位的要求。

工件定位的目的是保证工件加工面与加工面的设计基准之间的位置精度(如同轴度、平行度、垂直度等)和距离尺寸精度。工件加工面的设计基准与机床的正确位置是工件加工面与加工面的设计基准之间位置公差的保证；工件加工面的设计基准与刀具的正确位置是工件加工面与加工面的设计基准之间距离尺寸精度的保证。因此，工件定位时有以下两点要求。

(a)为了保证加工面与其设计基准间的位置公差(同轴度、平行度、垂直度等)，工件定位时应使加工表面的设计基准相对于机床占据一正确的位置。

如图 2-21(a)所示的零件，为了保证外圆表面$\phi 40$的径向圆跳动要求，工件定位时必须使其设计基准(内孔轴线 O_2-O_2)与机床主轴回转轴线(*O*-*O*)重合。对于图 2-21(b)所示的零件，为了保证加工面 *B* 与其设计基准 *A* 的平行度要求，工件定位时必须使设计基准 *A* 与机床工作台的纵向直线运动方向平行。孔加工时为了保证孔与其设计基准(底面 *F*)的垂直度要求，工件定位时必须使设计基准 *F* 面与机床主轴轴心线垂直，如图 2-21(c)所示。

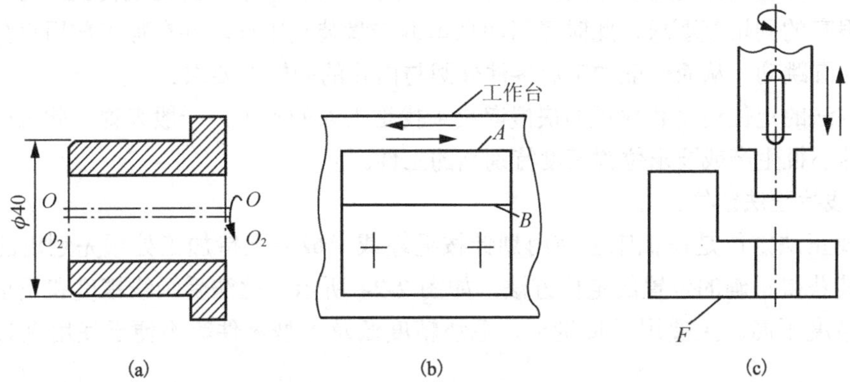

图 2-21　工件定位的正确位置示例

(b)为了保证加工面与其设计基准间的距离尺寸精度，工件定位时，应使加工面的设计基准相对于刀具有一正确的位置。

表面间距离尺寸精度的获得通常有两种方法：试切法和调整法。

试切法是通过试切—测量加工尺寸—调整刀具位置—试切的反复过程来获得距离尺寸精度的。由于这种方法是在加工过程中，通过多次试切才能获得距离尺寸精度，所以加工前工件相对于刀具的位置可不必确定。例如，图 2-22(a)中为获得尺寸 1，加工前工件在三爪自动定心卡盘中的轴向定位置可以不必严格规定。试切法多用于单件小批生产。

调整法是一种加工前按规定的尺寸调整好刀具与工件相对位置及进给行程，从而保证在加工时自动获得所需距离尺寸精度的加工方法。这种加工方法在加工时不再试切，生产率高，其加工精度取决于机床、夹具的精度和调整误差，用于大批量生产。图 2-22(b)是通过三爪卡盘反装和挡铁来确定工件和刀具的相对位置，图 2-22(c)是通过夹具中的定位元件与导向元件的既定位置来确定工件与刀具的钻孔位置。

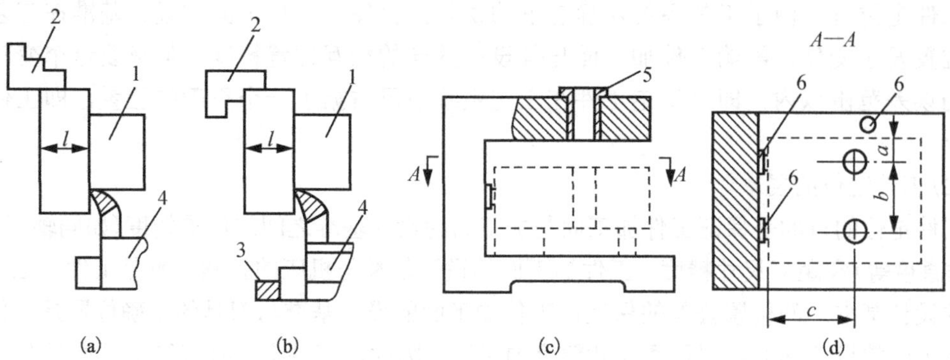

图 2-22　获得距离尺寸精度的方法示例

1-工件；2-卡盘；3-挡铁；4-刀具；5-导向元件；6-定位元件

3. 工件定位的方法

工件定位的方法有以下三种。

(1) 直接找正法定位。

直接找正法定位是利用百分表、划针或目测等方法在机床上直接找正工件加工面的设计基准使其获得正确位置的定位方法。如图 2-23 所示，零件在磨床上磨削内孔，若零件的外圆与内孔有很高的同轴度要求，此时可用四爪单调卡盘装夹工件，并在加工前用百分表等控制外圆的径向圆跳动，从而保证加工后零件外圆与内孔的同轴度要求。

这种方法的定位精度和找正的快慢取决于找正工人的水平，一般来说，此法比较费时，多用于单件小批生产或要求位置精度特别高的工件。

(2) 画线找正法定位。

画线找正法定位是在机床上使用划针按毛坯或半成品上待加工处预先划出的线段找正工件，使其获得正确的位置的定位方法，如图 2-24 所示。此法受画线精度和找正精度的限制，定位精度不高。主要用于批量小、毛坯精度低及大型零件等不便于使用夹具进行加工的粗加工。

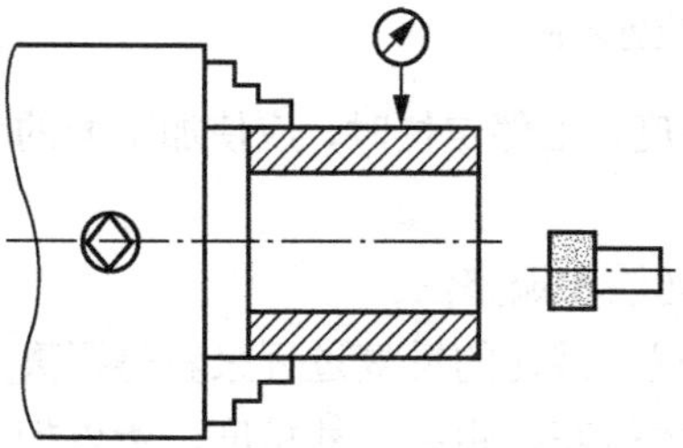

图 2-23　直接找正示例

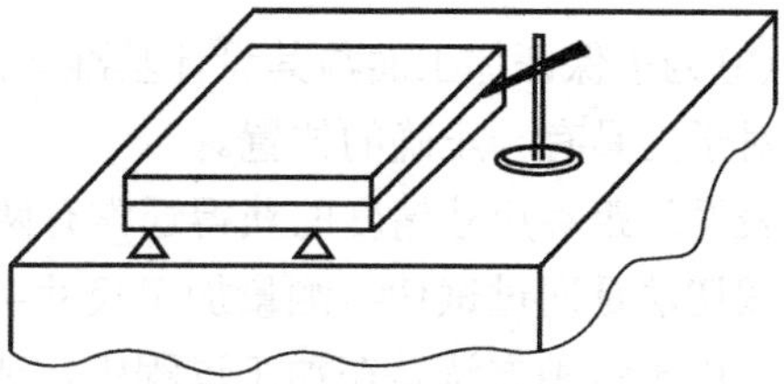

图 2-24　画线找正法示例

(3) 使用夹具定位。

夹具定位是直接利用夹具上的定位元件使工件获得正确位置的定位方法。由于夹具的定位元件与机床和刀具的相对位置均已预先调整好，故工件定位时不必再逐个调整。此法定位迅速、可靠，定位精度较高，广泛用于成批生产和大量生产。

图 2-25 为套筒铣槽工序图及铣夹具。铣削前，应借助于夹具体 1 的底面 A_1 及两个定位键 2 的公共侧面 A_2 与铣床工作台及中央 T 形槽结合而实现夹具与机床的定位，依靠 T 形螺栓将

夹具夹紧在机床上；然后工件以外圆基准 S_1 和孔基准 S_2 为定位基准放在 V 形块 3 及支承 4 上定位并夹紧；最后通过对刀块 5 及塞尺 6 对刀后，便可进行铣削加工。

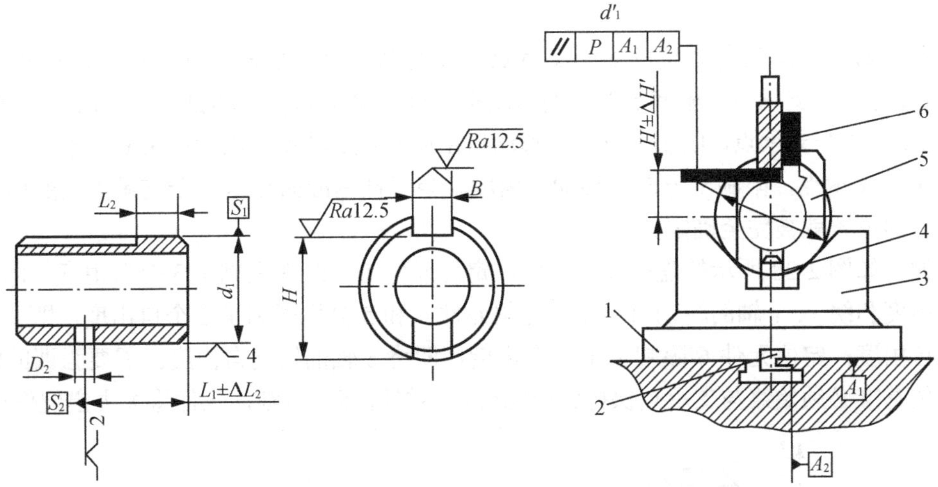

(a) 工件图　　(b) 铣夹具及工序图

图 2-25　铣床夹具的工作原理示意图

1-夹具体；2-定位键；3-V 形块；4-支承；5-对刀块；6-塞尺

第三节　夹具设计基础

一、工件在夹具中的定位

(一) 六点定位原理

工件在夹具中的定位实质就是解决工件相对于夹具应占有的准确几何位置问题。如果工件是一个刚性较大的物体，可以看成一个自由刚体，它在空间直角坐标系中有 6 个独立运动的可能性。其中有 3 个是沿坐标轴方向的移动，另外 3 个是绕坐标轴的转动，这种独立运动的可能性称为自由度，运动可能性的个数就是自由度的数目。

用 $\vec{X}$、$\vec{Y}$、$\vec{Z}$ 分别表示沿三个坐标轴 x、y、z 方向的移动自由度，用 $\overset{\frown}{X}$、$\overset{\frown}{Y}$、$\overset{\frown}{Z}$ 分别表示绕三个坐标轴 x、y、z 的转动自由度，这就是工件在空间的 6 个自由度，如图 2-26 所示。

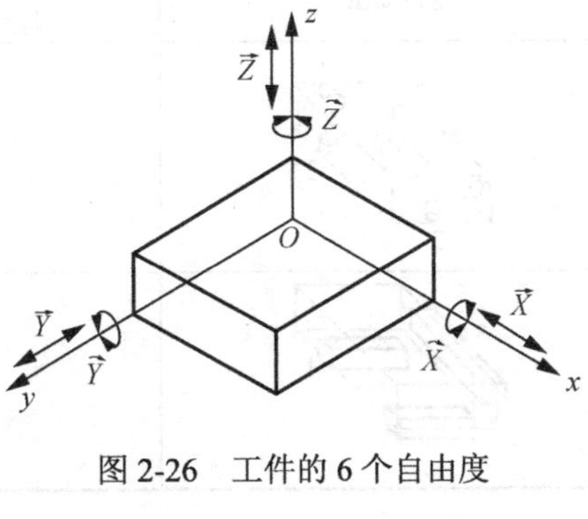

图 2-26　工件的 6 个自由度

要使工件在某方向有确定的位置，就必须限制该方向的自由度，而每个自由度可以用相应的点支承来加以限制，用 6 个点支承就可以完全确定工件的空间位置，这就是工件的六点定位原理。

如图 2-27 所示，工件定位的 6 个支承点必须遵循一定规则来分布。在 xOy 平面(主要支承面)上设有 3 个支承点，限制 z 方向的移动自由度、绕 x 和 y 转动自由度；在 yOz 平面(导向面)上设有 2 个支承点，限制 x 方向的移动自由度和绕 z 转动自由度；在 xOz 平面(止推面)上设有 1 个支承点，限制 y 方向的移动自由度。当工件基准面与这 6 个支承点紧贴而不脱离时，工件的位置就被完全确定。

例如，如图 2-28 所示的盘类零件定位，定位元件 1、2、3 限制了 3 个自由度，即 z 方向移动自由度和绕 x、y 轴的转动自由度；定位元件 4 和 5 分别限制了 2 个自由度，即 x 和 y 方向移动自由度；定位元件 6 限制了 1 个自由度，即绕 z 轴的转动自由度。需要强调的是，工件的定位基准必须始终与支承点保持紧密贴合，不得脱离。否则，工件将失去定位作用。

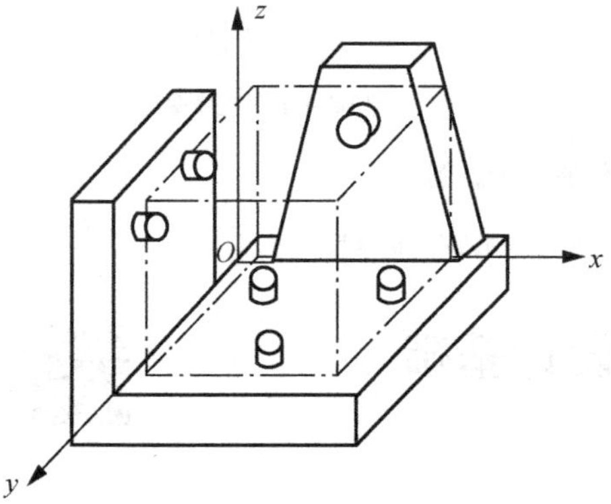

图 2-27　六点定位原理

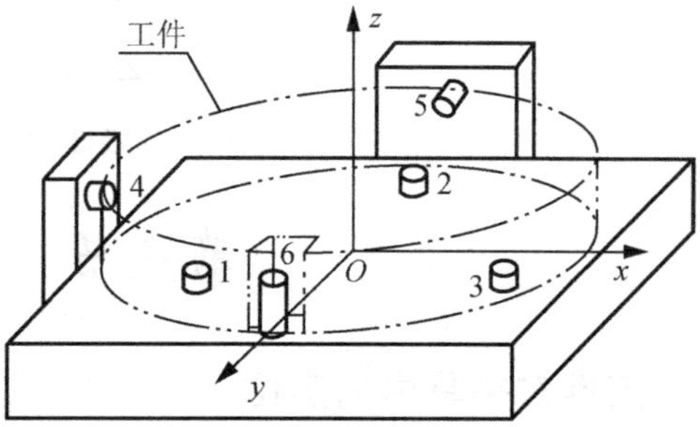

图 2-28　零件定位示例

六点定位原理是工件定位的基本法则，用于实际生产时定位支承点都是有一定形状的几何体，这些用于限制工件自由度的几何体即定位元件。它不完全是形式上所有的明显具体的点，而是需要从它的实际作用来判断其所能限制的几个自由度。表 2-7 为常用定位元件能限制的工件自由度。

表 2-7　常用定位元件能限制的工件自由度

工件定位基面	定位元件	定位简图	定位元件特点	限制的自由度
平面 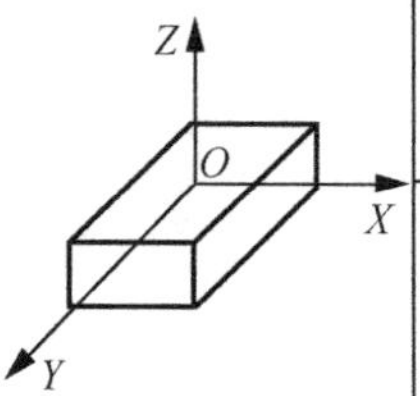	支承钉	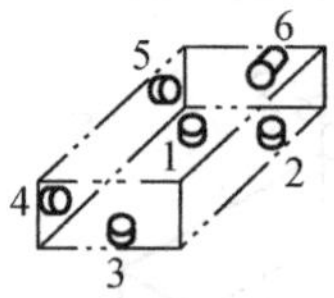		1, 2, 3——$\vec{Z}$, $\overset{\frown}{X}$, $\overset{\frown}{Y}$ 4, 5——$\vec{X}$, $\overset{\frown}{Z}$ 6——$\vec{Y}$
	支承板	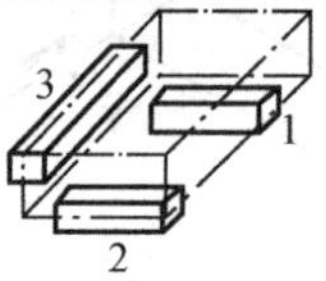		1, 2——$\vec{Z}$, $\overset{\frown}{X}$, $\overset{\frown}{Y}$ 3——$\vec{X}$, $\overset{\frown}{Z}$

续表

工件定位基面	定位元件	定位简图	定位元件特点	限制的自由度
圆孔 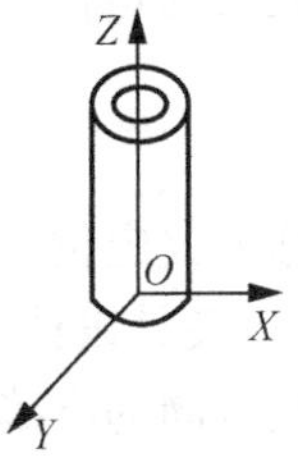	定位销（心轴）		短销（短心轴）	$\vec{X}$，$\vec{Y}$
		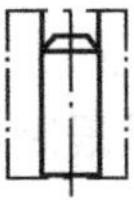	长销（长心轴）	$\vec{X}$，$\vec{Y}$ $\overset{\curvearrowright}{X}$，$\overset{\curvearrowright}{Y}$
	锥销	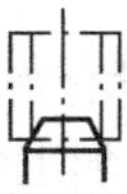		$\vec{X}$，$\vec{Y}$，$\vec{Z}$
		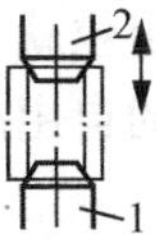	1-固定销 2-活动销	$\vec{X}$，$\vec{Y}$，$\vec{Z}$ $\overset{\curvearrowright}{X}$，$\overset{\curvearrowright}{Y}$
外圆柱面 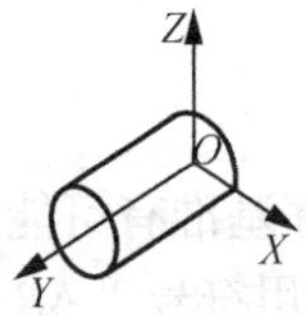	定位套	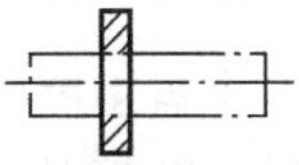	短套	$\vec{X}$，$\vec{Z}$
		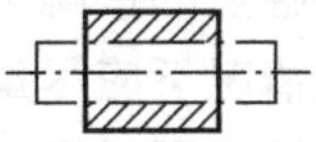	长套	$\vec{X}$，$\vec{Z}$ $\overset{\curvearrowright}{X}$，$\overset{\curvearrowright}{Z}$
	半圆套	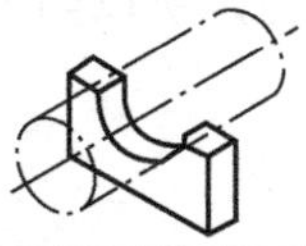	短半圆套	$\vec{X}$，$\vec{Z}$
			长半圆套	$\vec{X}$，$\vec{Z}$ $\overset{\curvearrowright}{X}$，$\overset{\curvearrowright}{Z}$
	锥套			$\vec{X}$，$\vec{Y}$，$\vec{Z}$
		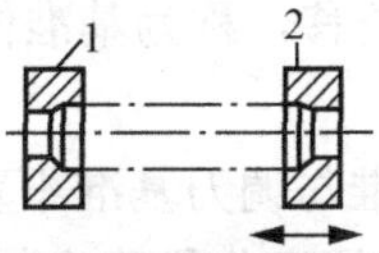	1-固定锥套 2-活动锥套	$\vec{X}$，$\vec{Y}$，$\vec{Z}$ $\overset{\curvearrowright}{X}$，$\overset{\curvearrowright}{Z}$
	支承板或支承钉	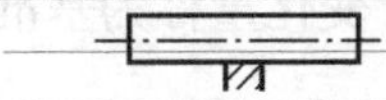	短支承板或支承钉	$\vec{Z}$
		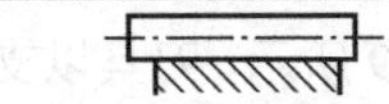	长支承板或两个支承钉	$\vec{Z}$，$\overset{\curvearrowright}{X}$
	V形块	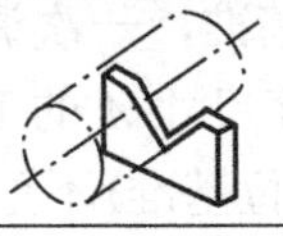	窄V形块	$\vec{X}$，$\vec{Z}$
		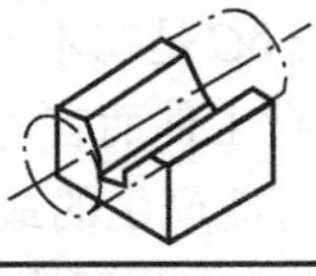	宽V形块	$\vec{X}$，$\vec{Z}$ $\overset{\curvearrowright}{X}$，$\overset{\curvearrowright}{Z}$

（二）工件在夹具中的定位方式

根据夹具定位元件限制工件自由度的情况，将工件在夹具中的定位分为下列几种定位方式。

1. **完全定位**

工件的 6 个自由度均被夹具定位元件所限制，使工件在夹具中处于完全确定的位置，这种定位称为完全定位，如图 2-27 所示。

2. **不完全定位**

根据工件加工精度要求不需限制的自由度而没被夹具定位元件所限制的定位，称为不完全定位。不完全定位在实际定位中是允许的。在机械加工中，一般为了简化夹具的定位元件结构，只要对影响本工序的加工尺寸的自由度加以限制即可。

3. **欠定位**

根据工件加工精度要求需要限制的自由度而没有得到完全限制的定位，称为欠定位。这种定位显然不能保证工件的加工精度要求，在机械加工中是绝对不允许的。但在夹具设计中，当工件上没有足够精确的定位面时，用定位元件定位就无法可靠保证工件在某方向的准确位置，此时就不能用定位元件限制工件在这些方向的自由度，这些自由度可以采用画线找正的方法加以限制。

4. **过定位**

定位元件的一组限位面重复限制工件的同一个自由度的定位，这种定位称为过定位。过定位可能导致工件或定位元件产生变形，使接触点的接触不稳定，增加同批工件在夹具中位置的不统一性，定位误差增大。因此，大多数情况下应尽量避免过定位。但另一方面，过定位可以提高工件的局部刚度和工件定位的稳定性，所以当加工刚性差的工件时，过定位又是非常必要的，在精密加工和装配中也时有应用。

（三）定位误差

由定位引起的同一批工件的工序基准在加工尺寸方向上的最大变动量，称为定位误差。造成定位误差的原因有两个：一是由于定位基准与工序基准不重合，称为基准不重合误差；二是由于定位副制造误差而引起定位基准的位移，称为基准位移误差。

1. **基准不重合误差 ΔB**

在调整法加工一批工件中，由于工序基准与调刀基准不重合，而导致工序基准有可能产生的最大位置变化量称为基准不重合误差，用符号“ΔB”表示。

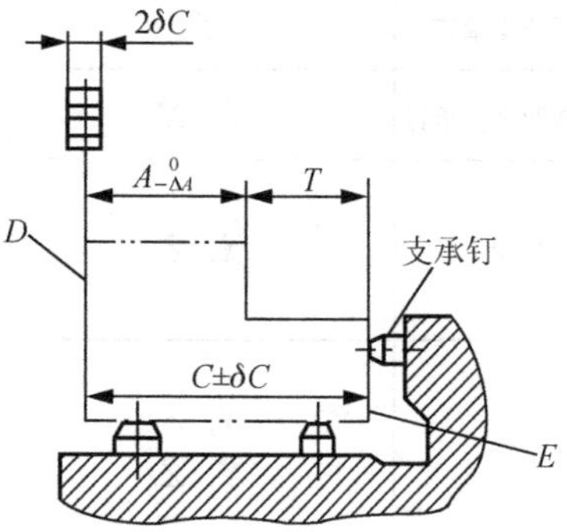

图 2-29　基准不重合误差

如图 2-29 所示，刀具以支承钉的支承面，即定位基准 E 面作为调刀基准，一次调整好刀具位置，保证调刀尺寸 T 不变。而工序尺寸 A 的工序基准为 D 面。显然工序基准与调刀基准（定位基准）不重合，它们之间的尺寸为 $C\pm\delta C$。由于尺寸 $C\pm\delta C$ 是在本工序之前已加工好，因此在本工序定位中，对一批工件而言，其工序基准 D 相对于调刀基准（定位基准 E）有可能产生的最大位置变化量就是 $2\delta C$。因为工序基准的变化方向与工序尺寸 A 同向，所以这一位置变化会导致工序尺寸 A 产生 $2\delta C$ 的加工误差。这一加工误差就是由于基准不重合误差 ΔB 导致产生的定位误差 $\Delta dw'$。即

$$\Delta dw' = \Delta B = 2\delta C \tag{2-1}$$

基准不重合误差的大小就等于工件上从工序基准到调刀基准(定位基准)之间的尺寸误差累积。显然，基准不重合误差是由工序基准选择不当引起的，可以通过不同的工序尺寸标注加以消除。

2. 基准位移误差ΔY

调整法加工一批工件，由于定位副制造误差和两者的配合间隙，使工件定位基准相对其理想位置发生位置移动，其有可能产生的最大位置移动量称为基准位移误差，用符号“ΔY”表示。显然不同的定位方式和不同的定位副结构，其定位基准的移动量的计算方法是不同的。下面分析几种常见的定位方式产生的基准位移误差的计算方法。

(1) 工件以平面定位。

工件以平面为定位基准时，若平面为粗糙表面，则计算其定位误差没有意义；若平面为已加工表面，则其与定位基准面的配合较好，误差很小，可以忽略不计。即工件以平面定位时，$\Delta Y=0$。

(2) 工件以圆孔在圆柱销、圆柱心轴上定位或工件以外圆柱面在圆孔上定位。

工件以圆孔在圆柱销、圆柱心轴上定位，其定位基准为孔的中心线，定位基面为内孔表面。如图 2-30 所示，设工件的圆孔为$\phi D_0^{\delta D}$，定位件的轴径尺寸为$\phi d_{-\delta d}^{0}$。由于定位副配合间隙的影响，会使工件上圆孔中心线(定位基准)的位置发生偏移，当孔的尺寸为最大值，轴径尺寸为最小值时，其中心的可能偏移量即基准位移误差ΔY最大。

$$\Delta Y=\phi D_{\max}-\phi d_{\min}=\phi D_{\max}+\delta D-\phi d_{\min}+\delta d=\delta D+\delta d+X_{\min} \tag{2-2}$$

式中，$X_{\min}$——设计时确定的定位销与定位孔的最小配合间隙，mm。 其计算公式为

$$X_{\min}=\phi D_{\min}-\phi d_{\max}$$

(3) 工件以外圆柱面在 V 形块上定位。

工件以外圆柱面在 V 形块上定位时，其定位基准为工件外圆柱面的轴心线，定位基面为外圆柱面。

若不计 V 形块的制造误差，由于 V 形块的对中性，$\Delta Y=0$(对称面水平方向上)。

由于工件基准面的形状和尺寸误差，工件的定位基准会在对称面上产生偏移，如图 2-31 所示，在 Z 向的基准位移量可由下式计算：

$$\Delta Y=O_1O_2=\frac{\delta d}{2\sin\frac{\alpha}{2}} \tag{2-3}$$

式中，δd——工件定位基面的直径公差，mm；

α——V 形块的夹角；

ΔY的误差变化方向在 V 形块的对称面上。

从上述分析可知，基准不重合和基准位移是导致定位误差产生的原因。但基准不重合和基准位移均是通过导致工序基准发生位置变动，进而使工序尺寸产生加工误差。因此可以说，定位误差产生的根本原因是工序基准的位置变化，即定位误差均是由工序基准位置变化而引起的。

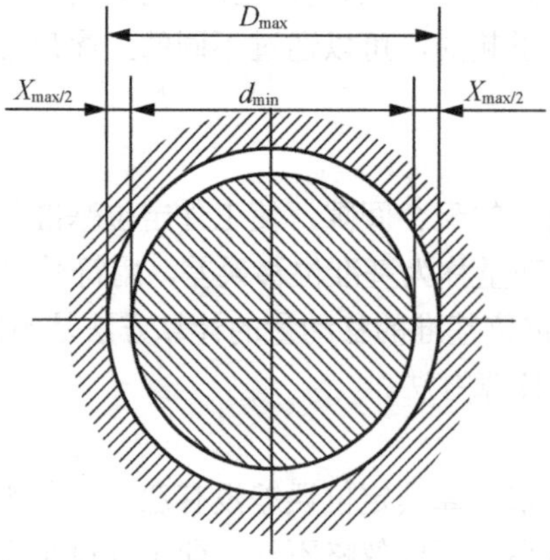

图 2-30　圆孔在圆柱销、圆柱心轴上定位

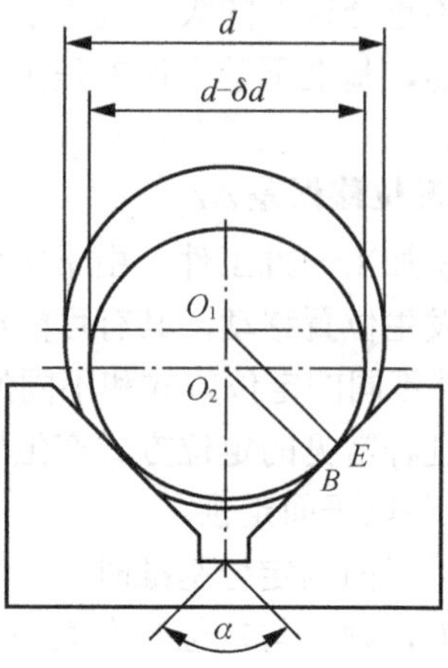

图 2-31　在 V 形块上定位的基准位移

基准位移误差是由定位副制造误差及其配合间隙引起的，而基准不重合误差是由工序基准选择不当产生的。在工件定位时，上述两项误差可能同时存在，也可能只有一项存在，但无论如何，定位误差应是两项误差共同作用的结果。这种由于基准不重合和基准位移的存在，而导致调整法加工一批工件时，工序尺寸(或位置精度)有可能产生的最大变化量称为定位误差，用符号“ Δd_{ω} ”表示，即

$$\Delta d_{\omega} = \Delta B \cos\alpha + \Delta Y \cos\beta \tag{2-4}$$

式中，α——基准不重合误差 ΔB 方向与工序尺寸方向间的夹角；

β——基准位移误差 ΔY 方向与工序尺寸方向间的夹角。

利用式(2-4)计算定位误差称为误差合成法。当 ΔB 和 ΔY 是由同一误差因素导致产生时，称 ΔB 和 ΔY 关联。当 ΔB 和 ΔY 关联时，如果 $\Delta B\cos\alpha$ 和 $\Delta Y\cos\beta$ 方向相同，合成时取“+”号；如果 $\Delta B\cos\alpha$ 和 $\Delta Y\cos\beta$ 方向相反，合成时取“－”号。当两者不关联时，可直接采用两者的和叠加计算定位误差。

二、机床夹具

机床夹具是机械加工工艺系统的一个重要组成部分。为保证工件某工序的加工要求，必须使工件在机床上相对刀具的切削或成形运动处于准确的相对位置。当用夹具装夹加工一批工件时，是通过夹具来实现这一要求的。而要实现这一要求，又必须满足以下三个条件：第一，工件要在夹具中占有正确的加工位置；第二，夹具在机床上的装夹位置要准确；第三，刀具相对夹具的位置要准确。这里涉及三层关系，即零件相对于夹具、夹具相对于机床、零件相对于机床。工件的最终精度是由零件相对于机床获得的，所以“定位”也涉及三层关系，即工件在夹具上的定位，夹具相对于机床的定位，而工件相对于机床的定位是通过夹具间接保证的。工件定位以后必须通过一定的装置产生夹紧力把工件固定，使工件保持在准确定位的位置上。否则，在加工过程中因受切削力、惯性力等力的作用而发生位置变化或引起振动，破坏了原来的准确定位，无法保证加工要求。这种产生夹紧力的装置便是夹紧装置。

(一)机床夹具及其作用

机械加工中用于迅速装夹工件，使机床、刀具、工件相互保持正确位置的装置称为机床夹具，简称夹具。

在机床上迅速装夹工件，就是用夹具将工件装好和夹牢。将工件装好，就是在机床上确定工件相对于刀具的正确位置，这一过程称为定位。将工件夹牢，就是对工件施加作用力，使之在已经定好的位置上将工件可靠地夹紧，这一过程称为夹紧。机床夹具的作用就是将工件定位，以使工件获得相对于机床和刀具的正确位置，并把工件可靠地夹紧。

(二)机床夹具的分类

机床夹具的种类很多，结构千差万别。为了设计、制造和管理方便，往往按某一属性进行分类。根据其使用范围和通用程度，机床夹具可分为通用夹具、专用夹具、成组可调夹具、组合夹具、随行夹具等类型。

(1)通用夹具。这类夹具具有很大的通用性，现已标准化，在一定范围内无须调整或稍加调整就可用于装夹不同的工件，如车床上的三爪自定心卡盘、四爪单调卡盘、铣床上的平口钳、分度头、回转盘等。这类夹具通常作为机床附件由专业厂生产，其使用特点是操作费时、生产率低，主要用于单件小批生产。

(2)专用夹具。这类夹具是针对某一工件的某一固定工序而专门设计的，不具备通用性。由于不需要考虑通用性，所以可以设计得结构紧凑，操作方便、迅速，它比通用夹具的生产率高。这类夹具在产品变更后就无法利用，因此适用于大批量生产。

(3)成组可调夹具。这类夹具的部分元件可以更换，部分装置可以调整，以适应不同零件的加工。在多品种小批量生产中，由于通用夹具生产率低，产品质量也不高，而采用专用夹具又不经济。这时可采用成组加工方法，即将零件按形状、尺寸和工艺特征等进行分组，为每一组设计一套可调整的“专用夹具”，使用时只需稍加调整或更换部分元件，即可加工同一组内的各个零件。

(4)组合夹具。由预先制造好的通用标准化的元件根据零件的加工要求拼装而成的夹具。当产品变更时，夹具可拆卸、清洗，并在短时间内重新组装成另一种形式的夹具。因此组合夹具既适用于单件小批生产，又可适用于中批生产。

(5)随行夹具。一种在自动线或柔性制造系统中使用的夹具。

根据所使用的机床，可将机床夹具分为车床夹具、铣床夹具、钻床夹具(钻模)、镗床夹具(镗模)、磨床夹具和齿轮机床夹具等。根据产生加紧力的动力源，可将机床夹具分为手动夹具、气动夹具、液压夹具、电动夹具、电磁夹具和真空夹具等。

(三)机床夹具的组成

机床夹具的种类和结构虽然繁多，但它们的组成均可概括为以下四个部分。

(1)定位装置。其作用是使工件在夹具中占据正确的位置，如图 2-32 中的定位元件 1。

(2)导向元件。确定刀具的正确位置及引导刀具加工方向的元件，如图 2-32 中的对刀块 6。

(3)夹紧装置。其作用是将工件压紧夹牢，保证工件在加工过程中受到外力作用时不离开已经占据的正确位置，如图 2-32 中的夹紧元件 2 和螺钉 3。

(4)夹具体。夹具上的所有组成部分，需要通过一个基础件使其连接成为一个整体，这个基础件称为夹具体，如图 2-32 中的夹具体 5。

(5) 其他装置或元件。有些夹具上还设有分度装置、连接元件等，如图 2-32 中的定位键 4 是保证机床和夹具正确位置的元件。

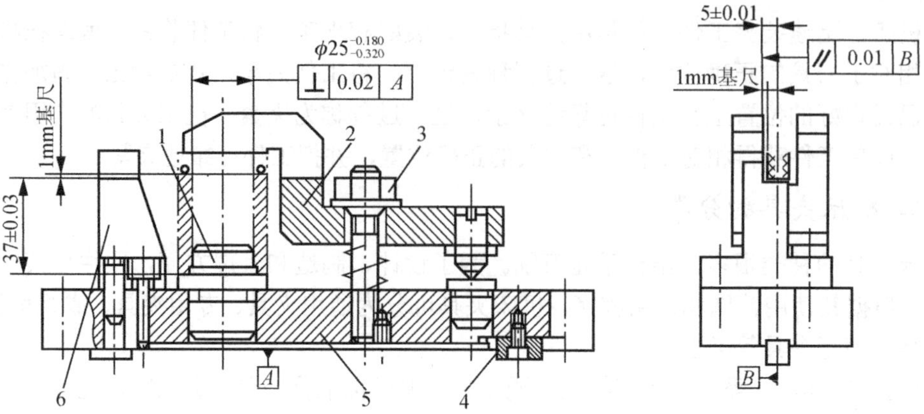

图 2-32　套筒铣槽夹具

1-定位元件；2-夹紧元件；3-螺钉；4-定位键；5-夹具体；6-对刀块

三、专用夹具

1. 专用夹具设计基本要求

(1) 稳定地保证工件的加工精度。机床夹具的首要任务是保证加工精度，特别是保证加工与定位面之间以及加工表面相互之间的位置精度。例如，选择合适的定位方案、夹紧方案、刀具导向方式，并进行误差分析。

(2) 提高机械加工生产率、降低成本。应尽量采用各种快速、高效的夹具结构，如多件夹紧、联动夹紧、多工位加工等。尽量使夹具结构简单、制造容易，以降低夹具制造成本。尽量减少画线、找正等辅助时间。

(3) 结构简单，操作方便，工作安全，能减轻工人劳动强度。例如，采用气动、液压等夹紧装置，夹具操作位置应符合操作工人的习惯，必要时应有安全保护装置。

(4) 便于排屑。排屑积集在夹具中，会影响正确的定位；切屑带来的大量热量会引起夹具和工件的热变形，影响加工质量；切屑的清扫又会增加辅助时间，降低工作效率；切屑积集严重时，还会损伤刀具或造成工伤事故。

(5) 有良好的结构工艺性。应便于制造、检验、装配、调整、维修等。

当然，以上要求在某些时候会产生矛盾，相互冲突。需要抓住加工零件所要的工艺要求，达到最好的效果，例如，钻模的设计通常侧重于生产率的要求，镗模夹具等则侧重于加工精度的要求。

2. 专用夹具设计步骤

专用夹具设计步骤如下。

(a) 研究原始资料，明确设计要求。熟悉产品的零件图和装配图、工艺规程。充分了解本工序的加工内容、技术要求等。收集有关机床、刀具、夹具等方面的资料。

(b) 确定夹具方案，绘制夹具结构草图。根据定位基准和六点定位原理，确定工件的定位方法并选择相应的定位元件。确定导向装置或对刀装置。确定工件的夹紧方法，设计夹紧机构。确定其他元件或装置的结构形式。确定夹具体结构形式。确定夹具总体轮廓。

(c)绘制夹具总图，标注有关尺寸及技术要求。确定视图关系，主视图应取操作者实际工作位置，用双点画线画工序图。依次画定位元件、对刀元件、夹紧元件、其他元件、夹具体。标上尺寸和技术要求。

(d)绘制零件图。对夹具总图中的非标准件均应绘制零件图，零件图视图的选择应尽可能与零件在总图上的工作位置相一致。

(一)常用定位方法

1. 工件以平面定位

工件以平面定位时，所用的定位元件(即支承件)可分为主要支承和辅助支承。主要支承用来限制工件自由度，是真正具有独立定位作用的定位元件，如固定支承(支承钉和支承板)、浮动支承、可调支承等。固定支承可用于精基准和粗基准定位。浮动支承和可调支承只用于粗基准定位，而浮动支承主要用于尺寸大或刚性较差的工件定位。

辅助支承用来加强工件的安装刚性，它不起限制自由度的作用，仅在工件定位后才参与工作，如图 2-33 所示。

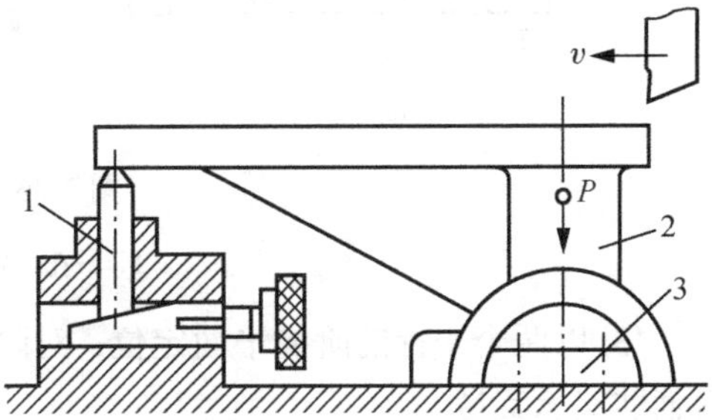

图 2-33　辅助支承的作用

1-辅助支承；2-工件；3-定位块

2. 工件以外圆表面定位

前面已述，工件以外圆定位时，常用 V 形块作定位元件。V 形块结构已标准化。

3. 工件以内圆孔定位

常用的定位元件有定位销、定位心轴、自动定心机构(如三爪卡盘、弹簧心轴等)。定位销又分为圆柱定位销、锥形定位销及菱形销，定位销结构已标准化。如图 2-34 所示，工件定位时，支承板上面限制工件 1 个移动自由度和 2 个转动自由度,短圆柱定位销限制工件 2 个移动自由度,菱形销限制工件 1 个转动自由度。定位心轴一般用于盘套类零件定位，定位时可限制四个自由度，如图 2-35 所示。

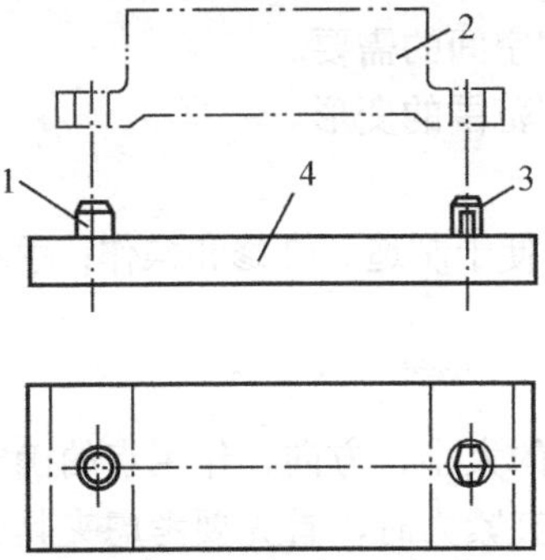

图 2-34　支承钉的作用

1-短圆柱销；2-工件；3-菱形销 ；4-支承板

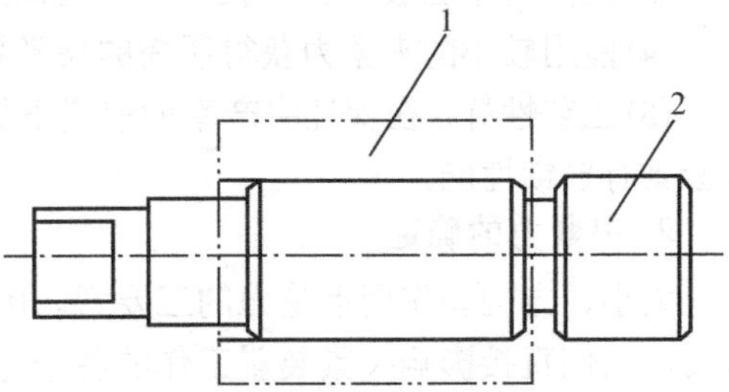

图 2-35　过盈配合定位心轴

1-工件；2-定位心轴

4. 工件表面的组合定位

工件定位时，常需要由几种定位元件利用两个以上表面组合使用进行定位，称为工件表面的组合定位。

(1) 以轴心线平行的两孔定位：这种定位方法是由支承板和两个定位销来定位，此法又称“一面两孔”定位，如图 2-34 所示。

(2) 以一孔和两平面定位：又称“两面一孔”定位。如图 2-36 所示，若要求保证 $A\pm\Delta a$ 尺寸，采用图 2-36(b) 的定位方法。大孔 1 套在菱形销上定位，销边方向与底面 3 平行，以补偿 $\pm\Delta h$ 误差，工件底面 3 和侧面 4 与夹具定位。若要求保证 $B\pm\Delta h$ 尺寸，则采用图 2-36(c) 所示的定位方法。大孔 1 套在圆柱定位销上，侧面 4 与夹具定位，底面 3 支承在可调斜楔 5 上，以补偿 $\pm\Delta h$ 误差。

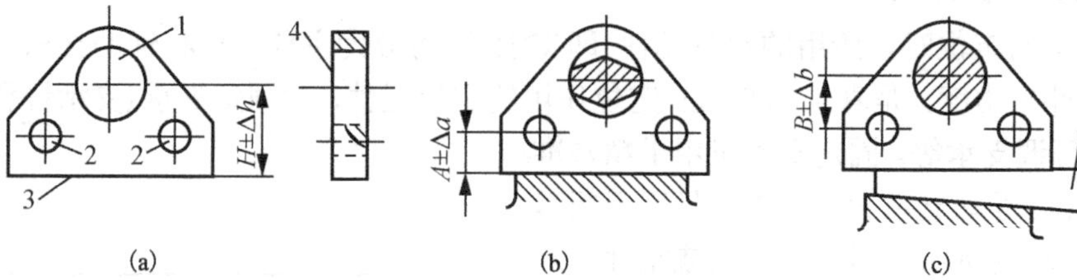

图 2-36 “两面一孔”定位

1、2-孔；3-底面；4-侧面；5-斜楔

(3) 以两个平行的阶梯平面定位：对阶梯式工件定位时，只可用一个平面定位，另一平面用辅助支承支持。

(4) 有两相互垂直平面的工件的定位：工件两垂直面因夹角有一定公差，故不可能与夹具两垂直面同时接触。为此，定位时采用一个平面与夹具定位面接触，另一面为线接触，并利用辅助支承以增加工件刚度。

(二) 夹紧装置设计

1. 对夹紧装置的基本要求

工件夹紧的目的是防止工件在切削力、重力、惯性力等的作用下发生位移或振动，以免破坏工件的定位。因此正确设计的夹紧机构应满足下列基本要求。

(1) 夹紧力不应破坏工件的正确定位。

(2) 夹紧装置要有足够的夹紧行程，以满足工件装卸空间的需要。

(3) 夹紧时不应破坏工件表面，不应使工件超过允许范围的变形。

(4) 能用较小的夹紧力获得所需的夹紧效果。

(5) 工艺性好，在保证生产率的前提下结构应简单，便于制造、维修和操作；手动夹紧机构应具有自锁性能。

2. 夹紧力的确定

大小、方向和作用点是力的三要素。因此，夹紧力的大小、方向、作用点的确定就至关重要，它们直接影响夹紧装置工作的各个方面。在确定夹紧力时，首先要考虑夹具的整体布局问题，其次要考虑加工方法、加工精度、工件结构、切削力等方面对夹紧力的不同需要。

(1) 夹紧力方向的确定。

夹紧力作用方向主要影响工件的定位可靠性、夹紧变形、夹紧力大小等方面。应遵循下列原则。

① 为了保证加工精度，主要夹紧力的作用方向应垂直于工件的主要定位基准，同时要保

证工件其他定位面定位可靠。

② 夹紧力的作用方向应尽量避开工件刚性比较薄弱的方向，以尽量减小工件的夹紧变形对加工精度的影响。

③ 夹紧力的作用方向应尽可能有利于减小夹紧力。

(2)夹紧力作用点的确定。

夹紧力作用点选择包括作用点的位置、数量、布局、作用方式。它们对工件的影响主要表现在定位准确性和可靠性及夹紧变形；同时，作用点选择还影响夹紧装置的结构复杂性和工作效率。应遵循下列原则。

① 夹紧力作用点应正对定位元件定位面或落在多个定位元件所组成的定位域之内，以防止破坏工件的定位。

② 夹紧力作用点应落在工件刚性较好的部位上，以尽量减小工件的夹紧变形。

③ 夹紧力作用点应尽量靠近工件被加工面，以便最大限度地抵消切削力，提高工件被加工部位的刚性，降低由切削力引起的加工振动。

④ 选择合适的夹紧力作用点的作用形式，可有效地减小工件的夹紧变形、改善接触可靠性、提高摩擦系数、增大接触面积、防止夹紧元件破坏工件的定位和损伤工件表面等。

⑤ 夹紧力作用点的数量和布局应满足工件必须可靠定位的需要。

⑥ 夹紧力作用点的数量和布局应满足工件加工对刚性的需要，以减小工件的受力变形和加工振动。

(3)夹紧力大小的确定。

夹紧力主要包括工件的切削力、离心力、惯性力及重力等。夹紧力的大小主要影响工件定位的可靠性和工件的夹紧变形以及夹紧装置的结构尺寸和复杂性。理论上夹紧力应与上述力(力矩)的作用相平衡。但是切削力的大小和方向在加工过程中是变化的，因此夹紧力的大小只能进行粗略的估算。在实际设计中，可采用经验类比法和分析计算法。分析计算法具体如下。

① 工件受力分析，以对夹紧最不利的瞬时状态作为计算工况。

② 为简化计算，略去对平衡力系中影响的次要因素。一般只考虑切削力和工件重力。

③ 建立工件受力静力平衡方程，求解理论夹紧力。

考虑到在实际加工过程的动态不稳定性，需要将理论夹紧力再乘上一个安全系数，作为工件加工时所需要的实际夹紧力。安全系数一般取 1.5～3，小数值用于精加工，大数值用于粗加工。

(三)夹具其他部分

1. 对刀元件或导向元件

对刀元件或导向元件用来控制刀具本身运动，并引导刀具进入正确加工位置，防止或减少在加工过程中因切削力等因素引起的刀具偏移，如钻孔用的钻模套筒(简称钻套)和对刀块等。

钻套可装配在钻模板上或夹具体上。其作用是确定钻孔位置，引导钻头钻孔、扩孔或铰刀，并防止其在加工中发生偏斜。按结构和使用情况，钻套可分为固定钻套和可换钻套，如图 2-37 所示。对刀块用来确定铣刀与加工面之间的相互位置。用塞尺检验对刀块与铣刀之间的间隙，如图 2-38 所示。

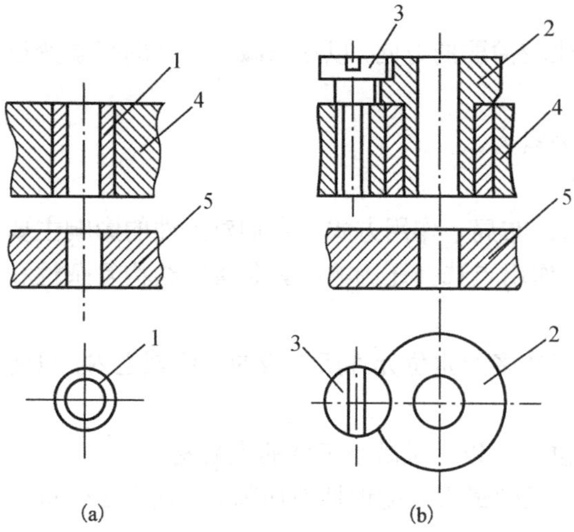

图2-37　钻套

1-固定钻套；2-可换钻套；3-锁紧螺钉；4-钻模板；5-工件

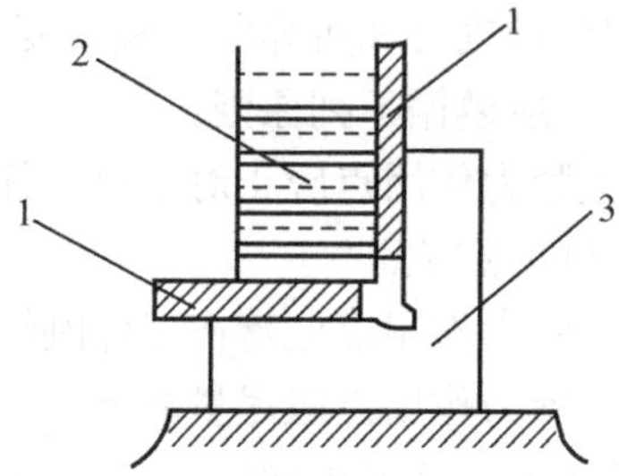

图2-38　对刀装置

1-塞尺；2-铣刀；3-对刀块

2. 夹具体

夹具体是夹具的基础件，夹具的所有元件和机构都安装在夹具体上，并通过它使整个夹具固定在机床上。它对保证夹具的加工精度有很大关系。夹具体可用铸造或焊接的方法制造，毛坯应经退火处理。因此，设计夹具体时应满足以下要求。

(1)足够的强度、刚度和较好的稳定性。

(2)夹具体的各主要表面应有足够的位置精度和适宜的表面粗糙度。

(3)夹具体应具有良好的结构工艺性，便于装卸工件，保证生产安全。

(4)夹具体结构便于清除切屑和冷却液流通。

(5)对大型的夹具体要考虑便于吊运和加工。

四、装配焊接夹具

装配焊接夹具也称焊接工装夹具。其作用是将焊件进行组装、定位、夹紧及焊接，保证焊件的质量。在焊接生产过程中，纯粹焊接所需要的工时较少，大部分时间是用于备料、装配及其他辅助的工作。因此，在现代焊接生产中积极推广和使用与产品结构相适应的装配焊接夹具，对提高焊接产品的质量，减轻操作人员的劳动强度，加速焊接生产实现机械化、自动化进程等方面起着非常重要的作用。

(一)采用装配焊接夹具的优点

(1)焊件的定位和夹紧准确、可靠。可以减轻甚至取消下料和装配时的画线工作，减小制品的尺寸偏差，提高零件的精度和可换性。

(2)有效地防止和减小焊接变形，从而减轻焊接后的矫正工作量，达到减少工时消耗和提高劳动生产率的目的。

(3)可进行焊件的翻转工作，使焊件处于最佳施焊位置，改善操作人员的劳动条件，焊接速度提高，焊缝成形优良。

(4)可扩大先进工艺和设备的使用范围，加快焊接结构生产的机械化和自动化。

(二)装配焊接夹具的分类

按照所完成的工作，装配焊接夹具可分为装配(及点定焊)用的夹具、焊接用的夹具和装配焊接夹具。

(1)装配用的夹具：这类夹具的主要任务是按产品图纸和工艺上的要求，将各零件或部件的相互位置准确地固定下来。零部件只在它上面进行点固而不完成整个焊接工作。

(2)焊接用的夹具：已点固好的部件放在这类夹具上完成全部焊缝的焊接，使处在各种位置的焊缝都尽可能地调整到最有利于施焊的位置，如车顶翻转环。

(3)装配焊接夹具：在夹具上能完成整个部件的装配和焊接工作，它兼有前两种夹具的性能。

(三)装配焊接夹具的设计特点

装配焊接夹具的设计与机械加工夹具的设计基本相似。但由于焊接产品的工艺特点，使装配焊接夹具的定位和夹紧有不同特征。

(1)焊件允许采用过定位。在机械加工中，通常情况下不采用过定位。而在焊接部件中，有些零件长度大而断面小，例如，客车侧墙上边梁，长25m多，制成50mm×70 mm×3 mm的角形断面。如果遵循六点定位原理，则由于其本身刚度差，弯曲和扭曲变形大，不能保证上边梁在夹具全长上的正确位置。因此，需要采用过定位。

(2)可对不同零件装配的部件进行定位和夹紧。机械加工夹具通常只夹紧单个被加工零件，很少夹紧装配成为部件的几个零件。而装配焊接夹具装配的是不同零件组成的部件，零件可依次安装到夹具上，每个零件的定位通常是单独进行的。对定位好的零部件可以同时夹紧，也可以分别夹紧。

(3)焊件在夹具的某个方向上可以移动。在机械加工中，零件相对夹具固定不动。但是装配焊接夹具上对零部件的夹紧程度不是完全相同的。为了控制和减少在某个方向上的焊接变形，一些零部件被刚性地夹固着。为了减少焊接应力，在某些方向上又是可以自由移动的。

(4)对夹具的强度和刚度要求高。机械加工夹具在加工过程中承受的外力是切削力和工件的重量等。而装配焊接夹具除承受工件的重量和夹紧工件的压夹力，还必须承受焊接变形引起的力。因此，要求夹具体、定位器和夹紧器具有足够的强度和刚度。

(5)焊件拆卸方便。机械加工件在加工后基本上不变形，可以自由地从夹具上取下。而焊件则由于存在焊接变形，往往卡在夹具内无法卸下。因此，定位器有时要设计成可退出的形式。

(四)装配焊接夹具组成

一个完整的装配焊接夹具，一般由定位器、夹紧机构和夹具体三部分组成。

1. 定位器

(1)挡铁。

挡铁是一种应用较广且结构简单的定位元件。除平面定位，也常利用挡铁对焊接结构或型钢结构的端部进行边缘定位，如固定式挡铁、可拆式挡铁、永磁式挡铁和可退出式挡铁，如图2-39所示。

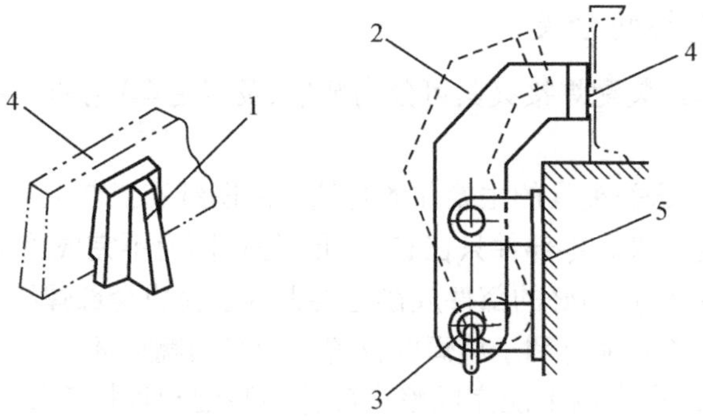

图 2-39　挡铁

1-固定挡铁；2-活动挡铁；3-活动圆销；4-焊件；5-夹具体

(2)定位销。

利用零件上的装配孔、螺钉或螺栓孔及专用定位孔等作为定位基准时多采用定位销定位。定位销一般按过渡配合或过盈配合压入夹具体内，其工作应根据零件上的孔径按间隙配合制造。定位销形式有固定式定位销、可换式定位销、可拆式定位销和可退出式定位销。

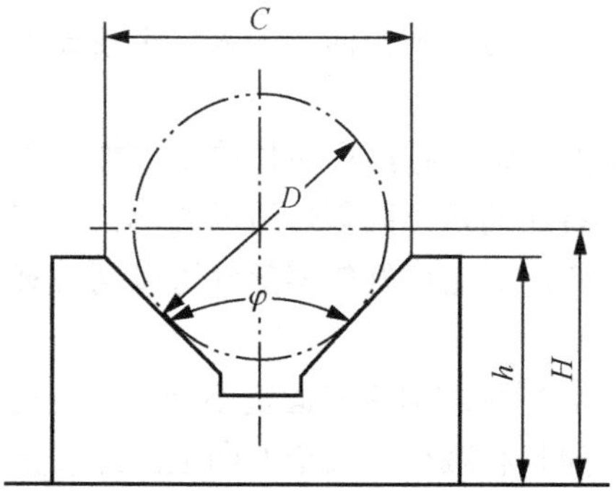

图 2-40　V 形块的几何尺寸

(3)V 形块。

圆柱表面的定位多采用 V 形块，如图 2-40 所示。V 形块上两斜面的夹角 φ 一般选用 60°、90°和 120°三种，焊接夹具中 V 形块的两斜面夹角多为 90°。V 形块可根据焊件直径确定，即

$$h=0.8D$$
$$H=h+0.2D$$

当 $\varphi=90°$ 时，$C=1.41D-2(H-h)$。

(4)样板。

预先按零件的相互位置制成样板，装配时使它和工件贴紧进行定位。例如，车体钢结构制造中，前从板座与后从板座、心盘与旁承之间的定位均采用样板，可起到简化夹具的作用。

2. 夹紧机构

夹紧机构的作用是保持零件的准确定位和防止零件经装配和焊接过程中因受力和翻转而发生位移。

(1)夹紧机构的特点。

选用夹紧机构的核心问题是如何正确施加夹紧力，即确定夹紧力的大小、方向和作用点三个要素。下面主要强调与机械加工夹具不同的特点。

(a)夹紧力的方向应尽可能与零件的重力和所受外力的方向相同，使所需设计的夹紧力最小。因此，主要定位基准的位置最好是水平的。

(b)对于刚度较小焊件，夹紧力作用点可由单点夹紧改为双点夹紧或适当增加夹紧接触面积。

(c)当焊件在夹具上具有翻转或回转动作时，夹紧力大小要足以克服重力和惯性力的影

响，保持焊件夹紧的牢固性。需要在夹具上实现弹性反变形时，夹紧装置就应具有使零件获得预定反变形量所需的夹紧力。夹紧力要足以应付焊接过程热应力引起的拘束应力。夹紧力应能克服焊件因备料、运输等造成的局部变形，以便于顺利装配。

(2) 夹紧机构设计的基本要求。

(a) 夹紧作用准确，处于夹紧状态时应能保持自锁，保证夹紧定位的安全可靠。

(b) 夹紧动作迅速，操作方便省力，夹紧时不应损坏零件表面质量。

(c) 夹紧件应具备一定的刚性和强度，夹紧作用力应是可调的。

(d) 结构力求简单，便于制造和维修。

3. 夹具体

夹具体是夹具的基本件，它既要把夹具的各种元件、机构、装置连接成一个整体，还要考虑工件装卸的方便。除夹紧力，由于焊接过程引起的热应力作用，夹具体必须满足强度和刚度的要求。在保证强度和刚度的前提下，结构尽可能简单紧凑、体积小、质量轻。焊件安装稳定牢靠。当然，清理方便是各种类型的夹具所必须具备的。

(五) 常用的夹紧机构

1. 楔形夹紧

楔形夹紧是一种最基本、最简单的夹紧机构。图 2-41 (a) 为简单的楔口夹板，一般用于型钢和板材连接时的夹紧。图 2-41 (b) 为角钢斜楔夹紧装置。楔形夹紧装置工作时，主要通过斜面的移动所产生的压力 W 夹紧工件。楔形夹紧装置必须满足自锁条件，这样操作时不会自动滑出。斜楔升角 α 应满足以下条件：

$$\alpha < \psi_1 + \psi_2 \tag{2-5}$$

式中，ψ_1——斜楔与工件之间的摩擦角；

ψ_2——斜楔与夹具体之间的摩擦角。

设计时，一般 $\alpha < 12°$，考虑到安全，手动夹紧时，α 取 6°～8°。当斜楔动力源由气压或液压提供时，可将斜楔升角 α 扩大，15°～30°时为非自锁式。

斜楔夹紧装置结构简单、制作容易、成本低，在很多情况下都适用。但它产生的夹紧力 W 有限，为推力 Q 的 3 倍左右。

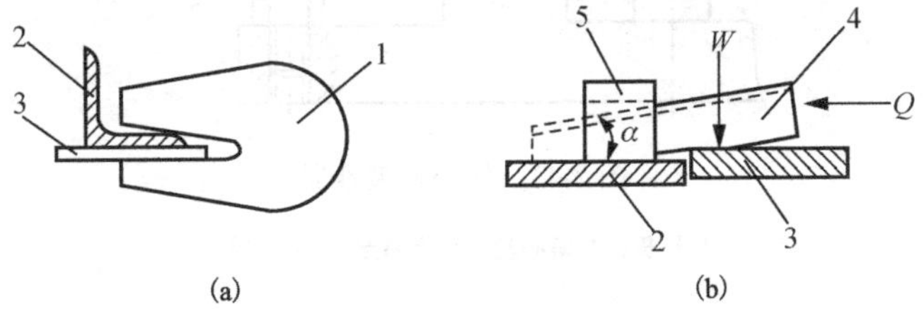

图 2-41　斜楔夹紧器

1-楔口夹板；2、3-焊件；4-角钢斜楔；5-角钢套

2. 螺旋夹紧

螺旋夹紧一般由螺杆、螺母和主体三部分组成，配合使用的有压块、手柄等。使用时，通过螺杆与螺母的相对旋动达到夹紧工件的目的。为防止对零件表面的压伤和产生位移，可在螺杆的端部装有可摆动的压块。

为克服螺旋夹紧动作缓慢、辅助时间长和工作效率不高的缺点，可以采用旋转式螺旋夹紧(图 2-42(a))、铰接式夹紧(图 4-42(b))和快撤式夹紧等快速夹紧的结构形式。

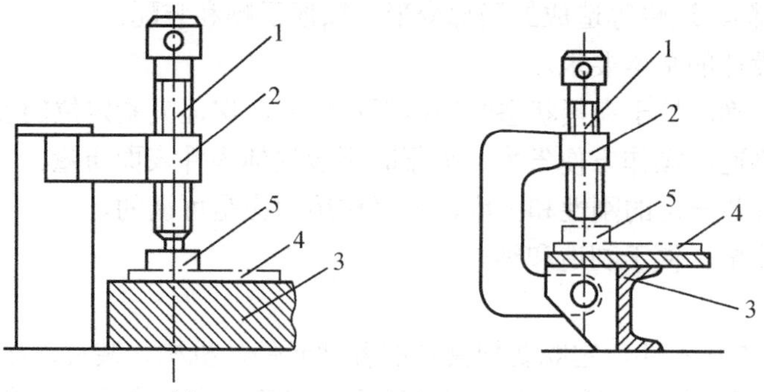

图 2-42　螺旋夹紧器

1-螺杆；2-螺母；3-主体；4-焊件；5-压块

3. 偏心轮夹紧

偏心轮是指绕一个与几何中心相对偏移一定距离的回转中心而旋转的零件。偏心轮夹紧器是由偏心轮的自锁性能来实现夹紧作用的夹紧装置。其特点是夹紧动作迅速，特别适用于尺寸偏差较小、夹紧力不大及很少振动情况下的成批大量生产，如图 2-43 所示。

圆偏心轮自锁的条件为

$$2e/D \leqslant f \tag{2-6}$$

式中，D——圆偏心轮直径(D=2R)；

f——圆偏心轮与零件摩擦系数，一般取 0.1～0.15。

生产中多采用 f=0.15，此时偏心距应为 e< 0.05D。

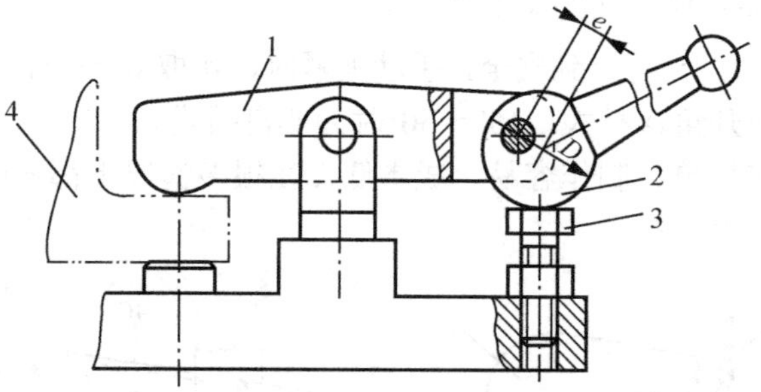

图 2-43　偏心轮夹紧器

1-压板；2-偏心轮；3-可调支承；4-焊件

4. 杠杆夹紧

这是一种利用杠杆作用原理，使原动力转变为夹紧力的夹紧机构。如图 2-44 所示，当压力空气进入气缸时，推动活塞产生夹紧力源，通过中间机构传递给杠杆一端，在杠杆另一端产生夹紧力，夹紧焊件。杠杆夹紧动作迅速，夹紧力大小通过支点位置可调。但其自锁能力较差，受振动时易松开，所以常用气压或液压作为夹紧力源或与其他机构组成复合夹紧装置。

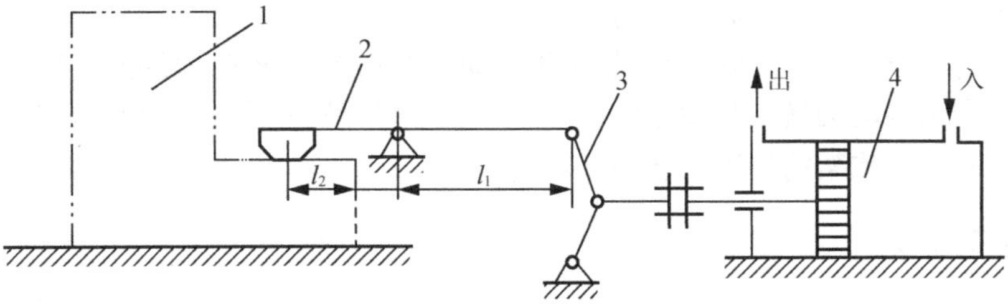

图 2-44　气动夹紧器

1-焊件；2-杠杆；3-中间机构；4-气缸

5. 气动与液压夹紧

气动夹紧具有夹紧动作迅速、夹紧力稳定并可调节、结构简单、操作方便、不污染环境及有利于实现程序控制操作等特点。如图 2-44 所示，由气缸产生夹紧力源。

液压夹紧工作平稳，夹紧力大，有较好的过载能力。但需要一套专用的液压动力装置，而且系统密封要求高，制造成本也高。

6. 磁力夹紧

磁力夹紧是借助磁力吸引铁磁性材料的零件来实现夹紧的装置。按磁力来源分为永磁式夹紧、电磁式夹紧；按工作性质分为固定式夹紧、移动式夹紧。如图 2-45 所示为电磁式夹紧平台。

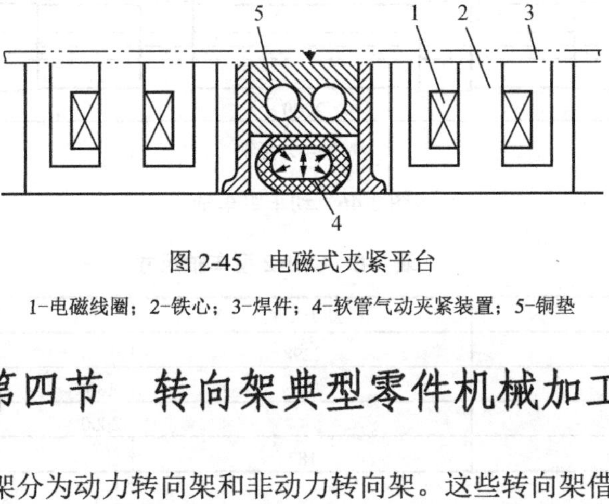

图 2-45　电磁式夹紧平台

1-电磁线圈；2-铁心；3-焊件；4-软管气动夹紧装置；5-铜垫

第四节　转向架典型零件机械加工

我国动车组转向架分为动力转向架和非动力转向架。这些转向架借鉴国外高速转向架技术，具有很强的综合性能。高速动车组动力转向架一般由下列主要部分组成。

(1) 构架。它是转向架的骨架，是安装各种零部件的载体，承受和传递垂向力和水平力。

(2) 轮对。轮对直接向钢轨传递列车质量和动作用力。通过轮对的回转实现列车在钢轨上的运行。动力轮对还通过轮轨间的黏着产生牵引力，制动力也通过轮对实现。

(3) 轴箱及定位装置。它是联系构架和轮对的活动“关节”，除了保证轮对能自由回转外，还能通过其定位装置使轮对适应线路条件，相对于构架前后、左右活动。

(4) 弹簧悬挂装置。它用来保证一定的轴重分配，缓和轮轨冲击作用，是保证列车/车辆运行平稳性等动力学性能的重要装置。一般由弹簧、阻尼元件及其连接部件组成。

(5) 牵引装置。它是车体与转向架的连接装置，用于传递车体与转向架之间的垂向力和水平力，同时保证车体与转向架之间的回转运动。

(6) 基础制动装置。由制动缸传来的力，经杠杆系统增大若干倍后，传给闸瓦或闸片，通过制动盘或车轮踏面，对列车施行制动。

(7) 驱动机构。对于动力转向架，将牵引电动机的功率，通过齿轮减速装置传给轮对。

非动力转向架与动力转向架组成结构基本一致，但没有牵引电机和驱动装置。下面只对车轴、车轮、轴箱和构架的加工工艺进行阐述。

一、车轴加工工艺

车轴是转向架结构中的重要承载零件之一。车轴有实心和空心之分。实心车轴主要用于普通速度和快速转向架中。而空心车轴主要用于高速转向架中，主要目的是减轻自重，便于探伤。如图 2-46 所示为动车组车轴，表 2-8 为 CRH2 型车轴尺寸。

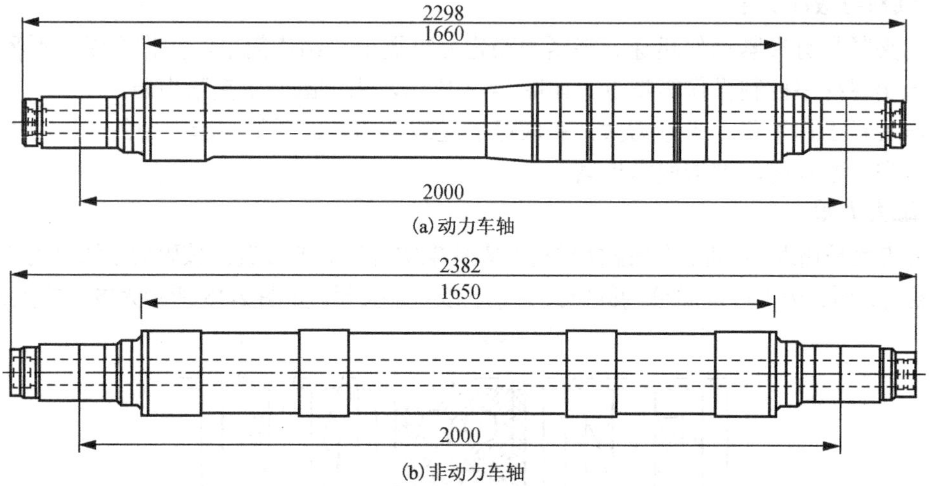

(a) 动力车轴

(b) 非动力车轴

图 2-46　动车组车轴

表 2-8　CRH2 型车轴尺寸　　（单位：mm）

名称	动力车轮	非动力车轮
车轴总长	2298	2382
轴径直径	130	
轴径中心距	2000	
轴身直径	182	192

（一）车轴加工技术要求

(1) 车轴精加工后，车轴内外表面不得有缩孔、斑疤、黑皮、裂纹和夹杂等缺陷。

(2) 轴身上各部圆弧处精加工后进行滚压处理，轮座、制动盘座、轴颈、防尘板座表面、轴颈根部及防尘板座根部的 *R*20 和 *R*35 圆弧部分滚压处理后进行磨削加工。

(3) 车轴内孔壁及外表面应进行全面超声波探伤和磁粉探伤，车轴内部不得有缩孔、疏松、夹杂、裂纹，轴身表面不得有纵裂纹和横向发纹。

(4) 车轴内孔壁应全部加工，表面粗糙度为 $Ra \leqslant 12.5\mu m$。

(5) 车轴精加工后，壁厚差≤1mm。

(6) 精加工后，全部涂油防锈，运输时应防止碰撞。

(7) 车轴表面残余应力的最大值在处于拉伸时≤100 MPa。

（二）车轴加工工艺分析

车轴采用实心锻造毛坯制造，材料为S38C，空心孔直径为60mm，采用镗孔加工工艺。

车轴加工一般采用中心孔作为定位基准，符合基准统一原则。对于空心车轴而言，为了实现中心孔定位，一般均采用带顶尖孔的锥套心轴或锥堵。中心孔的精度对车轴加工精度有重大影响。因此，必须安排修研中心孔工序，可在车床上用金刚石或硬质合金顶尖加压进行。

车轴上压装有轴承内圈、防尘板、车轮、制动盘毂（非动力车轴）和齿轮箱（动力车轴）。这些零件与车轴连接均采用过盈配合。在对车轴进行机械加工时，配合表面必须满足规定的尺寸公差和表面精度要求。

加工表面尤其是配合处不得存在任何刀痕，在车轴表面残余应力的最大值不得超过规定要求。为提高车轴的疲劳安全性，车轴应采用高频淬火热处理和滚压工艺。

（三）车轴机械加工工艺过程

（1）毛坯以外圆定位，在双面铣床上粗铣两端面。

（2）以内孔定位，在卧式镗床上粗、精镗两$\phi74^{+0.04}_{0}$堵头孔，刮两端面。

（3）在压床上压入两端专用堵头。

（4）以两堵头上的中心孔定位，在车轴仿形车床上半精车轴颈、防尘座、轮座、制动盘座和轴身。

（5）以轮座面定位，精铣两端面，保证车轴长度为2382mm。

（6）以轮座面定位，在组合机床上对端面孔加工，分别经钻孔、扩孔、攻丝三个工位。

（7）修研中心孔，以中心孔定位，精车轴颈、防尘座、轮座、制动盘及轴肩圆弧角。

（8）磨轮座、制动盘座。

（9）滚压轮座、制动盘座、轴身及过渡圆弧。

（10）精磨防尘座、轴颈。

（11）交验。

车轴滚压加工是通过一定形式的滚压工具对工件表面施加压力，利用金属的塑性变形，将工件表面的微观不平辗平，从而达到改变表层金属结构、机械特性的效果。被滚压强化后的车轴，硬化了金属表面，提高了抗疲劳强度，确保了车轴运行安全可靠。

滚压工艺通常应用于车轴薄弱部位，在薄弱区域产生有利的压应力，同时改变原来应力集中部位的应力分布，从而提高车轴该部位的防断裂能力。滚压压下量推荐值为0.02～0.03mm。

精磨是使车轴各个配合表面尺寸精度和粗糙度达到配合要求，磨削加工量为0.2～0.25mm。

若需磨削车轴内孔，应将车轴内孔磨削安排在第7道精车工序之后进行。主要是保证内孔表面粗糙度和内孔尺寸精度，可采用卧式车轴内孔珩磨机进行。对于实心车轴毛坯，先用车轴内孔加工设备钻车轴内孔，然后再对车轴内孔进行磨削。

空心车轴关键加工设备包括卧式中心孔车削机床、卧式车轴中心孔珩磨机床、深孔加工机床、空心车轴内孔探伤机等。

二、车轮加工工艺

目前我国铁路客车使用的车轮都是整体辗钢轮，由踏面、轮辋、辐板和轮毂等部分组成。

由于车轮的直径大和轴向尺寸相对小，适用于在水平工作台面上进行加工，故此一般选用立式车床加工。

整体辗钢车轮加工的流程为：开工前准备—打砂—磁粉探伤—立车加工—静平衡检测—检查—交出。在车轮加工过程中，注意起吊和运输安全，同时车轮加工完成检测合格后，注意保护已加工表面，最好用柔性吊带起吊。

(一)车轮加工技术要求

动车组制造用的车轮毛坯均为半成品，需要加工轮毂孔及内侧端面才可与车轴组装成轮对。如图 2-47 所示，轮毂孔的直径尺寸 d 多采用与车轴轮座选配，保证有 0.1～0.25mm 的过盈量，以满足轮对压装技术要求为准来决定。

高速列车轻型车轮加工较为严格，必须满足下列要求。

(1)要求踏面及辐板均应进行仿形加工，用样板检查圆弧角，局部间隙＜0.5mm。

(2)车轮加工后，应进行静平衡试验，许用静不平衡量≤50g·m。

(3)轮毂孔表面粗糙度＜3.2，圆柱度≤0.02，圆度≤0.025，圆锥方向应有利于压装配合连接强度。

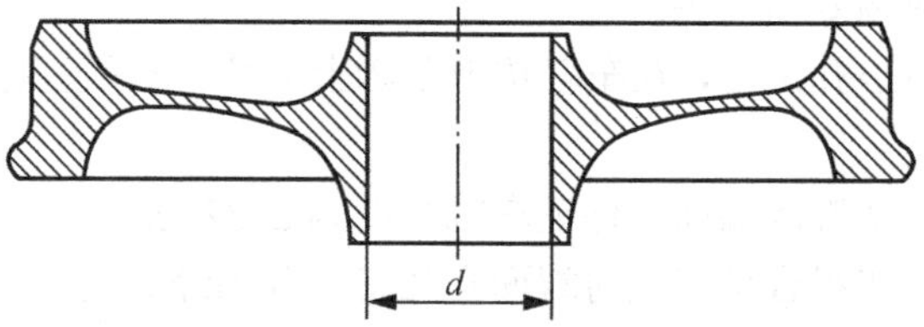

图 2-47　车轮断面图

(二)车轮加工工艺分析

车轮轮箍孔的加工方法因所需设备不同而不同，如果采用普通立式车床加工，如图 2-48 所示，需用内径百分表或千分表测量孔径，加工精度为 IT7～IT8，粗糙度为 $Ra5$～$Ra6.3$，公差带一般在 0.1mm 左右。

如果用专用内圆磨头精加工轮毂孔，公差带控制在 0.02mm 左右，可以实现轮、轴组装互换。内表面粗糙度可稳定达到 $Ra3.2$。

(a)单柱立式车床　　(b)双柱立式车床

图 2-48　立式车床

如果用数控机床加工，需要根据事先编好程序进行工作。工件与刀具间的相对位置和进给速度均已明确规定，数据反馈值与指令值比较，当它们之间的差值为零时，即达到实际值与规定值相等。至于工件材料硬度变化、刀具磨损、发热等因素的变化以及在工件上得到的实际位移值是不考虑的，如图 2-49(a)所示。

图 2-49(b)是适应控制数控机床加工示意图，它在数控系统中引入一个附加的反馈回路，这个反馈回路对另一些随机性的过程变量，如毛坯余量的不均匀性、工件及刀具材料性质的变化、刀具磨损引起的几何参数的变化、切深的变化、刀具的变形等提供检测信息。这些信息可通过各种传感器取得。所取得的过程变量数据经过适应控制装置处理，转换为反馈数据，并综合到机床控制装置的输出中去，从而达到顺应客观条件变化而进行调节的目的。

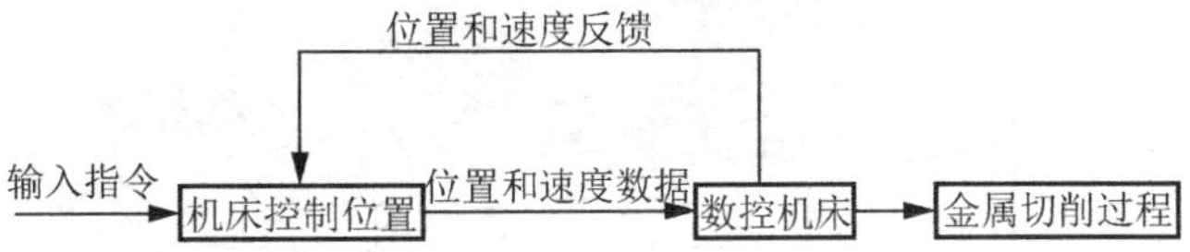

(a)

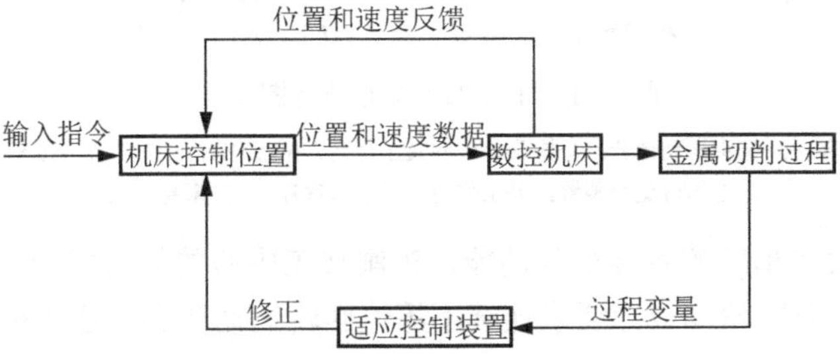

(b)

图 2-49　数控系统框图

三、轮轴加工专用设备

(一)数控不落轮对车床

在高速运行条件下，由于车轮质量不均匀、车轮偏心及滚动圆不圆等将引起很大的附加动作用力，对车辆的运行安全性、平稳性及轮轨磨耗会带来不利影响。因此，对高速车轮的制造质量及加工精度提出了更高的要求。

如图 2-50 所示为我国首台数控不落轮对车床。该台型号为 UGL-15CNC 数控不落轮对车床是武汉重型机床有限公司与意大利 SAFOP 公司联合研制生产的，它是我国首台达到国际领先水平的轨道车轮加工设备。该机床可在不拆卸车辆任何部件的情况下，完成车辆轮对的修复，由于装备有先进的数控技术，该机床可自动完成轮对踏面直径及磨损型面的测量、最佳切削量的测量确定并将全部加工过程的数据输入中央计算机，极大地提高了轮对检修效率。

图 2-50　数控不落轮对车床

(二)车削加工中心

车削加工中心是一种以车削加工模式为主，添加铣削动力刀座、动力刀盘或机械手，可进行铣削加工模式的车-铣复合切削加工机床类型，如图 2-51 所示。在回转动力刀盘上安装带动力电机的铣削动力头，装夹工件的回转主轴转换为进给 C 轴，便可对回转零件的圆周表面及端面等进行铣削类加工。

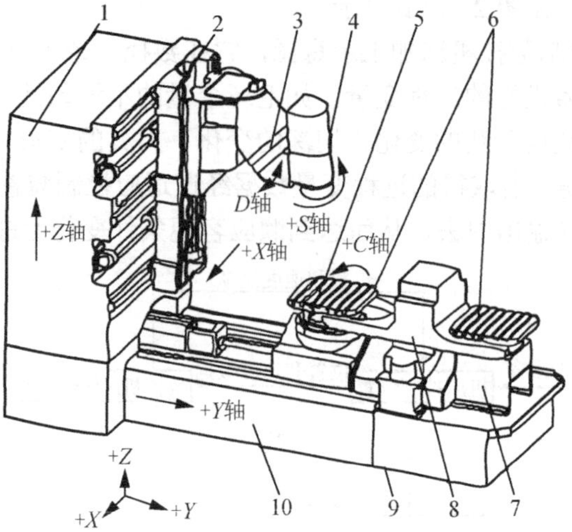

图 2-51　车削加工中心结构图

1-横梁；2-床鞍；3-铣头摆动部分；4-铣头；5-回转工作台；6-工作台；7-工作台上料支座；8-工作台交换装置；9-工作台交换装置底座；10-床身

除具有二轴联动数控车床的各种车削功能，车削加工中心的转塔式刀盘上有能使刀具旋转的动力刀座，主轴具有按轮廓成形要求连续不等速回转运动和进行连续精确分度的 C 轴功能，并能与 X 轴或 Z 轴联动。控制轴除 X、Z、C 轴，还可具有 Y 轴，进行端面和圆周上任意部位的钻削、铣削和攻螺纹等加工。在具有插补功能的条件下，还可以实现各种曲面铣削加工。车削加工中心主要用于轴类和盘类回转体零件的多工序加工，具有高精度、高效率、高柔性化等综合特点，适用于中小批量形状复杂零件的多品种、多规格生产。

目前，完成 2 个加工工序以上的工件占车削加工的大多数。对这些工件进行高效、高精度加工有以下 3 种技术。

(1) 内外加工集中化，在机床内装有 1 次加工外表面，以及 2 次加工内表面的各种功能的 1 或 2 次加工。

(2) 加工的复合化，除车削加工机内还装有铣削加工、磨削加工等各种功能的工序集中的加工。

(3) 智能化，加工中心具有储存、运输、加工一体化、工件识别、工件夹持控制、适应控制、信息网络等最新监控技术的单元加工。车削加工中心机床常把夹持工件的主轴做成 2 个既可同时对 2 个工件进行相同的加工，也可通过在 2 主轴上交替夹持，完成对夹持部位的加工。

车削加工中心常见类型有卧式车削中心，线性轴 X/Y/Z 及旋转 C 轴，C 轴绕主轴旋转。机床除具备一般的车削功能，还具备在零件的端面和外圆面上进行钻、铣加工的功能。立式车削中心立式车床，可以对使用卧式数控车床不可能抓住的异型巨大零部件进行高效率地加工。

车削中心除能加工大型轴类零件(或筒形零件)的曲面和端面外，还可以对工件表面进行各种铣削、铣扁、加工椭圆、螺旋槽、镗孔、钻扩孔、攻丝等粗、精加工。实现工件一次装卡多工序加工，即实现一机功能集成化、多工序工艺复合化。

(三) 数控车床

数控车床由数控装置(CNC)、伺服驱动及位置检测装置、辅助控制装置、车床本体等组成。用数控车床车削的过程为：分析加工图纸—编译加工程序并存放于程序载体—将程序编译后输入机床或直接输入数控机床 CNC 装置—机床接受指令、数控车削等，如图 2-52 所示。

车床本体也称机床的主体，包括机床身、立柱、主轴、进给机构等机械部件。它是用于完成各种切削加工的机械部件。

数控装置(CNC)是数控机床的核心，包括硬件(印刷电路板、CRT 显示器、键盒、纸带阅读机等)以及相应的软件，用于输入数字化的零件程序，并完成输入信息的存储、数据的变换、插补运算以及实现各种控制功能。

伺服驱动装置是数控机床执行机构的驱动部件，包括主轴驱动单元、进给单元、主轴电机及进给电机等。它在数控装置的控制下通过电气或电液伺服系统实现主轴和进给驱动。当几个进给联动时，可以完成定位、直线、平面曲线和空间曲线的加工。

辅助装置是数控机床的一些必要的配套部件，用以保证数控机床的运行，如冷却、排屑、润滑、照明、监测等。它包括液压和气动装置、排屑装置、交换工作台、数控转台和数控分度头，还包括刀具及监控检测装置等。

编程及其他附属设备用来在机外进行零件的程序编制、存储等。

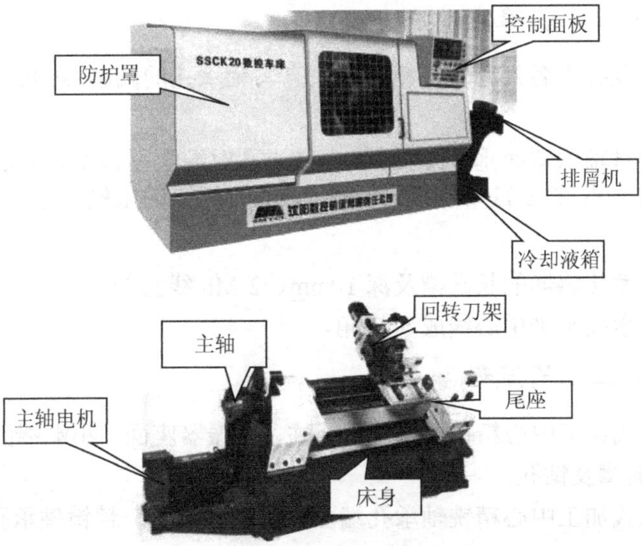

图 2-52　数控车床

第五节　轴箱和构架机械加工

一、轴箱加工工艺

轴箱作为连接轮对与构架的重要零部件，转臂式定位的轴箱采用轴箱与转臂一体式结构。轴箱由轴箱体、轴箱压盖、前盖、后盖、轴承、橡胶弹性定位结点及橡胶盖等组成，如图 2-53 所示。

轴箱体采用铸钢 SC450 材料。箱体内安装轴承，其顶部用于安装轴箱弹簧，轴箱转臂的另一端通过压盖与橡胶弹性定位节点连接，构成轮对的定位装置。轴箱内的轴承外圈通过轴箱前后端盖来定位。轴箱前盖采用铝合金铸件，轴箱后盖采用铝合金板材或铝合金锻造材料。

为防止铝制材料与钢制零件接触面产生电化学腐蚀，需要在其接合面进行特殊涂装。轴箱后盖采用上下分体结构，为锻钢材料，轴箱后盖设有防尘结构的双重迷宫槽。

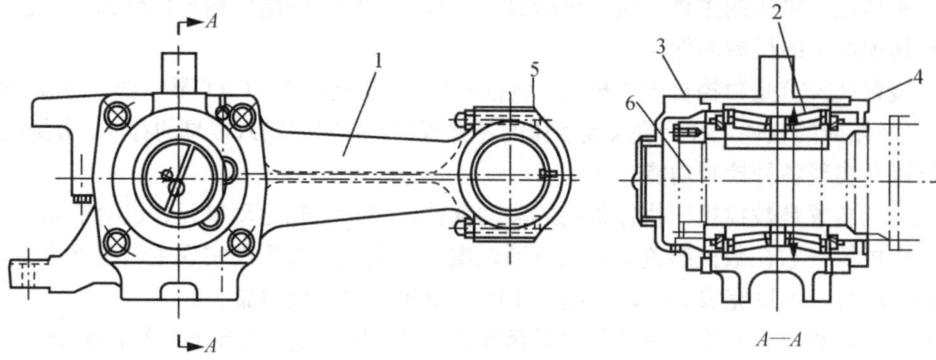

图 2-53　轴箱装置的组成

1-轴箱体；2-轴承；3-前盖；4-后盖；5-橡胶弹性定位结点；6-橡胶盖

(一)技术要求及工艺难点

(1)轴承孔端面及孔内各尺寸位置精度要求高，轴承孔的圆度≤0.02，圆柱度≤0.02，与端面垂直度≤0.02。

(2)节点后端面对轴承端面垂直度≤0.05，节点孔对端面垂直度≤0.05。

(3)轴承孔内注油孔 2-ϕ11 的加工。由于受空间位置的限制，该孔的加工需专用直角铣头。

(4)侧壁安装温度传感器的长圆槽及深 10mm、2-M6 线孔的加工。

(5)孔中心与轴承孔水平中心线成 5°夹角。

(二)轴箱体加工工艺流程

(1)侧放，用卧式加工中心精铣上平面、圆柱、减振器座面、小端端面及钻孔、底面、减振器座内挡、铣侧面槽及钻孔。

(2)侧放，用立式加工中心精铣轴承孔端面及节点孔端面、精镗轴承孔、节点孔及 15°、50°倒角。

(3)用摇臂钻床钻底面孔、端面孔、圆柱孔。

(4)侧放，用立式加工中心精镗轴承孔各尺寸，精镗 15°、50°倒角。

(5)侧放，用立式加工中心钻注油孔。

(6)打磨、打钢印。

(7)交检、交验。

二、构架加工工艺

(一)高速转向架构架加工

1. 构架结构及组成

动车组构架一般采用焊接结构，无论是动力转向架还是非动力转向架均采用由铸件和钢板组装成传统的 H 形构架形式，动力转向架和非动力转向架构架如图 2-54 和图 2-55 所示。

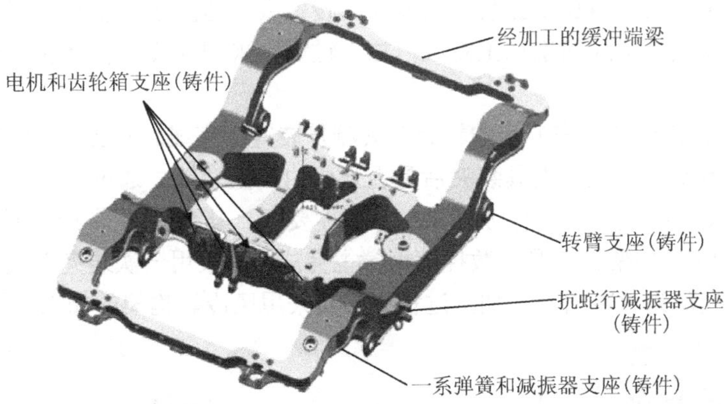

图 2-54　动力转向架构架组成三维图

转向架构架主要由侧梁、横梁、纵向辅助梁、空气弹簧支撑梁、定位臂和齿轮传动装置座等组成，侧梁的中部为凹形。动力转向架构架和非动力转向架构架可通过安装托架实现互换性。转向架构架在焊接组装后，进行退火处理。

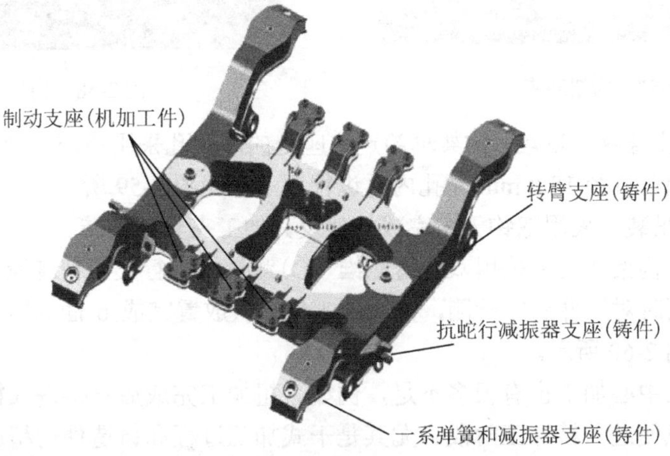

图 2-55　非动力转向架构架组成三维图

2. 构架加工工艺分析

当构架焊接完成后，构架的机械加工主要是加工各种吊座、支座和安装座等平面。可采用高速龙门铣床，加上必要的工艺装备对以上各个平面进行加工。加工构架的高速龙门铣床如图 2-56 所示。

图 2-56　高速龙门铣床

3. 构架加工工艺过程

构架一般采用加工中心进行加工，对普速转向架构架在龙门加工中心完成，高速转向架构架在落地镗铣加工中心完成。但是对构架加工不受机床的限制，能达到定位精度即可。龙门加工中心不需要专用夹具，适用于小批量、多规格构架生产。落地镗铣床需要专用加工工装，精度高、投资大，适用于批量及大部件生产。构架加工全部采用无冷却液的干式切削加工完成，加工过程中采用风冷。构架加工后要求进行全面检测。

(1)构架装夹。构架装夹在专用的构架装夹测量装置上完成。该装置能够模拟构架在夹具中的装夹，并具有实现构架与夹具装夹后是否正位的测量功能。通过使用多块磁力表进行找正，保证构架无变形装夹，从而保证构架加工精度要求，其装夹如图 2-57 所示。

(2)构架的加工。构架加工是在数控落地镗上完成的，采用一次装夹干式切削完成所有加工，钻头和镗刀全部为内冷刀具，加工过程中刀具采用风冷。构架的加工如图 2-58 所示。

图 2-57　构架装夹

图 2-58　构架钻孔

(3)轴箱定位座螺纹孔攻丝。构架轴箱定位座处的螺纹孔采用挤压成形攻丝工艺。攻丝前采用专用润滑脂涂在直径 18.8 mm 底孔内再进行攻丝，如图 2-59 所示。

(4)构架翻转吊装。采用双钩天车完成构架及其加工夹具的翻转。

(5)3D 检测。构架加工后采用双悬臂三维(3D)测量机进行尺寸精度检查。该设备能够实现双悬臂不同步同时对工件进行检测，并实现工件一次放置完成 6 面的所有尺寸测量工作，测量效率高，如图 2-60 所示。

采用数控加工中心加工也有很多不足，例如，粗加工完成后直接进入精加工，热量扩散和应力变化未完成便进入精加工阶段。尤其是干式加工过程和铸造件的精加工，表征最为明显。切削屑堆积和缠绕问题，对于韧性较好的结构钢或锰(Mn)等元素含量较高的合金钢切削屑不断屑且容易缠绕在工件上，导致不能连续加工。装夹零件的夹具要求必须能承受粗加工大的切削力，又能在精加工中定位准确，且考虑夹紧变形要小。刀库对刀具长度和直径均有限制，不能满足深孔钻削和镗削的要求。

图 2-59　轴箱定位座螺纹孔攻丝

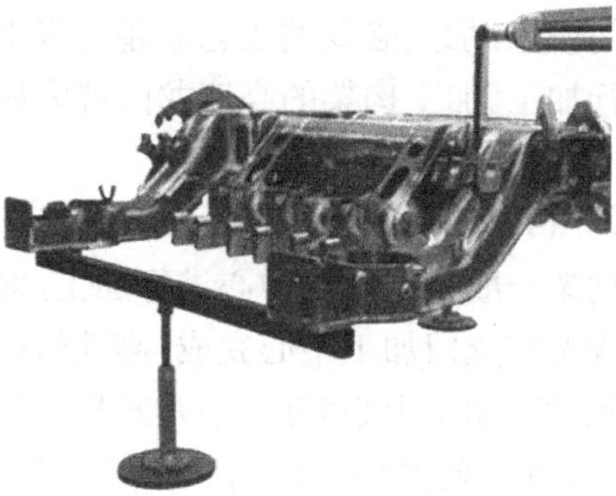

图 2-60　工件 3D 检测

(二)普速转向架构架加工

以 209P 型转向架构架为例，209P 型转向架运行速度低于 120 km/h，具有质量轻、刚度高、结构简单的优点。其加工工艺流程为：开工前准备— 一次画线— 一次加工—二次画线—点焊定位挡圈—钻孔、锪孔—二次加工—检验、交出。

开工前准备主要是检查工艺设备、工具检查。检查画线仪和机床的回零位精度，检查量具是否齐全、是否在有效期内。

(1) 一次画线主要完成外观质量检查、考料和画线三部分工作。外观质量检查包括焊接缺陷和表面缺损。检验无缺陷后，用三个顶镐定位，调整顶镐找平构架四角高。预先在大致画线部位先刷好石灰水，晾干后准备画线。首先划出构架水平线，并在四角刻打样冲眼。划出导柱面加工线和加工终止线。

(2) 一次加工是完成导柱面平面加工。按线找平构架导柱面，并找正夹紧。采用盘铣刀对导柱面进行粗、精加工，加工后保证厚度尺寸。

(3) 二次画线是完成定位挡圈的定位和摇枕吊销支撑板加工线。将用三个顶镐找正构架后，划出定位挡圈的位置并粘接。划出摇枕吊销加工线，并保证加工厚度和定位尺寸。

(4) 点焊定位挡圈。在定位挡圈内焊接两点完成定位挡圈固定。

(5) 钻孔、锪孔。钻孔采用钻模板进行定位钻削，锪孔的目的是获得一个螺栓安装平面，加工见光即可。

(6) 二次加工是加工摇枕吊销支撑面和立面。以导柱面为基准，横纵找正后加工摇枕吊销支撑面，保证板厚和横向距离。加工立面和支撑面工艺相同，不在冗述。

(7) 检验、交出，从整体工艺上看，加工被夹在焊接工艺之间，加工要求偏低，故此主要是对关键尺寸的检查。

209P 构架加工工艺属于典型的多道工序加工工艺，是经过多年优化得到的工艺，最大限度地利用了数控铣床和钻床。最小限度占用加工时间，可以获得更大的加工效率和经济效益。

三、构架加工设备

(一)龙门加工中心

龙门加工中心是指主轴轴线与工作台垂直设置的加工中心，龙门加工中心分类：定梁式有横梁固定、工作台转动；动梁式有横梁上下移动、工作台前后移动；动柱式有工作台固定、龙门架移动；天车式有工作台固定、横梁移动，也有复合式的多类龙门加工中心。按摆头结构分为两种：AC 摆(BC 摆)、AB 摆。

龙门加工中心结构主要由工作台、龙门、滑枕、刀库、附件头和数控系统等组成。

龙门加工中心的工作台基本上是长方形的。工作台、床身、立柱、横梁和滑枕等大铸件采用米汉纳铸铁，铸件内腔是蜂巢式复合排列结构，设计先进，均经时效及二次回火处理，消除残留内应力使材质稳定，确保工件加工精度的稳定及机床寿命。

龙门由一个横梁和两个立柱构成，分为横梁固定、横梁靠定位块锁定分段升降和横梁任意升降三种类型。横梁固定型结构机床刚性好，不适合加工高大的工件，因为在加工靠近工作台面的工件部位时，滑枕伸出长度过大，加工刚性较差，影响加工尺寸精度；横梁靠定位块锁定分段升降型结构机床刚性较好，但横梁升降运动不能与滑枕上下移动联动，且操作较复杂；横梁任意升降型结构横梁升降运动可以与滑枕上下移动联动，加工范围较广，适合新产品开发。立柱和横梁的横截面为矩形，刚性好，可耐重切削并长期保持高精度。主轴箱在横梁上的导轨有自重平衡装置，其动作灵活、迅速且准确。由于主轴箱左右移动时，横梁升降用滚珠丝杠所受负载有变动，使精度降低，所以采用配置在横梁左右两侧的油缸来平衡主轴箱左右移动造成的变动负载和横梁本身的自重，以提高机床的精度。

滑枕从结构上可分为开式和闭式两种形式。开式结构的滑枕通过压板夹紧在主轴箱上，滑枕的截面积大；闭式结构的滑枕被夹紧在主轴箱内，滑枕的截面积小。

刀库的基本形式有转塔型、轮鼓型和链条型三种。大型龙门加工中心多采用立式链条型刀库。刀库配置在立柱的侧面，利用具有双夹持器的走行机械手自动进行垂直主轴和水平主轴的刀具交换，以减少刀具交换的非加工时间。

大型复杂零件的加工通常需要很多附件头。附件头根据工件的加工要求进行特殊设计，一般分为直角头、加长头、特殊角度头及万能头等。

（二）落地镗铣加工中心

用于构架加工的落地镗铣加工中心多采用移动立柱型卧式加工中心，适用于加工长大型多面多工序的零部件，该类型加工中心工作台固定，床身（立柱）在 *X* 向运动，主轴滑枕在立柱上作 *Y*、*Z* 向运动，如图 2-61 所示。

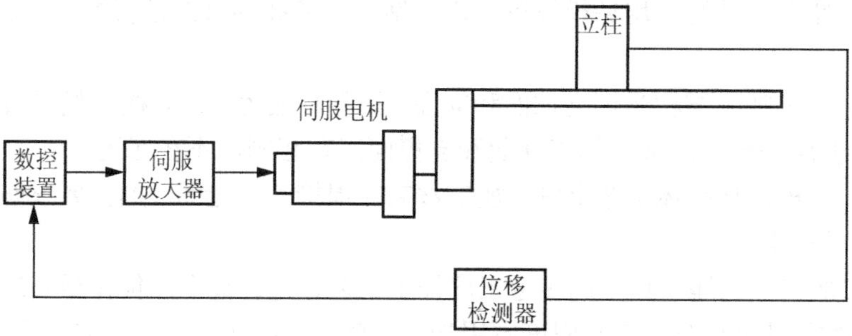

图 2-61　落地镗铣加工中心闭环控制系统示意图

落地铣镗加工中心集中静压导轨带静压轴承，用于高速进给，全封闭式滑枕，四面为静压导轨，具有机械对称性和热对称性，加工过程中滑枕自动补偿系统，主轴轴承的润滑由气-油系统完成，循环冷却油使其保持温度恒定。床身、滑座、立柱、主轴箱和滑枕为铸铁结构，主轴箱垂直移动由带双测量系统的双精密滚珠丝杠控制，从而使主轴箱的位置不受滑枕延伸和附件质量的影响。

落地镗铣加工中心采用闭环控制系统，直线位移监测装置安装在床身上，将检测到的实际位移反馈到计算机数控（Computerized Numerical Control，CNC）装置的比较器中，与程序指令进行比较，用差值进行控制，直到差值为零。该系统可以消除工作台和机床机械传动链造成的误差，控制精度高，但是成本高，机床价格昂贵，结构相对复杂，调试、维修较困难。

第六节　计算机辅助制造简介

一、CAM 概述

1. CAM 定义

计算机辅助制造（Computer Aided Manufacturing，CAM）是指通过直接或间接地把计算机与工厂生产设备联系起来，实现用计算机系统去规划、管理和控制制造厂的生产过程。或者说，计算机辅助制造就是将计算机引入生产过程的各个环节。

众所周知，在机械制造过程中，被加工的机械零件是各式各样的，零件加工的批量也各不相同，尤其是小批量生产，其加工准备时间长，机床使用效率低。据统计，一个零件在车间里的平均停留时间中，只有5%的时间在机床上，而用来切削加工的时间只占零件在机床上停留时间的30%。由此可见，零件在机床上的切削时间只占零件在车间停留时间的1.5%。因此，减少零件在车间的流通时间，以及减少零件在机床上的装卸、调整、测量、等待切削的时间，是提高车间的加工效率和经济效益的主要途径。

使用数控机床及加工中心等先进装备虽然可以提高机床的使用效率，但由于零件在机床上的实际等待时间及在车间的停留时间与生产管理、调度、零件的传送和装卸方法等诸多因素有关，使机床使用效率难于发挥出来。采用计算机对制造过程实行管理和控制，可以提高生产效率，确保产品质量，从而进一步提高生产过程的自动化水平。

一个完整的CAM系统从许多方面控制着制造过程。根据机械加工的要求，CAM系统应具有如下特点。

(1) 适应性或称为柔性：系统能在较大范围内适应加工对象的变化。

(2) 灵活性：系统在结构上应具有灵活性，可以由小到大逐步发展，且在发展过程中尽量节省一次性的大规模投资。

(3) 可靠性：系统越大则可靠性要求越高。

(4) 高效率：它充分体现了CAM技术的优点，提高效率的主要措施是减少零件在车间里的留停时间和在机床上等待切削的时间。

(5) 较高的经济效益：在较短时间内，CAM系统的经济效益也许不明显，但随着生产的发展将会越来越显著。

2. CAM系统的结构

一个工厂或车间的CAM系统是很复杂的，为了便于研究和发展，通常把整个CAM系统划分成一系列具有特定功能的分系统。分系统还可以进一步分成更小的分系统或称为子系统。每个分系统都具有系统的各种属性，且各个分系统之间既相互独立又相互联系。因此，一个大规模的CAM系统包含二级或三级计算机分级结构，这些计算机用来监控许多单个过程的工作。一台小型(或微型)计算机负责一个单个过程，一台中型(或小型)计算机监控一群小型(或微型)计算机，从而监控整个CAM系统的工作。这样做的好处是，可以将庞大而复杂的任务分解成若干子任务，以便由小到大逐步解决。这样的CAM系统具有较大的灵活性、可靠性高，并且便于分阶段发展和扩充。

如图2-62所示为一个工厂的CAM系统的分级结构，该结构框图自上而下分为三层，最顶层是全系统的管理中心，负责安排全厂的生产计划和经营管理。第二层按生产过程分成三项主要任务，即财务管理、工程分析与设计，以及生产管理与控制。财务管理部分可利用中心计算机的终端进行工作。工程分析与设计部门可设置另一台计算机来进行分析计算及设计绘图等工作。底层是基础级，通常采用各种控制机、小型计算机、微型计算机、各种控制器等，它们负责收集信息、处理检测数据、执行上一级计算机送来的命令、直接控制生产过程，如切削加工、零件运送、装配和检验等。

由于任务分散到基层的较小的计算机中，而各台计算机之间既有相对的独立性，又能互相联系，因而这种分级结构方式与把大量工作集中到一台计算机来完成相比，具有更大的灵活性和可靠性。同时当一台计算机发生故障时，只是影响局部的工作，不会造成全面停工。此外，在构成系统时，可使各台计算机之间互相监视和支援。例如，一台控制机出现故障，相邻的计算机可以立即检测出这个故障，并应急地把故障机的工作暂时接替下来。虽然控制性能会有所下降，但不致使生产中断，待到故障排除后再恢复使用。这样一来系统的可靠性就进一步提高了。

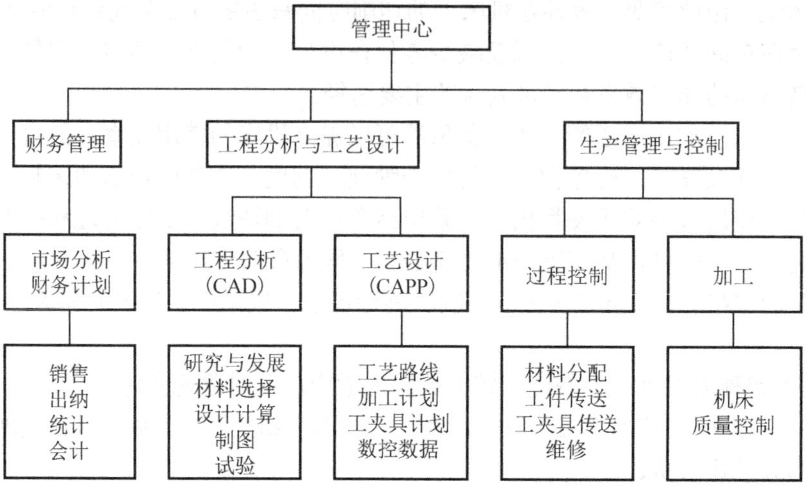

图 2-62　CAM 系统分级结构框图

3. CAM 系统的类型与功能

CAM 系统可分为用于生产管理的 CAM 软件系统和用于机械加工的 CAM 系统两种。

(1)用于生产管理的 CAM 软件系统。

用于生产管理的 CAM 软件系统与 CAD 相连接，用来计划、协调、处理生产过程中的各种问题，是一个专门管理信息的系统。一般来说，它应具有下列功能。

(a)解决生产规划及生产调度等最优化问题。

(b)制订作业计划。根据 CAD 的结果确定工艺方案，制订各项加工作业时间和加工的技术指导书等。

(c)程序编制。确定在各个机床上零件的加工路线，选定刀具及工夹具，编制数控程序等。

(d)工夹具计划。根据上述信息作出工夹具设计图，编制出工夹具配备表等。

(e)仓库及设备管理。

(2)用于机械加工的 CAM 系统。

用于机械加工的 CAM 系统，其基础是用计算机控制机床对零件进行加工。现代的 CAM 系统是将产品设计信息转变为加工制造信息，控制产品的加工、装配、检验、试车、包装直到发货等全过程，以及与此有关的生产管理和生产调度。在传统机械加工生产方式中，大量生产采用自动线来解决，而多品种、小批量生产主要借助于各种数控机床加工。而在 CAM 系统中，一般的数控机床是不能完全符合要求的，用于 CAM 系统的数控机床应当具备如下功能。

(a)能与上级机交换信息，构成分级结构系统，以便实施管理和控制。

(b)具有监控机能，适用于自动化工作和无人化操作。

(c)具有通用性，而且可靠性要求比普通数控装置高。

目前用于构成 CAM 系统的加工装置主要有以下三种类型。

(1)计算机数控(CNC)。CNC 与普通数控(Numerical Control，NC)不同，NC 用专用计算机进行控制。因此，计算机确定后，其控制功能就难以改变。而 CNC 系统是用一台小型(或微型)通用计算机来控制，它的控制是依靠系统程序实现的。因此，它具有良好的柔性。

(2)直接数控(DNC)。DNC 也称群控，可简单地理解为用一台计算机直接管理和控制一群数控系统，从而实现机床群加工过程的信息自动化。

(3)柔性制造系统(FMS)。FMS 适用于多品种、中小批量的生产。它是一个完全自动化的加工过程。

CAM 涉及很多制造方面的领域，除上述提到的 CNC、DNC 和 FMS，还包括 NC 技术、机器人技术(Robot)、成组技术(GT)、计算机辅助工艺规程设计(CAPP)等。

4. CAD/CAM 软件简介

(1) Pro/ENGINEER 简介。

Pro/ENGINEER 是美国 PTC 公司开发的计算机辅助设计和制造软件。PTC(Parametric Technology Corporation)公司成立于 1985 年，从事参数化建模软件的研究并于 1988 年开发出 Pro/ENGINEER V1.0 软件。经过近二十年的发展，目前已经发布 Pro/ENGINEER Wildfire 版本。PTC 系列软件不但包括在工业设计和机械设计等方面的多项功能，而且包括对大型装配体的管理、功能仿真、制造、产品数据管理等。Pro/ENGINEER 具有如下特点。

① 全相关性。Pro/ENGINEER 的所有模块都是全相关的。这就意味着在产品开发过程中某一处进行的修改，能够扩展到整个设计中，同时自动更新所有的工程文档，包括装配体、设计图纸以及制造数据。全相关性鼓励在开发周期的任一点进行修改，却没有任何损失，并使并行工程成为可能，所以能够使开发后期的一些功能提前发挥作用。

② 基于特征的参数化造型。Pro/ENGINEER 使用用户熟悉的特征作为产品几何模型的构造要素，这些特征是一些普通的机械对象。通过给这些特征设置参数(不但包括几何尺寸，还包括非几何属性)，很容易进行多次设计迭代，实现产品开发。

③ 数据管理。为了实现在较短的时间内开发更多的产品，必须允许多个学科的工程师同时对同一产品进行开发。数据管理模块的开发研制，正是专门用于管理并行工程中同时进行的各项工作，由于使用 Pro/ENGINEER 独特的全相关性功能，因而使之成为可能。

④ 装配管理。Pro/ENGINEER 的基本结构能够利用一些直观的命令，如“啮合”、“插入”、“对齐”等很容易地把零件装配起来，同时保持设计意图。高级装配功能支持大型复杂装配体的构造和管理，这些装配体中零件的数量不受限制。

⑤ 易于使用。提供逻辑选项和默认选项功能，同时还提供简短的菜单描述和完整的在线帮助，使人们容易学习和使用。

Pro/ENGINEER 主要模块如下。

① Pro/DESIGNER。它是工业设计模块的一个概念设计工具，能够使产品开发人员快速、高效地进行设计。可以生成高精度的曲面几何模型，并能够直接传送到机械设计和原型制造中。

② Pro/DETAIL。它由于具有广泛的标注尺寸、公差和产生视图的能力，因而扩大了 Pro/ENGINEER 生成设计图纸的功能，这些图纸遵守 ANSI、ISO、DIN 和 JIS 标准。

③ Pro/ASSEMBLY。它用来构造和管理大型复杂的模型，这些模型包含的零件数目不受

限制。装配体可以按不同的详细程度来表示，从而使工程人员可以对某些特定部件或子装配体进行研究，同时在整个产品中使设计意图保持不变。

④ Pro/MFG。它扩展了完全关联的 Pro/ENGINEER 环境，使其包括铣、车、线切割以及轮廓线加工等制造过程，生成加工零件所需的加工路线并显示其结果，通过精确描述加工工序提供 NC 代码。

⑤ Pro/MOLDESIGN。它为模具设计师和塑料制品工程师提供使用方便的工具来创建模腔的几何外形，产生模具模芯和腔体，产生精加工的塑料零件和完整的模具装配体文件。

⑥ Pro/CHECK。通过对 NC 操作进行仿真来帮助制造工程人员优化制造过程，减少废品和再加工。在加工和操作开始以前，帮助用户检查干涉情况，验证零件切割的各种关系。

⑦ Pro/NCPOST。它允许制造工程师开发和维护任意型号的 CNC 设备和 NC 后处理器。

⑧ Pro/PDM。它专门用于管理 Pro/ENGINEER 完全关联的环境和第三方 CAD 数据及文档信息。Pro/PDM 允许同时进行修改，识别潜在的冲突，协调集成引起的变化，来支持真正的并行产品开发。

⑨ Pro/DEVELOP。它是软件开发的工具。通过修改用户界面，自动匹配最终用户任务，集成 Pro/ENGINEER 和自制或第三方应用软件，使企业实现 Pro/ENGINEER 客户化。

⑩ Pro/INTERFACE for STEP。它能够使设计人员把产品数据按 IS010303 或“STEP”标准输入 Pro/ENGINEER 中以及从 Pro/ENGINEER 中输出，IS010303 或“STEP”是复杂的 CAD、CAM 和 CAE 系统之间的几何和非几何数据转换的国际标准。

(2) UG NX 软件简介。

UG NX 是美国 Unigraphics Solutions(简称 UGS)公司的 PLM 产品的核心组成部分。UGS 公司是美国一家全球著名的 MCAD 供应商。UG 软件为汽车与交通、航空航天、日用消费品、通用机械以及电子工业等领域通过其虚拟产品开发(VPD)的理念提供多级化的、集成的、企业级包括软件产品与服务在内的完整解决方案。UG 软件从 19 版开始改为 NX1.0 版本，2005 年 10 月正式发布 NX4 版本。UG NX 具有以下主要特点。

① 灵活性的建模方式。采用复合建模技术，将实体建模、曲面建模、线框建模、显示几何建模及参数化建模融为一体。

② 参数驱动，形象直观，修改方便。

③ 曲面设计以非均匀有理 B 样条曲线为基础，可用多种方法生成复杂曲面，功能强大。

④ 良好的二次开发环境，用户可用多种方式进行二次开发。

⑤ 知识驱动自动化(KDA)，便于获取和重新使用知识。

UG NX 整个系统由大量的模块所构成，可以分为四大模块，即 Gateway 模块、CAD 模块、CAE 模块和 CAM 加工模块。

Gateway 模块是 UG NX 的基础模块，它仅提供一些最基本的操作，如新建文件、打开文件、输入/输出不同格式的文件、层的控制和视图定义等，是其他模块的基础。

CAD 模块拥有很强的 3D 建模能力，这早已被许多知名汽车厂家及航天工业界各高科技企业所肯定。CAD 模块又由许多独立功能的子模块构成，常用的模块有：Modeling(建模)模块、Drafting(制图)模块、Assemblies(装配)模块、MoldWizards(模具设计)模块和 ShapeStudio(工业设计)模块等。

CAE 模块包含 3 个常用子模块：Structures(结构分析)模块、Motion(运动分析)模块和 Mold Flow Adviser(注塑流动分析)模块。使用该模块可以帮助模具设计人员确定注塑模的设计是否合理，可以检查出不合适的注塑模几何体并予以修正。

CAM 加工模块根据建立起的 3D 模型生成数控代码，用于产品的加工，其后处理程序支持多种类型的数控机床。CAM 模块提供众多的加工模块，如车削、固定轴铣削、可变轴铣削、切削仿真、线切割等。

CAM 加工模块包括 CAM 基础、后置处理、车加工、型芯和型腔铣削、固定轴铣削、清根切削、可变轴铣削、顺序铣切削、制造资源管理系统、切削仿真、线切割、图形刀轨编辑器、机床仿真、Nurbs(B 样条)轨迹生成器等子模块。CAM 加工基础模块包含以下加工类型。

① 点位加工：可产生点钻、扩、镗、铰和攻螺纹等操作的刀具路径。

② 平面铣：用于平面轮廓或平面区域的粗精加工，刀具平行于工件底面进行多层铣削。

③ 型腔铣：用于粗加工型轮廓或区域。根据型腔的形状，将要切除的部位在深度方向上分成多个切削层进行层切削，每个切削层可指定不同的切削深度。切削时刀轴与切削层平面垂直。

④ 固定轴曲面轮廓铣削：将空间的驱动几何投射到零件表面上，驱动刀具以固定轴形式加工曲面轮廓。主要用于曲面的半精加工与精加工。

⑤ 可变轴曲面轮廓铣：与固定轴铣相似，只是在加工过程中可变轴铣的刀轴可以摆动，可满足一些特殊部位的加工需要。

⑥ 顺序铣：用于连续加工一系列相接表面，并对面与面之间的交线进行清根加工。

⑦ 车削加工：车削加工模块提供加工回转类零件所需的全部功能，包括粗车、精车、切槽、车螺纹和打中心孔。

⑧ 线切割加工：线切割加工模块支持线框模型程序编制，提供多种走刀方式，可进行 2～4 轴线切割加工。

⑨ 后置处理模块包括图形后置处理器和 UG 通用后置处理器，可格式化刀具路径文件，生成指定机床可以识别的 NC 程序，支持 2～5 轴铣削加工、2～4 轴车削加工和 2～4 轴线切割加工。其中 UG 后置处理器可以直接提取内部刀具路径进行后置处理，并支持用户定义的后置处理命令。

二、数控系统及其工作过程

数控起源于 1950 年美国麻省理工学院(MIT)对飞机零件进行仿形加工。所谓数控(NC)就是用数字形式表示加工指令的一种自动控制方式。数控技术首先是从机床自动化过程中产生的，它是综合机械加工技术、自动控制、检测技术、计算技术和微电子技术而形成的一门边缘科学，也是当今世界上机械制造业的高技术。在机械工业中提起数控，人们自然会想到数控(NC)机床加工，这是由于目前数控设备仍然较集中于金属切削加工方面，它已成功地用于车、钻、铣、镗、磨等机床，并从数控单台机床发展成为数控加工中心。

实现机械制造业的自动化，数控技术是重要的技术基础之一。例如，在 CAD/CAM 中对零件进行程序的自动描述，对工件参数和刀具参数的处理，都是以数控技术为基础的；在工业机器人的技术中，90%以上的内容离不开数控技术。由 NC 发展到工厂自动化(Factory Automation，FA)是制造技术、自动化技术、信息技术和管理技术等相互渗透和发展的过程。在准备开发 FA 和面向计算机集成制造(CIM)时，都要衡量一下本身的数控技术基础。

1. 数控系统的组成

数控系统一般由三个基本部分组成，即指令程序、控制装置以及机床和其他被控件。

(1)指令程序。

指令程序是一组详尽的使机床实施各顺序步骤的命令集合。这些命令指示机床该向哪个方向运动，以什么样的参数运动以及插补类型等。程序以数字编码形式记录在某种可被控制单元翻译的输入介质上。目前国内常用的输入介质是25.4 mm宽的八单位的穿孔纸带。它的代码形式根据国际通用标准有两种，即 EIA(美国电子工业学会)和 ISO(国际标准化组织)标准。我国规定采用ISO代码作为国内通用标准，但EIA代码也有应用。

(2)控制装置。

控制装置是数控系统的中枢，它由输入装置、控制器、运算器和输出装置组成。控制装置接受指令程序，并将指令程序加以变换和处理后控制机床的动作。输入装置接受纸带读入机送来的纸带代码，并将它转换成适当的信息送到各有关的寄存器寄存，作为控制和运算的依据；控制器用来协调和控制数控装置各部分的工作，使机床按规定的要求协调地动作；运算器接受控制器的命令及时对输入的几何信息进行插补运算，并向输出装置发出进给脉冲；输出装置的作用是，根据控制器的命令接受运算器的输出脉冲，经过功率放大驱动机床产生所要求的运动。

目前市场上所售的现代数控系统都是以一台微型计算机作为控制装置。这种形式的数控系统就是所谓的计算机数控(CNC)。数控系统中还有一个起控制作用的部件，即控制台。控制台可以看成机床的一部分。操作人员可以通过控制台来控制机器的停开，更换刀具(有的NC系统具有刀具自动更换器)，以及工件夹紧和拆卸等工作。

(3)机床和其他被控件。

机床和其他被控件是数控系统中的被控制对象，即数控系统的执行部分。其作用是将控制装置发来的脉冲信号转变为机床部件的运动，使工作台或刀架精确定位或按预期的轨迹作严格的相对运动。机床是数控系统的主体，它由工作台、主轴、马达及控制器组成，此外还有刀具、夹具以及其他辅助设备等。

2. 数控系统的工作过程

利用 NC 机床进行零件加工时，最重要的一环就是编程人员根据零件图纸编制加工源程序，把这个源程序穿成数控纸带，利用光电输入机读入(或采用其他介质输入)，从而产生数控加工的控制信息，控制机床的整个加工过程。在机械加工中应用数控，必须按以下步骤进行。

(1)制订工艺规程。制订工艺规程主要是确定工艺流程，同时还需列出完成这一加工所需的机床种类。

(2)零件编程。当确定出哪些加工工序是要由NC系统来完成时，就可以进行NC零件编程。编程时，要计算出刀具运动轨迹的坐标值。零件编程有两种方法：手工零件编程和计算机辅助零件编程。手工零件编程中，机械加工指令以零件程序清单形式编制好，它是机械加工过程中切削刀具与工件之间必须遵循的相对位置的一系列指令的集合。在计算机辅助零件编程中，很多由手工完成的繁杂的计算工作由计算机来完成。这种方法尤其适用于几何形状复杂、加工步骤多的零件编程。在零件编程阶段，用计算机作辅助手段可大大节省编程时间，其效率比手工编程提高数倍至数十倍。零件越复杂，其技术经济效果越显著。

(3)准备穿孔纸带。程序编好后，把它穿在纸带上。计算机先把零件程序进行编译，经过必要的计算，把这些程序指令转换成机床运动指令，然后由计算机控制一台穿孔设备穿出纸带。

(4)穿孔纸带校验。纸带穿好后需进行校验。有时纸带可通过校核程序来检查，利用校核程序把各种刀具的运动用绘图机绘制出来，经程序检验后，纸带上的大部分错误可以及时发现。严格的纸带检验是在机床上进行零件的试加工时进行的，纸带在正式使用之前要作三次这样的试加工。一般试加工使用的工件材料是硬质泡沫塑料或塑料。

(5)生产。NC 工序的最后一步便是实际生产，在此之前首先准备原材料、制订和准备加工所需的卡具、夹具以及对工件调定 NC 机床等。一切准备就绪后，就可以把 NC 纸带装入读带机开始正式生产。操作人员的工作就是装上毛坯，定好刀具相对工件的位置。然后 NC 机床就可以完成所要求的动作。

三、数控系统运动控制方式

为了完成机械加工过程，工件和刀具总要作相对运动。在 NC 中有三种基本的运动控制形式，即点位控制、直线控制和轮廓控制。

1. 点位控制

图 2-63 为点位控制系统，控制系统只能控制刀具从一个位置精确地移动到另一个位置，而对如何完成这一动作(即以什么样的路径、多大的速度把刀具移到指定点)显得并不重要。因为在移动过程中不进行任何加工，移动的轨迹和路线只影响生产率。一旦刀具到达指定位置，就在该处开始机械加工动作。点位控制系统是机床控制中最简单的一种。例如，钻孔和点焊就可利用点位控制来实现。

2. 直线控制

直线控制系统可以控制切削刀具以某一速度沿某一主轴线方向移动。它不仅要控制两相关点的位置，还要控制一个坐标方向的刀具移动速度和轨迹。因此很适用于完成方形工件加工的铣削加工过程的控制，如图 2-64 所示。由于这种控制系统不能组合两个及两个以上的运动，因此，它不适合有角度的加工操作过程。

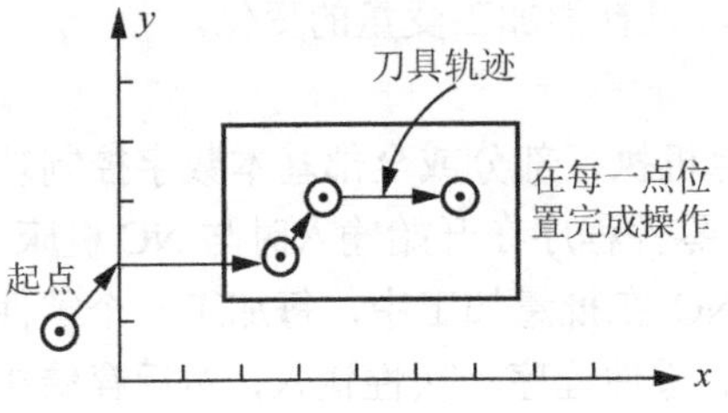

图 2-63　点位控制系统

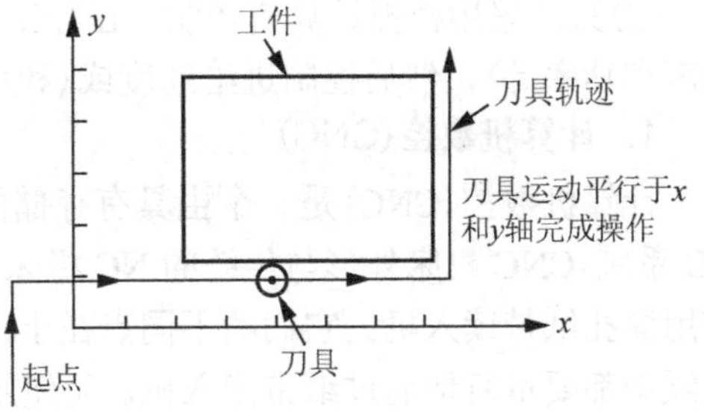

图 2-64　直线控制系统

3. 轮廓控制

轮廓控制是最复杂、最具适应性，因而也是最昂贵的一种机床控制形式。它能同时对两个及两个以上的坐标轴进行连续控制，加工时不仅要控制起点和终点，而且要控制整个加工过程的刀具轨迹和速度。由于切削刀具的路线是连续控制的。因此，轮廓控制也称连续轨迹控制，如图 2-65 所示。轮廓控制能加工出任何方向的直线、平面、曲线，也能加工出圆曲线、圆锥曲线以及各种能用数学方式定义的图形。一般来说，铣削和车削中仿形控制应用较多。

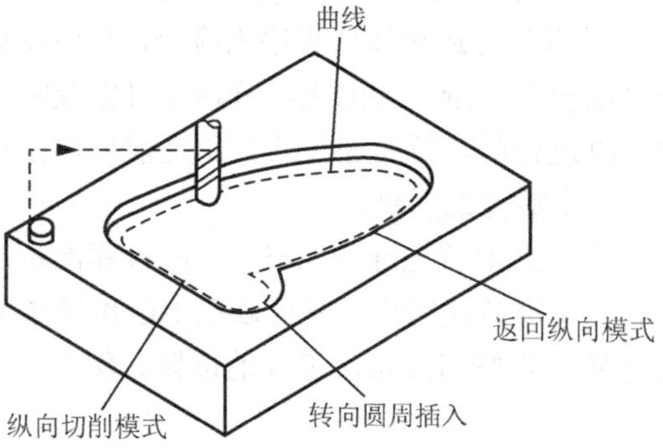

图 2-65　轮廓(连续轨迹)控制系统

在轮廓控制系统上加工一个具有曲线轨迹的零件时，刀具的速度和进给方向必须随曲线的形状而作连续变化。实际上，这种曲线是由许多非常短的直线段近似组合而成的。对机床来说，只要依次完成这些短线的加工，就可以得到接近于实际曲线形状的工件。这种加工曲线与实际曲线之间的最大误差可以通过控制每小段直线的长度来控制。

四、计算机在数控系统中的应用

数控技术的发展在很大程度上依赖于计算机技术的发展。事实上，如果没有计算机辅助编程，对于许多零件来说就无法实现零件编程。此外，利用计算机交互图形与声音编程技术可以改进和完善 NC 零件编程技术。在传统数控中存在以下问题。

(1)手工零件编程易出错，难以获得最佳加工工序。

(2)控制系统不能在机械加工过程中改变刀具速度和进给量，生产率没有充分发挥出来。

(3)穿孔纸带易磨损、撕裂，纸带读入机易出现故障，缺乏可靠性。

(4)控制器的控制特性不易改变，缺乏灵活性。

(5)不能及时向管理方面提供有关操作性能的信息。

基于上述问题，人们试图不断改进数控技术，在数控控制器中采用电子计算机，使数控技术得到进一步发展。

1968 年左右，直接数控(DNC)首先被采用作为计算机控制系统。DNC 采用的是用一台大型计算机来控制一组分散的 NC 机床。在我国常称之为计算机群控。1970 年左右，市场上首次推出计算机数控(CNC)系统。CNC 是用一台小型或微型计算机来控制一台机床。自适应控制(AC)系统采用模拟计算机控制，在加工过程中，首先测量一个或多个过程变量(如切削力、温度和功率等)，然后控制进给速度或(和)主轴转速，以补偿加工变量的变化。

1. 计算机数控(CNC)

计算机数控(CNC)是一个由具有存储能力的计算机执行部分或全部基本数字控制功能的 NC 系统。CNC 机床外形与传统的 NC 机床非常相似，零件程序在开始输入时与 NC 机床一样，使用穿孔纸带读入机。它们的不同点在于：传统的 NC 在批量加工中，每加工一个零件，穿孔纸带都要重复地通过纸带读入机。而使用 CNC 时，零件程序一次性输入，然后存储在计算机内存中，控制零件的加工。与 NC 相比，CNC 更具灵活性和计算能力。如图 2-66 所示为 CNC 系统的一般配置图。

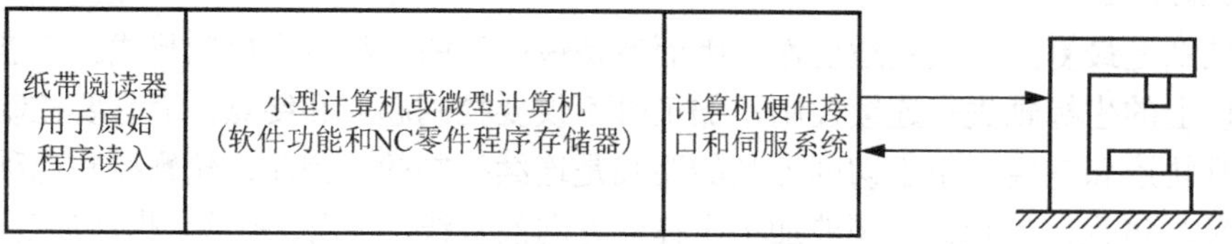

图 2-66　CNC 系统的一般配置

与 NC 相比，CNC 具有以下优点。

可靠性高：读带机仅需一次将零件编程纸带输入计算机内存之中，提高了系统的可靠性。因为读带机是公认为最易出故障的部件。

可在机床上编辑纸带：这样，NC 纸带在机床上试用时就可随时进行修正，并对刀具轨迹、速度和进给量进行优化。

CNC 可把由英制单位的纸带自动转换到国际单位。

有较大的柔性：这是优于 NC 的突出特点。这种柔性使得人们方便地更新控制内容和方法(如新的插值表)，而成本较低。延长了 CNC 系统的使用。

向用户提供编好的子程序：这是一些专用子程序，用户可以调用这些子程序来完成零件的某些加工过程，而不需用户自己编制上述程序。这些程序一般都采用宏子程序形式存放在 CNC 存储器中。

CNC 更适用于工厂计算机化制造系统，在此基础上，发展到直接数控(DNC)。

CNC 的主要功能包括：控制机床；加工中补偿；改进编程与操作性能；诊断。其中某些功能通常是 NC 不能或很难完成的。

(1)控制机床。这是 CNC 系统最基本的功能之一。也就是说通过计算机接口与伺服系统将零件程序指令转换为机床的运动。CNC 也可以方便地将各种控制特性加入“软连接”的控制器中。当然有些控制功能，如圆形插值，如果用具有固定接线的“硬连接”电路来完成，可能比用计算机软件来完成效率更高，基于这一点，已研制成两种类型的 CNC：混合 CNC 和直接 CN。

在混合 CNC 中，控制器由软连接计算机和硬连接逻辑电路组成。硬连接部分主要完成进给量和圆形插值等操作。而其他功能则由计算机来完成。这是因为硬连接电路可以更高效率完成某些功能，硬连接电路通用性强，价格较低。此外，使用硬连接电路，可以把计算机从完成这些功能的繁杂计算中解放出来，这样可以降低对计算机性能的要求。

直接 CNC 系统是由一台计算机来完成所有 NC 功能。唯一的硬连接元件就是计算机与机床，以及机床与控制台的接口板。插值刀具方位的反馈及其他功能均由计算机软件来完成。因此，直接 CNC 使用的计算机要比混合 CNC 的功能强。

(2)过程补偿。这是与机床控制紧密相关的功能。它包括能使加工过程中机床运动的变化与误差得到动态修正与补偿。补偿的主要内容有：对过程中的检验仪表或传感器感受到的错误进行调整；当使用检验传感器来检验工件的参考位置时，可以对轴的位置进行重新计算；根据刀具半径和长度调整偏差；对转速和进给量进行自适应控制；对给定刀具进行寿命估计。

(3)改进编程与操作性能。软连接控制器的柔性使编程和操作更加方便。例如，在机床上编辑零件加工程序，使程序得到修正和优化；图形显示刀具轨迹以验证纸带；圆、抛物线及立方插值；支持英制与公制转换；为用户提供各种功能子程序；手工数据输入以及多种程序存储等。

(4)诊断。NC 机床是一个复杂而昂贵的系统。由于其复杂性，增加了其零部件失效的危险性，而零部件一旦失效就要使系统停机。由于 NC 价值昂贵，必须尽量减少 NC 非工作时间。为此，要求 CNC 系统具有诊断功能，以便协助维护人员进行维护和修理。诊断子系统应具有的功能：第一，应能很快找到停机事故的原因，使维修人员很快加以修复；第二，对将要失效的零件给出警告信号，以便维修人员尽快更换失效零件；第三，要求系统有一定数量的备件，当某一零件损坏后，诊断子系统自动断开有故障的部件，并自动将备用件更换上去。这样，修复工作可在不停机的情况下完成。

2. 直接数控(DNC)

直接数控(Direct Numerical Control，DNC)是由一台计算机直接连接并实时控制一个制造系统中的许多机床，如图 2-67 所示。一个 DNC 系统一般包括四个基本部分：中央计算机；大容量存储器；远程通信线路(在计算机系统与远程设备之间所进行的数据传送线路)；机床。

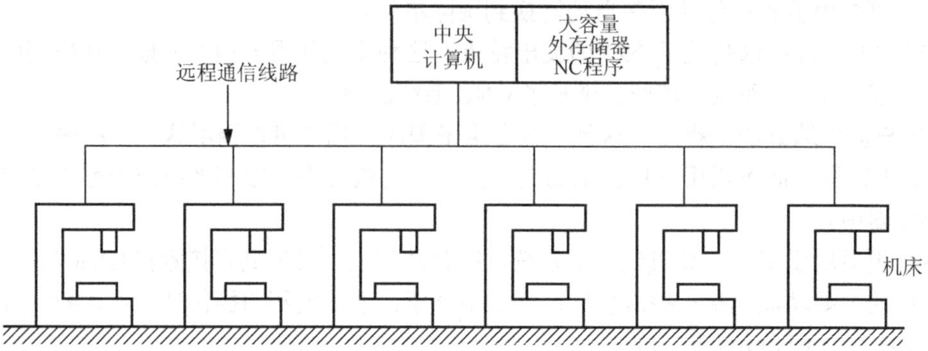

图 2-67 DNC 系统的构成

在 DNC 中没有纸带输入器，当需要时，计算机从存储器中调出零件程序，并把它送到所需的机床中。同时计算机还接受由机床反馈的数据。这种双路信息流是实时的，即每个机床需要的指令必须立即满足。同样，计算机随时准备接受来自机床的反馈信息，并作出相应的响应。DNC 的显著特点是计算机可以为多台分散着的机床提供实时服务。一个大型计算机可以控制 100 台分散的机床。

DNC 系统与 CNC 系统相比较，显著特点是无纸带运转，CNC 中可以不使用数控纸带，而将编程工作、信息纸带的处理和文字打印等功能都转移到 DNC 的主计算机中。DNC 系统还可以把车间内各个 NC 机床之间，通过调度和运转控制而联系在一起，它可以掌握整个系统的加工和完成情况，便于实现加工物件的传送，便于采用工业机器人进行上下料，便于各种自动检测设备的连接，以适用于大规模的数控加工。DNC 系统具有 NC 和 CNC 均不能完成的特有功能。

(1)不用 NC 纸带，所有编程工作、信息纸带处理和文字打印等功能均由主计算机来完成。

(2)可存储 NC 零件程序。DNC 存储器通常由一个主存储器和一个辅助存储器所组成。主存储器存放经常使用的 NC 程序。最为典型的存储介质是磁盘。辅助存储器存放那些不常用的 NC 程序。辅助存储器的存储介质可以是磁带或磁盘等。

(3)进行数据采集、处理与报告。其目的是监视工厂中的生产，数据采集的范围从产品数量、刀具使用情况、机床利用情况到其他影响车间生产的诸多因素。这些数据必须经过计算机处理，然后向管理人员报告这些工厂正常运行所需要的信息。最近几年，DNC 数据采集范围已从原来机床扩展到目前的整个工厂中的各个加工中心。

(4)通信。各子系统之间的通信对 DNC 系统的运行十分重要，在 DNC 系统中最基本的通信联系是在以下几个系统之间进行的：

中央计算机——机床；

中央计算机——NC 零件编程终端；

中央计算机——大容量存储器。

此外，还需在 DNC 系统与以下附属系统之间建立通信联系：

DNC 系统——计算机辅助设计(CAD)；

DNC 系统——车间现场控制系统；

DNC 系统——全部数据处理计算机；

DNC 系统——远程维护诊断系统。

3. 自适应控制加工系统(AC)

自适应控制(Adaptive Control，AC)加工最初是基于代表当时技术水平的模拟控制装置。如今，AC 用于以微型计算机为基础的控制，通常与目前的 CNC 系统集成在一起。对于一个机械加工，自适应控制就是对某些输出的过程变量进行测量，并根据测量结果来控制主轴转速或进给量。在 AC 中所控制的过程变量主要是主轴挠度或作用力、转矩、切削温度、振幅以及功率消耗等。AC 加工系统能以更高的效率操作机床。AC 有以下两种类型。

(1) 自适应控制优化。

这种类型的 AC 有明确的性能指标，如生产率或切削单位金属体积的费用等。自适应控制的目标是使操作速度与进给性能指标最优化。大多数自适应控制优化系统都希望使材料切削率与刀具磨损率的比值最大，用 IP 表示该比值，则有

$$IP=f(MRR/TWR) \tag{2-7}$$

式中，MRR——材料切削率；

TWR——刀具磨损率。

由于目前的测量技术还不能测出刀具的磨损率的直线值，因此在加工过程中 IP 实际上不能进行监控。

(2) 自适应控制约束(ACC)。

实际生产中的自适应控制约束是对某些测量的加工变量给予约束限制，其目标是使系统中操作所测得的进给量或速度值等于或低于约束限制值。自适应控制约束系统包括：装在主轴上测量刀具偏移(切削力)的传感器；测量主轴电机电流的传感器，用于显示功率消耗；用于系统操作的控制单元与显示通道；连接自适应控制系统与现有 NC 或 CNC 控制单元之间的接口硬件等。

自适应控制约束系统的典型应用是以 NC 车床进行靠模加工或仿形铣床加工，通常是在 NC 机床上连接一个 AC 控制器，以进给量作为控制变量，以刀具切削力和功率作为测量变量。图 2-68 表示以刀具作为测量加工过程变量的典型自适应控制加工系统的操作简图。当工件硬度或切削深度增加使切削力也增加时，则应通过降低进给量予以补偿，反之，增加进给量以增加金属切削率。该图还显示了空隙越过特性，即监视刀具的切削力以及决定刀具是从空隙中越过，还是切削金属，通常这是由刀具切削力的下限值感受到的。当实际刀具切削力低于下限值时，控制器就可以认为刀具目前正在通过空隙，一旦感受到空隙，那么刀具就以 2 倍或 3 倍于先前的进给量尽快通过，当刀具接触到金属时，进给量又回到切削力控制状态时的值。目前几乎所有的 AC 系统都是第二种类型的自适应控制约束。

AC 加工目前已成功地应用于铣、钻、攻丝、磨及镗等加工，同时，也在车削加工方面得到了应用。AC 加工的优点如下。

① 提高生产率：是研制和采用自适应控制的目的。由于可以根据工件形状、材料、刀具磨损情况进行在线调节(指不停机调节)，因而使机器在某一工作条件下能获得最大金属切削率。

② 延长刀具寿命：这是由于进给量的调节，可以防止刀具的过载，这样就减少了崩刀的可能性。

③ 保证零件的尺寸公差：切削力的限度不是根据刀具和主轴挠度的最大允许值来确定，而是根据工件的尺寸公差来确定，这样，零件就可避免因超过尺寸公差而报废。

④ 减轻操作人员的负担，易于零件编程：对于一般 NC，程序员必须确定出刀具可能遇到的最坏的工作状态的参数，因此，需将程序反复调好几次才行。AC 的零件编程中，刀具进给量等参数的选择留给控制单元来完成，因此对某一工件所需的编程时间可以减少，所需的程序调试次数也将减少。

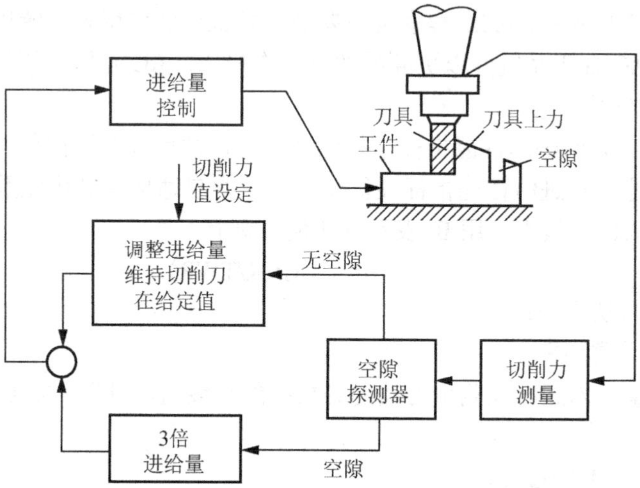

图 2-68　自适应控制系统的操作简图

五、成组技术

(一) 成组技术基本原理

成组技术(Group Technology，GT)本身是一门制造科学。它利用零件在设计和制造上存在的相似性，把具有相似性的零件分成一组，即零件组。国内外对成组技术比较一致的定义是：将企业生产的多种产品、部件和零件，按照特定的相似性准则(分类系统)分类归组，并在分类的基础上完成产品生产的各个环节，从而实现产品设计、制造工艺和生产管理工作的合理化。成组技术可应用于机械制造业的各个环节中，例如，产品设计，零件编程等。

所谓零件的相似性可从两方面看：即零件在产品中所起作用的相似性与其相对应的结构特征的相似性。后者可以直接由零件图来确定。结构特征相似性又可划分为结构、材料和工艺三个类别，其中每一类别又可进一步细分为若干个更具体的内容。上述各种相似之间既有区别又有联系。根据其依存关系又可把它们分为一次相似性(设计特征相似，如几何形状、尺寸大小等)和二次相似性(制造特征相似，如零件加工过程的先后次序等)。其相互关系如图 2-69 所示。

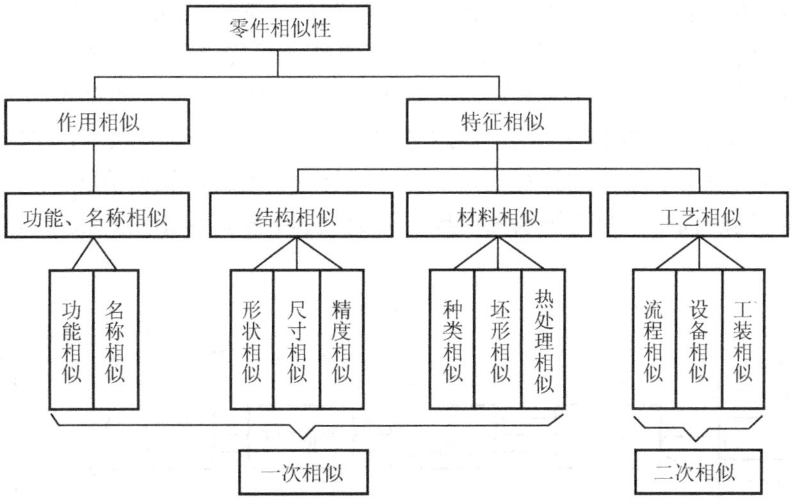

图 2-69　零件的相似性

不同机械产品中多种零件之间存在大量的相似性，这是制订零件分类系统以及在零件的设计、制造和管理过程中实施成组技术的客观基础。根据对德国 26 个不同类型工厂中 45000 种零件的统计分析，任何机械产品均可分为 A、B、C 三类零件，各类零件的特点见表 2-9。

表 2-9　各类零件的特点

类别	名称	复杂性	再用性	单件价格	品种出现率	备注
A	特殊件	高	低	大	5%～10%	关键零件
B	相似件	较高	较高	较大	70%左右	易于应用成组技术
C	标准件	低	高	小	20%～25%	专业化生产

(二)零件的分类和编码

所谓零件分类编码系统是指按相似性将零件进行分类，并据此对零件进行编码的一套系统。对零件进行分类，首先要分析每一个零件的设计特征和制造特征，这些特征可借助于零件代码系统来识别。目前在世界各地已经发展了许多种零件分类编码系统，有些已经进入了商业使用阶段。零件分类编码系统可以分为以下三种类型。

(1) 以零件设计特征为基础的系统，用于设计检索及促进设计标准化；

(2) 以零件制造特征为基础的系统，用于计算机辅助工艺规程编制、刀具设计以及其他与产品有关的内容；

(3) 以零件设计特征和制造特征为基础的系统，是以上两种类型的综合。

零件的设计特征有：基本外部形状；基本内部形状；长度直径比；材料类型；零件功能；主要尺寸；次要尺寸；公差；表面粗糙度。零件的制造特征有：主要加工过程；次要加工过程；主要尺寸；长度直径比；表面粗糙度；机床；操作次序；生产时间；批量大小；年产量；所需夹具；切削刀具。下面分别介绍三种零件分类和编码系统。

1. Opitz 分类系统

这种零件分类编码系统是由德国 Aachen 大学 H.Opitz 提出的。在成组技术领域中它代表着一种开创性的工作，是最著名的分类编码系统。Opitz 编码系统使用下列数字系列：

12345　6789　ABCD

基本代码由 9 位数字组成，也可以再增加 4 位代码扩展到 13 位。每个位数上可以是 0～9 中的任何一个数。前 9 位数用于传送设计和制造信息，如图 2-70 所示。图中前 5 位数(12345)称为形状代码，第一位表示零件是旋转体或非旋转体，同时表明零件的总体形状和比例关系，前 5 位代码的具体内容如图 2-71 所示，用于描述零件的基本设计特征。后 4 位数(6789)构成增补代码，代表一些对制造有用的特征，如尺寸、材料、毛坯形状和精度等。增加的 4 位代码(ABCD)称为辅助代码，用于识别生产操作的类型和顺序，可由用户根据自己的特殊需要来设计安排。

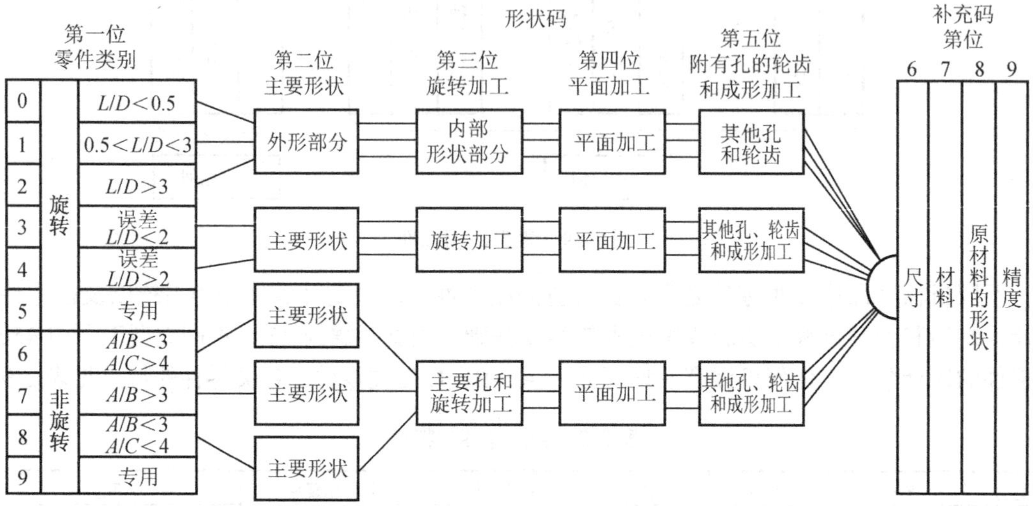

图 2-70　Opitz 系统的基本结构

	第一位 零件类别		第二位 外部形状 外形组成部分		第三位 内部形状 内部成形组成部分		第四位 平表面加工		第五位 附有孔和齿轮轮齿	
0	旋转件	$L/D \leqslant 0.5$		光滑，无成形部分		无孔，不贯通	0	无表面加工	无齿轮轮齿	无辅助孔
1	旋转件	$0.5 < L/D < 3$	一端是阶梯形或光滑	无成形部分	一端是光滑或阶梯形	无成形部分	1	平表面和/或一个方向上的曲线，外部	无齿轮轮齿	轴向不在节圆直径上
2	旋转件	$L/D \geqslant 3$	一端是阶梯形或光滑	螺纹	一端是光滑或阶梯形	螺纹	2	绕圆周分度的相关的外表面	无齿轮轮齿	轴向，在节圆直径上
3	旋转件		一端是阶梯形或光滑	槽状	一端是光滑或阶梯形	槽状	3	外部槽和/或切口	无齿轮轮齿	径向，不在节圆直径上
4	旋转件		两端都是阶梯形	无成形部分	两端都是阶梯形	无成形部分	4	外花链(多边形)	无齿轮轮齿	轴向和/或径向和/或其他方向
5	非旋转件		两端都是阶梯形	螺纹	两端都是阶梯形	螺纹	5	外部平面和/或切口，外花链	无齿轮轮齿	轴向和/或径向在节圆直径和/或其他方向上
6	非旋转件		两端都是阶梯形	槽状	两端都是阶梯形	槽状	6	内部平面和/或切口	有齿轮轮齿	正齿轮轮齿
7	非旋转件			锥形		锥状	7	内部键槽(多边形)	有齿轮轮齿	斜齿轮轮齿
8	非旋转件			工作螺纹		工作螺纹	8	内部和外部多边形，槽形和/或切口	有齿轮轮齿	其他齿轮轮齿
9	非旋转件			其他		其他	9	其他		其他

图 2-71　Opitz 系统中 1～5 位的形状代码

例如，已知零件如图 2-72 所示，要求运用 Opitz 系统做出零件的前 5 位代码(形状代码)。零件的总长度和直径之比 $L/D=1.5$，故第一位代码为 1；零件形状是向两端收缩的，并在一端带有螺纹，故第二代码为 5；由于零件带有通孔使第三位代码为 1；零件不需要进行平面加工，也没有附加孔或轮齿，所以第四、五位代码都为 0。完整的 Opitz 系统形状代码是 15100。为了加上增补代码，还需要适当选择从 6 位到 9 位的数来表示零件的尺寸、材料、毛坯形状及精度等。

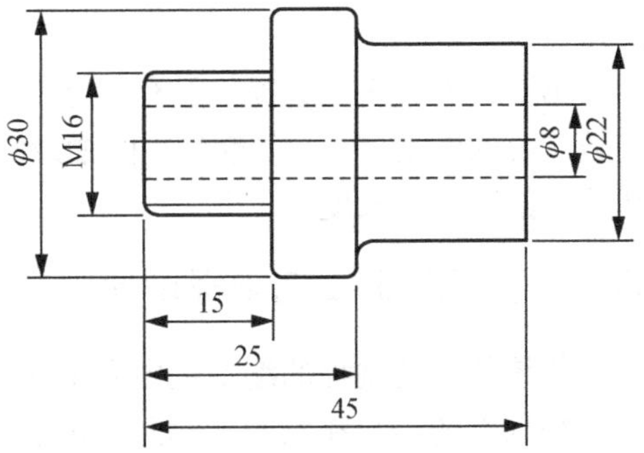

图 2-72　用 Opitz 系统做出形状代码的工件实例

2. MICLASS 系统

MICLASS(Metal Institute Classification System)是由 TNO(即荷兰应用科学研究协会)组织发展起来的。它首先出现在欧洲，1974 年以后传入美国。开发 MICLASS 系统的目的是使大量的设计、生产、管理活动自动化和标准化。其中包括：工程绘图的自动化；按类别进行图纸检索；工艺流程的标准化；工艺规程编制的自动化；挑选需要在特别机床组加工的零件；机床投资分析等。

MICLASS 系统的类别代码可以从 12 位数到 30 位数。前 12 位数是对任何零件都适用的通用代码。后 12 位到 18 位代码可以供一些企业专门使用。例如，较大的尺寸、计件的时间和成本、操作结果等都可以包括在这 18 位附加代码中。前 12 位 MICLASS 代码表示的零件特征如下：

1 位——主要形状；

2 位和 3 位——形状要素；

4 位——形状要素的位置；

5 位和 6 位——主要尺寸；

7 位——尺寸比；

8 位——附加尺寸；

9 位和 10 位——公差代码；

11 位和 12 位——材料代码。

MICLASS 系统独有的特点之一就是能够以交互方式应用计算机对零件进行编码。给零件分类编码时，首先由计算机提出一系列问题，然后由用户回答。问答的多少取决于零件的复杂程度。通常一个简单的零件需要 7 个问答即可。对于普通零件一般需要 10～20 个问答。根据用户的回答，计算机给零件一个代码。

3. CODE 系统

CODE 系统是由美国密歇根州 Ann Arbor 加工数据系统公司(MDSI)开发并销售的一种零件分类编码系统。该系统一般常用于工程设计中检索零件设计数据，但有时也用于加工工艺规程编制、工具设计、库存控制及外购等。

CODE 系统的代码由 8 位组成，每一位数字有 16 种可能的值(O～9 及 A～F)，这些值用于描述设计和制造的特征。其中第 1 位数表示零件的基本几何尺寸，称为 CODE 系统的代码主段，它用于区别零件是圆柱体，还是方块体或平板件，或是其他形状。其余 7 位数所表示的意义取决于第 1 位数的值，这 7 位数组成一个链式结构。因此，CODE 系统具有混合结构的特点。

第 2 位和第 3 位数提供了有关零件基本几何尺寸和主要加工工艺的信息。第 4～6 位数代表较次要的制造信息，如螺纹、凹槽及狭槽等。第 7 位和第 8 位数代表零件的总体尺寸(如旋转零件的直径和长度)。

六、计算机辅助工艺规程设计

传统的工艺规程的编制是由人工完成的。一个工艺规程方案是否合理，在很大程度上取决于编制者的经验和判断。然而，由于工艺人员的水平和经验不同，因而，同一个零件的工艺规程往往会是不同的，到底哪个方案最优也就很难定论。目前，制造业所使用的工艺规程中，有很大一部分不是最优的。为此，近几年来，人们开始总结和研究工艺规程编制中的经验和规律，并把它编制成计算机程序，使之可以根据零件的不同特征，自动给出零件的工艺规程。计算机辅助工艺规程设计(Computer Aided Process Planning，CAPP)系统为使制造工程师从大量日常事务性工作中解脱出来，提供合理的、协调的、最优的零件加工工艺规程。

目前 CAPP 已经发展了两种形式：检索式 CAPP 系统(亦称为变型系统)和再生式 CAPP 系统。

(一)检索式 CAPP 系统

检索式 CAPP 系统是一种建立在零件分类码系统和 GT 技术基础上的计算机辅助工艺规程设计方法。在这种方法中，零件首先被编成零件组，根据制造特性的不同来区分它们。每一零件组建立一个标准化加工工艺规程，然后储存到计算机中。当需要加工该零件组的新零件时，再从计算机中调出。为了组成计算机文件系统，当加工新零件时，能够迅速完成检索过程得到理想的加工工艺规程，这里需要配置一些相应的零件分类和编码系统。有时计算机储存的标准加工工艺规程并不完全适合待加工的零件，还需要对标准工艺方案进行修改。对于一批新零件，所选定的机床加工路线可能是相同的，但每一机床上所需要的具体操作内容并不相同，完整的工艺规程系统必须包括具体的操作规程和零件加工所经过的机床路线。由于工艺规程功能存在这种变型，故 CAPP 系统有时又称为“变型系统”。

如图 2-73 所示为检索式 CAPP 系统的信息流程图。其工作过程是：用户在计算机终端输入零件代码后，CAPP 程序就开始查询零件组原始文件，如果文件中存在完全相同的代码，标准机床路线和操作规程就会从各自的存储文件中显示给用户。用户可以对得到的标准工艺规程进行检查，并允许进行必要的修改，使之完全适用于新零件的加工。最后用户可以把结果从打印机上按适当的格式打印出来。

如果在计算机存储文件中找不到相应的代码，则用户可以用一个相似的零件代替，以得到所需的加工工艺规程。一旦把对应于某种新设计的零件代码的工艺规程方案输入计算机，它即成为这种零件类别的一个新的标准工艺规程。图 2-73 中，机床路线文件与操作规程文件分开，是为了强调说明这种机床路线方案可以用于许多不同零件组和零件代码系统。在机床路线文件中将比在操作规程文件中更容易找到所需的目标。也有某些 CAPP 检索系统只设一种文件系统，它同时具有以上两种功能。

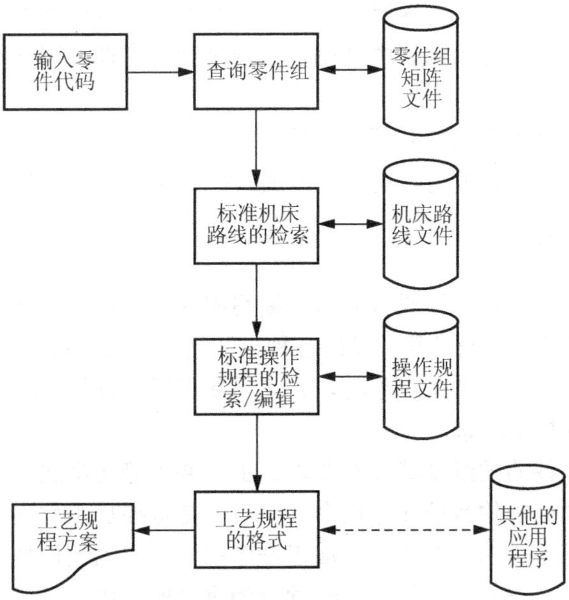

图 2-73　检索式 CAPP 系统的信息流程图

工艺规程方案的设计还可以利用其他的应用程序，其中包括计算加工状态、工作规范和合乎规定的成本的程序。有了成本标准，再去计算产品总成本，确定产品价格就更方便了。

目前，已经发展了多种检索式 CAPP 系统，如 MIPLAN 属于 MICLASS 中的一种，还有计算机辅助制造国际公司研制的 CAPP 系统，以及由 MDSI 研制的 COMCAPPV 等。下面将以 MIPLAN 为例来说明该系统。

MIPLAN 是一套通用 CAPP 系统，是由马萨丘塞斯沃索姆(Massachusetts，Waltham)的工业技术研究机构研制的。它基本上属于检索式 CAPP 系统，只不过另外增加几项功能。MIPLAN 系统内部由几个对话式的模块组成。

系统操作时，有以下四种方式可供选择，用户只需选择其中一种，即可得到新零件的加工工艺规程。

第一种方式：用户输入零件代码，由计算机在存储文件中检索出标准工艺规程，供用户进行编辑。用户可选择使用 MICLASS 对话式零件分类和编码系统。

第二种方式：通过输入零件号(而不是输入零件代码)，由计算机在存储文件中检索出标准工艺规程。同样，如果有必要，用户仍可对所得到的标准工艺规程进行编辑修改。

第三种方式：仅使用存储在计算机中的原始材料，也可以得到所需要的工艺规程方案。这种方法以代码处理系统为基础，用户通过对与机床和工艺规程有关的原始文件进行挑选，把有用的部分组合起来，并进行必要的修改，以满足新零件的特殊需要。

第四种方式：当用户不能通过计算机一次得到全部完整的新操作工艺规程时，亦可只得到工艺规程的一部分，待继续完成，直到最后得到完整的工艺规程方案。

用以上四种方式得到新零件的加工工艺规程后，可由计算机将结果打印出来。

(二)再生式 CAPP 系统

所谓再生式工艺规程设计，就是系统输入工件的综合性描述后不再需要人的任何帮助，而由计算机自动产生工艺规程方案。它通过计算机运用一系列算法规则，通过各种各样的技术和逻辑判断，最后产生加工工艺规程方案。再生式 CAPP 系统是在分析零件的几何形状、材料及其他影响零件加工过程的因素的基础上，通过综合处理，用合成法设计零件的最优加工工艺。

理想的再生式 CAPP 系统可适用于任何零件加工，但在实际应用中，目前其适用范围还远不是那样广泛，仅在一些有限的制造加工范围内得到某种程度的发展。

七、计算机辅助 NC 编程

在数控机床上加工零件时，一般首先需要编写零件加工程序，然后将零件加工程序输入数控装置，经过计算机的处理与计算，发出各种控制指令，控制数控机床的运动与辅助动作，自动完成零件的加工。当改变加工对象时，只需重新编写零件加工程序，而机床本身则不需要进行调整就能把零件加工出来。

这种根据被加工零件的图纸及其技术要求、工艺要求等切削加工的必要信息，按数控系统所规定的指令和格式编制的数控加工指令系列，就是数控加工程序。要在数控机床上进行加工，数控加工程序是必需的。制备数控加工程序的过程称为数控加工程序编制，简称数控编程(NC Programming)。它是数控加工中一项极为重要的工作。

(一)NC 编程内容和步骤

NC 编程不仅应保证加工出符合图纸要求的合格工件，而且应能使数控机床的功能得到合理的应用与充分的发挥，以使数控机床能安全可靠、高效地工作。NC 加工程序的编制过程是一个比较复杂的工艺决策过程。因此，在 NC 编程之前，程序员应充分了解所用的数控机床的规格、性能以及数控机床所具备的功能及编程指令格式等。如图 2-74 所示，NC 编程的内容和步骤如下。

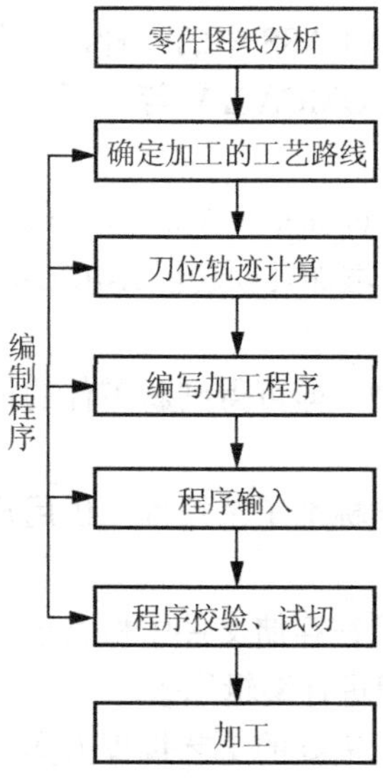

图 2-74　数控编程流程图

(1)零件的工艺性分析。如第一章所述，检查零件图纸的正确性和完整性，分析零件图中的技术要求，审查零件选用的材料，分析零件结构的工艺性等。

(2)确定机械加工工艺过程。根据零件的形状、几何尺寸及技术要求，对零件的加工工艺进行分析，确定零件的机械加工工步顺序及切削用量等工艺参数。

(3)刀位轨迹数值计算。根据零件的形状、尺寸及其机械加工工艺过程的要求，在适当坐标系上计算零件轮廓和刀具运动轨迹的坐标值，如几何元素的起点、终点、圆弧的圆心、几何元素的交点或切点等坐标尺寸，有时还需要根据这些数据计算刀具中心轨迹的坐标尺寸，并按数控系统最小设定单位将上述坐标尺寸转换成相应的数字量，以这些坐标值作为 NC 编程的尺寸。

(4)编写 NC 加工程序清单。根据加工顺序、刀具运动轨迹、切削用量、刀具号码、刀具补偿要求及辅助动作，按照机床数控系统使用的指令代码及程序格式要求，编写零件加工程序清单，并需要进行初步的人工检查，必要时进行反复修改。

(5)NC 程序输入。可通过键盘、穿孔纸带、磁带或其他介质将 NC 程序输入机床数控系统中。近年来，许多数控机床都采用各种计算机通用的输入方式实现加工程序的输入。因此，只需要在普通计算机上编辑好加工程序，就可以直接传送到数控机床的数控系统中。

(6)NC 程序校验和试切削。通常所要加工的工件材料都比较昂贵，因此，编制的 NC 程序必须事先经过进一步的校验和试切削才能用于正式加工。一般的方法是将 NC 加工程序输入数控装置进行机床的空运转检查。对于平面轮廓工件，可以用笔代替刀具，用坐标纸代替工件，在数控机床上进行空运行绘图。对于空间曲面零件，可以用木料、蜡或塑料等廉价材料的试件进行试切，以检查机床刀具运动轨迹与动作的正确性。

在具有图形显示的数控机床上，用图形的静态显示或动态显示则更为方便。静态显示就是在机床坐标轴锁住的状态下形成的运动轨迹，而动态显示则是模拟刀具和工件的加工过程。当发现错误时，应分析错误的性质及其产生的原因，或修改程序，或调整刀具补偿尺寸，直到符合图纸规定的精度要求。

NC 编程可以分为手工编程和自动编程两类。手工编程是指编制零件 NC 加工程序的各个步骤，即从零件图纸分析、机械加工工艺的确定、计算刀位轨迹坐标数据、编写零件的 NC 加工程序，直至程序的检验，均由人工来完成。而自动编程则是借助于计算机协助人们完成 NC 加工程序的编制。

(二)手工 NC 编程

手工 NC 编程基本上由人工完成 NC 程序编制的各个阶段的任务，按照数控机床的指令格式和程序结构，根据加工要求逐行写出每一个程序段，组成零件的数控程序。然后打印出程序清单或用键盘输入数控装置中。在进行手工 NC 编程之前，必须明确以下基本概念。

1. 数控编程几何基础

(1)机床坐标系。

机床坐标系是机床上固有的坐标系，用于确定被加工零件在机床中的坐标、机床运动部件的特殊位置(如换刀点、参考点)以及运动范围(如行程范围、保护区)等。机床坐标系采用 ISO 统一标准的右手直角坐标系，如图 2-75 所示。用 *X*、*Y*、*Z* 分别表示三个坐标轴的正方向，用 *A*、*B*、*C* 分别表示绕 *X*、*Y*、*Z* 轴的旋转，其转动的正方向用右手螺旋定则确定。当机床运动多于 *X*、*Y*、*Z* 三个坐标时，则用 *U*、*V*、*W* 表示平行于 *X*、*Y*、*Z* 轴的第二组直线运动坐标轴，如果还有第三组直线运动，则分别用 *P*、*Q*、*R* 来表示。如果机床还有第二组回转运动，可用 *D*、*E* 命名。标准规定：数控机床的主轴与机床坐标系的 *Z* 轴重合或平行。各种数控机床的坐标系可参见有关的标准规定。

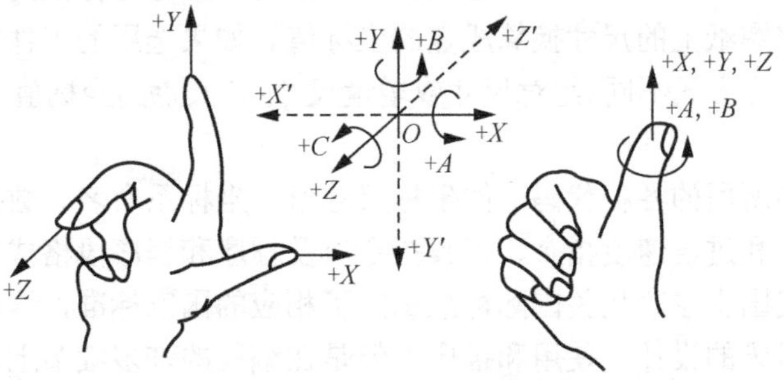

图 2-75　右手直角坐标系

在编程时，为了方便和统一，无论在加工中是刀具运动，还是被加工工件移动，一般都假定被加工工件相对静止不动，而刀具在运动，并同时规定刀具远离工件的方向作为坐标轴的正方向。

(2)机床零点与参考点。

机床坐标系的原点称为机床零点。机床零点是机床上的一个固定点，由机床制造厂确定。它是工件坐标系、编程坐标系以及机床参考点的基准点。机床零点通常设在主轴前端面的中心，Z轴与主轴平行，为纵向进刀方向；X轴与主轴垂直，为横向进刀方向。

数控机床的参考点是用于机床工作台或滑板与刀具相对运动的增量测量系统进行定标和控制的点。参考点的位置是由每个运动轴上的挡铁和限位开关精确地预先确定好的。因此，参考点对机床零点的坐标是一个固定的已知数。在数控机床加工过程中，首先接通机床总开关和控制系统开关，然后机床从任一位置返回参考点，挡铁打开参考点开关，测量系统置零，即测量系统标定。之后，刀具开始移动进行工件加工。绝大多数数控机床都采用增量式测量系统，需要返回参考点。而对于装有绝对测量系统的数控机床，由于具有坐标轴的精确坐标值，并能随时读出，故不需要参考点。

(3)工件坐标系和工件零点。

NC编程时，编程尺寸都按工件坐标系的尺寸确定。工件坐标系是用于确定工件几何图形上各几何要素(点、直线、圆弧等)的位置而建立的坐标系，工件坐标系的原点即工件零点。选择工件零点的原则是能将工件图上的尺寸方便地转化成为编程的坐标值和提高加工精度，故一般选在工件图中的设计基准上，选择能使工件方便地装卡、测量和检验的位置，选择尺寸精度和粗糙度要求比较高的工件表面上。车削工件零点一般放在工件的右端面或左端面，而且与主轴中心线重合的地方。铣削工件零点一般设在工件外轮廓的基角点上。进刀深度方向的工件零点大多数取在工件表面。

(4)编程零点。

编程零点是编程坐标系的零点，即程序零点。对于简单零件来说，工件零点就是编程零点，即编程坐标系就是工件坐标系。因此，编程尺寸按工件坐标系中的尺寸确定。而对于形状特别复杂的零件，需要几个程序或子程序。为了编程方便和减少许多坐标值的计算，编程零点就不一定设在工件零点上，而设在便于程序编制的位置。

(5)绝对尺寸与增量尺寸。

零件图上尺寸的标注分为绝对尺寸和增量尺寸。绝对尺寸标注的零件尺寸，是从工件坐标系的原点进行标注的(即坐标值)；增量尺寸标注的某点零件尺寸，是相对它前一点的位置增量进行标注的，即零件上后一点的位置是以前一点为零点进行标注的。当对零件的轮廓就攻进行编程时，要将图纸上的尺寸换算成点的坐标值。如果选用的工件零点、编程零点位置不同，采用的尺寸标注方式不同(绝对尺寸或增量尺寸)，其点的坐标值也不同。

2. 数控标准

数控加工程序中所用的各种代码，如坐标尺寸值、坐标系命名、数控准备机能指令、辅助动作指令、主运动和进给速度指令、刀具指令以及程序和程序段格式等方面都已制定了一系列的国际标准，我国也参照相关国际标准制定了相应的国家标准，这样极大地方便了数控系统的研制、数控机床的设计、使用和推广。但是在编程的许多细节上，各国厂家生产的数控机床并不完全相同。因此，编程时还应按照具体机床的编程手册中的有关规定来进行。

数控代码标准有美国电子工业协会(EIA)制定的EIA RS-244和国际标准化协会(ISO)制定的ISO-RS840两种标准。目前，国际上大都采用ISO代码。由于计算机技术的飞速发展及其在数控技术中的应用，绝大多数数控系统采用通用计算机编码，并提供与通用微型计算机完全相同的文件格式，保存和传送数控加工程序，因此，纸带被现代化的信息介质所取代。

3. 程序结构

零件加工程序由主程序和子程序组成，子程序还可以有多级嵌套。无论是主程序还是子程序，都是由若干个按规定格式书写的程序段(Block)组成的。每个程序段由按一定顺序和规定排列的“程序字”也称“功能字”，简称“字”(Word)组成。字由表示地址的英文字母或特殊文字和数字组成。字是表示某种功能的代码符号，也称为指令代码，或指令或代码。如G01、X2500.001、F1000等三个字分别表示直线插补指令、X向尺寸字2500.001mm和进给速度指令1000 mm/min。

程序段(Block)有多种格式，如固定顺序格式、分隔符顺序格式、字地址格式等。目前最常用的格式是字地址格式。字地址格式的优点是程序段中所包含的信息可读性高，便于人工编写修改，为数控系统解释执行数控加工程序提供了一种便捷的方式。程序段中的地址字符和符号的二进制编码为带有特征的ASCII码。字地址格式如下：

NxxxxGxxX±xxxx.xxxY±xxxx.xxxFxxSxxTxxMxxLF

每个程序段的开头是程序段的序号，以字母N和若干位数字表示；接着一般是准备机能指令，由字母G和两位数字组成；而后是坐标运动尺寸，如X、Y、Z等代码指定运动坐标尺寸；在工艺性指令中，F代码为进给速度指令，S代码为主轴转速指令，T为刀具号指令，M代码为辅助机能指令，LF为程序段结束符号。字地址格式中常用的地址字及其意义如表2-10所示。

表2-10　地址字符

地址字	意　义
A、B、C	绕*X*、*Y*、*Z*轴旋转的旋转角度尺寸字
D、E	绕特殊坐标轴旋转的旋转轴角度尺寸字或第3进给速度制定功能
F、S、T	进给速度指定功能、主轴速度功能、刀具功能
G	准备功能，其后有3位数字
H	永不指定，或刀具补号参数
I、J、K	未指定，或插补参数
L、O	不指定，或子程序号代码、程序号代码
M	辅助功能
N	程序段序号
P、Q	与*X*、*Y*轴平行的第3移动坐标尺寸字
R	Z轴的快速运动尺寸或与Z轴平行的第3移动坐标尺寸字
U、V、W	与*X*、*Y*、*Z*轴平行的第2移动坐标尺寸字
X、Y、Z	主坐标轴*X*、*Y*、*Z*移动坐标尺寸字

4. 程序段中功能字

(1)程序段序号。

它是程序段中最前面的字，由字母N和其后3位或4位数字组成，用来表示程序执行的顺序、程序段的显示和检索。

(2)准备功能字。

准备功能也称G功能，由字母G和其后3位数字组成。G功能是基本的数控指令代码，用于指定数控装置在程序段内准备某种功能。G功能的具体内容可参考国际标准化组织规定的G代码。

(3) 坐标字。

坐标字也称尺寸字，用来给定机床各坐标轴的位移量和方向。坐标字由坐标的地址代码、正负号、绝对值或增量值表示的数值等三部分组成。坐标的地址代码为 X、Y、Z、U、V、W、P、Q、R、I、J、K、A、B、C、D、E 等。坐标的数量由插补指令决定；数值部分为正值时，“+”号可以省略；数值带小数点时，小数点前一位的单位为 mm，不适用小数点时，以系统分辨率（或脉冲当量）为单位；数值的位数由数控系统规定。

(4) 进给功能字。

进给功能也称 F 功能，表示刀具相对于工件的运动速度。进给功能字由字母 F 和其后的几位数字组成。进给速度指定方法有多种，现在常用的指定方法有直接指定法和时间倒数指定法。直接指定法是在 F 后面按照规定的单位直接写出要求的速度。单位为 mm/min。时间倒数指定法表明 F 后面的数字是刀具以一定的进给速度走完编程轨迹所用时间的倒数，单位为 min^{-1}。

(5) 主轴转速功能字。

主轴转速功能字也称 S 功能，用以设定主轴速度。它由字母 S 和其后的几位数字组成，S 功能的指定方法现在一般采用直接指定法，即在 S 后面直接写上要求的主轴转速，单位为 r/min；当主轴在恒线速度指定时，单位为 m/min。

(6) 刀具功能字。

刀具功能字也称 T 功能，是在更换刀具时用来指定刀具号和刀具相对长度补偿。刀具功能由字母 T 和其后的几位数字组成。对不同的数控系统有不同的指定方法和含义。

(7) 辅助功能字。

辅助功能字也称 M 功能，用它指定主轴的启停、冷却液通断等规定的辅助功能（数控系统具有的开关量功能）。它由字母 M 和其后的两位数字组成。此外，还有许多开关量功能的设定，由 PLC 程序设计解决。

(8) 程序段结束符。

程序段的末尾必须有一个程序结束符号，ISO 标准中的程序段结束符号为 LF，EIA 标准中为 CR。为了简化起见，有的系统也用“*”、“;”或其他符号表示。

此外，根据需要，程序段中还会有插补参数 I、J、K，补偿参数 D、H 代码等。现在许多数控系统所使用的程序段中还增加了“文字型 G 代码指令”，例如，SIEMENS 系统的 CIP 指令，表示通过中间点的圆弧插补指令，即三点定圆插补指令。

5. 手工 NC 编程举例

孔加工包括钻孔、扩孔、铰孔、攻螺纹和镗孔等，一般可以在数控钻床和镗床上进行，也可以在铣床、车床和加工中心上完成。大部分数控钻床和镗床是点位控制的，当然，也可以通过连续控制实现。点位控制只要求定位准确，而与移动路线无关。编程时主要从效率上考虑使加工路线尽可能最短。

编制孔加工 NC 程序时没有复杂的数值计算，只有增量/绝对坐标值的换算等工作，数学处理简单。孔的直径由刀具保证，孔位尺寸的控制精度可以在一个分辨率（或脉冲当量）之内。而实际的孔位精度取决于数控系统和机械系统的精度。在编制孔加工 NC 程序时，为了提高加工精度和效率，应注意以下几点。

(1) 工件坐标系、增量/绝对值输入的选择应与工件图纸标注方法一致，这样不但减少尺寸换算工作，而且容易保证加工的精度。

(2)注意提高对刀精度。换刀点选在容易测量和不能发生碰撞的地方，在空间允许的情况下，换刀点可安排在加工点的上方。

(3)使用刀具长度补偿功能。在刀具修磨后，只需改变设置的偏移量，而不用改变程序。

(4)在孔加工量很大时，使用固定循环、子程序和镜像功能，可以简化编程。

下面通过实例说明手工 NC 编程过程。

如图 2-76 所示，用固定循环编制孔加工程序。

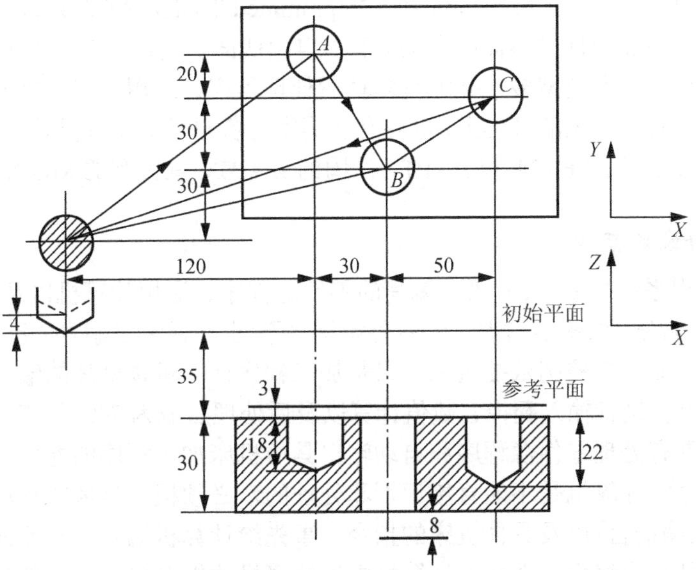

图 2-76　用固定循环编制孔加工程序

用固定循环进行孔加工首先要了解每个固定循环指令的功能。本例中通孔选择 G81 指令。不通孔选择 G82 指令，G82 指令有孔底暂停。接着要考虑坐标系，初始平面和参考平面、换刀点的位置及 G98/G99 的使用。其次要掌握固定循环指令格式，在使用 G90/G91 时，正确地写出 Z、R 后面坐标值/增量值。最后合理选择切削用量和加工工艺参数等。孔加工程序段及含义见表 2-11。

表 2-11　孔加工程序段及含义

程　序　段	含　义
O 0001;	程序号
N1 G92 X0 Y0 X0;	设定工件坐标系
N2 G90 G00 Z250.0 T11 M06;	在 Z 方向快速移动到换刀点，换刀
N3 G43 Z0 H01 S600 M03 M08;	进给到初始平面、加长度补偿、主轴正转、开冷却液
N4 G99 G82 X120.0 Y80.0 Z-53.0 R-32.0 P2000 F100;	用 G82 固定循环加工 A 孔，孔底暂停 2s，加工后返回到参考平面
N5 G81 X150.0 Y30.0 Z-73.0;	用 G81 固定循环加工 B 孔，加工后返回到参考平面
N6 G98 G82 X200.0 Y60.0 Z-57.0 P2000;	用 G82 固定循环加工 C 孔，孔底暂停 2s，加工后返回到参考平面
N7 G00 X0 Y.0 H00 M05 M09 M30;	快速返回到原点，撤销长度补偿，程序结束

(三)自动 NC 编程

自动 NC 编程具有编程速度快、周期短、质量高、使用方便等一系列优点。与手工编程相比，可提高编程效率数倍甚至数十倍。零件越复杂，其技术经济效益越显著，特别是能编制手工编程无法完成的程序。

自动 NC 编程通常分为两步处理：第一步是刀具中心相对于零件运动的轨迹，这部分处理不涉及具体 NC 机床的指令格式和辅助功能，因此具有通用性；第二步是针对具体 NC 机床的功能产生控制指令的后处理程序，后处理程序是图通用的。由此可见，经过数控系统处理后输出的程序才是控制 NC 机床的零件加工程序。

现在国际上流行的数控自动编程语言有上百种，其中流传最广、影响最深、最具有代表性的是美国 MIT 研制的 APT(Automatically Programmed Tools，APT)系统。APT 系统可适用于曲线自动编程、3～5 坐标立体曲面自动编程、自由曲面自动编程等。由于 APT 系统语言词汇丰富、定义的几何元素类型多，并配有多种后处理程序，通用性好。因此，在世界范围内获得广泛应用。在 APT 系统的基础上，世界有些国家也各自发展了各具特色的数控语言系统，如德国的 EXAPT、日本的 FAPT 和 HAPT、法国的 IFAPT、意大利的 MODAPT、中国的 SKC 和 ZCX 等。

1. APT 自动编程系统

APT 自动编程系统分成 APT 语言编写的零件源程序、通用计算机以及编译程序(也称系统软件)三个组成部分，如图 2-77 所示。零件源程序不同于在手工编程时用 NC 指令代码写出的加工程序，它不能直接控制数控机床，只是加工程序计算机预处理的输入程序。对于零件源程序，经过计算机进行输入翻译、数值计算以及后处理后成为 NC 加工程序。编译程序的作用是使计算机具有处理零件源程序和自动输出具体机床加工程序的能力。因为用数控语言编写的零件源程序，计算机是不能直接识别和处理的，必须根据具体的数控语言、计算机语言(高级语言或汇编语言)以及具体机床的指令，事先给计算机编好一套能处理零件源程序的编译程序，将这种数控编程软件存入计算机中，计算机才能对输入的零件源程序进行翻译、计算并执行。根据具体数控机床的控制系统所编写的后处理程序，最终形成加工程序。

计算机在处理零件源程序时分三个阶段：翻译阶段、数值计算阶段和后处理阶段。

翻译阶段即语言处理阶段。它按源程序的顺序，将每一个符号依次阅读并进行处理。首先分析语句的类型，当遇到几何定义语句时，则转入几何定义处理程序。根据几何特征关键字，判断是哪种类型的几何定义方式，然后再处理成标准的形式，并按其数值信息求出标准参数。例如，点的标准参数为 X、Y、Z 三个坐标值，对于直线 $AX+BY=C$，标准参数为 A、B、C；对于圆 $(X-X_0)^2+(Y-Y_0)^2=R^2$，标准参数为 X_0、Y_0、R。根据几何单元名字将其几何类型和标准参数存入单元信息表，供计算阶段使用。对于其他语句也要处理成信息表的形式。另外，在编译阶段，还要进行二进制和十进制转换和语法检验等项工作。

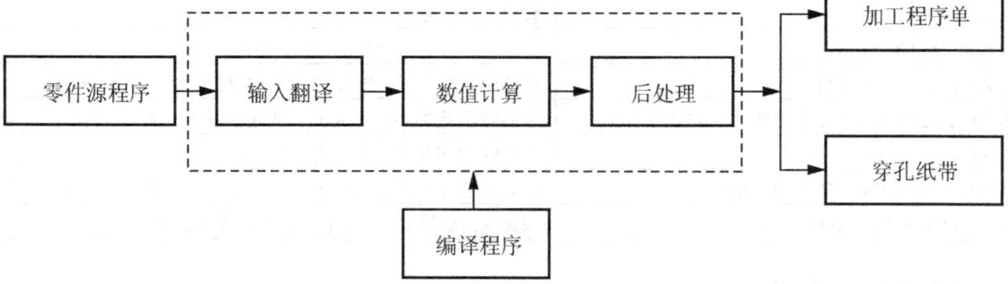

图 2-77　APT 自动编程系统信息处理过程

数值计算阶段的工作类似于手工编程时的基点和节点坐标数据的计算。其主要任务是处理连续运动语句，求出刀具位置数据并以刀具位置文件的形式加以存储。对于其他的语句也要以规定的形式处理并存储。

后处理阶段是按计算阶段的信息，生成符合具体数控机床要求的零件加工程序。生成的加工程序可以通过计算机通信接口直接传送至CNC系统予以调用，也可以通过屏幕进行图形显示或由绘图机绘出图形，用自动绘出的刀具运动轨迹图形，可以检验数据输入的正确性，以便加工程序编制人员分析错误的性质并予以修改。

2. 图形交互自动编程系统

APT语言编程的优点是程序简单、走刀控制灵活。但由于开发得比较早，受到当时的条件限制，虽然经过多次改进，仍有许多不便之处，例如，采用语言定义几何形状不易描述复杂的几何图形，缺乏对零件形状和刀具运动轨迹的直观显示，难以和CAD数据库及CAPP系统有效地连接，很难做到高度的自动化和集成化。为此，世界各国都在开发三维设计、分析、NC加工一体化的自动编程系统，如CATIA、PowerMILL、SolidWorks，以及前面介绍的Pro/ENGINEERING和UG等系统。

图形交互自动编程建立在CAD/CAM的基础上。这种编程方法具有速度快、精度高、直观性好、使用方便和便于检查等优点。因此，这种方法是复杂零件普遍采用的数控编程方法。图形交互自动编程主要分三个步骤，即几何造型、刀具轨迹生成和后处理。

几何造型是利用CAD/CAM软件的图形编辑功能交互地进行图形构建、编辑、曲线和曲面造型等工作，将被加工部位的几何图形准确地绘制在计算机屏幕上，并在计算机内自动形成零件图形数据库，作为下一步刀具轨迹计算的依据。这相当于APT语言编程中，用几何定义语句定义零件几何图形的过程。

刀具轨迹生成是面向屏幕上的图形交互进行的。首先调用刀具路径生成功能，用光标选择相应的图形目标，点取相应的坐标点，输入所需的各种参数。软件系统将自动从图形中提取编程所需的信息进行分析判断，计算节点数据，并将其转换为刀具位置数据，存入指定的刀位文件中或直接进行后处理并生成数控加工程序，同时在屏幕上模拟显示出零件图形和刀具运动轨迹。

后处理的目的是形成各种机床所需的数控加工程序文件。由于各种机床使用的控制系统不同，其数控加工程序指令代码及格式也有不同。为此，系统软件通常为各种数控系统设置一个后处理用的数控指令对照表文件。系统利用该文件，经过处理输出符合数控加工格式要求的NC加工文件。

3. 数控程序的检验与仿真

数控程序的编制过程和工艺过程编制相似，具有经验性和动态性，在程序编制过程中出错是经常发生的。为此，必须认真检查和校验数控加工程序，通常还要进行首件试切加工。这种试切过程往往要冒一定的风险，稍有不慎，就会发生事故，或损坏刀具，甚至撞坏机床。因此，当数控程序编制完成后，要对数控加工程序进行检验。随着计算机技术的发展，现在可以利用计算机仿真模拟系统进行数控加工程序的模拟，从软件上实现零件的试切过程，将数控程序的执行过程在计算机屏幕上显示出来。检验人员可以在屏幕上看到零件的连续逼真的加工过程，利用这种视觉检验方式，可以很容易发现刀具和工件之间的碰撞及其他错误的程序指令。数控仿真可采用刀位轨迹仿真法和虚拟加工法两种。

刀位轨迹仿真法是最早采用的图形仿真检验方法，一般在后处理之前进行。通过读取刀位数据文件检查刀具位置计算是否正确，加工过程中是否发生过切，所选刀具、走刀路线、进退刀方式是否合理，刀位轨迹是否正确，刀具与约束面是否发生干涉与碰撞等。由于这种仿真是在后处理之前进行的，因此，可以脱离具体的数控系统环境进行。该方法是目前比较成熟有效的仿真方法，应用比较普遍，例如，PowerMILL 软件中的刀位轨迹仿真就是采用的这种方法。

虚拟加工法是应用虚拟现实技术实现加工过程的仿真技术。该方法主要解决在加工过程中实际加工环境和工艺系统之间的干涉碰撞问题和运动关系。虚拟加工法和刀位轨迹仿真法不同，虚拟加工法能够利用多媒体技术实现虚拟加工，不仅只解决刀具与工件之间的相对运动仿真，而且更重视对整个工艺系统的仿真。虚拟仿真软件一般直接读取数控程序，逐段翻译，并模拟执行加工，再利用 OpenGL 等三维真实感图形显示技术，模拟整个工艺系统的状态。同时，还可以在一定程度上模拟加工过程中的声音等。

有关数控编程技术的其他内容，由于篇幅有限，不能深入叙述。如果需要，读者可以参考其他有关书籍。

复习思考题

1. 解释机械加工工艺过程、工艺规程、工序、工位、工步和走刀。
2. 简述机床夹具设计要点。
3. 简述装配焊接夹具设计的基本要求。
4. 何谓六点定位原理？何谓工件定位？
5. 简述对工件定位的要求，并举例说明。
6. 工件在夹具中的定位方式有哪几种？各种定位方式的涵义是什么？
7. 简述非动力空心车轴的加工工艺过程。
8. 参考图 2-47，简述车轮加工工艺过程。
9. 简述构架加工工艺过程。
10. CAM 系统分为哪两种类型？
11. 数控系统由哪几部分构成？简述各部分的作用及数控系统的工作过程。
12. 检索式 CAPP 系统和再生式 CAPP 系统之间有何不同？
13. 简述 NC 编程内容和步骤。
14. 简述 APT 自动编程系统信息处理过程。

第三章　转向架组装

第一节　机械装配基本知识

机械产品往往由成千上万个零件组成，装配就是把加工好的零件按一定的顺序和技术连接到一起，成为一部完整的机械产品，并且可靠地实现产品设计的功能。装配处于产品制造所必需的最后阶段，产品的质量(从产品设计、零件制造到产品装配)最终通过装配得到保证和检验。因此，装配是决定产品质量的关键环节。研究制订合理的装配工艺，采用有效的保证装配精度的装配方法，对进一步提高产品质量有着十分重要的意义。

一、机械装配基本概念

根据规定的技术要求，将零件或部件进行配合和连接，使之成为半产品或产品的过程称为装配。机器的装配是机器制造过程中最后一个环节，包括装配、调整、检验和试验等工作。装配过程使零件、套件、组件和部件获得一定的互相位置关系，所以装配过程也是一种工艺过程。

为保证有效地进行装配工作，通常将机器划分为若干能进行独立装配的装配单元。

零件是组成产品的最小单元，机械装配中，一般先将零件装成套件、组件和部件，然后再装至成产品。

套件是在一个基准零件上，装上一个或若干个零件而构成，它是最小的装配单元。套件中唯一的基准零件用于连接相关零件和确定各零件的相对位置。为套件而进行的装配称为套装。套件的主要部分因工艺或材料问题，可分成零件制造，但在以后的装配中可作为一个零件，不再分开，如双联齿轮。

组件是在一个基准零件上，装上若干套件及零件而构成。组件中唯一的基准零件用于连接相关零件和套件，并确定它们的相对位置。为形成组件而进行的装配称为组装。组件中可以没有套件，即由一个基准零件加若干个零件组成，它与套件的区别在于组件在以后的装配中可拆，如机床主轴箱中的主轴组件。

部件是在一个基准零件上，装上若干组件、套件和零件而构成。部件中唯一的基准零件用来连接各个组件、套件和零件，并决定它们之间的相对位置。为形成部件而进行的装配称为部装。部件在产品中能完成一定的完整的功用，如机床中的主轴箱。

在一个基准零件上，装上若干部件、组件、套件和零件就成为整个产品。同样一部产品中只有一个基准零件，作用与上述相同。为形成产品的装配称为总装。例如，卧式车床便是以床身作基准零件，装上主轴箱、进给箱、溜板箱等部件及其他组件、套件、零件而构成。

二、机械装配基本内容

(一)清洗

主要目的是去除零件表面或部件中的油污及机械杂质。

（二）连接

装配中的连接方式往往有两类：可拆连接和不可拆连接。可拆连接指在装配后可方便拆卸而不会导致任何零件的损坏，拆卸后还可方便地重装，如螺纹连接、键连接等。不可拆连接指装配后一般不再拆卸，若拆卸往往损坏其中的某些零件，如焊接、铆接等。

（三）调整

包含平衡、校正、配作等。平衡指对产品中旋转零、部件进行平衡，包括静平衡和动平衡，以防止产品使用中出现振动。校正指产品中各相关零、部件间找正相互位置，并通过适当的调整方法，达到装配精度要求。配作指两个零件装配后固定其相互位置的加工，如配钻、配铰等。亦有为改善两零件表面结合精度的加工，如配刮、配研及配磨等。配作一般需与校正调整工作结合进行。

（四）检验和试验

产品装配完毕，应根据有关技术标准和规定，对产品进行较全面的检验和试验工作，合格后方准出厂。

装配工作除上述内容，还有油漆、包装等。

三、机械装配精度

（一）装配精度

装配精度是指产品装配后几何参数实际达到的精度。一般包括如下内容。

(1)尺寸精度。指相关零部件间的距离精度及配合精度，如某一装配体中有关零件间的间隙；相配合零件间的过盈量；卧式车床前后面顶尖对床身导轨的等高度等。

(2)位置精度。指相关零部件的平行度、垂直度、同轴度等，如卧式铣床刀轴与工作台面的平行度；立式钻床主轴对工作台面的垂直度；车床主轴前后轴承的同轴度等。

(3)相对运动精度。指产品中有相对运动的零、部件间在运动方向及速度上的精度，如滚齿机滚入垂直进给运动和工作台旋转中心的平行度；车床拖板移动相对于主轴轴线的垂直度；车床进给箱的传动精度等。

(4)接触精度。指产品中两配合表面、接触表面和连接表面间达到规定的接触面积大小和接触点的分布情况，如齿轮啮合、锥体配合以及导轨之间的接触精度等。

（二）影响装配精度的因素

机械产品及其部件均由零件组成，各相关零件的误差的累积将反映于装配精度。因此，产品的装配精度首先受到零件(特别是关键零件)的加工精度的影响。零件间的配合与接触质量影响到整个产品的精度，尤其是刚度及抗振性，因此，提高零件间配合面的接触刚度亦有利于提高产品装配精度。另外，零件在加工和装配中因热应力等所引起的变形对装配精度也会产生很大的影响。

零件精度是影响产品装配精度的首要因素。而产品装配中装配方法的选用对装配精度也有很大的影响，尤其是在单件小批量生产及装配要求较高时，仅采用提高零件加工精度的方法往往不经济和不易满足装配要求，而通过装配中的选配、调整和修配等手段(合适的装配方法)来保证装配精度非常重要。

总之，机械产品的装配精度依靠相关零件的加工精度和合理的装配方法共同保证。

四、装配方法

机械的装配首先应当保证装配精度和提高经济效益。相关零件的制造误差必然要累积到封闭环上，构成了封闭环的误差。因此，装配精度越高，则相关零件的精度要求也越高。这对机械加工很不经济，有时甚至不可能达到加工要求。所以，对不同的生产条件，应采取适当的装配方法，在不过高地提高相关零件制造精度的情况下来保证装配精度，是装配工艺的首要任务。

在长期的装配实践中，人们根据不同的机械、不同的生产类型条件，创造了许多巧妙的装配工艺方法，归纳起来有互换装配法、选择装配法、修配装配法和调整装配法四种，现分述如下。

(一)互换装配法

互换装配法就是在装配时各配合零件不经修理、选择或调整即可达到装配精度的方法。根据互换的程度不同，互换装配法又分为完全互换装配法和不完全互换装配法两种。

1. 完全互换装配法

这种方法的实质是在满足各环经济精度的前提下，依靠控制零件的制造精度来保证的。

在一般情况下，完全互换装配法的装配尺寸链按极大极小法计算，即各组成环的公差之和等于或小于封闭环的公差。

完全互换装配法的优点如下。

(1)装配过程简单，生产率高。

(2)对工人技术水平要求不高。

(3)便于组织流水作业和实现自动化装配。

(4)容易实现零部件的专业协作、成本低。

(5)便于备件供应及机械维修工作。

由于具有上述优点，所以，只要当组成环分得的公差满足经济精度要求时，无论何种生产类型都应尽量采用完全互换装配法进行装配。

2. 不完全互换装配法

如果装配精度要求较高，尤其是组成环的数目较多时，若应用极大极小法确定组成环的公差，则组成环的公差将会很小，这样就很难满足零件的经济精度要求。因此，在大批量生产的条件下，就可以考虑不完全互换装配法，即用概率法解算装配尺寸链。

不完全互换装配法与完全装配法相比，其优点是零件公差可以放大些从而使零件加工容易、成本低，也能达到互换性装配的目的。其缺点是将会有一部分产品的装配精度超差。这就需要采取补救措施或进行经济论证。

(二)选择装配法

在成批或大量生产的条件下，对于组成环不多而装配精度要求却很高的尺寸链，若采用完全互换法，则零件的公差将过严，甚至超过了加工工艺的现实可能性。在这种情况下可采用选择装配法。该方法是将组成环的公差放大到经济可行的程度，然后选择合适的零件进行装配，以保证规定的精度要求。

选择装配法有三种：直接选配法、分组装配法和复合选配法。

1. 直接选配法

由装配工人从许多待装的零件中，凭经验挑选合适的零件通过试凑进行装配的方法，这种方法的优点是简单，零件不必要先分组，但装配中挑选零件的时间长，装配质量取决于工人的技术水平，不适于节拍要求较严的大批量生产。

2. 分组装配法

在成批大量生产中，将产品各配合副的零件按实测尺寸分组，装配时按组进行互换装配以达到装配精度的方法。采用分组装配时应注意以下几点。

(1)为了保证分组后各组的配合精度和配合性质符合原设计要求，配合件的公差应当相等，公差增大的方向要相同，增大的倍数要等于以后的分组数。

(2)分组数不宜多，多了会增加零件的测量和分组工作量，并使零件的储存、运输及装配等工作复杂化。

(3)分组后各组内相配合零件的数量要相符，形成配套。否则会出现某些尺寸零件的积压浪费现象。

分组装配适用于配合精度要求很高和相关零件一般只有两三个的大批量生产中，如滚动轴承的装配等。

3. 复合选配法

复合选配法是直接选配与分组装配的综合装配法，即预先测量分组，装配时再在各对应组内凭工人经验直接选配。这一方法的特点是配合件公差可以不等，装配质量高，且速度较快，能满足一定的节拍要求。发动机装配中，气缸与活塞的装配多采用这种方法。

(三)修配装配法

在单件生产和成批生产中，对那些要求很高的多环尺寸链，各组成环先按经济精度加工，在装配时修去指定零件上预留修配量达到装配精度的方法。

由于修配装配法的尺寸链中各组成环的尺寸均按经济精度加工，装配时封闭环的误差会超过规定的允许范围。为补偿超差部分的误差，必须修配加工尺寸链中某一组成环。被修配的零件尺寸称为修配环或补偿环。一般应选形状比较简单，修配面小，便于修配加工，便于装卸，并对其他尺寸链没有影响的零件尺寸作修配环。修配环在零件加工时应留有一定量的修配量。

生产中通过修配达到装配精度的方法很多，常见的有以下三种。

1. 单件修配法

这种方法是将零件按经济精度加工后，装配时将预定的修配环用修配加工来改变其尺寸，以保证装配精度。

2. 合并修配法

这种方法是将两个或多个零件合并在一起进行加工修配。合并加工所得的尺寸可看成一个组成环，这样减少了组成环的环数，就相应减少了修配的劳动量。

合并修配法由于零件要对号入座，给组织装配生产带来一定麻烦，因此多用于单件小批生产。

3. 自身加工修配法

在机床制造中，有一些装配精度要求，是在总装时利用机床本身的加工能力，“自己加工自己”，可以很简捷地解决，这即自身加工修配法。

修配装配法的特点是各组成环零、部件的公差可以扩大，按经济精度加工，从而使制造容易、成本低。装配时可利用修配件的有限修配量达到较高的装配精度要求，但装配中零件不能互换，装配劳动量大(有时需拆装几次)，生产率低，难以组织流水生产，装配精度取决于工人的技术水平。修配装配法适用于单件和成批生产中精度要求较高的装配。

(四)调整装配法

在成批大量生产中，对于装配精度要求较高而组成环数目较多的尺寸链，也可以采用调整法进行装配。调整装配法与修配装配法在补偿原则上相似，只是它们的具体做法不同。调整装配法也是按经济加工精度确定零件公差的。由于每一个组成环公差扩大，结果使一部分装配件超差。故在装配时用改变产品中调整零件的位置或选用合适的调整件以达到装配精度。

调整装配法与修配装配法的区别是，调整装配法不是靠去除金属，而是靠改变补偿件的位置或更换补偿件的方法来保证装配精度。

根据补偿件的调整特征，调整装配法可分为可动调整、固定调整和误差抵消调整三种装配方法。

1. 可动调整装配法

用改变调整件的位置来达到装配精度的方法，称为可动调整装配法。调整过程中不需要拆卸零件，比较方便。

采用可动调整装配法可以调整由于磨损、热变形、弹性变形等所引起的误差，所以它适用于高精度和组成环在工作中易于变化的尺寸链。

2. 固定调整装配法

固定调整装配法是尺寸链中选择一个零件(或加入一个零件)作为调整环，根据装配精度来确定调整件的尺寸，以达到装配精度的方法。常用的调整件有轴套、垫片、垫圈和圆环等。

在固定调整装配法中，调整件的分级及各级尺寸的计算是很重要的问题，可应用极大极小法进行计算。计算方法请参考有关文献。

3. 误差抵消调整装配法

误差抵消调整装配法是通过调整某些相关零件误差的方向，使其互相抵消。这样各相关零件的公差可以扩大，同时又保证了装配精度。

第二节　轮对组装

轮对由两个车轮、制动盘(轮盘和轴盘)和一根车轴组成。轮对分为动力轮对和拖车轮对。通常，动力轮对车轴上装有齿轮箱，车轮上装有制动盘，拖车轮对车轴上装有制动盘，如图 3-1 所示。车轴与车轮、制动盘是通过压装方法实现过盈配合连接的。由于过盈配合的两个相配合接触面上难以对其压力状态进行测定，目前在压装中只能根据压力机自动记录器记录的压力大小及所画出的压力曲线来鉴定轮轴的连接质量。

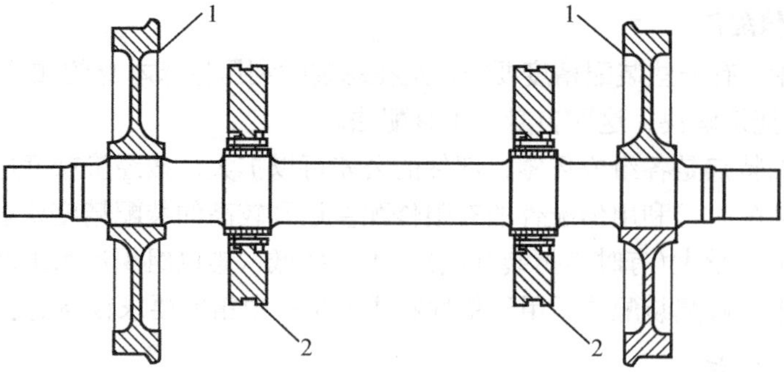

图 3-1　拖车轮对

1-车轮；2-制动盘

一、轮对组装技术要求

(一)轮对组装技术要求

(1)同一车轴上应组装同型号、同材质、同厂家生产的车轮及同型号、同材质、同厂家生产的制动盘。

(2)轮对组装时，轮毂孔(盘毂孔)及轮座(盘座)宜在相同环境下同温 8h 后进行测量、选配和组装。

(3)轮对压装前，轮座(盘座)表面及轮毂孔(盘毂孔)内表面应洁净，均匀涂抹植物油，不允许采用桐油。

(4)车轮(制动盘)压装时应采取保护措施，防止轴颈碰伤及轴颈端部镦粗。

(5)轮座与轮毂孔采取过盈配合，过盈量为轮座直径的 0.08%～0.15%。

(6)轮对组装最终压力按轮毂孔径计算，每 100mm 孔径的压装力为 343～588 kN。

(7)制动盘毂与盘座的压装过盈力及最终压力应符合产品图样和技术文件的要求。

(8)轮对组装压力机的自动记录器及压力表应保持作用良好。在压装过程中，自动记录器的压力表与压力曲线的压力值应一致，若不一致，以压力曲线的压力值为准，允许压力曲线数值小于压力表数值，但相差应不大于 49 kN。由于注油沟槽导致的压装曲线局部压力下降不考虑。

(9)轮对压装后，若压装压力曲线不合格(小于规定的最小压装力或过盈量不足者除外)，将车轮退下后，在原有的轮座和轮毂孔表面无拉伤时，允许在不加工修理的情况下重新压装一次，再次压装的压力曲线合格者可装车使用，两次压装的压力曲线合并保存。

(10)轮对组装后应在轴端面按有关规定刻打组装责任单位标记、组装年月日等钢印。

(二)轮对组装后工艺尺寸要求

(1)同一轮对两车轮直径差≤0.3mm。

(2)同一轮对两个车轮轮辋宽度差≤2mm。

(3)轮位差($|l_1-l_2|$)≤0.1mm，如图 3-2 所示。

(4)内侧距(l_5)(1353±1)mm。

(5)盘位差($|l_3-l_4|$)≤2mm。

(6)轮对内侧距任意三处相差≤1.0mm。

(7)两车轮残余静不平衡位置相位差(180±5)°。

(8)两制动盘残余静不平衡位置相位差(180±5)°。

(9)两车轮滚动圆相对于轴中心线径向圆跳动≤0.3mm。

(10)轮对组装后轮对两踏面间的电阻应≤0.01Ω。

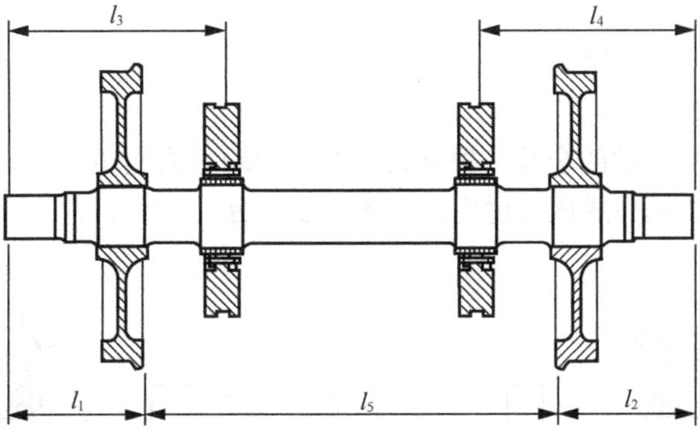

图 3-2　轮对组装尺寸

二、轮对组装工艺过程

把带有两个制动盘的轮对为基础进行轮对压装工艺流程的分析，整个组装过程分为制动盘的组装和车轮的组装两部分。下面用以全自动轮对组装压装机为例，分别叙述两个组装过程的工艺流程。

(一)制动盘压装工艺过程

1. 吊装

首先把车轴吊到上料支架上，如图 3-3 所示。

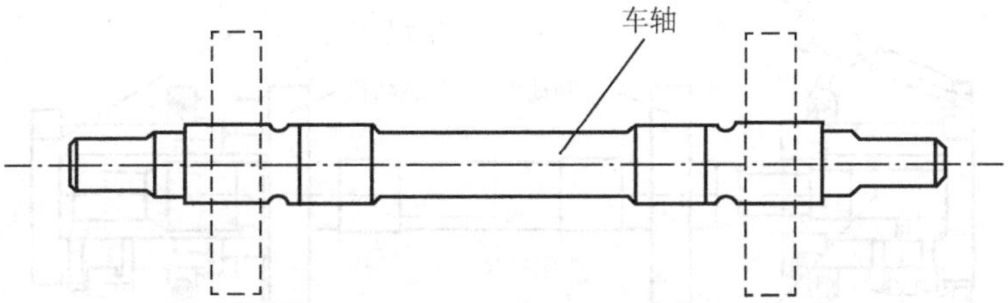

图 3-3　吊装车轴

2. 套制动盘

用吊车把左、右制动盘分别套到车轴上，如图 3-4 所示。

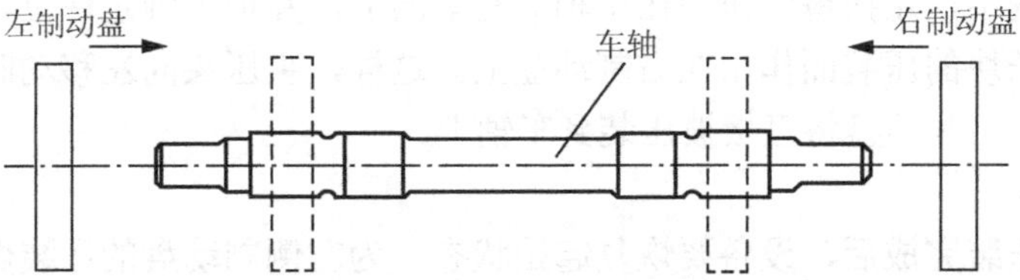

图 3-4　套制动盘示意图

3. 上料

把套好制动盘的车轴吊到压装机的小车V形铁支架上，应保证车轴基本与V形铁支架对称。

4. 压装制动盘

制动盘压装过程，由控制系统控制自动完成。

(1)检测车轴全长。

检测系统开始测量车轴的全长，根据设定的两制动盘内侧距由控制系统计算出压头应走的距离，以便控制压装机完成压装过程，如图3-5所示。此时，左、右摆锤均升起，两摆锤顶在车轴的两端。

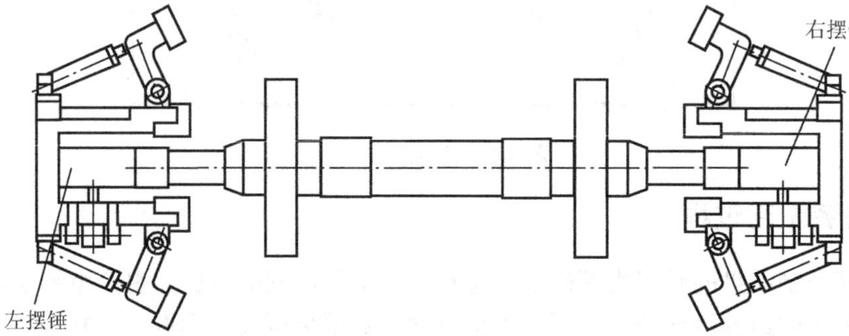

图3-5　检测车轴全长示意图

(2)压右侧制动盘。

此时左摆锤升起，右摆锤落下，左加长块在上，右加长块落下，如图3-6所示。

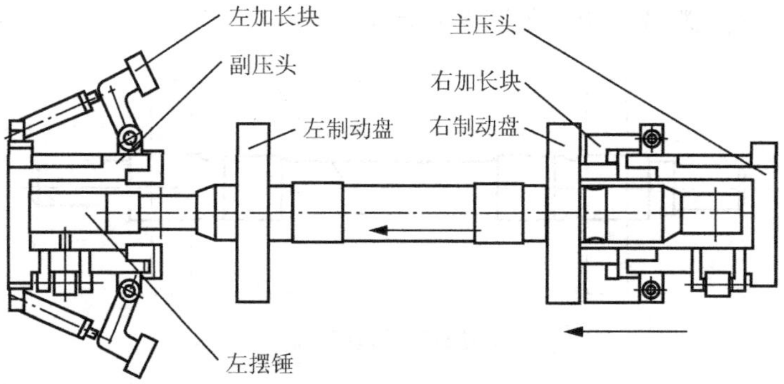

图3-6　压右制动盘示意图

在压装的过程中，左摆锤应作用在车轴的左端面上，并把车轴定住位，使之不能向左移动；同时，右加长块的压装面作用在右制动盘上。这样，主压头向左移动时，将直接推动右制动盘向前移动，右制动盘将直接被压装到车轴上。

(3)复位。

右侧制动盘压装完成后，设备要恢复起始状态，为左侧制动盘的压装做准备。首先主油缸换向快速退回，小车退回到起始状态，如图3-7所示。随后，右加长块升起，左加长块落下，右摆锤升起，左摆锤落下。

同理，压左制动盘程序步骤完全一样。

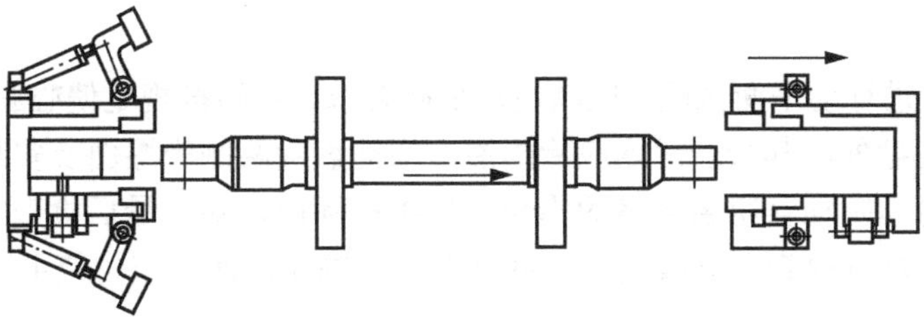

图 3-7 压完右制动盘复位示意图

(二)车轮的压装工艺过程

1. 套车轮

小车沿纵向导轨移动到上、下料工位，用吊车将两车轮套装到车轴上，如图 3-8 所示。

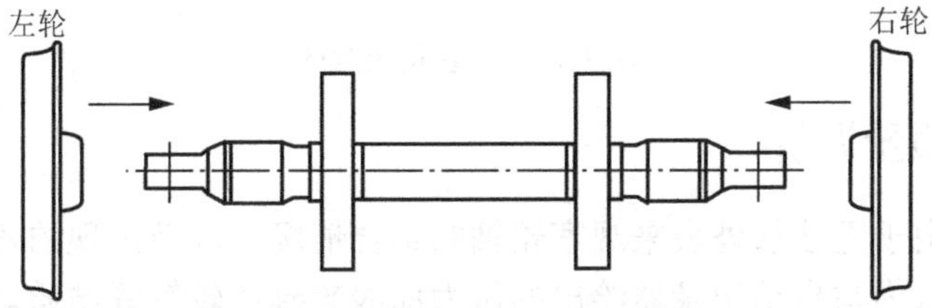

图 3-8 套轮示意图

2. 上料

两侧的车轮套装完成后，小车沿纵向导轨移动到压装工位，系统检测设备状态是否正确，如图 3-9 所示。

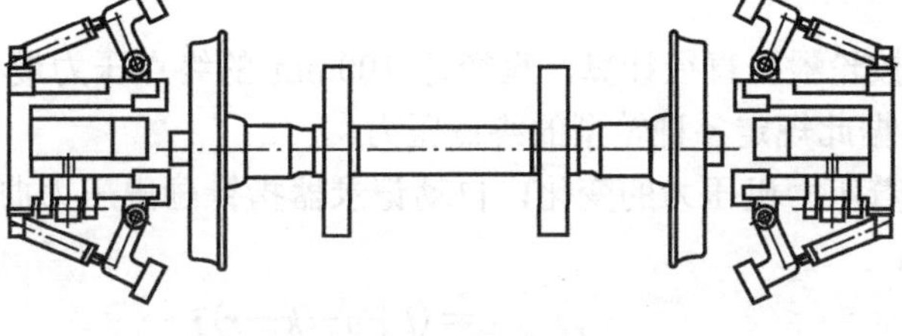

图 3-9 压右轮前状态示意图

3. 压右轮

左摆锤升起，右摆锤落下；左、右加长块均在上，小车处在原始位置。否则将停止压装，系统报警。

在压装的过程中，左摆锤应作用在车轴的左端面上，并把车轴定住位，使之不能向左移动；同时，主压头的压块作用在右轮上。这样，主压头向左移动时，将直接推动右轮向前移动，右轮将直接被压到轴上，如图 3-10 所示。

4. 复位

右侧车轮压装完成后，设备要恢复起始状态，为左轮的压装做准备。首先主油缸换向快速退回，轮对和小车也一起退回到起始位置；随后，右摆锤升起，左摆锤落下。

同理，压左轮步骤完全一样。

轮对装好后，应测量轮对内侧距和轮位差，并检查压入力大小和压力曲线是否合格。对于合格的轮对，应在压力曲线纸带上写下轮对号、组装日期、组装人员名单，以便日后检查用。

最后，轮对需进行动平衡试验，应满足动平衡要求，否则按规定偏心旋削轮辋内侧调整。除车轮踏面及制动盘外，其余表面均应涂清油，制动盘除两侧摩擦面及安装面外，其余部分涂红色油漆。轮对与制动盘组装合格的均应涂打防松标记，即可最后检查验收，在规定的轴端部分的扇形面内刻打检查、验收钢印，并打上组装钢印，即可交付使用。

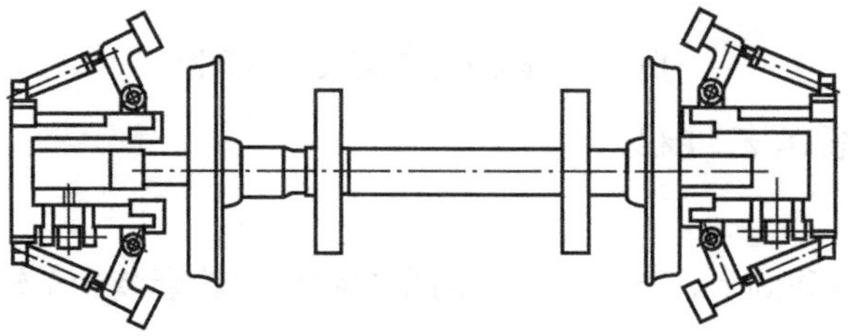

图 3-10　压右轮示意图

三、轮对组装的质量评价

轮对压装时，由于无法从外表来观察轮轴的结合情况，以及出现的各种缺陷，需要通过压力表指示的终点压力与自动记录器绘出的压力曲线来判明轮轴联结质量，因此，压力曲线是鉴定轮对组装质量的唯一标准，压力曲线及终点压力需要符合规定才认为是合格的。

压力曲线是反映车轮压装到车轴上时压装力沿着接触面长度的变化过程。理想的压力曲线是在全部压装过程中其压力均匀上升，并具有略为上凸的形状。不合格的压力曲线是在曲线上某段压力变化不均。陡跳的压力曲线是在曲线上某点压力突变。

(一)终点压力计算

组装终点压力，按轮毂孔直径计算，直径每 100mm 的终点压力最小为 343kN(35t)，最大为 588kN(55t)，并据此规定各种轮型的终点压力。

压装过程中，随着压力机压力的变化，自动记录器指针画出压力曲线。轮对组装压力曲线理论长度计算公式：

$$L=(l+a-k-r)i \tag{3-1}$$

式中，L——压力曲线的理论长度，mm；

l——轮毂孔长度，mm；

a——伸出于轮毂外端的轮座部长度，mm；

k——压装锥形部分长度，$k=12$mm；

r——轮毂孔内侧边缘半径，mm；

i——自动记录器的传动比，即记录器圆筒行程与压力机鞲鞴行程之比，其数值根据记录器具体结构而定。

终点压力的大小和压力曲线的形状与表面粗糙度、几何形状误差、测量尺寸的准确性、材料的力学性能、润滑油、组装温度、压入速度以及过盈量等因素有关。对于这几个方面的影响，下面分别叙述。

过盈量对于压力的影响极大。一般情况下，压力与过盈量呈正比关系，过盈量的选取是轮轴连接质量的关键因素。

表面粗糙度对压力曲线的影响主要在于压装时由于孔轴配合表面的高低不平层被挤平，

有效过盈量相应减少，压力也随之下降，故当表面粗糙度等级较低时，压力的波动较小。

几何形状误差主要是指圆柱度误差、母线的直线度误差和圆度误差。由于这些误差的存在，在轮轴配合表面每一点上的尺寸都不相等，因而沿连接长度每一横截面的每一方向的过盈量也都不相等。当轮座部与轮毂孔在连接长度上的圆柱度相差过大时，使过盈量沿轴向的变化增大，致使一部分长度上过盈量过大，将产生局部塑性变形，而产生终点压力反而下降的现象。由于母线的直线度的影响，当轮座部具有鼓形度而轮毂孔具有鞍形度时，压力将减小很多；当轮座部具有鞍形度，轮孔具有鼓形度时，压力将增加；当轮座部和轮毂孔同时具有鞍形度或鼓形度时，压力可能增加或减少。由于圆度误差的存在，对同一孔和轴虽然在同一横截面上测量直径时，选取的方向不同，所得的过盈量也不同。当圆度误差较大时，往往会得到与实际偏差较大的过盈量，从而使终点压力不符合规定，并且过大的圆度误差甚至会造成局部过盈量过大而发生塑性变形，而另一个局部可能没有达到紧配合。由于这些偏差的存在，在计算过盈量时必须以轮轴连接长度中点横截面上任一对方向互相垂直的直径的平均值作为孔轴实际尺寸。

测量尺寸的准确性主要是指测量工具的精确程度，同时测量过程中要避免人为的误差。

材料的力学性能影响问题是由于终点压力的最大值是根据材料的比例极限来确定的，车轴材料的比例极限比车轮材料高，所以常根据车轮材料的比例极限来确定，即在最大的终点压力作用下，车轮材料表面层不会发生塑性变形。当材料的力学性能能够达到设计要求时，便能保证轮轴的连接质量。

润滑油的影响在于压装时为防止轮轴卡住、擦伤、降低摩擦系数，油的性质、涂油的量以及涂抹均匀程度对组装压力都有影响。现在一般用纯植物油作为润滑剂。

轮轴连接质量的影响因素错综复杂，对其进行质量评价只能是按照压力曲线及其终点压力是否符合规定来判定。

(二)轮对组装压力曲线

合适的压力曲线如图 3-11 所示。

(1)压装力曲线图应均匀平稳上升，其曲线投影长度不小于理论长度的 80%，起点陡升不应超过 98 kN，曲线不应有跳动，如图 3-11(a)、(b)所示。

(2)曲线中部不应有下降，平直线长度不应超过该曲线投影长度的 10%，平直线的两端均应圆滑过渡，如图 3-11(c)所示。

(3)曲线末端平直线长度不应超过该曲线投影长度的 15%，如图 3-11(d)所示；曲线末端下降的长度不应超过该曲线投影长度的 10%，如图 3-11(e)所示；压装力的下降值不应超过按该轮毂孔直径计算的最大压装力的 5%，若曲线末端平直和下降同时存在，而压装力下降数值又不超过规定，其合并长度不应超过该曲线投影长度的 15%，如图 3-11(f)所示。

(4)曲线的最高点压装力，不应大于按该轮毂孔直径计算的最大压装力数值；曲线终点的最小压装力，不应小于按该轮毂孔直径计算的最小压装力数值，如图 3-11(g)、(h)、(i)所示。

(5)曲线开始上升的一点与终点处的一点(按该轮毂孔直径计算的最小压装力数值的一点)

连成一直线，压装力曲线应全部在此直线以上。

(6) 轮对组装后若因压装力曲线不合格，在原轴原孔的表面无损伤的情况下，允许重装一次；若超过规定最大压装力数值应加工，达到质量要求后，允许压装一次；第一次组装小于规定的最小压装力数值或过盈量不足时，均不得重装。允许重装的轮对，第一次组装不合格的压装力曲线图表与第二次组装合格的压装力曲线图表应合并保存。

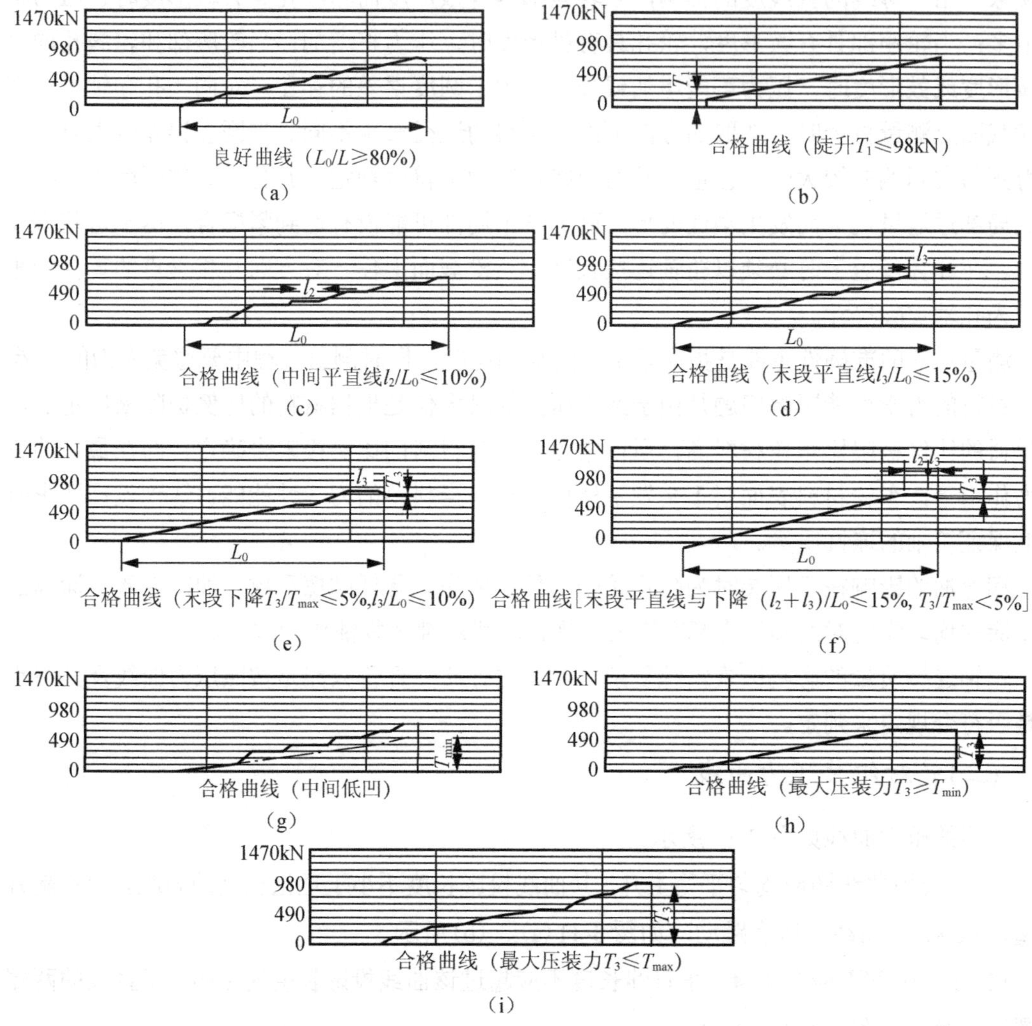

图 3-11　合格的压力曲线

不合格的压力曲线如图 3-12 所示，图 3-12(a)为各段平直线总和过长；图 3-12(b)曲线过短；图 3-12(c)为陡升过大；图 3-12(d)为末段平直线过长；图 3-12(e)为末端下降线过长；图 3-12(f)为末段平直线和末端下降线过长；图 3-12(g)为中间凹下；图 3-12(h)为中间平直线过长；图 3-12(i)为中间下降、跳动；图 3-12(j)为压装力过小；图 3-12(k)为压装力过大。

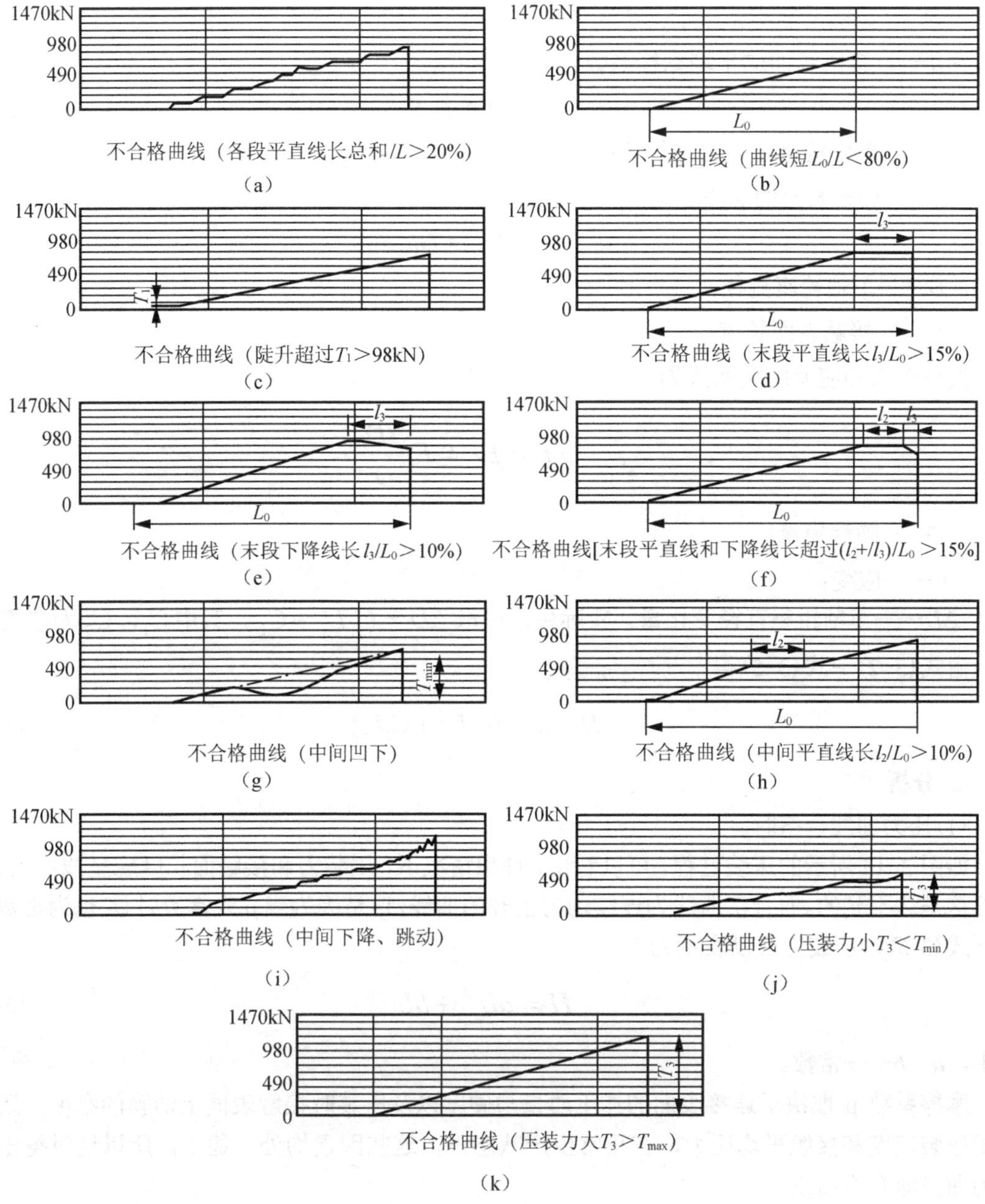

图 3-12　不合格的压力曲线

(三)压力曲线陡跳工艺分析

由于在现行生产中，车轮与车轴的连接方式是过盈压配合，需要将车轮用大吨位的压力匀速压装在车轴上，从而使车轮和车轴牢固地连接在一起。为了保证连接质量，下面对曲线陡跳的原因进行分析。

1. 计算公式

车轮匀速地压装在车轴上的压力为

$$H=N\mu \tag{3-2}$$

式中，N——接触表面的正压力；

μ——接触表面的平均摩擦系数。

$$N= P S \tag{3-3}$$

式中，P——单位接触压力的平均值；

S——接触表面的面积。

$$S= \pi DL_x \tag{3-4}$$

式中，D——车轴轮座直径；

L_x——接触表面长度。

根据应力和应变的关系式为

$$P = E\varepsilon = E\frac{\Delta D}{D} \tag{3-5}$$

式中，E——弹性模量；

ε——应变；

ΔD——车轴轮座直径变化量。实际生产中取$\Delta D = C_1L_x + C_2$，其中C_1、C_2为常数。

由式(3-2)～式(3-5)得

$$H = \pi E\mu(C_1L_x^2 + C_2L_x) \tag{3-6}$$

2. 分析

(1)压力曲线合格时。

如图 3-13 所示的压装过程，可以看出，理想情况下，压装力和接触面长度应呈线性关系，显然这是达不到的。而合格曲线为连续均匀上升的曲线，这是因为当μ为常数时(E也为常数)，依据式(3-6)，压装力可以表示为

$$H = aL_x^2 + bL_x \tag{3-7}$$

式中，a、b——常数。

摩擦系数 μ 取决于连接表面的加工质量与硬度以及压装时接触表面上油膜的黏度，还取决于压装速度和接触平均压力，在正常生产状态下，这些因素均处于稳定。所以这时得出的压力曲线即合格曲线。

(2)压力曲线出现陡跳时。

此时，压装力产生突变，意味着压装力的变化量ΔH不均匀。当接触长度变化为ΔL_x时，依据式(3-6)，ΔH可近似表示为

$$\Delta H = \mu(c\Delta L_x^2 + d\Delta L_x) \tag{3-8}$$

式中，c、d——为常数。

因为实际生产中压装过程为匀速运动，压装速度为某一定值，即ΔL_x可看成一定值。所以ΔH又可表示为

$$\Delta H = \mu k \tag{3-9}$$

式中，k——常数。

从式(3-9)可以看出，只有μ发生变化，压装曲线才出现陡跳。

综上所述，轮轴加工质量及轮轴材质是影响μ突变的主要因素。所以轮对压力曲线陡跳取决于轮轴的制造工艺。采用先进的工艺设备、科学的工艺参数及管理，压力曲线陡跳就会被控制在理想状态。

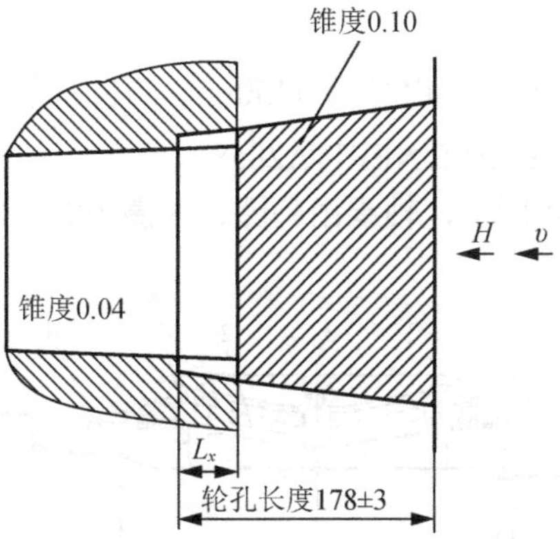

图3-13 压装过程示意图

第三节 轴箱组装

一、轴箱组装方法

轴箱的组装是把滚动轴承和轴箱体组装到轮对的轴颈上。滚动轴承内圈以一定的过盈量紧密配合在轴颈上，轴承与轴颈的配合有热配合、楔套配合和压配合三种方法。

(一)热配合

热配合是将轴承内圈用电炉、油槽或感应加热器加热膨胀后，直接套装在轴颈上，冷却后与轴颈紧密结合。热配合的轴承装卸方便，但对轴颈的加工精度要求较高，组装时需要选配内圈。圆柱轴承多采用这种配合方法。

(二)楔套配合

楔套配合是利用装于轴颈和内圈之间的楔套(推卸套)来紧固的。楔套外表面的锥度与轴承内孔的锥度一样，两者密贴，轴承与轴颈的紧固程度是用楔套的行程来决定的。这种配合方式可以使轴颈加工公差范围较宽，组装时不需要选配。但如果楔套锥度不准确，楔套与轴承配合不密贴，有可能导致内圈崩裂或松转。另外多了楔套这个零件，轴承结构及加工也较复杂。球面轴承多采用楔套配合。

(三)压配合

压配合是在常温下用油压机将轴承直接压装在轴颈上。但在压装过程中，容易使轴颈表面擦伤或磨损，因此压装的轴承不宜经常拆卸。货车用圆锥轴承的内圈与滚子是不可分离的，因此只能用压装方法装配。

二、轴箱体组装

动车组轴箱体由铸钢制成，前盖由铝合金制成，以此来达到减重的目的。轴箱体组成分为轴箱体和压盖两部分，轴箱体和压盖之间有橡胶定位节点，装配后的组件安装在转向架的构架上。

(一)轴承单元结构

动车组轴承是外径为ϕ230mm、内径为ϕ130mm 的自密封式双列圆锥滚子轴承，为润滑脂方式，使用的油脂商标为“SHELL NERITA2858”。

轴承单元的结构如图 3-14 所示，轴承由外圈、内圈组合件、通孔、油封、前盖、后盖、隔板构成。

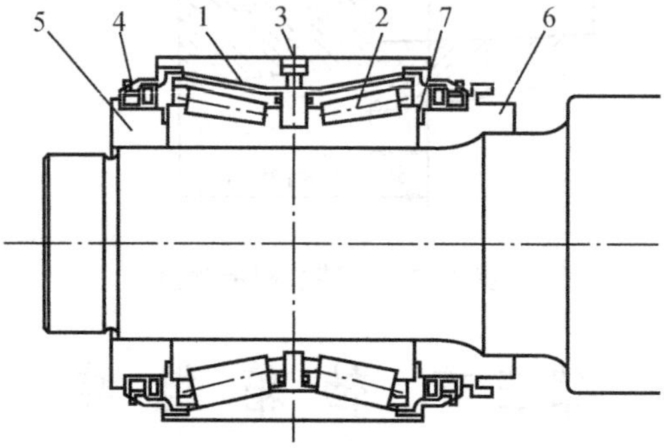

图 3-14　轴承单元结构图

1-外圈；2-滚子；3-通孔；4-油封(密封装置)；5-前盖；6-后盖；7-隔板

(二)组装轴承时的注意事项

在组装轴承时，应当注意保持轴承清洁、防锈、不可受冲击。详细注意事项如下所示。

1. 保持清洁

(1)在使用轴承之前不要打开其包装。

(2)在无杂物和尘埃的清洁场所进行轴承的处理和作业。

(3)工作台上应铺油纸或尼龙垫等，不可让尘埃等黏附在轴承上。

(4)组装时使用的工具须清洗并须洁净保管。

(5)须擦拭压入轴承的轴颈及轴箱体内壁的尘埃后洁净保管。

(6)使用清洁的棉布擦拭，不可用棉纱。

2. 防锈

(1)组装轴承时，为防止组装人员的手汗而使轴承生锈，须戴清洁的手套。

(2)当只能用手组装轴承时，须先将手洗净并涂抹优质矿油后再进行组装。

3. 防受冲击

(1)组装轴承时应避免其跌落，勿受冲击。

(2)因跌落而受伤的轴承不得再使用。

（三）轴承安装

1. 车轴的检查

在车轴上压装轴承前，必须检查车轴的轴颈部位是否符合图纸的要求。新制的车轴，须根据轮轴的检验记录表来检查。每个轴号的测定记录(检验记录表)必须作为内圈和后盖过盈量的确认数据保管。具体的检查项目如下所示。

(1)清洗车轴轴颈部位的表面，检查有无有害锈迹、伤痕、毛刺、变形等。

(2)有缺陷的位置，须用油砥石、砂纸等完全打磨去除。

(3)如轴肩部等涂有防锈剂(JINKI)，须充分去除。

2. 尺寸测定

轴颈部位及轴肩的配合部位的直径尺寸、圆度、同轴度，关于圆周上的 1、2、3、4 的 4 个点可用卡规或千分尺沿轴方向来测定 4 个部位，如图 3-15 所示。

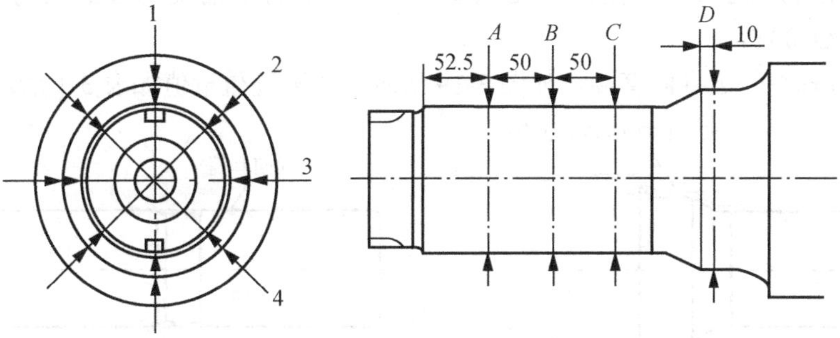

图 3-15　车轴尺寸测定部位

轴端螺纹孔(M120×4)用丝规来检查，如图 3-16 所示。

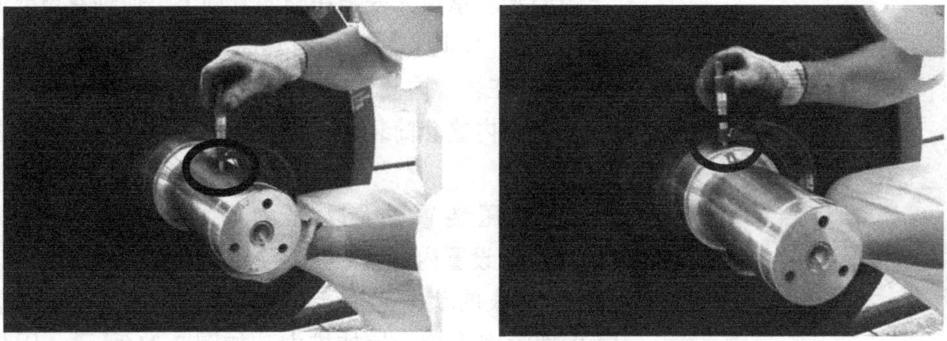

图 3-16　车轴尺寸测定要领

3. 轴承压装

(1)准备压入用所必需的工具有：油压冲压装置或 RCT 轴专用油压式装卸装置，油压式扭矩扳手，链式框架，起重架或吊车，手动式扳手，单手锤，塑料锤，铅锤，钢丝钳，450kgf·cm 预置型扭矩扳手，压入用润滑剂(MORIPESUTO300 等)，快干性防锈黏结剂(JINKI101 等)，附带磁性座 1/100mm 千分表，洁净的回丝及油纸，轴承脱卸专用夹具(导向套筒，嵌入套筒)以及其他必要的工具等。

(2)检查车轴是否合格。

(3)将车轴清洗净后，在与轴肩部位及轴后盖的配合部位涂抹不含铅化合物的快干防锈黏结剂(JINKI101 等)，如图 3-17 所示。

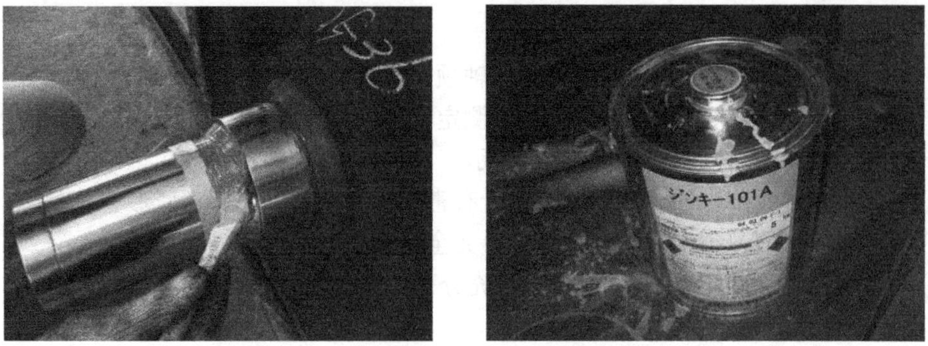

图 3-17　快干性防锈黏结剂

(4)为防止轴承压入时卡住，须在如图 3-18 所示的车轴及配合部位均匀涂抹润滑剂(MORIPESUTO300 等)。

(5)在车轴轴端安装导向套筒，如图 3-19 所示。压装过盈量值如表 3-1 所示。

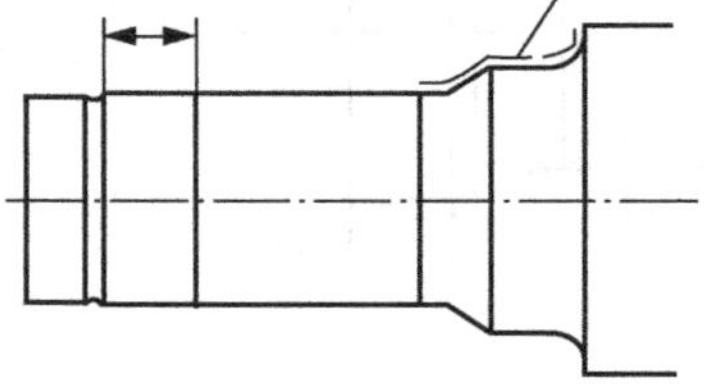

图 3-18　快干性黏结剂、润滑剂的涂抹要领

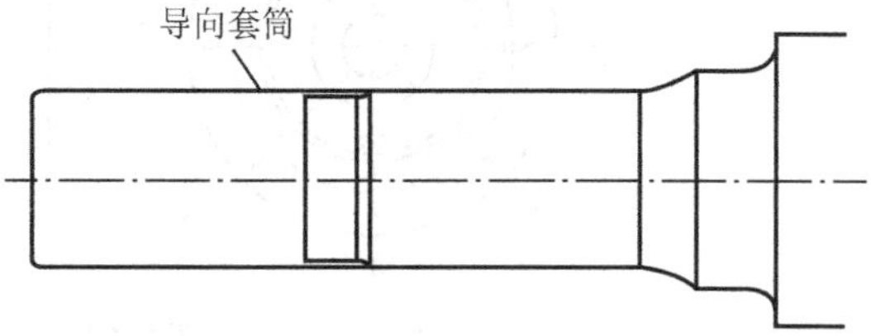

图 3-19　套筒安装

(6)把轴承单元安装在导向套筒上。使轴承单元的后盖在车轮侧，将其安装在导向套筒上。为了防止内圈衬垫的脱落，插在轴承内圈上的草纸板在压装前不拆下。

(7)把内置套筒装置在导向套筒上,压入轴承,如图 3-20 所示。

图 3-20　轴承装入准备

把油压装置的最大压力最终增强，设置成推力(350kN)。设置内置套筒，让油压缸动作。同时要观察压入中的压力表的动作，并记录压入力。压入后，让后盖和轴肩 R 部紧密连接，增加推力。如图 3-21 所示，压装力按表 3-2 执行。

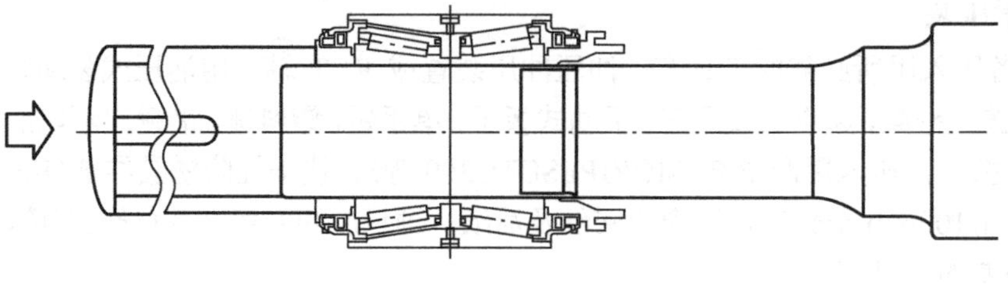

图 3-21　压入状况模式图

表 3-1　压装过盈量值　（单位：mm）

内圈	0.043～0.093
后盖	0.100～0.165
前盖	0.043～0.103

表 3-2　压入力和增推力

压入力/kN	80～220(参考值)
增推力/kN	350

(8)拆下内置套筒及导向套筒。

(9)测量轴承的轴向间隙。首先把保持架安装在外圈外径面上，把千分表的尖端放到轴端，如图 3-22 所示；其次再把外圈往外侧拉的同时使其动摇，滚子稳定后在指针的摇动稳定的地方把千分表的指针对准“0”；再次把外圈往里侧推的同时使其动摇，在千分表的指针稳定的地方读取数值。(组装后的轴向间隙为 150～620μm。)当轴向间隙达到规定值时涂上 JINKI。当轴向间隙没有达到规定值时，把轴承拔出，调查原因。

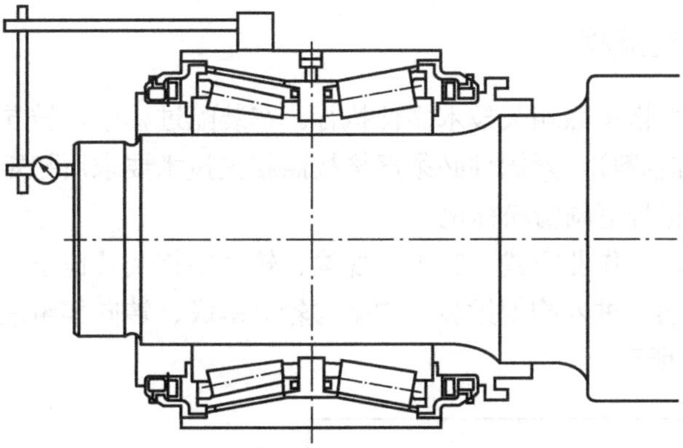

图 3-22　轴向间隙测量要领

(10)装上轴端螺母，如图 3-23 所示。把轮轴放置在轮轴固定装置上，用手旋扭轴端螺母，当接触到外盖时，设置紧固扳手，用油压转矩扳手完全扭紧(轴端螺母 M12。扭矩 1960～2940N·m)，扭紧完后，把挡圈和轴端螺母的螺栓孔对上。若轴端螺母与挡圈孔对不上，借助于手动式扳手，一边用手锤往扭紧方向敲打，一边把键或螺栓孔对上。把挡圈放入车轴键槽，用 3 根特殊螺栓拧紧进行固定(特殊螺栓：M12 扭矩 294N·m)。最后使用铁丝对特殊螺栓进行防松，如图 3-24 所示。

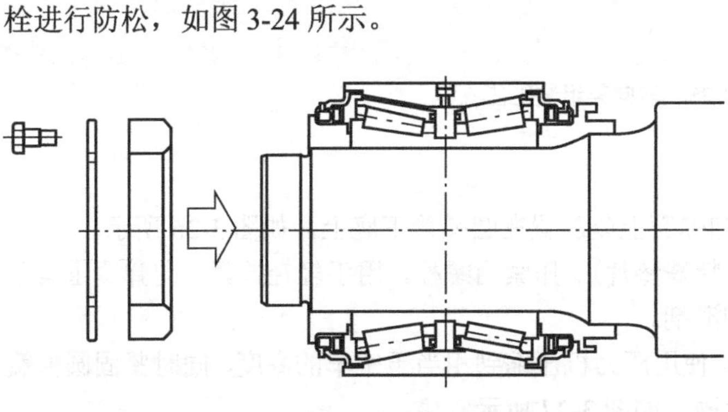

图 3-23　轴端螺母安装示意图

图 3-24　内置后的轴承外观

在轴箱体上部的轴箱弹簧(双圈螺旋弹簧组)外安装了防雪和防尘的防雪罩，构架端部用螺栓连接有轮对提吊装置，在转向架整体起吊时将轮对轴箱装置一同吊起。

轴箱弹簧用上、下夹板预压紧。上夹板内侧还套有防止电气腐蚀的绝缘罩，上部镶嵌防尘帽。

空车时，为了使轴箱体和转向架构架基准面之间的间隔达到规定的要求，在轴箱体和防振橡胶之间插入调整板。因为轴箱弹簧在轴箱体的上面，所以通过从转向架构架上部向上拉轴箱弹簧来插入调整板。卸下转向架构架上部的防尘帽，从上面插入弹簧工艺螺栓，拧进弹簧下夹板上切开的螺丝扣中，以便吊起轴箱弹簧下夹板，使轴箱体之间产生缝隙，从而插入调整板。并且，利用油压工具吊起轴箱弹簧下夹板，以便提高操作性。

减振器暴露在外的部分，全部进行防腐处理，并全部涂上油漆。

第四节　转向架组装

一、转向架组装工艺流程

转向架装配必须严格按照相关技术文件执行。在装配过程中，转向架需要在各装配表面涂各种化学材料(统称辅料)，紧固件必须严格按照相关技术要求用扭矩扳手进行紧固，并要求紧固后立即用白色记号笔画防松标记。

转向架组装采用流水作业方式。其中，枕梁、轮对轴箱及其他小部件等可分别在不同的台位实现平行作业，然后进入构架组装、构架与轮对落成、转向架组成、转向架静压试验及交检交验，如图 3-25 所示。

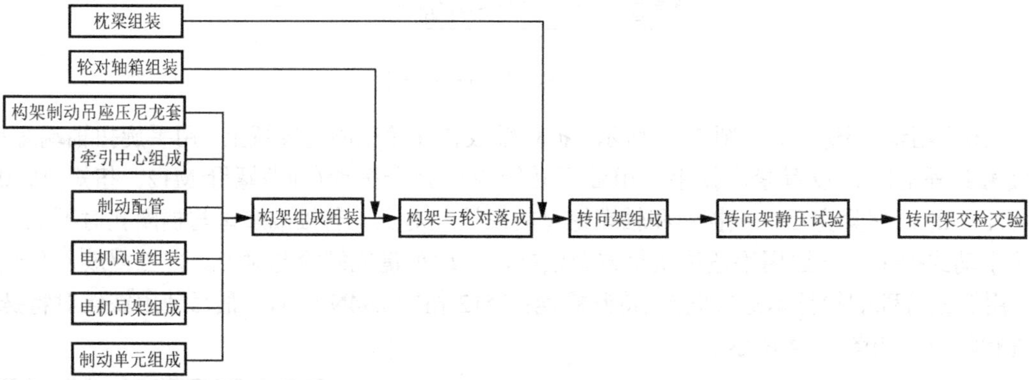

图 3-25　转向架组装工艺流程

二、轴箱弹簧组装

(1)将圆弹簧、绝缘罩、挡板、圆弹簧上座放置在圆弹簧下座上，如图 3-26 所示。

(2)放置圆弹簧压紧卡具(小直径特殊垫片)、压紧用螺栓，用手轻轻拧紧，向弹簧压紧用螺栓的螺纹部分涂二硫化钼等螺纹润滑剂。

(3)将承受座放在圆弹簧上座上，使用压力机压缩到相当于空车的高度，同时紧固圆弹簧压紧螺栓，在达到设定高度处轻轻紧固，如图 3-27 所示。

弹簧压紧的目的，是使圆弹簧成为相当于空车时的状态。否则，处于自由状态的弹簧高度较高，造成无法嵌入弹簧座内。

(4)卸除压力机的负荷荷载。

(5)将装到轮对上的轴箱体基本保持水平，放置调整板、防振橡胶，然后放置在上述步骤中组装的圆弹簧装配件。

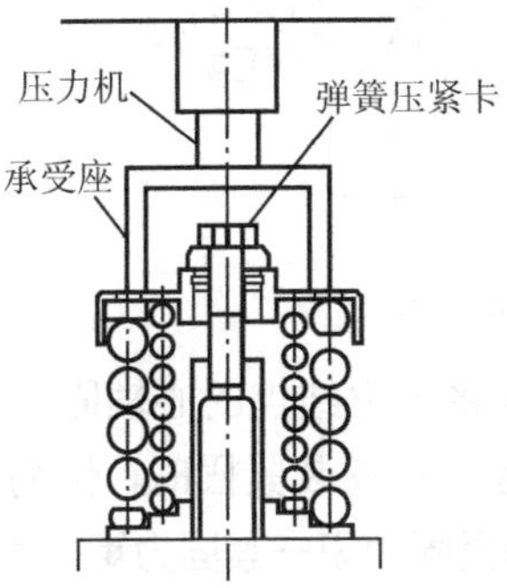

图 3-26 弹簧压紧图

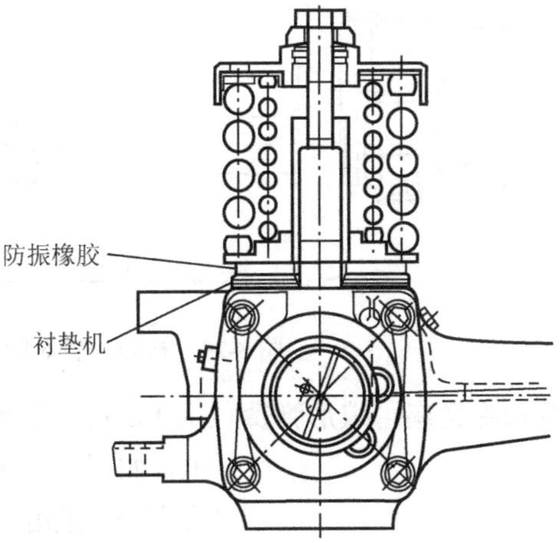

图 3-27 圆弹簧的组装

三、转向架组装及落车

(1)吊装构架，将轮对大致对准轴距放置，缓慢放下构架。应确认轴箱体保持基本水平。当无法嵌入时，应再次确认轮对的轴距等。

(2)将构架保持在即将放在圆弹簧组装件上的位置，确认轴箱支撑橡胶的心轴应确实嵌入转向架构架侧，如图 3-28 所示。

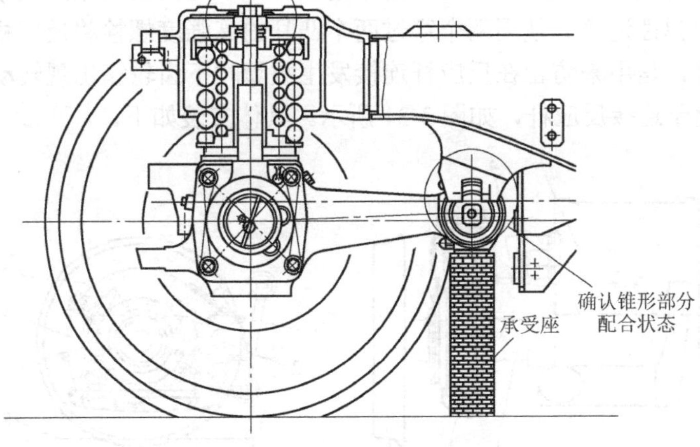

图 3-28 构架与轴箱的组装

(3)缓慢降下构架，将轴箱支撑橡胶的心轴嵌入转向架构架的轴向支撑橡胶座的锥形部分。应当注意：当圆弹簧上座的突起部分没有嵌入时，应使用撬杠等微调至规定的位置；确认圆弹簧上座的突起部分应嵌入转向架构架。

(4)确认构架侧梁上的阶梯形加工面(或打标点)与车轮背面之间的间隔 AR 和 AL，这两者的误差应在 1 mm 以内，如图 3-29 所示。

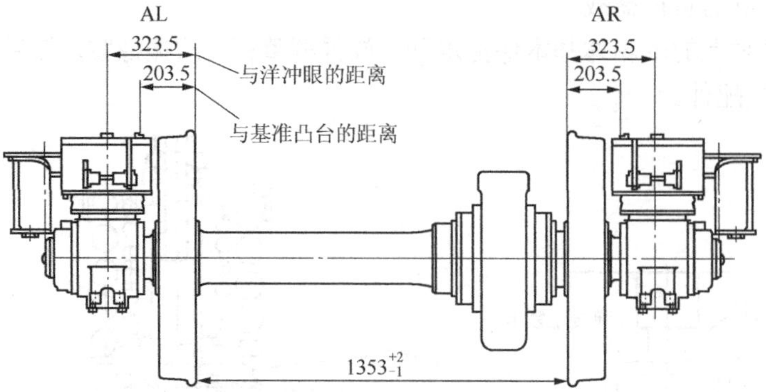

图 3-29　构架与轮对的标记确认

(5) 使用蝶形弹簧座、蝶形弹簧(2 片)以及六角螺栓将定位结点的心轴固定在转向架构架上，如图 3-30 所示。在安装紧固时，作为锥形部分的配合方法，采用初始紧固力矩→紧固力矩。力矩确认时，确认紧固力矩。一般初始紧固力矩为 98 N · m(10kgf · m)，调整紧固力矩 78 N · m(8kgf · m)，确认紧固力矩为 69 N · m(7kgf · m)。

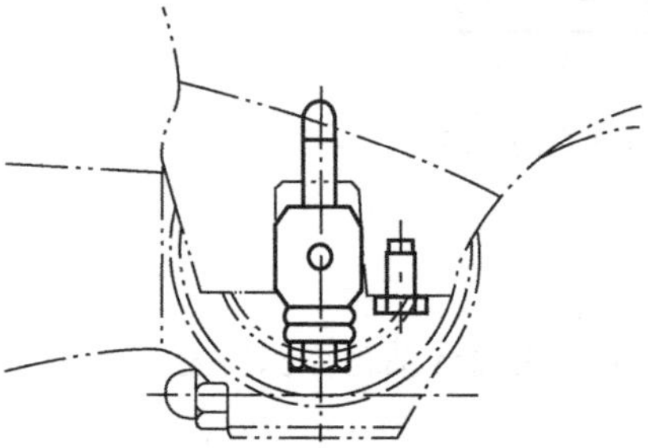

图 3-30　蝶形弹簧的固定

四、驱动装置-齿轮箱安装(动力转向架)

齿轮箱壳体由直接安装在轮轴上的锥形滚柱轴承支承。小齿轮轴位于齿轮箱中，由 2 个柱形滚珠轴承和 4 个点接触滚珠轴承支承。齿轮箱的外壳通过一个反应杆连接于转向架构架。小齿轮轴和驱动轴的轴承采用迷宫式密封结构，每个迷宫结构上有一个通向齿轮箱集油槽的回油孔。反应杆的两端各有一个弹性连接。使用两个穿过两个凸耳的高强度螺栓将反应杆与齿轮箱相连。齿轮箱的延伸部分，是用来防止在反应杆连接发生故障时下齿轮箱出现转动。转向架构架上有一个对应支座用于连接反应杆，如图 3-31 所示。具体安装如下。

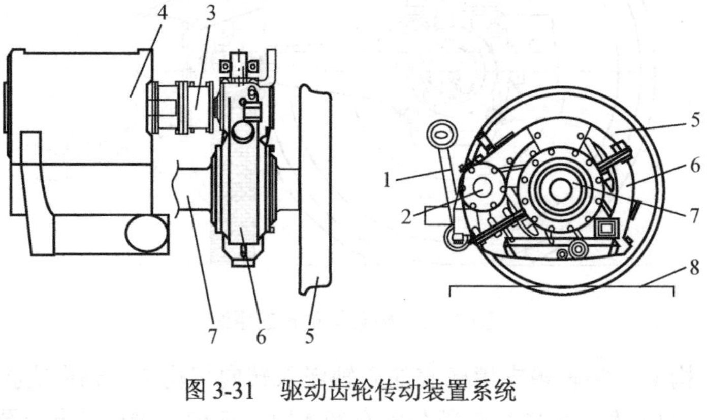

图 3-31　驱动齿轮传动装置系统

1-反应杆；2-小齿轮轴；3-联轴器；4-牵引电机；5-车轮；6-齿轮箱；7-轮轴；8-上轨面

(1) 齿轮箱小齿轮轴上安装齿轮联轴节。

(2) 转向架构架上安装齿轮箱吊座。

(3)安装齿轮箱的安全吊装隔板。

(4)牵引电机小齿轮轴上安装齿轮联轴节。

(5)将牵引电机安装到转向架构架上，使转向架构架的电机吊座的机械加工面和牵引电机的毂头端面成一面地进行安装。

(6)连接齿轮联轴节。

五、其他部件的安装

1. 车轮踏面清扫装置的安装

制动卡钳上部安装踏面清扫装置，其紧固力矩为40～50 N·m (4～5 kgf·m)。

2. 制动器装置的安装

(1)将制动卡钳安装在转向架构架上，其紧固力矩为343 N·m (34.5 kgf·m)。

(2)使转向架构架的制动吊座的机械加工面和制动器卡钳的毂头端面成一面地进行安装。

3. 增压气缸、增压气缸罩的安装

(1)将增压气缸安装在转向架构架上，其紧固力矩为103 N·m (10.5 kgf·m)。

(2)将增压气缸罩安装在转向架构架上，其紧固力矩为103 N·m (10.5 kgf·m)。

4. 差压阀的安装

将差压阀安装在差压阀座上，其紧固力矩为24.5 N·m (2.5kgf·m)。

5. 横向挡的安装

将横向挡安装在转向架构架上，其紧固力矩为103 N·m (10.5 kgf·m)。横向挡的调整在落车后进行。

6. 调整棒托的安装

将调整棒托安装在转向架构架上，其紧固力矩为103 N·m (10.5 kgf·m)。调整棒托分左右件，要注意安装方向。

7. 抗蛇行减振器的安装

将抗蛇行减振器托架安装在转向架构架上，其紧固力矩为196 N·m (20 kgf·m)。

8. 轮对提吊组成的安装

在转向架构架上安装轮对提吊组成，其紧固力矩为103 N·m (10.5 kgf·m)。

9. 轴减振器的安装

在轴箱体和转向架构架之间安装轴减振器，其紧固力矩为90 N·m (9.15 kgf·m)。由于实施了防止错误安装的设计，如果方向安装错误，则不能安装。

10. 排障器(仅限首车前面转向架)的安装

(1)在轴箱体下面安装安装臂，其紧固力矩为196N·m (20 kgf·m)。

(2)在安装臂上安装排障板托架，其紧固力矩为314N·m (32 kgf·m)。

(3)在排障板托架上安装盖，其紧固力矩为13N·m(1.3 kgf·m)。

(4)排障板托架上安装排障板，其紧固力矩为36 N·m (3.7 kgf·m)。排障板托架的高度调整在落车后进行。

六、转向架组装尺寸检查

1. 轴距尺寸的测量

轴距尺寸的测量在空车荷载时应为(2500±1)mm，即其长度误差在1mm以内，如图3-32

所示。

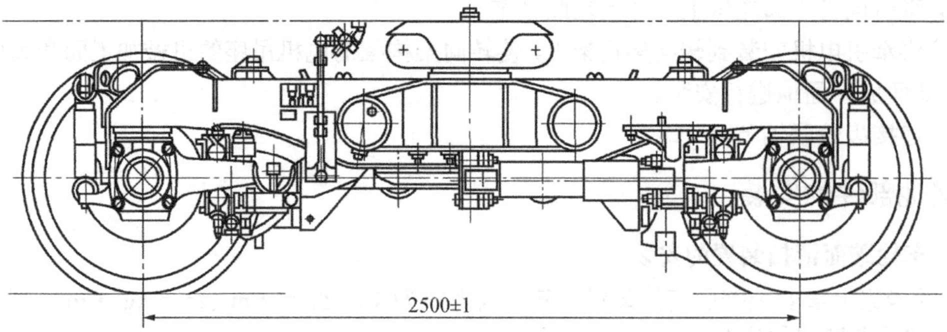

图 3-32　轴距尺寸的测量

2. 车轮对角线尺寸的测量

测量车轮对角线尺寸时，规定标准为对角误差 1mm 以内，如图 3-33 所示。

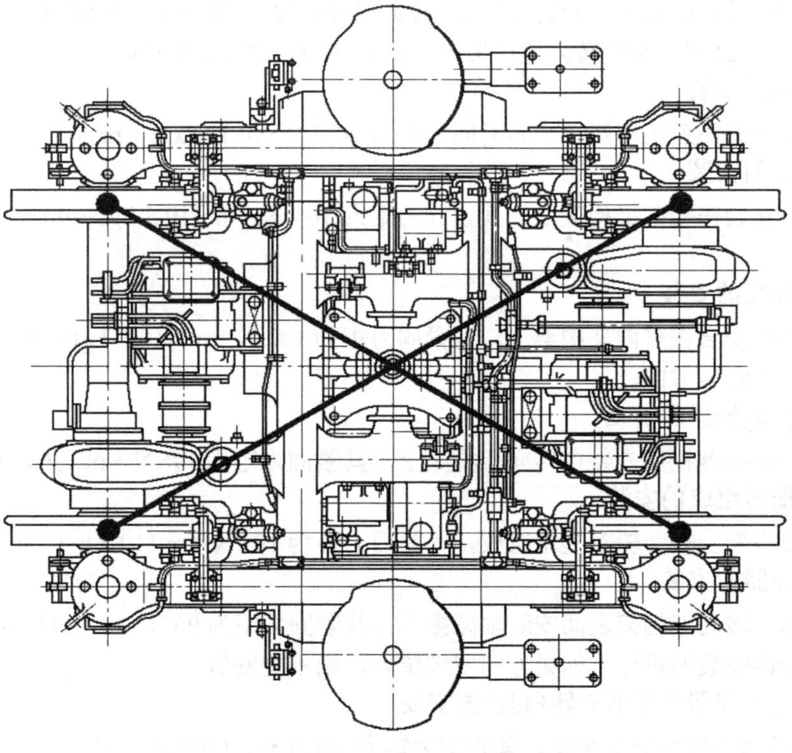

图 3-33　车轮对角线尺寸的测量

3. A 尺寸(轴箱体-转向架构架之间垂直距离)的测量

如图 3-34 所示，空车荷载时，轴箱体与转向架构架之间的测量值 *A* 为 49～52mm。使用调整板调节时，调整板的厚度最大为 21mm，使得 1 台转向架内的误差在 2mm 以内。*A* 尺寸的最终调整是在车体放置到转向架后进行。

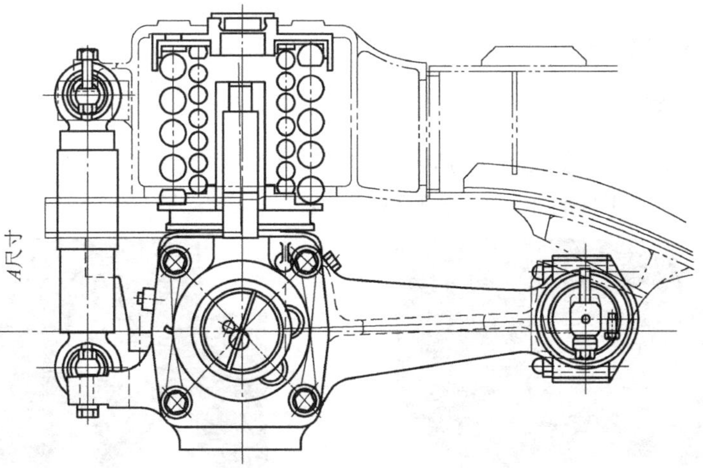

图 3-34　轴箱体与转向架构架之间的测量尺寸(A 尺寸)

4. 牵引电机轴与齿轮箱装置小齿轮轴之间轴差的调整

牵引电机轴与齿轮箱装置小齿轮轴之间轴差的最终确认在落车后进行。

5. 横向挡的调整

中心销与横向挡的间隔为 20～22mm，最终确认在落车后进行，如图 3-35 所示。

6. 前转向架排障板的高度调整

空车载荷时，前转向架排障板的高度距离轨道上平面 5～7mm，高度的最终确认在落车后进行，如图 3-36 所示。

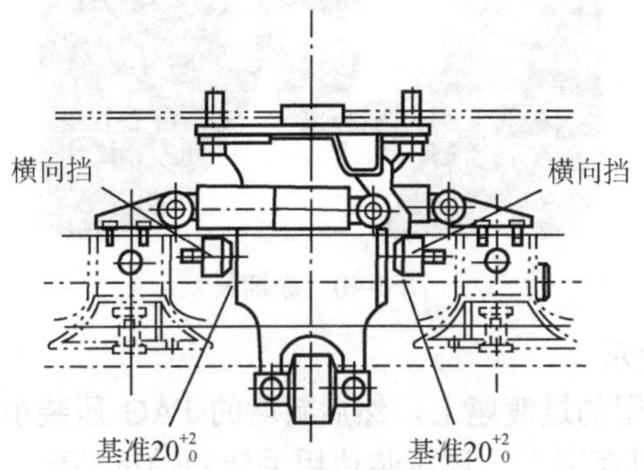

图 3-35　横向挡的调整

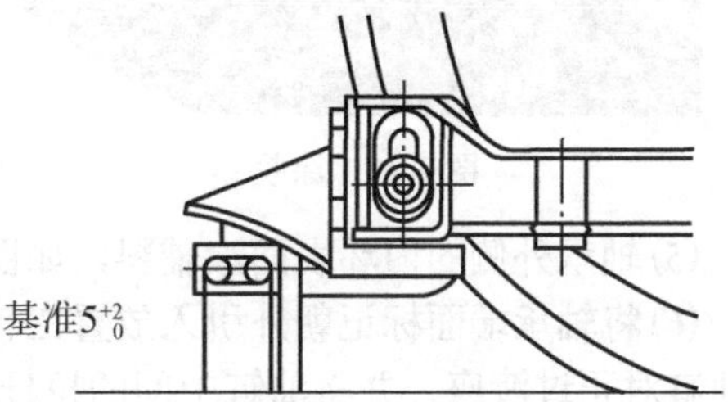

图 3-36　高度调整

七、车体与转向架的上下关系尺寸检查

车体落至转向架后，需进行相关尺寸检查，以确保车辆的组装完好。

(1) 对于中心销及中心销安装部件与转向架构架安装部件的上下间隔，要求空车时检查标准为 48mm 以上。

(2) 车体枕梁及车体支撑梁安装部件与转向架构架安装部件的上下间隔，空车状态检查标准规定，转向架两横梁间以内为 53mm 以上，其余部分为 68mm 以上。

(3) 车体与车轮轮缘的上下间隔，空车状态检查标准规定为 83mm 以上。

(4) 同一车辆在空车时端梁下端至轨面的高度差要求前后 25mm 以下，左右 15mm 以下，对角 25mm 以下。

(5) 转向架排障器橡胶高度要求自轨面算(10±2.5)mm。

八、转向架组装过程图解

(一)轴箱安装

(1)轴径测量并记录，如图 3-37 所示。

(2)防尘挡圈热装在轴肩上，如图 3-38 所示。

图 3-37　轴径测量

图 3-38　防尘挡圈热装

(3)用 LT401 涂在防尘挡圈迷宫处，并将胶圈入槽安装，如图 3-39 所示。

(4)轴径上涂辅料，如图 3-40 所示。

图 3-39　涂胶

图 3-40　涂辅料

(5)轴承外侧的内环表面涂辅料，如图 3-41 所示。

(6)将轴承端面标记朝外引入放置在轴承压装用的过渡座上，然后新增的 FAG 压装小车的油缸对正过渡座，并将油缸中间的拉杆安装在过渡座上。边压装边用手转动轴承外环，压装到位后不能超过规定的最高压力值。

(7)安装轴端压板用扭矩扳手紧固后画防松标记，如图 3-42 所示。

图 3-41　轴承表面涂辅料

图 3-42　安装轴端压板

(8)用磁力表测量轴承轴向间隙，即先用手拉轴承外环记住表针读数，再用手推轴承外环根据表针读数的变化得出轴承间隙值的大小，如图 3-43 所示。

(a)拉轴承外环

(b)推轴承外环

图 3-43　测量轴承间隙

(9)转臂及箍是成对的具有相同的编号不能弄混，先清净各安装表面，并在转臂及箍接合面上涂辅料，用尼龙吊带先水平吊起转臂(开口朝上)缓缓落在轴承下半圆处，再将箍安装在具有相同编号的转臂上，通过转臂及箍之间的定位销保证转臂与箍可靠连接，用扭矩扳手将紧固件紧固并画防松标记，如图 3-44 所示。

(a)吊转臂

(b)转臂与箍的安装

图 3-44　转臂与箍的连接

(10)先用倒角器对轴箱温度传感器孔进行倒角，并用丝锥过一下孔，然后在传感器孔内用注射器注入辅料，并在温度传感器端面涂辅料，在紧固件螺纹上涂锁固胶 LT243，安装该传感器，并用扭矩扳手紧固及画防松标记，如图 3-45 所示。

(a)在轴温传感器孔内注入辅料

(b)在轴温传感器接合面上涂辅料

图 3-45　涂辅料

(11)根据配置安装接地轴端，如图 3-46 所示。

(12)轴箱盖止口处涂辅料，如图 3-47 所示。

(13)用气泡袋和扎带将各种传感器没有安装的另一端(接电端子排)进行防护，并将各传感器的电缆圈起来用不黏胶带固定在轴箱组成上，必须保证轮对和以后转向架的运输过程中这些传感器不受到损伤。

图 3-46　安装接地轴端

图 3-47　轴箱盖止口处涂辅料

(二)枕梁装配

(1)在紧固件螺纹上涂辅料，如图 3-48 所示。

(2)用电动翻转机完成枕梁组成。吊枕梁落在翻转机的夹具上，用夹具将枕梁夹紧在翻转机上，如图 3-49 所示。

图 3-48　涂辅料

图 3-49　电动翻转机上的枕梁组成

(3)安装抗蛇行减振器座，先将 2 个定位销放在枕梁定位销孔上，然后再将抗蛇形减振器座放在上面并用尼龙锤击打保证入位，靠近空气弹簧座的螺栓从上往下穿入，其余螺栓均从下往上方向穿入，用扭矩扳手将各紧固件紧固，并用白色记号笔画防松标记，如图 3-50 所示。

(4)枕梁组装完成后，在纸上写明该枕梁组成的物料号和所属车型配置，用不黏胶带粘在枕梁组成上。然后用塑料堵将所有的外露孔堵好，并将枕梁组成吊放在专用存放架上待与转向架组装，如图 3-51 所示。

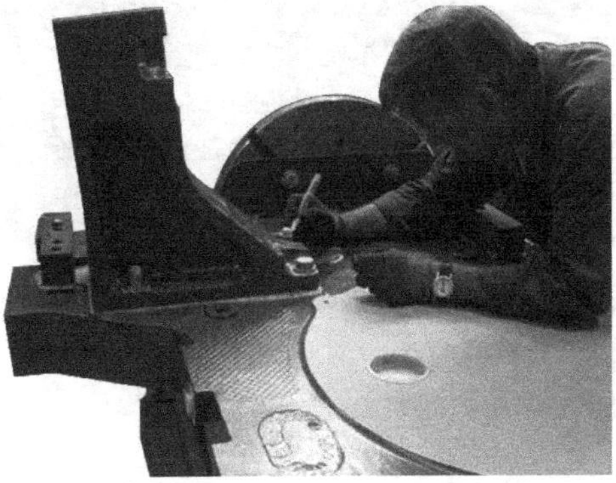

图 3-50　抗蛇形减振器座的安装

图 3-51　枕梁组装完成后的存放

(三)电机装配

在电机上安装风道组成，紧固件螺纹涂锁固胶，并用扭矩扳手紧固，风道上方开口用纤维板盖上并用扎带固定，如图 3-52 所示。

(a)将风道组装在电机上

(b)将风道压缩并将开口封好

图 3-52　电机装配

(四)构架组成装配

(1)先将构架空气弹簧座朝上吊放在构架升降组装机上，必须保证构架定位座与组装机可靠接触且基本水平，防止侧滑。

(2)在制动吊座孔内安装尼龙套，先在尼龙套圆柱面及连接端面上涂辅料，然后用螺杆和螺母将每个制动吊座上的前后共 2 个尼龙套压入制动吊座孔内，如图 3-53 所示。

(3)准备安装电机吊座组成。先在紧固件螺纹上涂辅料，然后将电机吊架组成用插车运输到构架下面，如图 3-54 所示。

(4)安装电机吊架横向减振器和安全销，安装电机组成，如图 3-55 所示。

(5)空气弹簧座上预放调整垫，如图 3-56 所示。

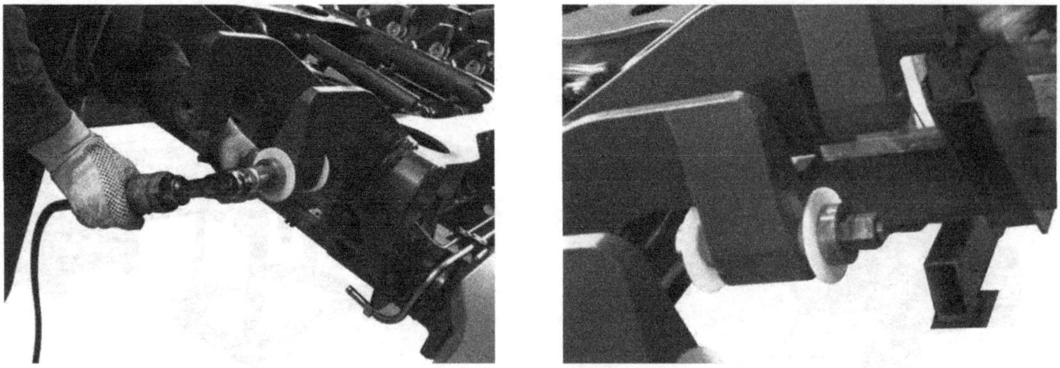

(a) 正在组装的尼龙套　　(b) 组装好的尼龙套

图 3-53　尼龙套的安装

(a) 涂辅料　　(b) 电机吊架组成的运输

图 3-54　电机吊座的安装

图 3-55　电机、电机吊架横向减振器和安全销的安装

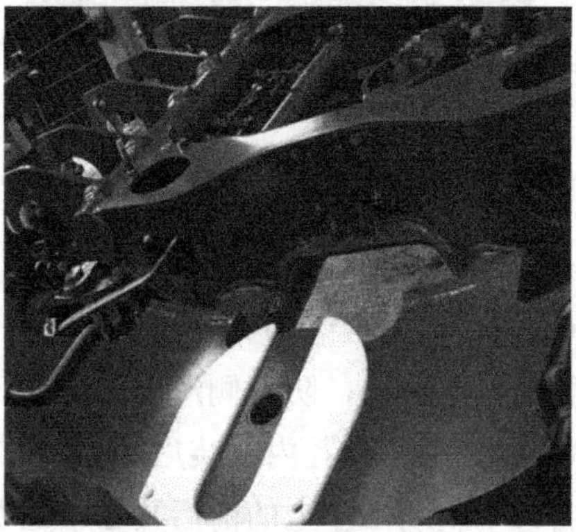

图 3-56　放置调整垫

(6) 空气弹簧柱表面涂辅料，如图 3-57 所示。

(7) 空气弹簧落在构架上，如图 3-58 所示。

图 3-57　涂辅料

图 3-58　空气弹簧的落架

(五)构架与轮对落成装配

(1)调整支承保证弹簧水平。根据每个转向架的一系悬挂要求的技术规格参数在轴箱转臂上放置橡胶垫、一系弹簧(注意，一系弹簧内外圈的标识箍方向要一致，并且背向转向架中心)、弹簧上板和调整垫(调整垫厚度预先计算好)。弹簧上板上方放置水平仪通过调整螺旋支承保证一系弹簧上面水平，如图 3-59 所示。

(2)在轴箱转臂的节点端面涂面漆和在节点表面涂辅料，用压缩风吹净轴箱定位座螺纹孔内的污物，并在定位座内挡装配表面上涂辅料，如图 3-60 所示。

图 3-59　落成设备

图 3-60　涂辅料

(3)将动车构架组成的夹钳外侧闸片先不组装，在落车之前将该闸片托的止挡销拔出便于落车，如图 3-61 所示。

(4)进行构架与轮对落成组装，并在纵向梁上方放置 2 个木方，再用 1 个横梁、2 个 M30 螺杆利用构架与轮对落成装置的 2 个液压缸进行整体压缩，保证轮对轴箱节点缓缓落入构箱轴箱定位座 U 形槽内，如图 3-62 所示。

图 3-61　止挡销的拔出

图 3-62　构架与轮对落成组装

(5) 组装构架轴箱定位座节点的下压板和轴箱转臂上的安全挡板，用扭矩扳手紧固后画防松标记，如图 3-63 所示。

(6) 组装齿轮箱吊架与构架齿轮吊座之间的紧固件，用扭矩扳手紧固后画防松标记，并安装一侧未安装的闸片，如图 3-64 所示。

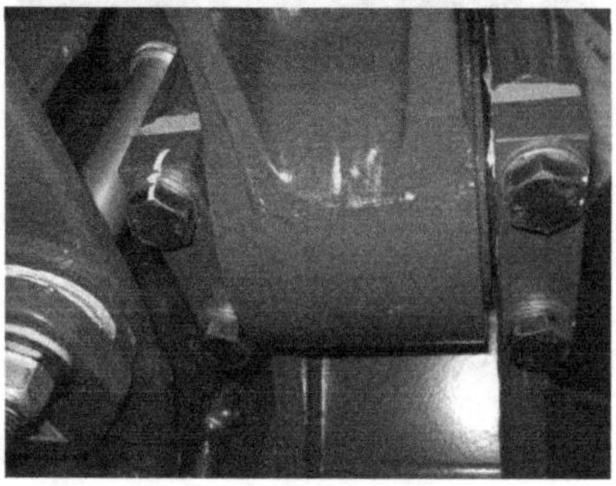

图 3-63　画防松标记

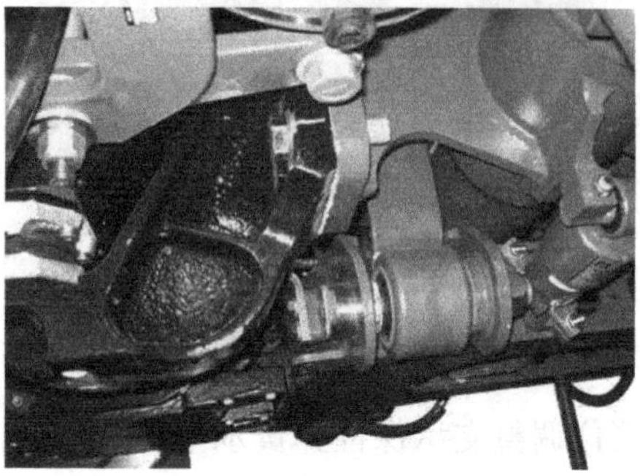

图 3-64　紧固件的组装

(7) 紧固动车转向架垂向减振器处的工艺螺杆 M30，安装拖车转向架的垂向减振器，如图 3-65 所示。

(8) 用枕梁专用吊具起吊枕梁组成，放置在空气弹簧上，如图 3-66 所示。

图 3-65　紧固的螺杆

图 3-66　枕梁组成

(9) 安装抗蛇形减振器，根据配置安装轮缘润滑装置，如图 3-67 所示。

(10) 连接一侧扭杆的连杆保证杆长要求，并用拉带拉紧，保证枕梁水平，防止损伤连杆。并在枕梁非扭杆侧用木块支承，保证枕梁处于水平，如图 3-68 所示。

图 3-67　抗蛇形减振器的安装

图 3-68　枕梁的放置

(六)转向架静压试验

(1)先将静压试验用横梁放在转向架枕梁的中心上，启动压力机进行三次试压缩转向架，然后压到相应的载荷要求，如图 3-69 所示。

(2)用卡尺测量转向架的四角高，并用白色信号笔写在车轮踏面上，然后用数显卡钳测量横向挡间隙、联轴节间的间隙，如图 3-70 所示。

图 3-69　静压试验横梁

图 3-70　测量间隙

根据设备测量显示的数据，判断该转向架的轮重差、二系空气弹簧面的高度、轴距是否合格，打印并在质量检查记录上记录下来。

(3)当根据设备显示二系空气弹簧高度差不合格时，需要用液压千斤顶将空气弹簧顶起，调整相应的空气弹簧和转向架空气弹簧座之间的调整垫厚度，然后再次施压测试保证要求。没有问题后紧固空气弹簧和转向架空气弹簧座之间的紧固件，用扭矩扳手紧固并画防松标记，如图 3-71 所示。

(4)用水平尺测量联轴节高低差，然后将设备解压，原地将车轮转动 90°再次施加压力，并用水平仪测量联轴节高低差，并记录这 2 次的测量数据，如图 3-72 所示。

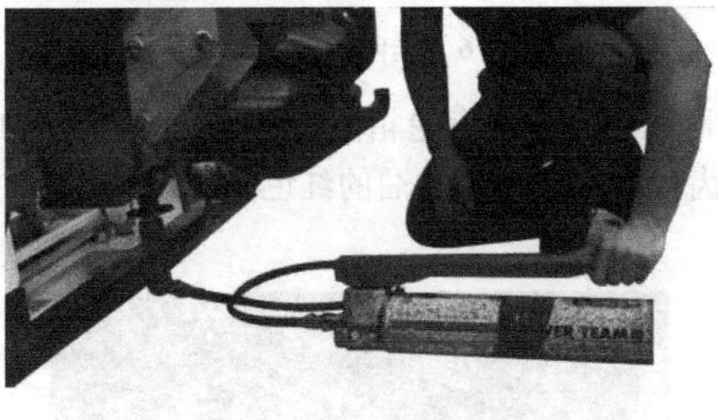

图 3-71　间隙调整

图 3-72　数据测量

(5)空气弹簧充风，空气弹簧保压。在静压状态下，给空气弹簧充气然后再断开气源进行保压试验，如图 3-73 所示。

(6)上述测试没有问题后，将该转向架上没有安装的一侧的扭杆连杆进行安装，如图 3-74 所示。

图 3-73　空气弹簧充风、保压

图 3-74　扭杆连杆的安装

(7)牵引中心下端盖组装。在静压状态下安装牵引中心梁的下盖板，先将 2 个键打入中心销体上，然后安装下盖板，如图 3-75 所示。

(8)动车一系垂向减振器在与车体落车后再组装，为了防止损伤齿轮箱吊座处的橡胶节点，因此必须在该处用螺杆拉紧。将静压试验压力调整到 90%额定压力，然后用手再拧紧该螺杆的螺母，如图 3-76 所示。

图 3-75　牵引中心下端盖的组装

图 3-76　垂向减振器的组装

(9)静压下注齿轮箱油，注油后应粘标识。在静压状态下用齿轮箱注油装置往齿轮箱内加油并观察油标视窗是否加油到位，加油完成后在齿轮箱粘贴已经加油的红色标签，如图 3-77 所示。

(a)静压下齿轮箱注油　　(b)注油后粘标识

图 3-77　齿轮箱注油

(10)在规定的记录单上记录该转向架的各零部件的配置号码，如图3-78所示。

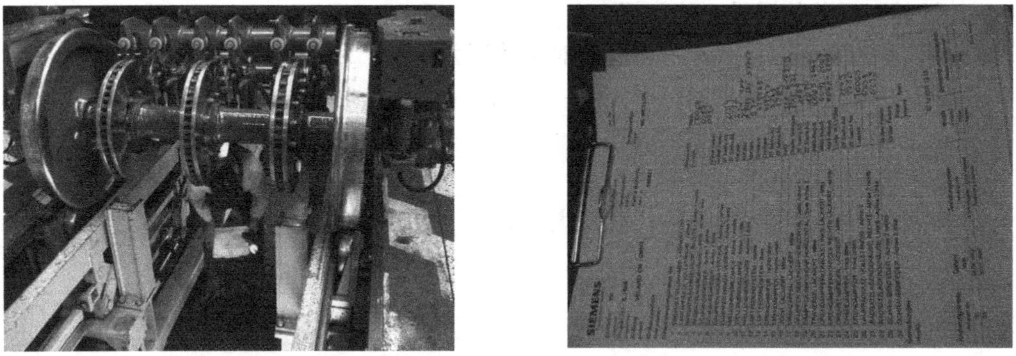

(a)实物图 (b)记录后的号码

图3-78 记录号码

(七)转向架电气绝缘试验

对有接地轴箱的转向架进行直流电气绝缘试验，先将转向架吊起离开地面，然后用专用试验装置测量接地轴箱端的车轮与构架接地座之间的电阻值，如图3-79所示。

(八)转向架交检交验

在转向架升降交检装置上对转向架进行补油，并对转向架各项交检记录、外观质量、各项标识是否齐全、焊缝质量、螺纹孔等是否堵好等进行检查，如图3-80所示。

图3-79 电气绝缘试验

图3-80 转向架交检交验

复习思考题

1. 何谓装配？通常将机器划分为哪些独立的装配单元？
2. 简述完全互换法装配的优点。
3. 选择装配法分为哪几种？其特点如何？
4. 修配装配法有哪几种？其特点如何？
5. 调整装配法分为哪几种？其特点如何？
6. 简述轮对组装的技术要求。
7. 简述制动盘组装工艺过程。

8. 简述车轮组装工艺过程。
9. 简述轮对组装的质量评价依据。
10. 各举两例说明合格和不合格的轮对组装压力曲线。
11. 轴箱组装方法有哪几种？
12. 简述轴承单元的压装工艺过程。
13. 简述转向架组装工艺过程。
14. 简述转向架组装后检查的尺寸及大小。

第四章　车体零件的冲压工艺

第一节　概　　述

冲压加工是对金属进行压力加工的方法之一。它是利用安装在压力机上的模具对板材、带材、管材和型材等施加外力，使其产生塑性变形或分离，从而获得所需零件的加工方法，简称冲压。车体钢结构零件的制造普遍采用冲压加工方法。冲压工艺是指冲压加工的具体方法和技术经验，冲压模具是指将毛坯材料加工成冲压零件的专用工具。

一、冲压加工的特点

与其他加工方法相比，冲压加工在技术和经济方面有以下特点。

(1) 由于利用模具冲压成形，所以可获得其他加工方法所不能或难以制造的薄壁、形状复杂的零件。

(2) 冲压件的尺寸精度由模具来保证，所以质量稳定，互换性好。

(3) 冲压加工一般不需要加热毛坯，也不像切削加工那样，大量切削金属，所以它不但节能，而且节约金属。

(4) 生产效率高。冲压加工是一种高效率的加工方法。普通压力机每分钟可生产几十件，而高速压力机每分钟可生产几百甚至上千件。

(5) 操作简便，便于实现生产的机械化和自动化。同时，其材料利用率较高，生产批量越大，产品的成本越低。

正因为以上优点，所以冲压加工在工业上应用极广。例如，在航空航天、机械、电子信息、交通、兵器、日用电器以及轻工等产业部门中，冲压加工均占有相当的比例。在轨道车辆制造中，冲压加工也得到了广泛应用。例如，客车车体钢结构的大部分零件都是由冲压加工获得的。冲压加工的缺点主要表现在冲压加工时的噪声和振动比较大，对周围作业环境和设备本身都会造成一定影响。

板料、模具和冲压设备是冲压加工的三要素。为了获得质优价廉的冲压零件，不但要提供优质的板料、先进的模具和性能优良的冲压设备，还应掌握板料的成形性能和变形规律。

轨道车辆车体制造所用材料，主要有耐候钢、不锈钢和铝合金等。耐候钢是低合金高强度耐大气腐蚀钢的简称。国产耐候钢比普通碳素钢有较高的耐腐蚀性能。铜磷系耐候钢的耐腐蚀性，一般相当于普通碳素钢的 2 倍左右，在恶劣环境中相当于 2～3 倍；铜磷铬镍系耐候钢的耐腐蚀性相当于普通碳素钢的 2～3 倍，在恶劣环境中相当于 3 倍以上。客车车体用薄板较多，常选用耐腐蚀性能较好的铜磷铬镍系耐候钢，如 09CuPTiRe、08CuPVRe、09CuPRe、08CuP、WSPA(09CuPCrNi)、10CrNiCuP 等耐候钢。

不锈钢是铬或铬镍含量较高的合金钢。日本 20 世纪 60 年代初，选用不锈钢制造的列车在东京高速电气铁路系统中使用。我国于 1987 年，采用奥氏体不锈钢(钢号为 0Cr18Ni9)制造不锈钢空调软卧车。1994～1996 年，还和韩国合作生产 30 辆不锈钢客车。采用不锈钢制造车辆具有外表美观、寿命长和维修工作量少等优点。

铝合金车体材料始于 1952 年伦敦地铁车辆制造。目前，世界各国许多大城市的地铁车辆、干线高速列车都采用铝合金作为车体材料。采用铝合金车体结构，使车体具有轻量化和防腐性能高等突出特点。

国外轨道车辆制造中不同部件所采用的铝合金材料的型号也不同，例如，底架、框架结构采用焊接强度高的 A7N01 材料，侧墙和端墙的外板和框架均采用具有良好焊接性、耐蚀性和力学性能的 A5083 材料，地板和顶板采用耐腐蚀性和工艺性好的 A5005 材料等。采用大型中空挤压铝型材制造的车体结构，对铝合金材料的挤压性、焊接性、强度和刚度等方面都有综合性能的要求，可采用 A6005A 和 A7003 铝合金材料。

铝合金材料在我国轨道车辆制造中的应用已经进入快速发展阶段，铝合金材料在我国的地铁车辆、城市轨道车辆、客车以及高速动车组制造中已经得到越来越广泛的应用。

二、冲压工艺的分类

在生产中，为了满足冲压零件形状、尺寸、精度、批量、原材料性能的要求，可以采用多种多样的冲压加工方法。概括起来，冲压加工可分为分离工序和成形工序两大类。

- 冲压
  - 分离工序
    - 冲裁
      - 落料
      - 冲孔
    - 剪切
  - 成形工序
    - 弯曲
    - 拉延
    - 翻孔
    - 翻边
    - ……

分离工序是使冲压件沿一定轮廓线从板料上或型材上分离，同时保证分离断面的质量要求。分离工序又可分为落料、冲孔和剪切等工序，见表 4-1。

表 4-1　分离工序

工序名称	简　图	特点及应用范围
落料	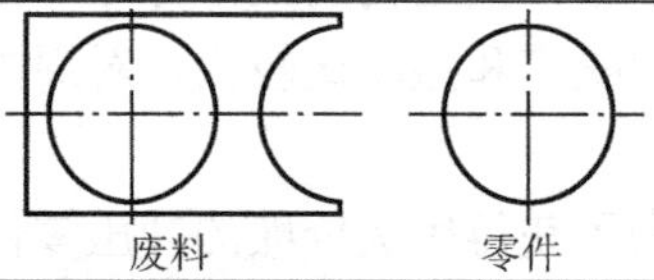	用冲模沿封闭轮廓曲线冲切，冲下部分是零件，用于制造各种形状的平板零件
冲孔	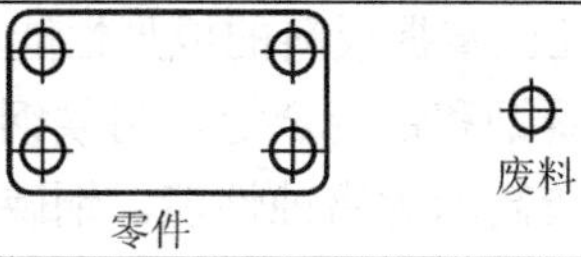	用冲模沿封闭轮廓曲线冲切，冲下部分是废料
切断	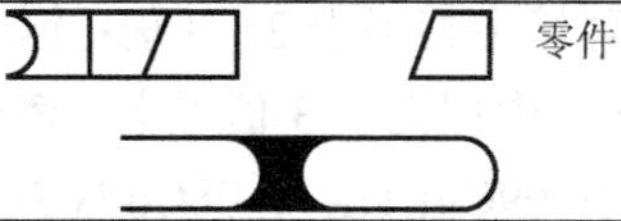	用剪刀或冲模沿不封闭曲线切断，多用于加工形状简单的平板零件
切边		将成形零件的边缘修切整齐或切成一定形状
剖切	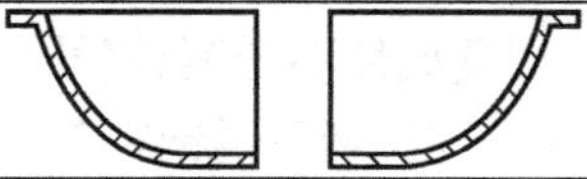	把冲压加工后的半成品切开成为两个或数个零件，多用于不对称零件的成双或成组冲压成形之后

成形工序是使板料在不破坏的条件下发生塑性变形，制成所需形状和尺寸的工件。成形工序可分为弯曲、拉深、翻孔、翻边等工序，见表4-2。为了进一步提高生产效率，保证产品质量，常将两道或两道以上工序的工作合并成一个工序，称为复合工序。例如，落料和冲孔、冲裁和拉深等。

表4-2　部分成形工序

工序名称	简　图	特点及应用范围
弯曲	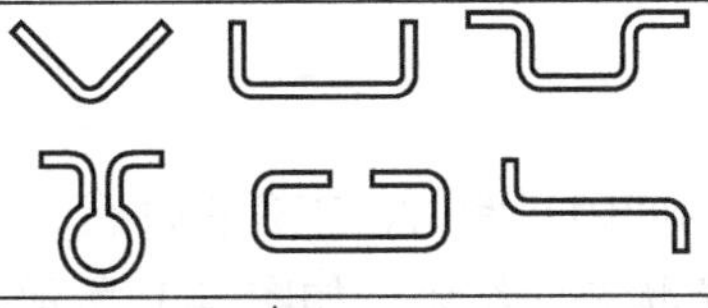	把板材沿直线弯成各种形状，可以加工形状较复杂的零件
卷圆		把板材端部卷成接近封闭的圆头，用于加工类似铰链的零件
扭曲	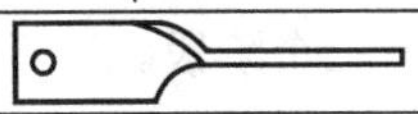	把冲裁后的半成品扭转成一定角度
拉深	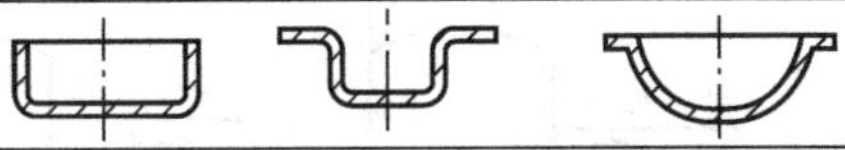	把板材毛坯成形制成各种空心的零件
变薄拉深	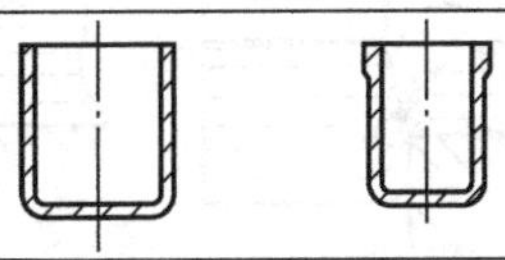	把拉深加工后的空心半成品进一步加工成为底部厚度大于侧壁厚度的零件
翻孔		在预先冲孔的板材半成品上或未经冲孔的板料冲制成竖立的边缘
翻边	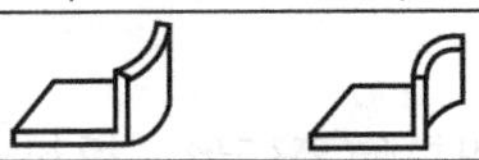	把板材半成品的边缘按曲线或圆弧成形成竖立的边缘
拉弯		在拉力与弯矩共同作用下实现弯曲变形，可得精度较好的零件

三、冲压设备

冲压设备是为冲压加工提供动力的设备。冲压设备的种类很多，概括地讲可以分为剪机和压力机两大类。剪机是将板料切成一定宽度的条料，以供给下一步冲压之用。剪机可分为斜刃剪、平刃剪和圆盘剪等几种。压力机一般可分为机械压力机和液压压力机等。其中，机械压力机在冲压生产中用得最多，包括曲柄压力机和摩擦压力机等。

轨道车辆车体生产中曲柄压力机用得最广泛，其基本工作机构是曲柄－连杆机构。利用曲柄—连杆机构，把曲轴的旋转运动通过连杆机构变成滑块的往复运动，驱动模具进行冲压工作。曲柄压力机主要技术参数有公称压力、滑块行程、滑块每分钟行程次数、装模高度、工作台尺寸及滑块底面尺寸等。这些参数反映了一台压力机的工艺能力、所能加工零件的尺寸范围，以及有关生产率等指标。在冲压生产中，可根据压力机的类型和规格参数来选择冲压设备。

第二节　冲　　裁

冲裁是利用冲压设备和模具使板料沿着一定的轮廓形状产生分离的冲压工序。根据变形机理的不同，冲裁可分为普通冲裁和精密冲裁。通常所说的冲裁即指普通冲裁，包括落料、冲孔、切断、切边、剖切等多种工序，但一般来说，冲裁工艺主要是指落料工序和冲孔工序。从板料上用冲裁模沿封闭轮廓曲线冲切，冲下所需形状的零件(或毛坯)称为落料。在工件上冲出所需形状的孔(冲去的为废料)称为冲孔。垫圈就是由落料和冲孔工序生产出来的。冲裁所使用的模具称为冲裁模，如落料模和冲孔模等。

冲裁是最基本的冲压工艺方法，在冲压生产中所占的工作比例很大。冲裁可以直接制成零件(或成品)，也能为弯曲、拉深、成形、冷挤压等冲压工序准备毛坯。

一、冲裁时板料的变形过程

在冲裁过程中，当冲裁模的凸模和凹模之间的间隙正常时，工件在冲裁力的作用下必然从弹性变形开始，进入塑性变形，最后以断裂分离状态而结束，如图 4-1 所示。从图中可以看出，凸模与凹模组成上、下刃口，材料放在凹模上，冲裁力使凸模逐步下降使材料产生变形，直至全部分离。整个冲裁过程中板料的变形分为以下三个阶段。

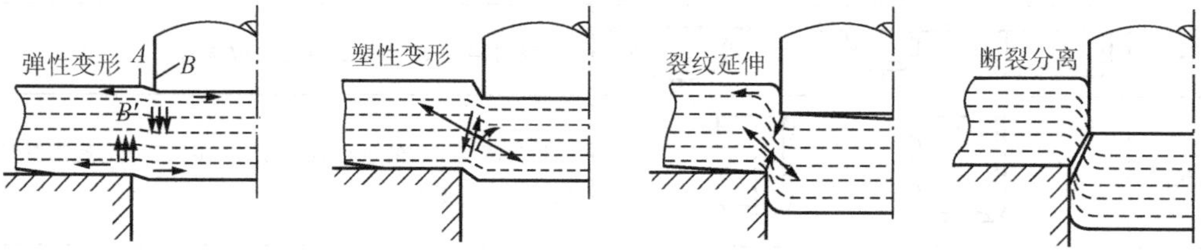

图 4-1　冲裁时板料的变形过程

1. 弹性变形阶段

板料在凸模的压力作用下，产生弹性压缩、弯曲和拉伸等变形，板料底面相应部分略有挤入凹模洞口内。这时凸模下的板料向下略有弯曲，凹模上的板料略有上翘。凸、凹模之间的间隙越大，向下弯曲和上翘越严重。在此阶段，板料的内应力尚未达到屈服极限。如果凸模卸载后，板料立即恢复原状。

2. 塑性变形阶段

当凸模继续压入，使板料的内应力达到屈服极限时，板料开始产生塑性剪切变形。部分金属被挤入凹模洞口内，产生塑剪变形，得到光亮的剪切断面。同时，由于凸、凹模间存在间隙，所以在塑剪变形的同时，板料还伴有弯曲和拉伸变形。间隙越大，变形也越大。随着凸模的不断压入，板料的变形程度便不断增加，变形抗力也不断上升，最后在凸模和凹模刃口附近，板料的内应力首先超过材料的抗剪强度，出现微裂纹，塑性变形阶段结束。

3. 断裂分离阶段

凸模继续压入，板料在凸模和凹模刃口附近形成的微裂纹在拉应力作用下，不断向板料内部延伸，若凸模与凹模之间的间隙合理，则上、下断面将相互重合，板料随即被拉断分离。由于拉断的结果，断面上形成一个粗糙的区域。当凸模再向下移动时，凸模将冲落部分全部挤入凹模洞口，冲裁过程到此结束。

二、冲裁件断面特征

在上述冲裁变形过程中得到的冲裁件，其断面并不是光滑垂直的。断面存在四个特征区域，即圆角带、光亮带、断裂带和毛刺，如图 4-2 所示。

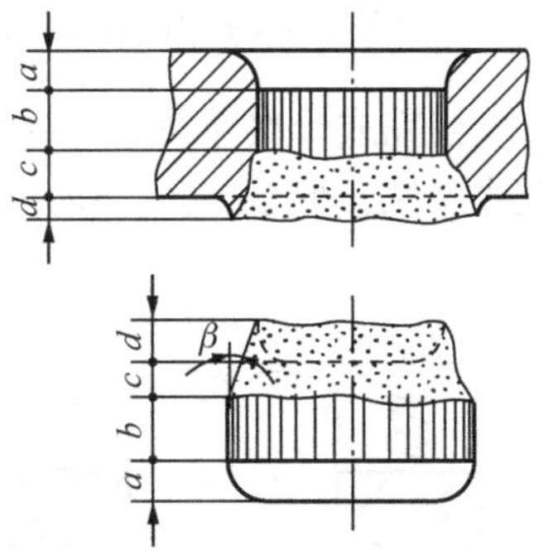

图 4-2　冲裁件断面特征

a—圆角带；*b*—光亮带；*c*—断裂带；*d*—毛刺

(1) 圆角带：该区域是在塑性变形阶段开始时产生的，是凸模刃口刚压入板料时，刃口附近的材料产生弯曲和伸长变形，材料被带进模具间隙的结果。软材料比硬材料的圆角带大。

(2) 光亮带：该区域发生在塑性变形的过程中。当凸、凹模的刃口切入金属板料后，板料与模具侧面挤压而形成的光亮垂直的断面。通常占全断面的1/3～1/2。软材料的光亮带宽，硬材料的光亮带窄。

(3) 断裂带：该区域是在断裂阶段产生的。这是由于刃口处产生的微裂纹在拉应力的作用下，不断扩展而形成的撕裂面，其表面粗糙，具有金属本色，且带有斜度。

(4) 毛刺：毛刺是在塑性变形阶段后期产生的。微裂纹的产生位置并非正对着刃口，在拉应力的作用下，裂纹加长，材料断裂而产生毛刺。因此，在普通冲裁中毛刺是不可避免的，冲裁件必然存在毛刺。

从冲裁零件的断面图可以看出，冲裁件的断面是粗糙的而且有锥度的。同时还有点穹弯、不平直、端面有毛刺。用普通冲裁所得到的零件，其经济精度不高于IT10级，表面粗糙度为$Ra \leqslant 25 \sim 12.5\mu m$，只适用于一般要求。但对车体钢结构，这种冲裁件已经满足设计要求了。对尺寸精度要求高、表面粗糙度低、断面与表面保持垂直的零件，用一般冲裁方法是难以达到要求的，可以采用整修或精密冲裁的方法。

三、冲裁力的计算及压力机公称压力的选取

（一）冲裁力的计算

计算冲裁力的目的，是合理地选用压力机的吨位和模具设计。压力机的吨位必须大于所计算的冲裁力，以适应冲裁工艺的需求。模具的强度和刚度也要适应冲裁的要求。影响冲裁力的因素很多，主要有：材料的力学性能与厚度、冲裁件周边的长度、模具间隙大小及刃口锋利程度等。

一般平刃口模具冲裁时，冲裁力计算为

$$P = KF\tau = KLt\tau \tag{4-1}$$

式中，P——冲裁力，N；

F——剪切断面面积，mm^2；

τ——材料抗剪强度，MPa；

L——冲裁周边长度，mm，

t——材料厚度，mm；

K——系数，一般取$K=1.3$。

系数K是考虑模具刃口的磨损、凸模与凹模间隙的变化和不均匀、润滑情况、材料力学性能和厚度的波动等因素的安全系数。当查不到材料的抗剪强度时，可用抗拉强度代替抗剪强度，而取$K=1$的近似计算法计算，即

$$P = KLt\tau \approx L\tau\sigma_b \tag{4-2}$$

式中，σ_b——材料的抗拉强度，MPa。

(二)卸料力及推件力的计算

当完成一次冲裁后，由于板料在冲裁过程中，在塑性变形的同时兼有弹性变形，落料件发生弹性变形而扩张，使冲裁件梗塞在凹模内，而板料上的孔则发生弹性收缩，则箍紧在凸模上。要使冲裁工作得以继续进行，必须将它们从凹模孔内推出或从凸模上卸下，这就需要用一定的作用力。从凸模上将零件或废料取下来所需的力称为卸料力，从凹模内顺着冲裁方向将零件或废料推出的力称为推件力，逆冲裁方向把零件或废料从凹模洞内顶出的力称为顶件力，如图 4-3 所示。这些力将直接由压力机通过卸料机构来提供，所以在选用压力机和设计模具的卸料机构时，必须考虑卸料力、推件力与顶件力。影响这些力的因素很多，主要有材料的力学性能、材料厚度、模具间隙、零件形状尺寸以及润滑情况等。因此要准确地计算这些力是困难的，在实际生产中常采用下列经验公式计算。

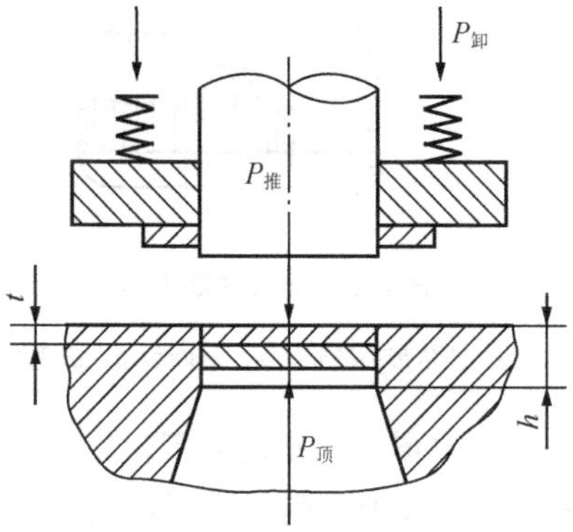

图 4-3　工艺力示意图

卸料力：
$$P_{卸}=K_{卸}P \tag{4-3}$$
推件力：
$$P_{推}=nK_{推}P=\frac{h}{t}K_{推}P \tag{4-4}$$
顶件力：
$$P_{顶}=K_{顶}P \tag{4-5}$$

式中，P——冲裁力，N；

n——同时梗塞在凹模洞口内零件(或废料)的数目，通常 $n=2\sim4$；

h——圆柱形凹模洞口高度，mm；

t——材料厚度，mm；

$K_{推}$、$K_{顶}$、$K_{卸}$——推件力、顶件力及卸料力系数，其值可见表 4-3。

表 4-3　卸料力、推件力及顶件力的系数

冲裁材料		$K_{卸}$	$K_{推}$	$K_{顶}$
铝、铝合金		0.025～0.08	0.03～0.07	0.03～0.07
钢材料厚度/mm	≤0.1	0.06～0.075	0.1	0.15
	>0.1～0.5	0.045～0.055	0.065	0.08
	>0.5～2.5	0.04～0.05	0.050	0.06
	>2.5～6.5	0.03～0.04	0.045	0.05
	>6.5	0.02～0.03	0.025	0.03

(三)压力机公称压力的选取

冲裁时，压力机公称压力必须大于或等于冲裁各工艺力的总和 $P_{总}$。这些力在选择压力机时应根据不同的模具结构进行区别对待。总的冲裁力 $P_{总}$分别按下列情况计算。

(1)采用弹性卸料装置和下出料方式的冲裁模的总冲裁力为
$$P_{总}=P+P_{卸}+P_{推} \tag{4-6}$$

(2)采用弹性卸料装置和上出料方式的冲裁模的总冲裁力为

$$P_{总}=P+P_{卸}+P_{顶} \tag{4-7}$$

(3)采用刚性卸料装置和下出料方式的冲裁模的总冲裁力为

$$P_{总}=P+P_{推} \tag{4-8}$$

(四)降低冲裁力的方法

在冲压生产中，当压力机公称压力小于总冲裁力时，必须采取措施降低总冲裁力，可以采取的方法有三种，即采用阶梯凸模、斜刃口、加热冲裁。

1. 采用阶梯凸模

在多凸模的冲裁模中，将凸模作阶梯形布置，即将凸模做成不同的高度，如图 4-4 所示，使各凸模冲裁力的最大值不同时出现，这样就能降低总的冲裁力。特别是当几个凸模直径相差悬殊，彼此距离又很近时，将小直径凸模做得短些，还可以避免小直径凸模由于承受材料流动的挤压力而产生折断或歪斜的现象。凸模之间的高度差 H 取决于材料厚度。

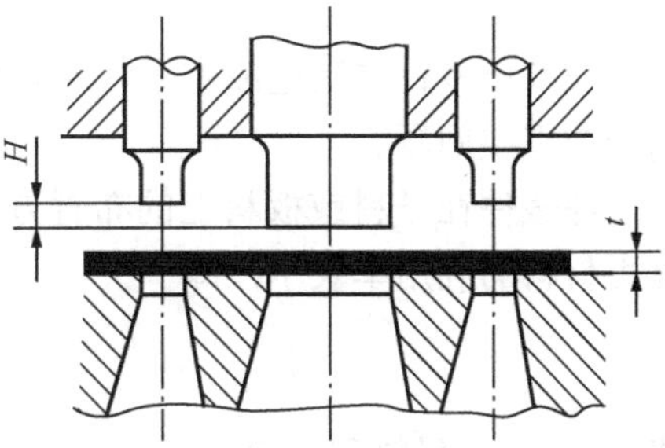

图 4-4　阶梯形布置凸模图

若 $t<3$mm，则取 $H=t$；

若 $t>3$mm，则取 $H=0.5t$。

2. 采用斜刃口

在用平刃冲裁时，整个刃口平面同时冲切材料，所需冲裁力大。若将凸模或凹模刃口平面做成与其轴线倾斜一定角度 φ 冲裁时，如图 4-5 所示，斜刃口是逐步切入材料的，因而能降低冲裁力。

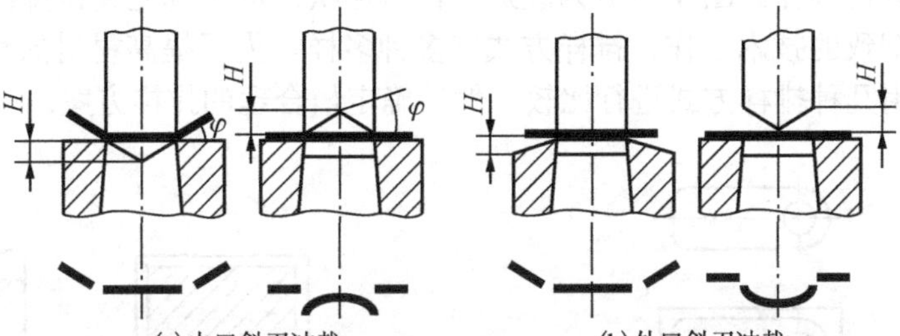

(a)内口斜刃冲裁　　(b)外口斜刃冲裁

图 4-5　斜刃冲裁

为了在斜刃冲裁时能得到平整的零件，落料时应将凹模做成斜刃，凸模做成平刃；冲孔时则将凸模做成斜刃，凹模做成平刃。设计斜刃时，应使斜刃对称布置，以免冲裁时承受单向侧压力而发生偏移，损坏刃口。斜刃角 φ 与斜刃高度 H 可按表 4-4 选值。

表 4-4　一般采用的斜刃数值

材料厚度 t/mm	斜刃高度 H/mm	斜刃角 φ/(°)
<3	$2t$	<5
3～10	t	<8

斜刃冲裁力 P' 可按计算为

$$P'=K_1P \tag{4-9}$$

式中，P——用平刃冲裁所需的冲裁力，N；

K_1——斜刃冲裁的减力系数。

减力系数 K_1 根据斜刃高度 H 与材料厚度 t 的关系来选取。当 $H=t$ 时，$K_1=0.4\sim0.6$；当 $H=2t$ 时，$K_1=0.2\sim0.4$。

3. 加热冲裁

材料加热后，其抗剪强度将显著降低，从而大大降低冲裁力。但由于加热冲裁会使钢材烧损而产生氧化皮，将降低工件质量，同时需要附加设备和耗费燃料，生产效率低，劳动强度较大。所以，应尽量避免采用此法。

四、排样设计

在冲压零件的制造成本中，材料费用占 60%以上。因此材料的经济利用，是冲压生产中的一个重要问题。

冲裁件在条料或板料上的布置方法称为排样。排样不合理就会浪费材料。排样的经济程度用材料的利用率表示，即

$$\eta=\frac{F_0}{F}\times100\% \tag{4-10}$$

式中，η——材料利用率；

F_0——工件的实际面积；

F——冲裁此工件所用材料面积，包括工件的实际面积与废料面积。

从式(4-10)可以看出，若能减少废料面积，则材料利用率高。例如，图 4-6 所示的敞车下侧门搭扣铁排样，采用图 4-6(a)排法比采用图 4-6(b)排法的废料少，能节约材料。

材料利用率与工件形状也有关系。例如，图 4-7 所示的货车筋板的排样。图 4-7(a)为原设计形状，是有废料排样。图 4-7(b)为改进设计后形状，可实现无废料排样。

排样是一项细致的技术工作，排样方式有多种多样。为了提高材料的利用率，从工艺上要想方设法，采用几种排样方式进行比较，然后确定最合理的排样方案。

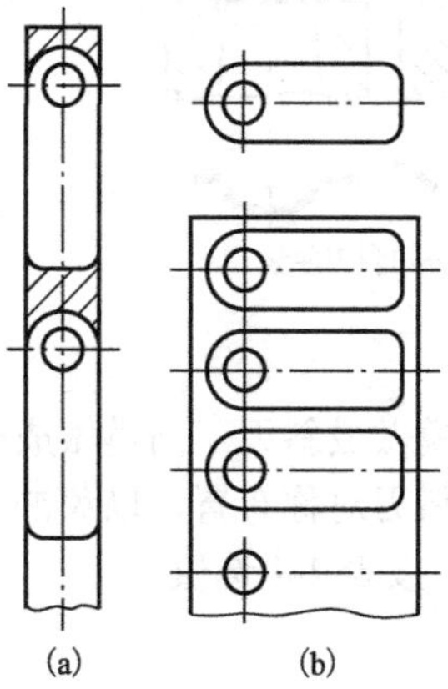

图 4-6　敞车下侧门搭扣铁排样

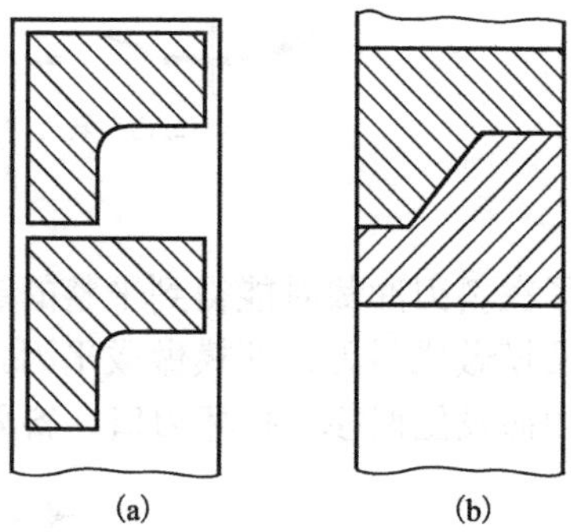

图 4-7　货车筋板排样

排样时，相邻工件之间或工件与条料侧边之间的材料称为搭边。搭边的主要作用是补偿送料时的定位误差，以保证沿整个外形冲裁出完整的零件，避免因送料偏差而冲出残缺废品。搭边过大将浪费材料；搭边过小，则除可能冲出残缺废品，还可能引起搭边断裂而被拉入凹模造成模具损坏，工件毛刺大，以及操作不安全等问题。

根据经验，在冲裁金属零件时，对于厚度在 0.8mm 以下的材料，搭边宽度可取 1～1.5mm；对于较厚的材料，可使搭边宽度大约等于材料的厚度。

五、冲裁模的分类及组成

将板料相互分离的模具称为冲裁模。冲裁模是冲压生产的工艺装备。冲裁模结构必须满足冲压生产的要求，不仅要冲出合格的工件，适应生产批量的要求，而且操作要安全方便，使用期限长，容易制造和维修，同时制造成本要低。

(一) 冲裁模的分类

冲裁模的结构形式很多，为研究方便，对冲裁模可按不同的特征进行分类。

(1) 按工序性质可分为落料模、冲孔模、切断模、切口模、切边模、剖切模等；

(2) 按工序组合方式可分为简单模、连续模和复合模；

(3) 按上、下模的导向方式可分为无导向的开式模和有导向的导板模、导柱模、导筒模等；

(4) 按凸、凹模的材料可分为硬质合金冲裁模、钢皮冲裁模、锌基合金冲裁模、聚氨酯冲裁模等；

(5) 按凸、凹模的结构和布置方法可分为整体模和镶拼模、正装模和倒装模；

(6) 按自动化程度可分为手工操作模、半自动模、自动模。

下面按工序的组合情况分别介绍简单模、连续模和复合模。

1. 简单模

简单模也称单工序模。即在一副模具中只完成一个工序的工作，如落料或冲孔。这种模具结构比较简单。

如图 4-8 所示为带导柱的落料模，用于制作垫片。它由上模和下模两部分组成。上模包括

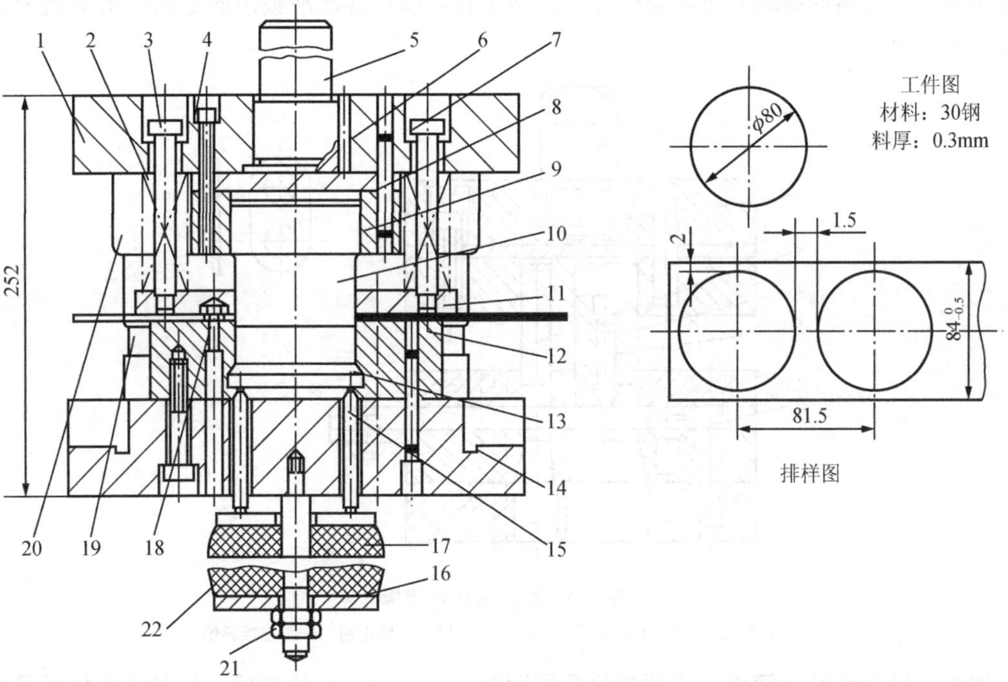

图 4-8　导柱式落料模

1-上模板；2-卸料弹簧；3-卸料螺钉；4-螺钉；5-模柄；6-防转销；7-销；8-垫板；9-凸模固定板；10-落料凸模；11-卸料板；12-落料凹模；13-顶件板；14-下模板；15-顶杆；16-板；17-螺栓；18-固定挡料销；19-导柱；20-导套；21-螺母；22-橡皮

上模板 1 及装在其上的全部零件，下模包括下模板 14 及装在其上的全部零件。冲裁模往压力机上安装时，上模的模柄 5 夹紧在压力机滑块的模柄孔中，和滑块一起上下运动，下模则通过下模板用螺栓、压板固定在压力机工作台面上。其动作原理如下。

冲裁模在冲压之前，条料从右向左靠导尺送进，直到固定挡料销 18 处。冲裁时，冲下的工件进入凹模孔，而后从下模板的出料槽中取出。上模回升时，依靠弹性卸料板 11 将废料从落料凸模 10 卸下，条料继续向左送进，在条料上的孔边缘作为与固定挡料销 18 接触后，进行第二次冲压，如此循环工作下去，直到结束。

导柱模的导向精度高，冲裁模工作零件不易磨损，故使用期限长，冲裁模在压力机上安装调整方便。所以导柱模广泛应用于生产批量大、精度要求较高的冲裁件。其缺点是冲裁模轮廓尺寸较大，结构比较复杂，制造周期长，成本较高。

2. 连续模

连续模是在单工序冲裁模的基础上发展的一种多工序、高效率冲裁模。它在一副模具中的不同位置有规律地安排两道或两道以上的工序进行连续冲压。与简单模相比，工序缩短，生产效率高，操作方便、安全，尤其是在大批量生产中效果更显著。

图 4-9 是用导正销 5 定距的冲孔落料连续模。上、下模用导板导向。冲孔凸模 3 与落料凸模 4 之间的距离就是送料步距。材料送进时由固定挡料销 6 进行初定位，由两个装在落料凸模上的导正销 5 进行精定位。导正销头部的形状应有利于在导正时插入已冲的孔，它与孔的配合应略有间隙。为了保证首件的正确定距，在带导正销的连续模中，常采用使用挡料装置。它安装在导板下的导料板中间。在条料冲制首件时，用手推使用挡料销，使它从导料板中伸出来抵住条料的前端即可冲第一件上的两个孔。以后各次冲裁由固定挡料销 6 控制送料步距作初定位。

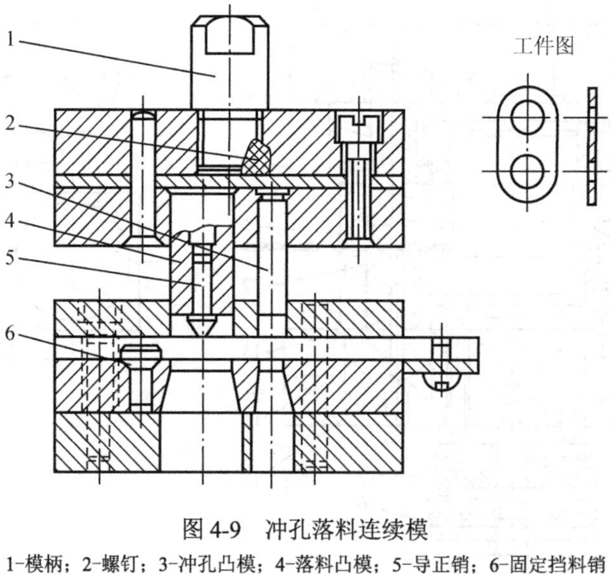

图 4-9　冲孔落料连续模

1-模柄；2-螺钉；3-冲孔凸模；4-落料凸模；5-导正销；6-固定挡料销

用导正销定距结构简单。当两定位孔间距较大时，定位也较精确。但是它的使用受到一定的限制。当板料太薄(一般为 $t<0.3$mm)或用较软的材料导正时，孔边可能有变形，因而不宜采用。

在连续模中，最关键的问题是保持冲裁件周边与孔的位置的准确性，即必须准确地控制进料量。连续模的缺点是：由于冲裁工作分别在不同的位置上完成，因此模具轮廓尺寸比一般模具大，冲裁件的精度(内孔与外形的位置精度)比较低，而且制造成本较高。

3. 复合模

复合模也是在单工序的简单冲裁模的基础上，发展起来的一种较先进的冲裁模。它在一副模具中的同一位置可以同时完成两道或两道以上的冲压工序。复合模的优点是：冲裁件有较高的精度，生产效率高，模具结构紧凑。它的缺点是：构造比较复杂，制造成本比较高。复合模适用于成批或大量生产的冲压件，尤其适用于制造形状复杂，而且要求尺寸精度较高的冲裁件。

图 4-10 是冲制垫圈的复合模。落料凹模 2 在上模，件 1 是冲孔凸模，件 14 为凸凹模。复合模一般采用刚性推件装置把卡在凹模中的制件推出。刚性推件装置由推杆 7、推块 8、推销 9 推动推件块，推出制件。废料直接由凸模从凸凹模内孔推出。凸凹模洞口若采用直刃，则模内有积存废料，胀力较大，当凸凹模壁厚较薄时，可能导致胀裂。

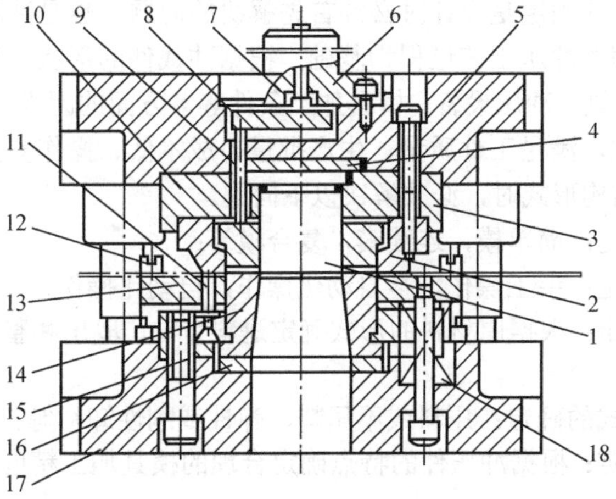

图 4-10　冲孔落料复合膜

1-凸模；2-凹模；3-上模固定板；4-垫板；5-上模板；6-模柄；7-推杆；8-推块；9-推销；10-推杆块；11-活动挡料销；12-固定挡料销；13-卸料板；14-凸凹模；15-下模固定板；16-垫板；17-下模板；18-活动挡料板

采用刚性推件的复合模，条料不是处于被压紧状态下冲裁，因而制件的平直度不高。适宜厚度大于 0.3mm 的板料。若在上模内设置弹性元件，采用弹性推件，则可冲较软且料厚在 0.3mm 以下、平直度较高的冲裁件。

(二)冲裁模的组成

从以上几种冲裁模的结构中可以看出，各种类型的冲裁模，其基本组成部分是相同的，大致可分为以下部分。

(1)工作部分零件。这是冲裁模的主要部分，它保证能冲出符合要求的形状及尺寸精度的冲裁件，是任何模具都应具有的部分，如凸模、凹模以及复合模中的凸凹模等。

(2)定位部分零件。它起条料送进的导向作用，并控制送料进距，如导尺、定位销等。

(3)推件、卸料部分零件。它保证在冲裁工作完成后，将冲裁件和废料从凹模内推出或从凸模上卸下，以便进行下一次冲裁，如卸料板、推件器、橡皮(或弹簧)等。

(4)导向部分零件。它保证上模部分相对于下模有准确的运动，使凸模与凹模有均匀的间隙，提高冲裁件的质量，如导柱、导套等。

(5) 安装固定部分零件。它将上述各部分零件连接成冲裁模上、下两部分，保证各零件之间的相互位置，并使它能安装在压力机的滑块和工作台面上，如模柄、上模板、下模板、凸模固定板、垫板、螺钉、圆柱销等。

六、冲裁模设计

冲裁模的设计分为总体设计和主要零部件设计两部分。冲裁模总体设计包括以下内容。

(1) 模具总体结构形式的确定；

(2) 模具压力中心计算；

(3) 冲压设备的选择。

(一) 模具总体结构形式的确定

模具总体结构形式的确定是设计时必须首先解决的问题，也是冲裁模设计的关键。模具形式的选定，应以合理的冲压工艺过程为基础，根据冲裁件的形状、尺寸、精度要求、材料性能及其厚度、生产批量、冲压设备、模具加工条件等多方面的因素，进行综合的分析研究，使选定的模具结构形式，满足工件质量、生产批量、成本低、操作安全方便以及维修方便等要求。在确定模具的结构形式时，必须解决以下问题。

(1) 模具类型的确定：简单模，连续模，复合模等；

(2) 操作方式的确定：手工操作，半自动化操作，自动化操作；

(3) 进出料方式确定：根据原材料的形式确定进料方法，取出和整理零件的方法，原材料的定位方法；

(4) 压料与卸料方式的确定：压料或不压料，弹性或刚性卸料等；

(5) 模具精度的确定：根据冲压件的特点确定合理的模具加工精度，选取合理的导向方式或模具固定方法等。

表 4-5 归纳了各类模具的性能及其使用情况的比较，可供选用冲裁模形式时参考。

表 4-5　简单模、连续模与复合模的比较

比较项目	简单模	连续模	复合模
冲裁件精度	较低	略高，相当于 IT10～IT14	内孔与外缘的相对位置精度较高
工件平整程度	一般	中小件不平整(弯曲)，高质量件需校平	因压料较好，工件平整
工件形状特点	可以加工形状复杂或特殊形状的零件	同左	零件的几何形状与尺寸受到模具结构与强度的限制
生产效率	较低	可用自动送料出料装置，效率高	工件被顶到模具工作面上必须用手工或机械取出，生产效率稍低
使用高速自动压机	有自动送料装置时可连续冲，但速度不能高	可在行程每分钟为400次或更多的高速压机上工作	操作时出件困难，可能损坏弹簧缓冲机构，不作推荐
材料要求	条料要求不严格，小件可用边角料	条料要求严格	除条料，小件可用边角料
生产安全性	手需伸入模具工作区，不安全。需采用技术安全措施	手不需要伸入模具工作区，比较安全	手需伸入模具工作区，不安全。需采用技术安全措施
模具制造工作量和成本	较低	冲裁简单形状零件比复合模低	冲裁复杂形状零件比连续模低

(二) 模具压力中心的计算

冲压力合力的作用点称为模具的压力中心。模具的压力中心应该通过压力机滑块的中心线。否则，冲压时滑块就会承受偏心载荷，导致滑块导轨和模具导向部分不正常的磨损，还会使合理的间隙得不到保证，从而影响冲压件质量和降低模具寿命甚至损坏模具。冲裁模的压力中心可按以下原则确定。

(1)冲裁形状对称的单个冲裁件时，其压力中心就是冲裁件轮廓图形的几何中心。

(2)工件形状相同且分布位置对称时，冲裁模的压力中心与零件的对称中心相重合。

(3)形状复杂的零件、多孔模冲裁时的压力中心可用解析计算法求出冲裁模的压力中心。

解析计算法是根据理论力学，对于平行力系，合力对某轴的力矩等于各分力对同轴力矩之和，合力的作用点的坐标位置 $O_0(x_0, y_0)$，即所求冲裁模的压力中心，如图4-11所示。计算公式为

$$x_0=\frac{P_1x_1+P_2x_2+\cdots+P_nx_n}{P_1+P_2+\cdots+P_n}=\frac{\sum_{i=1}^{n}P_ix_i}{\sum_{i=1}^{n}P_i} \tag{4-11}$$

$$y_0=\frac{P_1y_1+P_2y_2+\cdots+P_ny_n}{P_1+P_2+\cdots+P_n}=\frac{\sum_{i=1}^{n}P_iy_i}{\sum_{i=1}^{n}P_i} \tag{4-12}$$

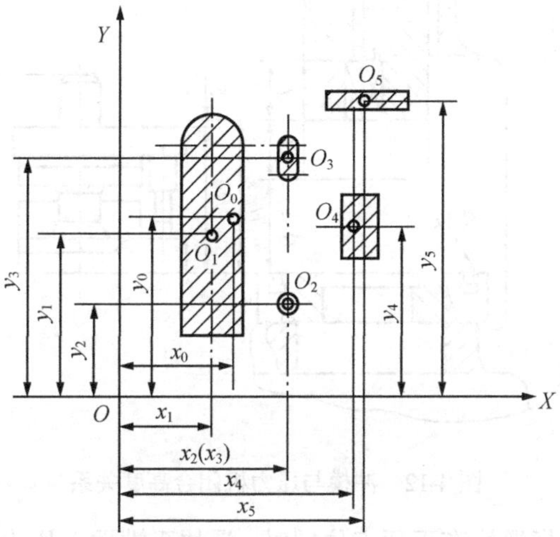

图4-11　压力中心计算

因冲裁力与冲裁模周边长度成正比，所以式(4-11)和式(4-12)中的各冲裁力 P 可分别用各冲裁周边长度 L 来代替，即

$$x_0=\frac{L_1x_1+L_2x_2+\cdots+L_nx_n}{L_1+L_2+\cdots+L_n}=\frac{\sum_{i=1}^{n}L_ix_i}{\sum_{i=1}^{n}L_i} \tag{4-13}$$

$$y_0=\frac{L_1y_1+L_2y_2+\cdots+L_ny_n}{L_1+L_2+\cdots+L_n}=\frac{\sum_{i=1}^{n}L_iy_i}{\sum_{i=1}^{n}L_i} \tag{4-14}$$

（三）冲压设备的选择

冲压设备的选择一般包括压力机的类型与规格的确定。由于冲裁工作行程与压力机行程相比只占很小的比例(小于 5%)，故除导板模要求使用行程可调节的偏心压力机，一般对压力机类型没有特殊要求。所以应着重讨论压力机规格的选择。压力机规格的主要技术参数有公称压力、闭合高度、行程和台面尺寸等。

1. 压力机公称压力

对于冲裁工序，可按冲裁所需的压力来选择压力机，即所选压力机的公称压力应大于完成冲裁工作所需的总冲裁力。

冲裁如果和拉深或弯曲工序复合，冲裁模工作行程就要按拉深或弯曲行程计算。当工作行程与压力机行程相比所占比例较大(超过 5%)时，则必须按压力机的压力曲线图来选择，所选压力机的允许压力曲线，在曲轴全部转角内应高于冲压变形力曲线。

2. 压力机的闭合高度

冲裁模的闭合高度应和压力机的闭合高度相适应，才能保证冲裁模正常工作。

冲裁模的闭合高度，是指冲裁模在最低工作位置时，上、下模板之间的距离 $H_{模}$，如图 4-12 所示。

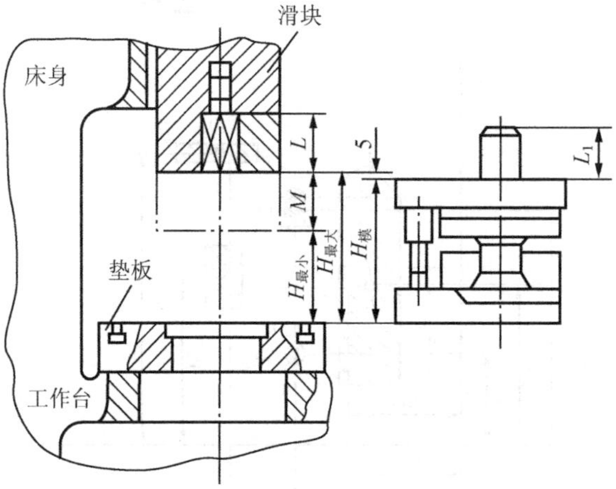

图 4-12　冲模与压力机闭合高度关系

压力机闭合高度，是指滑块在下死点位置时，滑块下端面至压力机垫板上平面之间的距离 H。由于连杆长度可以调节，因此压力机的闭合高度有一定范围，即从 $H_{最大}$到 $H_{最小}$。当连杆调至最短时为压力机的最大闭合高度 $H_{最大}$，而连杆调至最长时为压力机的最小闭合高度 $H_{最小}$。

冲裁模的闭合高度与压力机的闭合高度关系如下：

$$H_{最大}-5 \geqslant H_{模} \geqslant H_{最小}+10\,(\mathrm{mm}) \tag{4-15}$$

如果冲裁模闭合高度大于压力机最大闭合高度，则冲裁模不能在该压力机上使用。反之，若小于压力机的最小闭合高度，则需加磨平的垫板。

冲裁模的闭合高度必须比压力机最大闭合高度小一数值，是考虑连杆调节到最短时必须保留的长度；比压力机最小闭合高度大一数值，是考虑冲裁模工作部分刃口的修磨量。

3. 压力机行程

压力机的曲轴旋转一周时，滑块上下移动的距离称为压力机的行程。压力机的行程必须满足工艺要求。冲裁的工作行程较小，故压力机行程一般都能满足使用要求。导板模则要求压力机行程要小而且可以调节。对于落料拉深复合模，压力机行程必须大于拉深件高度两倍以上，以便放入毛坯和取出工件。

4. 压力机台面尺寸

压力机的台面尺寸，应大于冲裁模下模板的外形尺寸，并要留有固定冲裁模的位置。

七、冲裁模主要零部件的结构形式

(一) 工作部分零件

1. 凸模

(1) 凸模的类型。

凸模的类型有三种，即标准圆凸模、带护套凸模和直通式凸模。标准圆凸模有三种标准型式，如图 4-13 所示。其中，如图 4-13(a)所示的圆凸模，其直径尺寸范围为 3.0～30.2 mm；如图 4-13(b)所示的圆凸模结构形式与图 4-13(a)稍有不同，带有中间过渡段，其直径尺寸范围为 1.1～30.2 mm；如图 4-13(c)所示为快换圆凸模，便于快速更换。

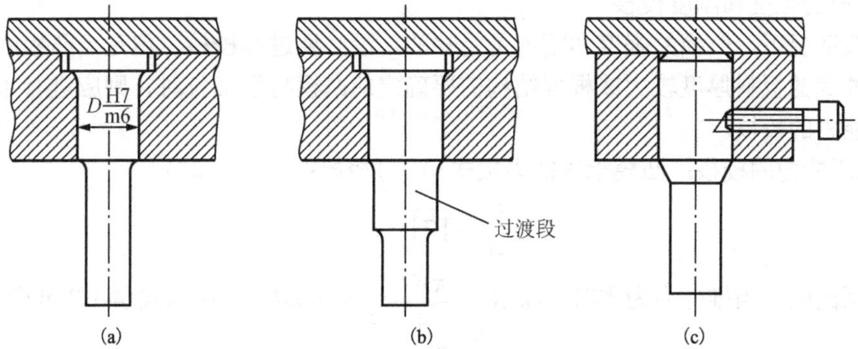

图 4-13　标准圆凸模

带护套的凸模如图 4-14 所示，当凸模直径较小时，为了增加凸模的刚度，可采用类似标准凸模外形结构的护套安装凸模。将凸模从护套上部向下进行安装，再将顶杆装入护套压紧凸模，通过顶杆传递冲裁力。凸模磨损到限后，只更换凸模本身，其他零件仍能继续使用，大大节省了凸模材料。这种凸模适宜小圆孔冲裁。

直通式凸模的截面形状沿全长是一样的，便于成形磨削或线切割加工，且可以先淬火，后精加工，因此得到广泛应用。直通式凸模可以用低熔点合金或环氧树脂固定，也可以用螺钉吊装固定。这种凸模比较适宜大圆孔冲裁，如图 4-15 所示。

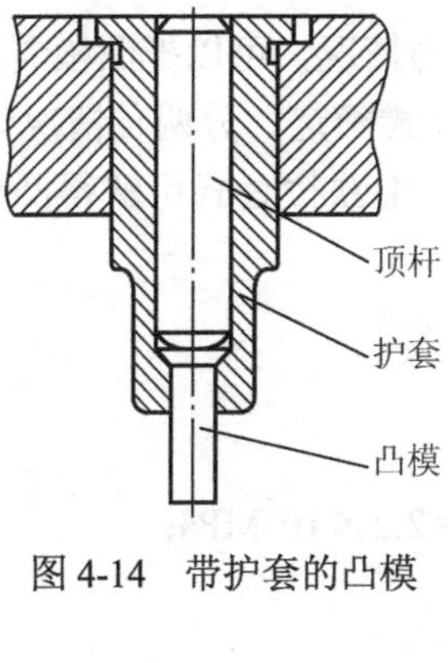

图 4-14　带护套的凸模

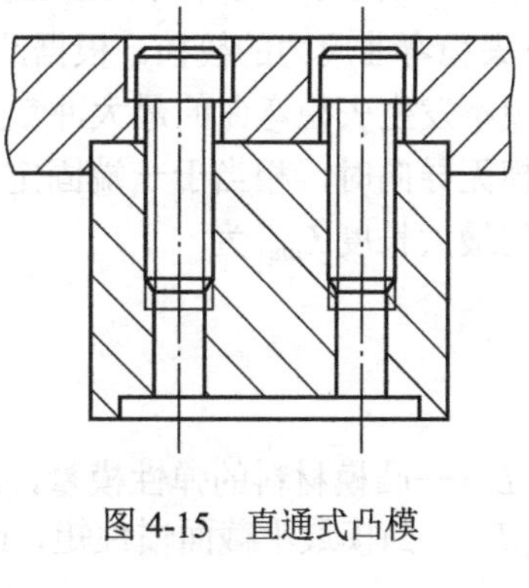

图 4-15　直通式凸模

(2) 凸模长度计算。

凸模长度主要根据模具结构，并考虑修磨、操作安全、装配等要求来确定。当按冲裁模典型组合标准选用时，则可取标准长度，否则应进行计算。采用固定卸料板和导料板冲裁模的长度按式(4-16)计算：

$$L=h_1+h_2+h_3+h \tag{4-16}$$

式中，h_1——凸模固定板厚度，mm

h_2——固定卸料板厚度，mm

h_3——导料板厚度，mm

h——增加长度，mm。

增加长度包括凸模修磨量、凸模进入凹模的深度(0.5～1 mm)、凸模固定板与卸料板之间的安全距离(一般取 10～20 mm)等。

如果是弹性卸料装置，则没有导料板厚度 h_3 这一项，而应考虑固定板至卸料板间弹性元件的高度。

(3) 凸模的强度和刚度校核。

在一般情况下，凸模的强度和刚度是足够的，没必要进行校核，但是当凸模的截面尺寸很小，而冲裁的板料厚度较大或根据结构需要确定的凸模特别细长时，则应进行承压能力和抗纵弯曲能力的校核。

(a) 承压能力的校核：凸模承压能力按式(4-17)校核：

$$\sigma=\frac{F}{A}\leqslant[\sigma] \tag{4-17}$$

对于圆凸模，当推件力为零时，将 $A=\frac{\pi d^2}{4}$，$F=\pi dt\tau$，代入式(4-17)可得

$$d\geqslant\frac{4t\tau}{[\sigma]} \tag{4-18}$$

式中，σ——凸模最小截面的压应力，MPa；

F——凸模纵向所承受的压力，包括冲裁力和推件力，N；

A——凸模最小截面积，mm^2；

d——凸模工作部分最小直径，mm；

t——材料厚度，mm；

τ——板材的抗剪强度，MPa；

$[\sigma]$——凸模材料的许用抗压强度，MPa。

(b) 失稳弯曲应力的校核：根据凸模在冲裁过程中的受力情况，可以把凸模看成压杆，所以，凸模不发生失稳弯曲的最大冲裁力可以用欧拉极限力公式确定。分两种情况讨论。

凸模无导向时，相当于一端固定，另一端自由的压杆，由欧拉公式可解得凸模不发生失稳弯曲的最大长度 L_{max} 为

$$L_{max}\leqslant\sqrt{\frac{\pi^2 EJ}{4nF}} \tag{4-19}$$

式中，E——凸模材料的弹性模量，对于模具钢，可取 $E=2.2\times10^5$MPa；

J——凸模最小截面惯性矩，mm^4；

n——安全系数，淬火钢 n=2～3；

F——凸模所受总压力，N。

对于圆凸模，$J=\pi d^4/64$，取 n=3，代入式(4-19)可得圆凸模无导向时最大允许长度为

$$L_{\max} \leqslant 95\frac{d^2}{\sqrt{F}} \tag{4-20}$$

对于一般截面形状的凸模，无导向时，最大允许长度为

$$L_{\max} \leqslant 425\sqrt{\frac{J}{F}} \tag{4-21}$$

凸模有导向时，相当于一端固定，另一端铰支的压杆，凸模不发生失稳弯曲的最大长度 $L_{\max}$ 为

$$L_{\max} \leqslant \sqrt{\frac{2\pi^2 EJ}{nF}} \tag{4-22}$$

同理，对于圆凸模，上式可简化为

$$L_{\max} \leqslant 270\frac{d^2}{\sqrt{F}} \tag{4-23}$$

对于一般截面形状的凸模，则为

$$L_{\max} \leqslant 1200\sqrt{\frac{J}{F}} \tag{4-24}$$

2. 凹模

(1)凹模洞口的类型。

常用凹模类型如图 4-16 所示，其中图 4-16(a)为锥形凹模。其特点是制造方便，冲裁件易于通过；但修磨量较小，刃口强度较低，用于形状简单精度要求不高的零件。α 大小的确定如下：

$t<2.5$mm，　$\alpha=15'$

$t=2.5\sim6$mm，　$\alpha=30'$

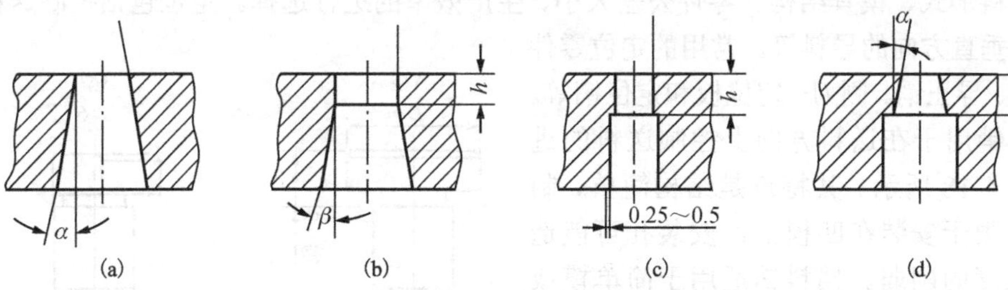

图 4-16　凹模洞口的类型

图 4-16(b)为柱孔口锥形凹模。其特点是刃口强度较高，适用于公差要求较小、形状复杂或精度较高的冲裁件，刃口修磨后工作部分尺寸不变。但冲裁件与孔壁磨损大，容易形成倒锥。通常为下出料方式。凹模的锥角和柱孔口高度均随制件材料厚度的增加而增大。一般 $\beta=2°\sim3°$，柱孔口高度 h 确定如下：

$t<0.5$mm，　$h=3\sim5$mm

$t=0.5\sim5\text{mm}$，　$h=5\sim10\text{mm}$

$t=5\sim10\text{mm}$，　$h=10\sim15\text{mm}$

图 4-16(c)为柱形孔口的筒形凹模，兼有图 4-16(b)凹模的特点，一般适宜复合模和上出料的冲裁模。图 4-16(d)为锥形孔口的筒形凹模，兼有图 4-16(a)凹模的特点，但强度有所提高。

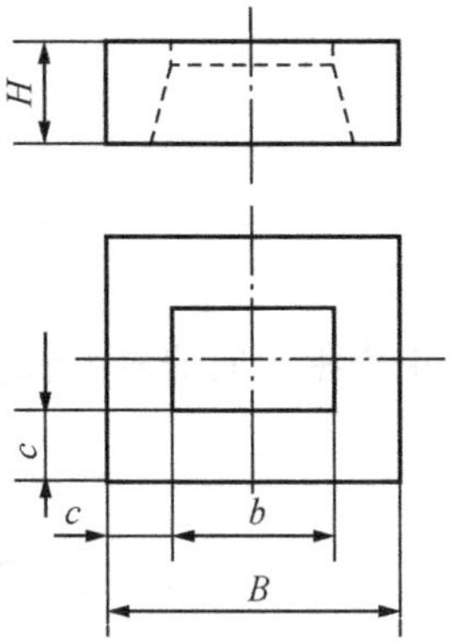

图 4-17　凹模的外形尺寸

(2)凹模的外形尺寸。

凹模的外形一般有矩形和圆形两种。凹模的外形尺寸应保证有足够的强刚度和修磨量。凹模的外形尺寸一般根据冲裁件板材的厚度和最大外形尺寸来确定，如图 4-17 所示。

凹模厚度为

$$H=Kb\quad(\geqslant 15\text{ mm})\tag{4-25}$$

凹模壁厚为

$$c=(1.5\sim2)H\quad(\geqslant 30\sim40\text{ mm})\tag{4-26}$$

式中，b——冲裁件的最大外形尺寸；

K——系数，考虑板料厚度的影响，其大小可查表 4-6。

表 4-6　系数 K 值

b	料厚 t				
	0.5	1	2	3	>3
≤50	0.3	0.35	0.42	0.5	0.6
>50～100	0.2	0.22	0.28	0.35	0.42
>100～200	0.15	0.18	0.2	0.24	0.3
>200	0.1	0.12	0.15	0.18	0.22

(二)定位零件

为保证冲裁出外形完整的合格零件，板料在模具中应该有正确的位置。正确位置是依靠定位零件来保证的。由于板料形式和模具结构的不同，所以定位零件的种类也很多。设计时应根据板料形式、模具结构、零件公差大小、生产效率的进行选择。定位包括控制送料进距的挡料和垂直方向的导料等。常用的定位零件有挡料销、导正销、侧刀、定位板和定位销等。

挡料销用于在送料方向上控制送料的进距，如图 4-18 所示。其特点是结构简单，制造方便，由于安装在凹模上，安装孔可能造成凹模强度的削弱。挡料销适用于简单模或连续模。

导正销通常与挡料销配合使用在连续模中，以减小定位误差，保证孔与外形的相对位置尺寸要求。根据冲裁零件结构不同，导正销可固定在落料凸模上，也可以固定在凸模固定板上或弹性卸料板上。

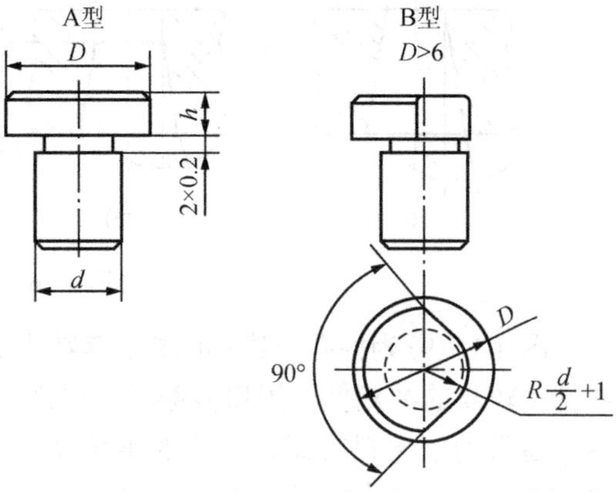

图 4-18　固定挡料销

在连续模中，常采用侧刀控制送料步距，从而达到准确定位的目的。

定位板和定位销是作为单个毛坯的定位装置，以保证前后工序相对位置精度或对工件内孔与外轮廓的位置精度的要求。

（三）卸料及推件零件

卸料零件是将冲裁后卡在凸模上或凸凹模上的制件或废料卸掉，保证下次冲压正常进行。常用的卸料方式有钢性卸料和弹压卸料，如图 4-19 所示。钢性卸料是采用固定卸料板结构，常用于较硬、较厚且精度要求不高的工件冲裁后的卸料。当卸料板兼顾对凸模起导向作用时，卸料板与凸模的配合间隙应小于冲裁模间隙，此时，要求凸模在卸料板时不能完全脱离卸料板。

弹压卸料板具有卸料和压料的双重作用，主要用于冲裁料厚在 1.5 mm 以下的板料，由于有压料作用，冲裁件比较平整。弹压卸料板与弹性元件、卸料螺钉组成弹性卸料装置。

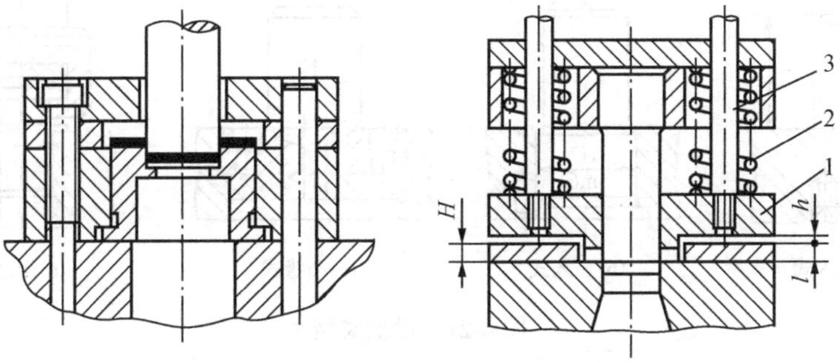

(a) 刚性卸料　　(b) 弹压卸料

图 4-19　卸料装置

1-卸料板；2-弹性元件；3-卸料螺钉

（四）导向装置

常用的导向装置有导板式和导柱式，导板的导向孔按凸模断面形状加工，采用 IT5 级配合。中小型模具多用圆柱形导柱式。不同导柱位置的模架如图 4-20 所示。

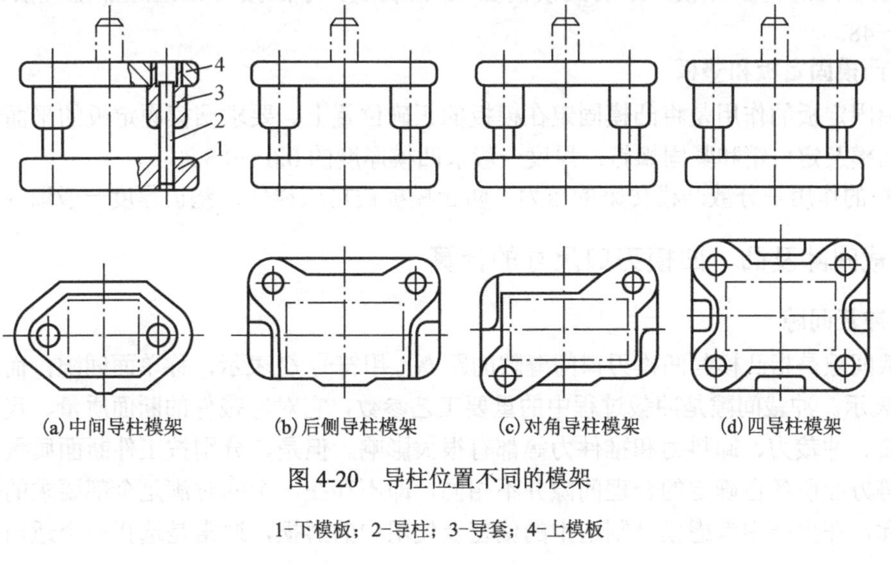

(a) 中间导柱模架　　(b) 后侧导柱模架　　(c) 对角导柱模架　　(d) 四导柱模架

图 4-20　导柱位置不同的模架

1-下模板；2-导柱；3-导套；4-上模板

(五)安装固定零件

1. 模板

(1)圆形模板的外径应比凹模直径大30～70mm，以便安装；

(2)矩形模板的长度应比凹模长度大40～70mm，宽度取与凹模宽度相同或稍大的尺寸；

(3)模板轮廓尺寸应比冲压设备工作台漏料孔至少大40～50mm；

(4)模板厚度可参照凹模厚度估算，一般取凹模厚度的1～1.5倍。

2. 模柄

模柄有四种结构形式，即旋入式模柄、压入式模柄、凸缘式模柄、浮动式模柄，如图4-21所示。

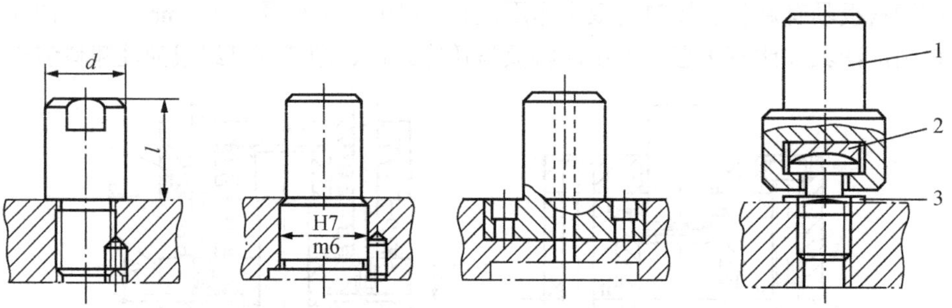

(a)旋入式　(b)压入式　(c)凸缘式　(d)浮动式

图4-21　模柄类型

1-模柄接头；2-凹球面垫块；3-活动模柄

图4-21(a)是带螺纹的模柄，与上模板连接后，为防止松动，拧入防转螺钉紧固，主要用于小型模具。图4-21(b)是带台阶的模柄，与上模板固定后，用销钉防止转动，用于中小型模具。图4-21(c)是带凸缘的模柄，用螺钉和销钉与上模板紧固在一起，适于固定较大的模具。上述三种模柄一般均由A3或A5钢制成。图4-21(d)是浮动式模柄，它由模柄3、球面垫块2和接头1等零件组成。这种结构可以通过球面垫块消除压力机滑块的导向误差，适用于有滚珠导柱导向的精密冲模。浮动式模柄由45钢制成，球面接合处经过热处理后的硬度为HRC43～48。

3. 凸模固定板和垫板

凸模固定板的作用是将凸模固定在模板的正确位置上。要求凸模固定板的平面尺寸要保证安装凸模及定位销和紧固螺钉；厚度一般取凹模厚度的0.6～0.8。

垫板的作用是分散凸模传来的压力，防止模板被挤压损伤，垫板厚度一般取3～8mm。

八、冲裁间隙及凸、凹模刃口尺寸的计算

1. 冲裁间隙

冲裁间隙是指凸模与凹模刃口间缝隙的距离，用符号C表示，称单面间隙；而双面间隙则用Z表示。冲裁间隙是冲裁过程中的重要工艺参数，它对冲裁件的断面质量、尺寸精度、模具寿命、冲裁力、卸料力和推件力等都有很大影响。但是，分别按工件断面质量、精度、冲裁力等方面所各自确定的合理间隙并不相同，即不存在一个同时满足全部要求的合理间隙值。因此，在生产中考虑模具制造中的偏差及使用中的磨损，通常是选择一个适当的范围作

为合理间隙。这个间隙范围的最小值称为最小合理间隙 C_{min}，最大值称为最大合理间隙 C_{max}。考虑到模具在使用过程中的磨损使间隙增大，故设计与制造模具时要采用最小合理间隙值 C_{min}。确定合理间隙的方法有理论确定法和经验确定法两种。理论确定法的主要依据是保证裂纹重合，以获得良好的断面，在生产中使用不便，所以实际工作中都采用比较简便的，由试验方法制定的表格或经验公式来计算。

根据研究和使用经验，间隙值应按使用要求分类选用。对产品尺寸精度和断面垂直度要求高者，应选用较小间隙值，对铁道车辆、汽车等行业，工件尺寸公差大，对断面垂直度与尺寸精度要求不高的工件，应以降低冲裁力、提高模具寿命为主，可采用大间隙值。表 4-7 为冲裁模初始双面间隙。

表 4-7　冲裁模初始双面间隙 Z　（单位：mm）

材料厚度	软铝		紫铜、黄铜、软钢 含碳(0.08～0.2) %		杜拉铝、中硬钢 含碳(0.3～0.4) %		硬钢 含碳(0.5～0.6) %	
	Z_{min}	Z_{max}	Z_{min}	Z_{max}	Z_{min}	Z_{max}	Z_{min}	Z_{max}
1.0	0.040	0.060	0.050	0.070	0.060	0.080	0.070	0.090
1.2	0.050	0.084	0.072	0.096	0.084	0.108	0.096	0.120
1.5	0.075	0.105	0.090	0.120	0.105	0.135	0.120	0.150
1.8	0.090	0.126	0.108	0.144	0.126	0.162	0.144	0.180
2.0	0.100	0.140	0.120	0.160	0.140	0.180	0.160	0.200
2.2	0.132	0.176	0.154	0.198	0.176	0.220	0.198	0.242
2.5	0.150	0.200	0.175	0.225	0.200	0.250	0.225	0.275
2.8	0.168	0.224	0.196	0.252	0.224	0.280	0.252	0.308
3.0	0.180	0.240	0.210	0.270	0.240	0.300	0.270	0.330
3.5	0.245	0.315	0.280	0.350	0.315	0.385	0.350	0.420
4.0	0.280	0.360	0.320	0.400	0.360	0.440	0.400	0.480
4.5	0.315	0.405	0.360	0.450	0.405	0.490	0.450	0.540
5.0	0.350	0.450	0.400	0.500	0.450	0.550	0.500	0.600
6.0	0.480	0.600	0.540	0.660	0.600	0.720	0.660	0.780
7.0	0.560	0.700	0.630	0.770	0.700	0.840	0.770	0.910
8.0	0.720	0.880	0.800	0.960	0.880	1.040	0.960	1.120
9.0	0.870	0.990	0.900	1.080	0.990	1.170	1.080	1.260
10.0	0.900	1.100	1.000	1.200	1.100	1.300	1.200	1.400

注：1. 初始间隙的最小值相当于间隙的公称数值

2. 初始间隙的最大值是考虑到凸模和凹模的制造公差所增加的数值

3. 在使用过程中，由于模具工作部分的磨损，间隙将有所增加，因而超过表列数值

2. 凸、凹模刃口尺寸的计算

凸模和凹模刃口的尺寸和公差，直接影响冲裁件尺寸精度和冲裁模间隙。因此，正确确定凸模和凹模的刃口尺寸和公差，是冲裁模设计中的一项重要任务。在冲裁件尺寸的测量和使用中都以光亮带的尺寸为基准。落料件的光亮带是因凹模刃口挤切材料产生的，而孔的光亮带是凸模挤切材料产生的。故计算刃口尺寸时，应按落料和冲孔两种情况分别进行，其原则如下。

(1)落料时，落料件光亮带尺寸接近于凹模刃口的尺寸，故应以凹模刃口尺寸为基准。而落料凸模基本尺寸，则按凹模基本尺寸减去最小初始间隙。

(2)冲孔时，工件的光亮带尺寸接近于凸模刃口的尺寸，故应以凸模刃口尺寸为基准。而

冲孔凹模的基本尺寸则按凸模基本尺寸减去最小初始间隙。

(3) 当工件上需要冲制多个孔时，孔心距的尺寸精度由凹模孔心距来保证。凹模孔心距的基本尺寸取在工件孔心距公差带的中心点上，按双向对称偏差标注。

(4) 凸、凹模刃口尺寸精度的选择应以能保证工件的精度要求为准，保证合理的间隙值，保证模具一定的使用寿命。

(5) 由于冲裁模在使用过程中有磨损，落料件的尺寸会随凹模刃口的磨损而增大，而冲孔的尺寸则随凸模的磨损而减小，为了保证零件的尺寸精度和提高模具寿命，所以冲孔时凸模刃口尺寸应靠近孔的公差范围内取大尺寸，反之，落料时凹模刃口尺寸应接近落料件的公差范围内取小尺寸。

不论落料或冲孔，冲裁模间隙均应采用合理间隙范围内的最小值。落料与冲孔时冲裁模刃口与零件尺寸及其公差的关系如图 4-22 所示。

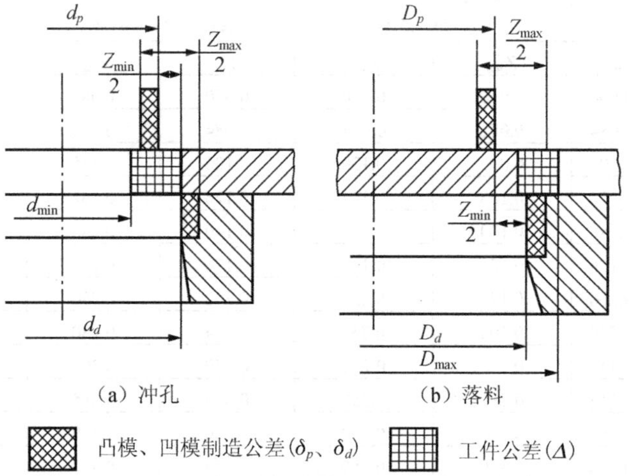

图 4-22　凸模、凹模刃口尺寸

凸模与凹模刃口尺寸的计算有两种情况：一是凸模和凹模分开加工，应分别计算出凸模和凹模的尺寸；二是凸模和凹模配作加工。前者适用于圆形、矩形等简单几何形状的冲裁件所用凸模、凹模的制造，因其制造简单，公差容易保证。后者对单件冲裁模制造，尤其是形状复杂或小间隙的模具，为保证冲裁间隙值，必须采用配作加工。配作可以大大降低基准件的制造精度，因而在工厂生产中得到广泛应用。

(1) 凸模与凹模分开加工时，其刃口尺寸为

落料时：
$$D_d=(D_{max}-x\Delta)^{+\delta_d}_{0} \tag{4-27}$$
$$D_p=(D_d-Z_{min})^{0}_{-\delta_p} \tag{4-28}$$

冲孔时：
$$d_p=(d_{min}+x\Delta)^{0}_{-\delta_p} \tag{4-29}$$
$$d_d=(d_p+Z_{min})^{+\delta_d}_{0} \tag{4-30}$$

式中，D_d——落料凹模刃口的名义尺寸，mm；

D_p——落料凸模刃口的名义尺寸，mm；

d_p——冲孔凸模刃口的名义尺寸，mm；

d_d——冲孔凹模刃口的名义尺寸，mm；

D_{max}——落料件的最大极限尺寸，mm；

d_{min}——冲孔的最小极限尺寸，mm；

Z_{min}——凸模与凹模最小初始双面间隙 mm；

Δ——冲裁件公差；

x——系数($x\Delta$ 代表磨损量，系数 x 是为了使冲裁件的实际尺寸尽量接近冲裁件公差带的中间尺寸)。x 值为 0.5～1，与工件精度有关，可查表 4-8 或按下列关系取值。

表 4-8　系数 x

材料厚度 t/mm	非圆形			圆形	
	1	0.75	0.5	0.75	0.5
	工件公差 Δ/mm				
1	<0.16	0.17～0.35	≥0.36	<0.16	≥0.16
1～2	<0.20	0.21～0.41	≥0.42	<0.20	≥0.20
2～4	<0.24	0.25～0.49	≥0.50	<0.24	≥0.24
>4	<0.30	0.31～0.59	≥0.60	<0.30	≥0.30

工件精度 IT10 级以上，$x=1$；

工件精度 IT11～13 级，$x=0.75$；

工件精度 ITl4 级以下，$x=0.5$；

δ_p——凸模制造偏差，mm；

δ_d——凹模制造偏差，mm，凸、凹模制造公差见表 4-9。

为了保证间隙值，必须满足下列条件：

$$\delta_d+\delta_p\leqslant Z_{max}-Z_{min} \tag{4-31}$$

或取

$$\delta_d=0.6(Z_{max}-Z_{min}) \tag{4-32}$$

$$\delta_p=0.4(Z_{max}-Z_{min}) \tag{4-33}$$

式中，Z_{max}——凸模与凹模间最大双面间隙，mm。

在同一个工步中，需要冲出两个以上的孔时，凹模型孔中心距按式(4-34)确定：

$$L_d=(L_{min}+0.5\Delta)\pm 0.125\Delta \tag{4-34}$$

式中，L_d——同一工步中凹模孔距尺寸，mm；

L_{min}——工件孔距最小极限尺寸，mm。

表 4-9　规则形状(圆形、方形件)冲裁时凸模、凹模的制造公差

基本尺寸/mm	凸模偏差 δ_p/mm	凹模偏差 δ_d/mm	基本尺寸/mm	凸模偏差 δ_p/mm	凹模偏差 δ_d/mm
≤18	0.020	0.020	>180～260	0.030	0.045
>18～30	0.020	0.025	>260～360	0.035	0.050
>30～80	0.020	0.030	>360～500	0.040	0.060
>80～120	0.025	0.035	>500	0.050	0.070
>120～180	0.030	0.040			

(2)凸模与凹模配作加工被目前工厂所广泛采用，尤其是对于 Z_{max} 与 Z_{min} 差值很小的冲裁模，或曲线形状刃口的冲裁模。制作模具时一般落料件由凹模配作凸模，即落料时应先按计算尺寸制出凹模，然后根据凹模的实际尺寸。按最小合理间隙配制凸模。冲孔时则先按计算尺寸制作凸模，然后配制凹模。这种加工方法的特点是模具的间隙由配制保证，工艺比较简单，不必校核 $\delta_p+\delta_d\leqslant Z_{max}-Z_{min}$ 条件，并且加工基准件时可以适当放宽公差，使加工较易进行。此时，冲裁模尺寸的标注也可简化，只需给出基准件尺寸公差以及必须保证

的配制间隙。

例题： 如图 4-23 所示的落料件，材料为 10＃钢，工件厚度 t=1.5mm。试求凸凹模刃口尺寸及公差。

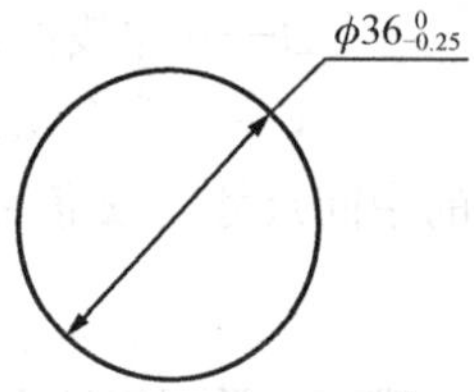

图 4-23　落料件

解： 根据工件厚度查表 4-7 得凸、凹模间隙：

$$Z_{min}=0.09\text{mm},\quad Z_{max}=0.12\text{mm}$$

根据工件直径查表 4-9 得

凸模制造偏差：　$\delta_p=0.02\text{mm}$

凹模制造偏差：　$\delta_d=0.03\text{mm}$

工件公差：$\Delta=0.25\text{mm}$

根据工件公差及厚度查表 4-8 得

$$x=0.5$$

求凹模刃口尺寸及公差：

$$D_d=(D_{max}-x\cdot\Delta)^{+\delta_d}=(36-0.5\times0.25)^{+0.03}=35.875^{+0.03}$$

求凹模刃口尺寸及公差：

$$D_p=(D_d-Z_{min})_{-\delta_p}=(35.875-0.09)_{-0.02}=35.785_{-0.02}$$

校核：

$$\delta_d+\delta_p=0.02+0.03=0.05(\text{mm})$$

$$Z_{max}-Z_{min}=0.12-0.09=0.03(\text{mm})$$

$$\delta_d+\delta_p>Z_{max}-Z_{min}$$

则取

$$\delta_d=0.6\times0.03=0.018\,(\text{mm})$$

$$\delta_p=0.4\times0.03=0.012\,(\text{mm})$$

所以

$$D_d=35.875^{+0.018}$$

$$D_p=35.785_{-0.012}$$

九、冲裁件的结构工艺性

(1) 工件形状力求简单、对称，尽可能采用圆形、矩形等较规则的形状，避免长槽与细长的悬臂，以便于模具工作部分的制造和维修，凸模也不易折断。

(2) 工件的外形及内部转角处应避免有尖角，一般要求圆角过渡，以便于模具加工，避免在热处理或冲压时在尖角处产生开裂的现象。同时防止模具工作刃口当其锐角磨钝后而使间隙过大，使工件产生显著的毛刺。当采用无废料冲裁或镶拼结构模具时，则不必考虑圆角。

(3) 当使用上允许时，工件外形应符合少废料或无废料排样，以提高材料的利用率。采用少、无废料排样时，工件外形必须具有如下特征。

① 外形一般应有两条相互对应平行的直线边，排样时构成条料的侧边；

② 工件尺寸应成比例和相互对称；

③ 工件的外角不用圆角而用尖角或倒角。

(4) 充分利用产品的结构废料。尽可能使一种冲压件上冲下的废料即另一种冲压件的成品零件，这样既省料又省工。

(5) 冲孔尺寸不应太小，以免凸模折断。低碳钢许可最小冲孔尺寸约等于料厚。如果采用凸模护套结构，冲孔尺寸还可减小，

(6) 工件上孔的位置分布，必须考虑孔与孔之间、孔与工件边缘之间的距离不能太小。距离过小时，凹模强度过弱，容易破裂，且工件边缘容易产生变形。最小距离数值一般应等于料厚 t(对圆孔) 或 $1.5t$(对矩形孔)。

(7) 由条料冲裁出圆弧端头时，应使圆角半径 R 略大于条料宽度的 1/2。否则由于条料宽度略有允差时，裁得的工件有凸出肩角，如图 4-24 所示。

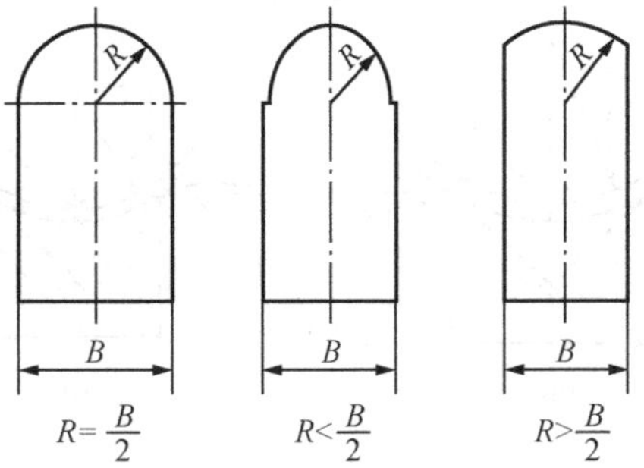

图 4-24　冲裁圆弧形端头

第三节　弯　　曲

将金属板料毛坯、型材或管材等按照一定的曲率或角度进行变形，从而得到一定角度和形状零件的冲压工序称为弯曲。用弯曲的方法加工零件的种类很多。例如，客车车体结构中的许多梁、柱等，以及汽车的纵梁、自行车车把、各种电器零件的支架、门窗铰链、配电箱外壳等都是用弯曲的方法生产的。最常见的弯曲加工是在普通压力机、液压机或摩擦压力机上使用弯曲模压弯，此外还有在折弯机上的折弯、拉弯机上的拉弯、辊弯机上的辊弯、辊压成形等，如图 4-25 所示。虽然各种弯曲方法不同，但其变形过程及特点却存在着某些相同规律。本章主要介绍在普通压力机上进行压弯的工艺。

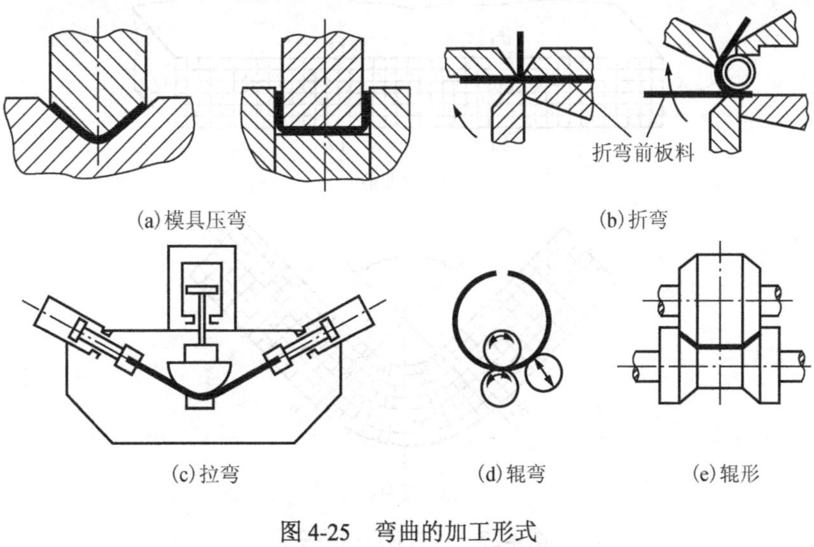

图 4-25　弯曲的加工形式

一、弯曲变形过程

为了说明弯曲变形过程，先观察 V 形零件在弯曲模中的校正弯曲过程，如图 4-26 所示。在弯曲的开始阶段，毛坯是自由弯曲；随着凸模的下压，毛坯的直边与凹模的工作表面逐渐靠紧，弯曲半径由 r_0 变为 r_1，弯曲力臂也由 l_0 变为 l_1；凸模继续下压，毛坯弯曲区逐渐减小，直到板料与凸模三点接触，这时的曲率半径已由 r_1 变成 r_2；弯曲力臂由 l_1 变为 l_2。此后毛坯的直边部分则向以前相反的方向弯曲；到行程终了时，凸、凹模对板料进行校正，使板料的圆角、直边与凸模全部靠紧，得到所需形状的零件。

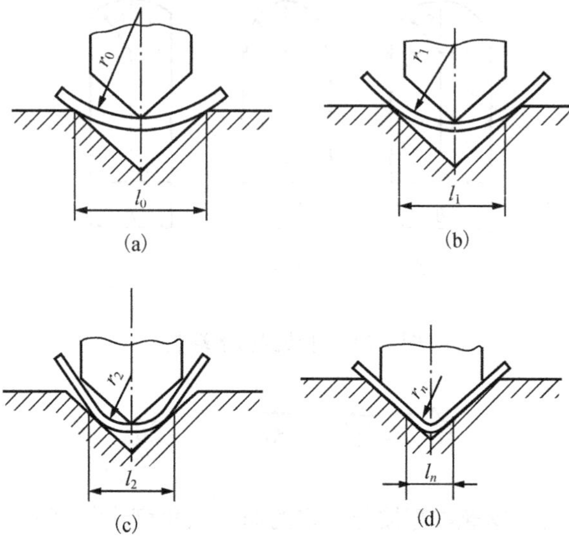

图 4-26　弯曲变形过程

如果在毛坯端面上划出正方形网格，如图 4-27(a)所示。从变形后的情况可以看到：弯曲后在圆角部分(弯曲带)的网格发生变化，如图 4-27(b)所示，即以 *O-O* 为分界线，内侧网格受到压缩，外侧网格受到拉伸，而且压缩和拉伸的程度都以表层最大。从这一现象出发，可以作出如下几点分析。

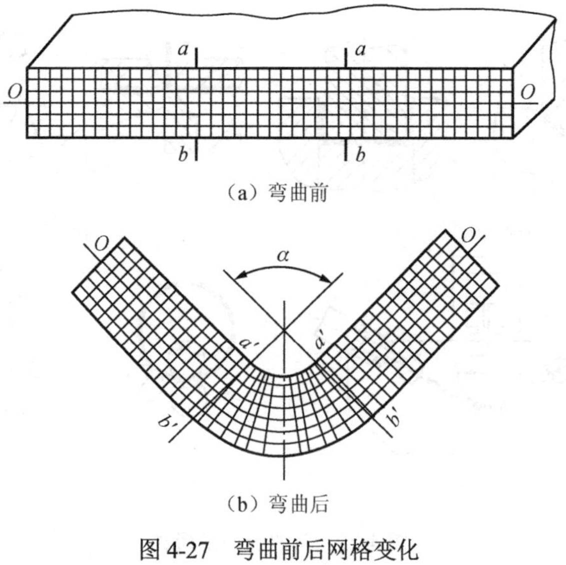

图 4-27　弯曲前后网格变化

(1) 弯曲变形区域主要在弯曲件的圆角部分，此处的正方形网格变成扇形。而远离圆角的直臂部分基本没有变形；

(2) 在弯曲区内，板料的外层纵向纤维(靠近凹模一边)受拉而伸长，内层纵向纤维(靠近凸模一边)受压而缩短。由内、外表面至毛坯中心，其缩短和伸长的程度逐渐变小。在伸长与缩短两个变形区之间，有一层纤维的长度不变，称为中性层；

(3) 在弯曲区域的毛坯厚度有变薄现象；

(4) 弯曲区内毛坯的断面发生畸变，中性层以内由于纵向纤维的缩短而使横向增宽，中性层以外则由于纵向纤维的伸长而使横向收缩，故毛坯的侧面呈曲线形状。这一现象在弯曲窄条料($b \leqslant 3t$)时比较明显，而宽板($b>3t$)弯曲时，横断面形状几乎不变，仍为矩形，如图 4-28 所示。

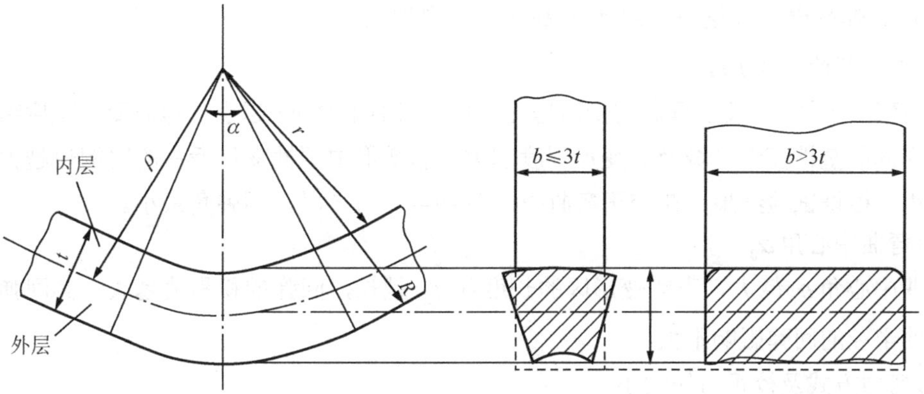

(a) 窄板　(b) 宽板

图 4-28　板料弯曲后横断面形状

窄板弯曲时，变形区处于平面应力状态和三向应变状态，板料宽度方向应变和厚度方向应变的符号一定与最大的切向应变的符号相反。

而宽板弯曲时，变形区处于三向应力状态和平面应变状态，切向和厚度方向的应变与窄板相同，在宽度方向由于板料比较宽，变形阻力较大，弯曲后板宽基本不变。

从弯曲变形过程可以看出，材料从弹性变形发展到弹、塑性变形。在这一过程的发展中，如果使毛坯外层应力超过材料的强度极限，将会出现裂纹，使材料从塑性变形发展到破坏。另一方面，在整个弯曲过程中，中性层附近总是保存着弹性变形区，所以当外力卸载后，弹性变形部分要恢复，从而引起工件的回弹(即工件的弯曲角度略大于凸模工作部分的角度)。因此，在弯曲生产中，常碰到的问题就是，工件弯曲处的裂纹和由于回弹引起的形状不合规格。

下面将进一步讨论回弹和裂纹，以便在制订工艺过程和设计弯曲模时，采取必要措施，既减小回弹，又防止弯曲带外侧出现裂纹，从而使材料从弹性变形顺利地向塑性变形转化，得到一定角度和形状的零件。

二、弯曲后的回弹

板料弯曲时，要完全消除弹性变形区是不可能的。弯曲结束后、弹性变形部分要恢复，即外层要缩短而内层要伸长，这就必然要产生回弹。对弯曲工艺来说，回弹是一种有害现象。

1. 回弹的表示方法

回弹的表示方法有两种，一种是弯曲半径增加量 Δr；另一种是角度回弹量 $\Delta\alpha$。弯曲半径增加量为弯曲卸载后弯曲件的半径 r 与弯曲凸模半径 r_0 之差，即

$$\Delta r = r - r_0 \tag{4-35}$$

角度回弹量为弯曲卸载后弯曲件的角度 α 与弯曲凸模角度 α_0 之差，即

$$\Delta\alpha = \alpha - \alpha_0 \tag{4-36}$$

2. 影响回弹的因素

在实际生产中，影响回弹的主要因素如下。

(1) 材料的力学性能。

回弹的大小与材料的屈服极限 σ_s 成正比，和弹性模数 E 成反比。也就是说，材料的屈服点 σ_s 越高、弹性模量 E 越小，即 σ_s/E 越大，回弹越大。

(2) 相对弯曲半径 r/t。

相对弯曲半径 r/t 表示弯曲的变形程度。相对弯曲半径 r/t 越小，弯曲变形程度越大，则在板料内部的塑性变形区域及总变形程度越大，总变形中塑性变形所占的比例也越大，故回弹就越小。根据试验结果，在校正弯曲中，当 r/t＝1～1.5 时，回弹角最小。

(3) 弯曲中心角 α_0

弯曲中心角 α_0 越大，表明变形区的长度 $(r\alpha_0)$ 越长，回弹的积累值越大，其回弹角大。但对弯曲半径的回弹影响不大。

(4) 弯曲方式及校正力的大小。

校正弯曲比自由弯曲回弹小。校正弯曲时，由于材料受凸模和凹模挤压的作用，不仅使弯曲变形区毛坯外侧的拉应力有所减少，而且在外侧中性层附近的切向方向还出现和内侧切向方向同向的压缩应力。随着校正力的增加，切向压应力区向毛坯的外表面逐步扩展，致使毛坯的全部断面或大部分断面在切向方向均出现压缩应力，故回弹可比自由弯曲时大为减少。而校正力越大，则回弹越小。

(5) 弯曲件的形状。

形状复杂的弯曲件，若一次弯曲所形成的角的数量越多，由于各部分的回弹值互相牵制，回弹较小。

(6) 模具间隙。

在弯曲 U 形工件时，凸模与凹模之间的间隙对回弹有直接的影响。间隙小时，由于模具对板料产生挤压作用，可使回弹减小。反之，材料弯曲时处于松动状态，回弹加大。

3. 减小回弹的措施

(1) 改进零件的结构设计。

例如，在弯曲区压制加强筋(图 4-29)，增加弯曲带材料的塑性变形，增强工件的刚度以减少回弹。又例如，改变断面形状以减少回弹，如图 4-30 所示的侧柱断面，其中图 4-30(a) 回弹角达到 5°～7°，不能满足要求，改为图 4-30(b) 形状后，回弹基本消除。

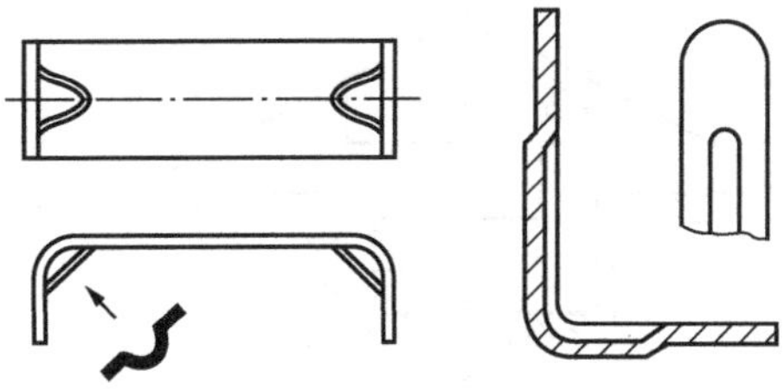

图 4-29　在弯曲区压制加强筋

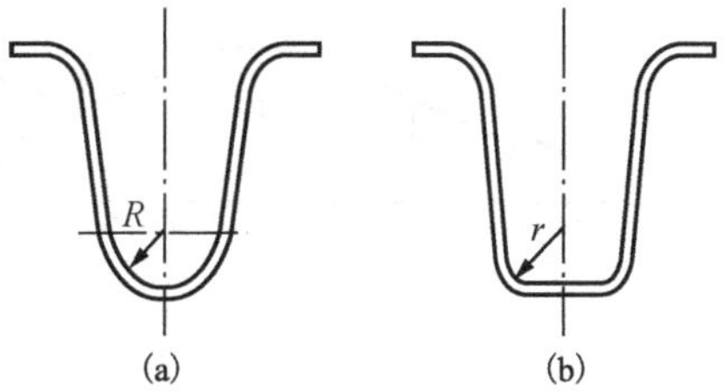

图 4-30　侧柱断面形状

(2) 从工艺上采取措施。

采用校正弯曲代替自由弯曲。对经过冷作硬化的硬材料，在弯曲之前先进行退火，降低其硬度，减少回弹，弯曲后再淬火。

(3) 从模具结构上采取措施。

可在凹模或凸模上作出补偿回弹角(反回弹)。对于 V 形弯曲，根据经验，确定回弹角的大小，然后将凸模角度减去回弹角，工件回弹后恰好等于所需角度。对于 U 形弯曲，可将凸模两侧分别做出等于回弹角 $\Delta\alpha$ 的斜度或将凹模底部做成弧形，凸凹模之间的间隙等于最小板料厚度，即 $c=t_{\min}$，如图 4-31 所示，弯曲卸载后即可达到补偿回弹的目的。也可采用改变背压(顶板压力)的方法改变回弹角，如图 4-32 所示。适当调整背压值，可以使得底部产生的负回弹与圆角区的正回弹互相抵消。

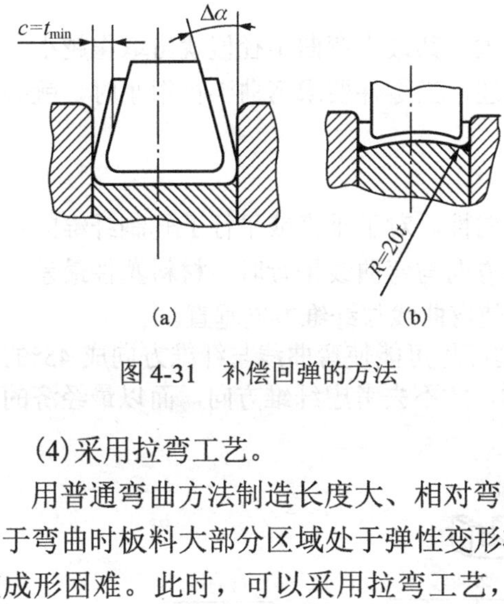

图 4-31　补偿回弹的方法

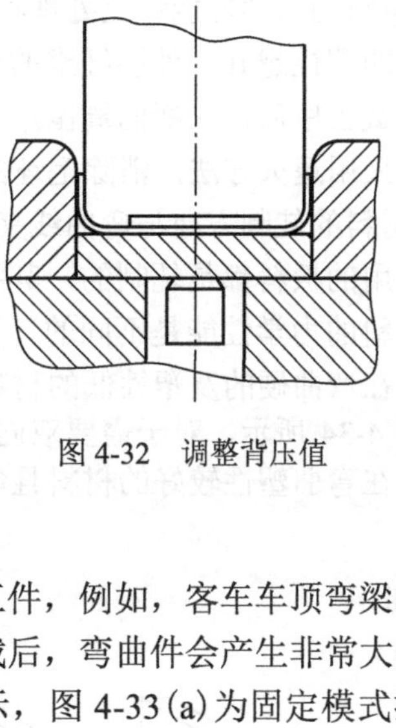

图 4-32　调整背压值

(4) 采用拉弯工艺。

用普通弯曲方法制造长度大、相对弯曲半径很大的工件，例如，客车车顶弯梁的制造。由于弯曲时板料大部分区域处于弹性变形状态，弯曲卸载后，弯曲件会产生非常大的回弹，使成形困难。此时，可以采用拉弯工艺，如图 4-33 所示，图 4-33(a) 为固定模式拉弯机，图 4-33(b) 为活动模式拉弯机。拉弯过程如下。

在弯曲前通过液压缸先使板料产生一定的拉伸应力，其值应使弯曲件内层的合成应力(即拉伸应力和弯曲时内层弯曲时的压应力的合成应力)大于材料的屈服极限，因而，板料的整个横截面上均处于塑性拉伸变形范围，在此拉伸应力水平下，使板料贴紧固定模或活动模完成弯曲变形过程。

由于拉弯工艺使板料的整个横截面上处于塑性拉伸变形中，故可以大大减小工件弯曲后的回弹。

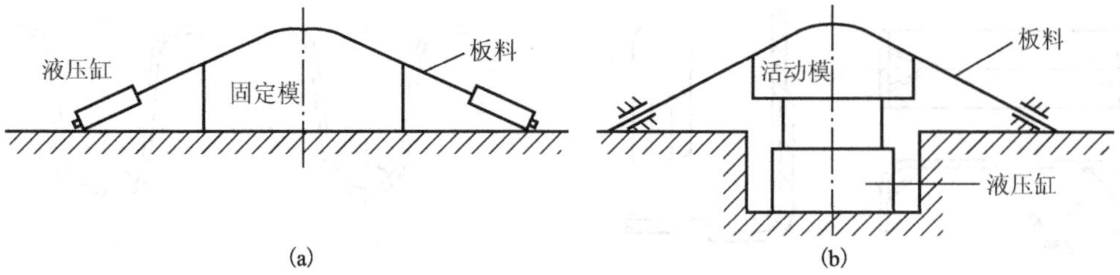

图 4-33　拉弯工艺

三、最小弯曲半径

从弯曲过程可以看出，相对弯曲半径 r/t 越小，弯曲零件的外层表面变形程度最大，外表面材料所受的拉伸应力和拉伸应变就越大。当相对弯曲半径减小到某一数值时，弯曲件外表面纤维的拉伸应变超过材料塑性变形的极限时，就会产生裂纹或折断。因此，必须控制弯曲区外表面的拉伸变形，使之不超过材料的塑性变形的极限，以免造成废品。在保证弯曲件外表面纤维不发生破坏的条件下，工件所能弯成的内表面最小圆角半径，称为最小弯曲半径 r_{min}。在生产中用最小弯曲半径表示材料弯曲时的成形极限。因此，在弯曲件设计中，其弯曲半径必须大于该材料的最小弯曲半径。

1. 影响最小弯曲半径的因素

(1) 材料的力学性能和热处理状态。

材料的塑性越好，外层纤维的容许变形程度越大，其最小弯曲半径值就可取得越小。对于经过冲裁工序后，在断面周围产生冷作硬化的毛坯，当零件要求弯曲半径很小时，就必须在弯曲前采用退火方法，消除毛坯的硬化层。

(2) 材料的轧制方向与弯曲线夹角的关系。

冲压用的板料都是轧制的，其纤维组织具有方向性。对于垂直或平行于轧制纤维的不同方向，材料的力学性能是不同的。板料的轧制纤维方向与弯曲线平行时，材料塑性最差。因此，一般在弯曲硬的及塑性低的材料时，其排样应使弯曲线与纤维方向垂直。

如图 4-34 所示，对于需要双向弯曲的工件，则应尽可能使弯曲线与纤维方向成 45°的角度。只有在弯曲塑性较好的材料且弯曲半径 $r \geq t$ 时，才不去考虑纤维方向，而以最经济的排样来下料。

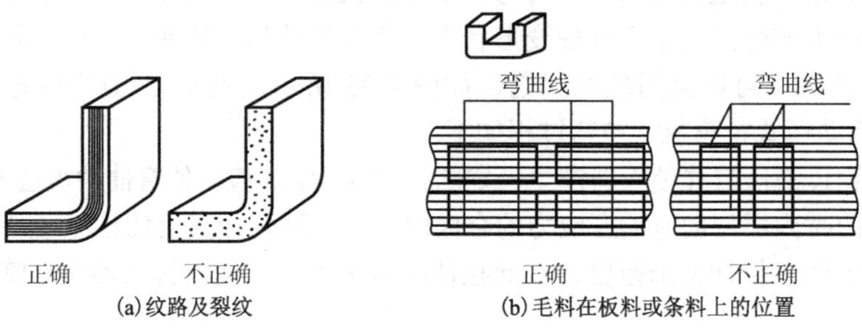

图 4-34　弯曲线与纤维方向的关系

(3) 材料厚度。

材料越厚，工件越易弯裂，其最小弯曲半径值就要取大一些。

(4)板料表面及冲裁断面的质量。

弯曲毛坯一般由冲裁获得，其断面存在冷作硬化层，弯曲时，冲裁件断面上的断裂带及毛刺在拉伸应力作用下会产生应力集中，如果有毛刺的一边是在弯曲区的外层，往往引起过大的拉伸应力，导致弯曲件从侧边开始破裂。因此必须增大弯曲半径。反之，若使有毛刺的一边处于内侧，由于内层受压应力，故工件不会因应力集中而产生破裂，因此相应的最小弯曲半径就可减小一些。

2. 最小弯曲半径的确定

最小弯曲半径的确定可以用近似方法计算，但由于影响最小弯曲半径的因素很多，近似方法计算的最小弯曲半径与实际值有一定的误差。因此，在实际生产中主要是参考经验数据来确定各种材料的最小弯曲半径，如查阅有关冲压资料或手册，表4-10为各种金属材料在不同状态下的最小弯曲半径的数值。

在实际生产中，对于弯曲半径不具重要作用的弯曲件，设计人员应从简化工艺的原则出发，选取比最小弯曲半径大的数值来设计工件的弯曲半径。一般认为合适的弯曲半径为$r=5t$(t为板料厚度)；对于弯曲半径必须小于最小弯曲半径的弯曲件，则只好增加一次校正工序，或进行退火然后再弯曲到工件要求的弯曲半径。

表4-10　最小弯曲半径

<table>
<tr><th rowspan="3">材　料</th><th colspan="2">正火或退火的</th><th colspan="2">硬化的</th></tr>
<tr><th colspan="4">弯曲线方向</th></tr>
<tr><th>与轧制方向垂直</th><th>与轧制方向平行</th><th>与轧制方向垂直</th><th>与轧制方向平行</th></tr>
<tr><td>铝</td><td rowspan="4">0</td><td rowspan="4">0.3</td><td>0.3</td><td>0.8</td></tr>
<tr><td>退火纯铜</td><td>1.0</td><td>2.0</td></tr>
<tr><td>黄铜 H62</td><td>0.4</td><td>0.8</td></tr>
<tr><td>05、08F</td><td>0.2</td><td>0.5</td></tr>
<tr><td>08～10</td><td>0</td><td>0.4</td><td>0.4</td><td>0.8</td></tr>
<tr><td>15～20</td><td>0.1</td><td>0.5</td><td>0.5</td><td>1.0</td></tr>
<tr><td>25～30</td><td>0.2</td><td>0.6</td><td>0.6</td><td>1.2</td></tr>
<tr><td>35～40</td><td>0.3</td><td>0.8</td><td>0.8</td><td>1.5</td></tr>
<tr><td>45～50</td><td>0.5</td><td>1.0</td><td>1.0</td><td>1.7</td></tr>
<tr><td>55～60</td><td>0.7</td><td>1.3</td><td>1.3</td><td>2.0</td></tr>
<tr><td>硬铝(软)</td><td>1.0</td><td>1.5</td><td>1.5</td><td>2.5</td></tr>
<tr><td>硬铝(硬)</td><td>2.0</td><td>3.0</td><td>3.0</td><td>4.0</td></tr>
</table>

注：本表用于板厚小于10 mm，弯曲角大于90°，剪切断面良好的情况

四、弯曲件的结构工艺性

(1)弯曲件的弯曲半径不能小于材料的许可最小弯曲半径，否则会产生裂纹。如果零件要求的弯曲半径比最小弯曲半径还小时，则可分两次弯曲。第一次采用较大的弯曲半径，然后退火；第二次再按零件要求的弯曲半径进行弯曲。此外，还可采用热弯工艺等。

(2)弯曲零件形状应对称，弯曲半径左右应一致，以保证弯曲时板料的平衡，防止产生滑动。

(3)弯曲件孔边距离。弯曲件的孔，若在弯曲之前冲出，模具结构比较简单，制造比较方便。为了避免孔在弯曲过程中发生变形，孔的位置应离开弯曲变形区，如图4-35(a)所示。孔边至弯曲半径R中心的距离与料厚有关，即

$$t<2\text{mm 时，}\quad L\geqslant t$$

$$t\geqslant 2\text{mm 时，}\quad L\geqslant 2t$$

如果孔边至弯曲半径 R 中心的距离过小,可在弯曲线上冲工艺孔，如图 4-35(b)所示或切孔槽如图 4-35(c)所示，以防止孔在弯曲时变形。若零件对孔的精度要求较高，则最好在弯曲后再冲孔。

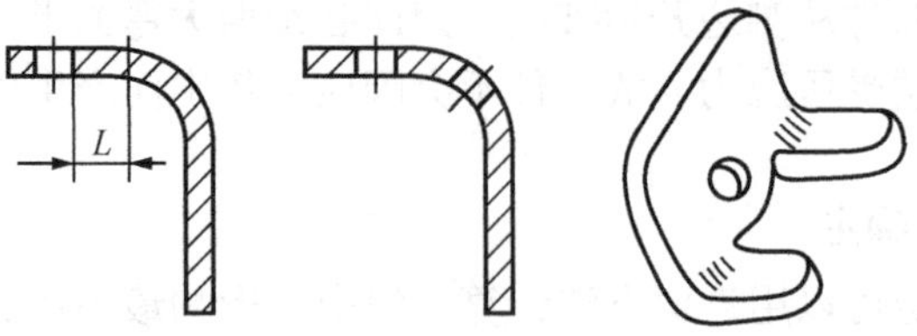

图 4-35　弯曲件孔边距离

(4)弯曲件竖边高度不能太短，以保证竖边的平直。为此，弯曲件竖边高度 H 不应小于 $2t$，最好大于 $3t$。若 $H<2t$，则须预先压槽，或加高直边，弯曲后再切掉。

第四节　拉　　深

将一定形状的平板毛坯通过拉深模压制成圆筒形或其他断面形状的开口空心零件的冲压方法称为拉深。用拉深工艺可以制成筒形、矩形、阶梯形、曲面形和其他不规则形状的薄壁零件，如图 4-36 所示。轨道车辆上一些空心工件，如风缸盖、灯罩等，就是用拉深工艺制成的。用拉深工艺制造薄壁空心件，生产效率高，零件的精度、强度和刚度也高，并且材料消耗少。拉深可加工范围非常广泛，直径从几毫米的小零件直至 2～3m 的大型零件。因此，拉深在电子、电器、仪表、汽车、拖拉机、兵器以及日用品等工业生产中占有相当重要的地位。

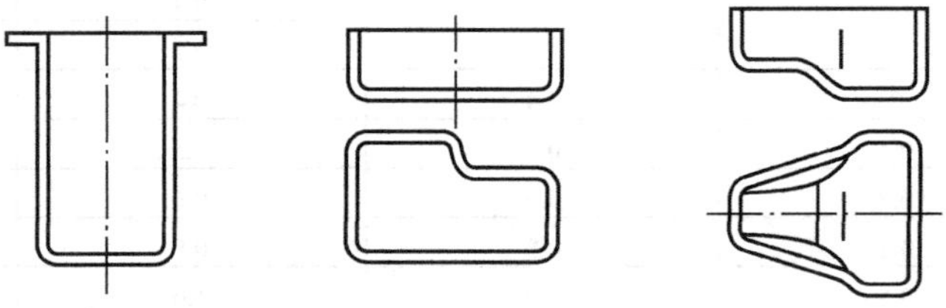

(a)圆筒形零件　　(b)盒形零件　　(c)非轴对称曲面零件

图 4-36　拉深件示意图

一、拉深过程中金属变形的特点

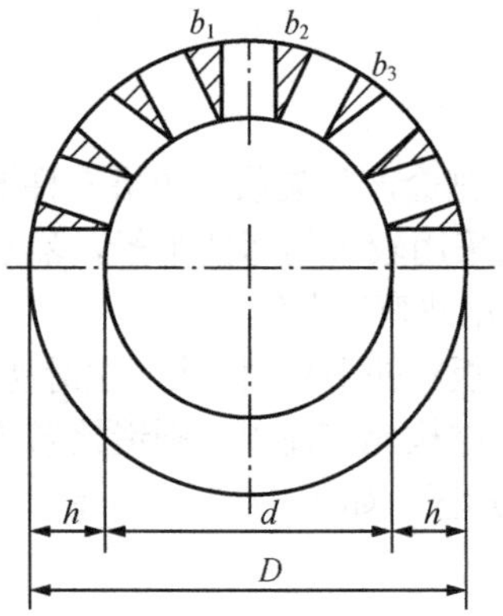

图 4-37　拉深圆筒形工件

如图 4-37 所示为一直径 D、厚度 t 的圆形毛坯，经拉深模拉深，得到具有外径为 d 的开口圆筒形工件。如果把平板毛坯中的三角形阴影部分 b_1，b_2，b_3…切去，留下矩形狭条，然后将这些狭条沿直径为 d 的圆周弯折 90°，便可拼成圆筒形工件。这个圆筒形工件的直径 d 可按需要裁取，而其高度为

$$h=\frac{1}{2}(D-d) \tag{4-37}$$

但是，在实际拉深过程中，并没有将阴影部分的三角形材料切掉。这部分材料是在拉深过程中由于产生塑性流动而转移了。拉深过程如图 4-38 所示。将图 4-38(a)的扇形面积分成三

个区域，在凸模的作用下，直径为 D 的毛坯被拉进凸、凹模之间的间隙中形成筒形件。工件高度为 H 的直壁部分是由毛坯的环形（$A'B'F'E'$）部分转化而成的，所以，拉深时毛坯的外部环形部分是变形区；而底部（OCD）通常是不参与变形的，称为不变形区；被拉入凸、凹模之间的直壁部分（$C'D'F'E'$）是已完成变形部分，称为已变形区。在整个拉深过程中，毛坯的圆环部分在径向拉应力和切向压应力的作用下，金属发生塑性流动而不断进入凸、凹模之间的间隙中，形成零件的直壁部分。

上述被转移的三角形部分，通常称为“多余三角形”。“多余三角形”材料的塑性流动，一方面要增加工件的高度 Δh，使得

$$H>h=\frac{1}{2}(D-d) \tag{4-38}$$

另一方面，要增加工件的壁部厚度 Δt，如图 4-39 所示。

拉深件各部分的厚度是不一致的，一般是：底部略有变薄，但基本上等于原毛坯的厚度；侧壁上部分增厚，越到上缘增厚越大；侧壁下部分变薄，越靠下部变薄越多；由侧壁向底部转角稍上处（图 4-39 中 a 处）则出现严重变薄，甚至断裂。另外，沿侧壁高度方向，零件各部分的硬度也不一样，越到上缘硬度越高。

在拉深中经常遇到的主要问题，是拉深件靠近圆角部分出现破裂和在凸缘部分发生起皱现象，如图 4-40 所示。对于起皱问题，一般情况下，只要采用压边圈就可以得到解决。因此，拉深生产的主要破坏形式是圆角部分出现的破裂。

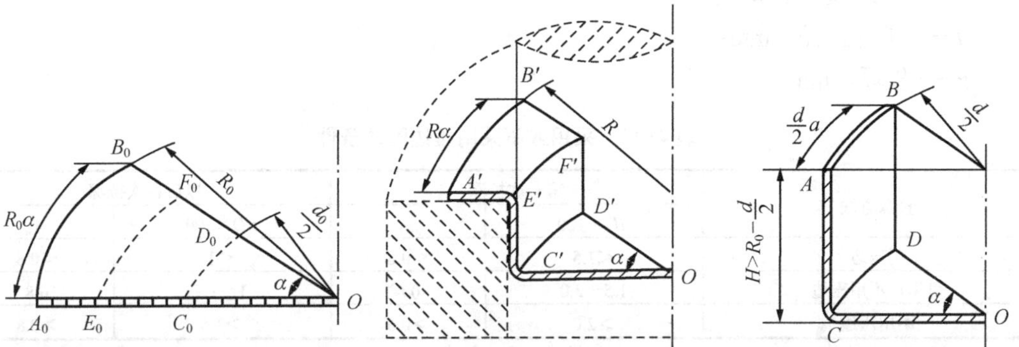

（a）平板毛坯的一部分　　（b）毛坯变形　　（c）拉深件

图 4-38　拉深件变形特点

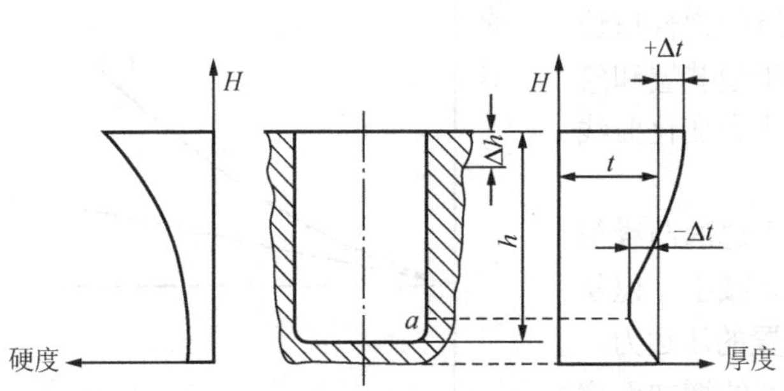

图 4-39　拉深件沿高度方向硬度与厚度

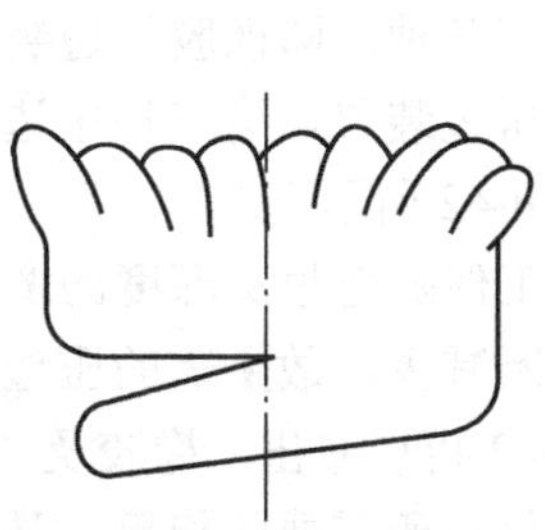

图 4-40　破裂与起皱

二、压边装置及其选择

在拉深工艺中，正确地确定拉深毛坯是否会起皱以及设法防止起皱，是一个重要的问题。毛坯在起皱以后，很难通过间隙拉入凹模，且容易使毛坯受过大的拉力而破裂。另外，即使勉强地把已经起皱的毛坯拉过凹模，起皱的痕迹也会遗留下来，因而得不到光洁的零件表面。

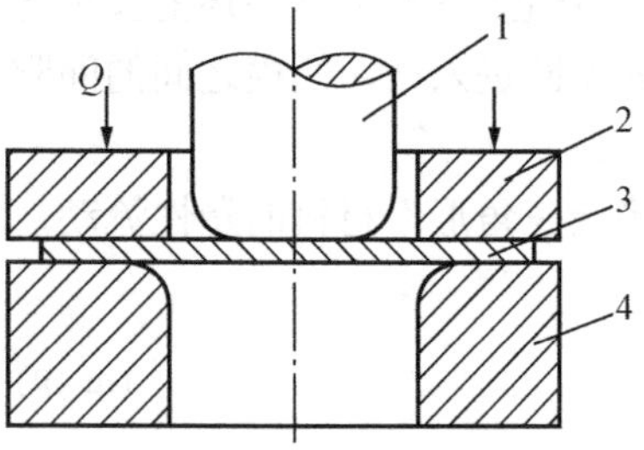

图 4-41　压边示意图

1-凸模；2-压边圈；3-毛坯；4-凹模

为了解决拉深工作中的起皱问题，在当前实际生产中主要是采用防皱压边圈(图 4-41)。用压边圈对板料施加一定的压力，迫使板料在压边圈和凹模中通过，增加凸缘部分对纵向弯曲的抗力，以保持稳定不起皱。同时也使板料在受切向压缩时产生的金属流动，作为径向拉伸变形时所需材料的补充，防止产生拉裂现象。

是否需要采用压边圈，要根据该工件拉深是否起皱而定。准确地判断工件拉深时是否起皱，是个相当复杂的问题，在生产中可按表 4-11 的条件决定。表 4-11 中，t/D 为毛坯相对厚度，其中 t 为板材厚度，D 为毛坯直径，m_1 和 m_2 分别为第一次拉深及以后各次拉深的拉深系数。也可以根据经验公式来判断，通常拉深起皱的条件是

$$(D-d)\geqslant 22t \tag{4-39}$$

式中，D——毛坯直径，mm；

d——工件直径，mm；

t——板厚，mm。

表 4-11　采用或不采用压边圈的条件

拉深方法	第一次拉深		以后各次拉深	
	$t/D\times100$	m_1	$t/D\times100$	m_n
用压边	<1.5	<0.6	<1	<0.8
可用可不用压边	1.5～2.0	0.6	1～1.5	0.8
不用压边	>2.0	>0.6	>1.5	>0.8

在实际生产中常用的压边装置有两大类，一类是弹性压边装置；另一类是刚性压边装置。

1. 弹性压边装置

这种装置多用于普通压力机。常用的弹性压边装置有三种，即橡胶压边装置、弹簧压边装置和气垫式压边装置。这三种压边装置的压边力变化曲线如图 4-42 所示。

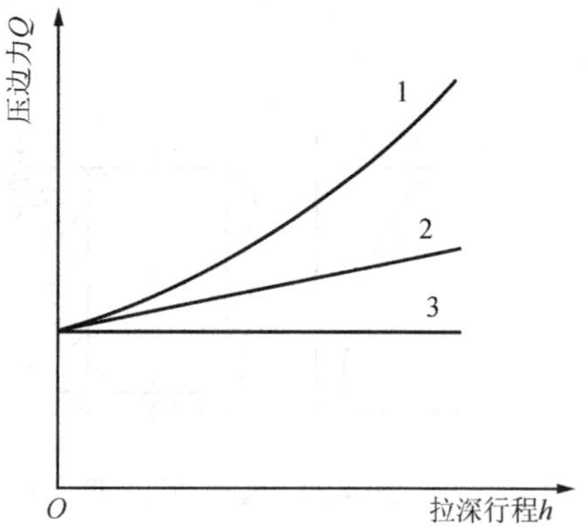

图 4-42　压边力曲线

1-橡胶压边装置；2-弹簧压边装置；3-气垫压边装置

工件随着拉深深度的增加，需要压边的凸缘部分不断减少，故所需的压边力也就逐渐减小。但从图 4-42 可以看出，橡胶及弹簧压边装置的压边力，却恰好与所需要的相反，是随拉深深度的增加而增加，尤其以橡胶压边装置更为严重。这种情况会使拉深力增加，从而导致零件破裂。因此橡胶及弹簧压边装置通常只用于浅拉深。但橡胶及弹簧压边装

置结构简单，对单动的小型压力机，采用橡胶或弹簧压边装置还是很方便的。根据生产经验，只要正确地选择弹簧规格及橡胶的牌号和尺寸，就能减少它们的不利方面，充分发挥它们的有利作用。由于拉深行程较大，因此应当选用总压缩量大及压边力随压缩量缓慢增加的弹簧。橡胶应选用软橡胶(冲裁卸料是用硬橡皮)。由于橡胶的压边力随压缩量增加很快，因此，橡胶的总厚度应选大些，以保证相对压缩量不致过大。建议所选取的橡胶总厚度不小于拉深行程的五倍。

气垫式压边装置的压边力大小不随拉深行程的增加而变化，不会造成拉深后期压边力陡升，而且调整方便，也不会造成侧壁拉力增大现象，适应性很广。

对于曲面形零件和大型覆盖件的拉深，需要较大的压边力，此时，多采用带拉深筋的压边圈，以增加毛坯进入凹模的阻力，其防皱效果明显。

2. 刚性压边装置

压边力不随行程变化的刚性压边装置，拉深效果较好，而且模具结构简单，如图 4-43 所示。刚性压边装置用于双动压力机，凸模装在压力机的内滑块上，压边装置装在外滑块上。拉深时，压边装置随外滑块首先下降压住毛坯，然后装在内滑块上的凸模下降，将毛坯拉深成形。当拉深过程结束后，内滑块回程，随后外滑块也带动压边圈回到上止点。

图 4-43

1-内滑块；2-外滑块；3-拉深凸模；4-落料凸模兼压边圈；5-落料凹模；6-拉深凹模

三、拉深次数的确定

(一)拉深系数

在制订拉深件的拉深工艺和设计拉深模具时，必须预先确定该零件的拉深次数。当工件高度与直径比值 h/d 很大时，要想一次拉深得到工件是不可能的，必须经过多次拉深，这时就要确定每拉深一次究竟能拉成多大直径的半成品。

在确定拉深次数时，必须做到使毛坯内部的应力既不超过材料的强度极限，以免造成拉深件的破裂，又能充分利用材料的塑性。即在每一道拉深工序中，应在毛坯材料强度允许的情况下，采用最大可能的变形程度，以使拉深次数最少。

为了确定拉深次数，先引入拉深系数这一概念。对于圆筒形零件，拉深系数是指每次拉深后圆筒工件的直径与拉深前毛坯(或半成品)的直径之比，即

第一次

$$m_1 = \frac{d_1}{D} \tag{4-40}$$

以后各次

$$m_2 = \frac{d_2}{d_1}, \quad m_3 = \frac{d_3}{d_2}, \quad m_n = \frac{d_n}{d_{n-1}}$$

式中，m_1，m_2，…，m_n——各次的拉深系数；

D——毛坯直径；

d_1，d_2，d_3，…，d_n——各次半成品(或工件)的直径(图 4-44)。

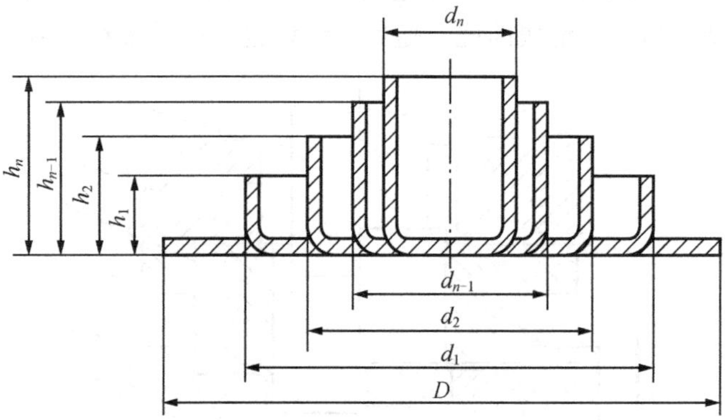

图 4-44　拉深工序示意图

拉深系数是拉深的重要工艺参数。在工艺设计中，只要知道每道工序的拉深系数值，就可以计算出各道工序中工件的尺寸。

拉深系数是拉深变形程度的表示方式。拉深系数值越小，说明工件(或半成品)拉深前后直径差别越大，其变形程度也越大。拉深系数 m 值永远小于 1。

材料在一定拉深条件下允许的拉深变形程度是一定的，把材料既能拉深成形又不被拉断时的最小拉深系数称为极限拉深系数。

(二)影响拉深系数的因素

1. 材料的力学性能

材料的塑性越好，其延伸率 δ 越大，则材料的拉深系数可取得小些。材料的屈强比 σ_s / σ_b 越小，凸缘变形区的塑性好，变形抗力低，对拉深越有利。另一方面 σ_b 值大，则提高了危险断面处的强度，可减小破裂的危险。其拉深系数值就可以小一些。

2. 材料的相对厚度 *t/D*

这是一个比较重要的影响因素，相对厚度 t/D 值大，拉深时材料抵抗凸缘处失稳起皱的能力强，拉深系数可取小些；反之，拉深系数可取大些。

3. 拉深次数的影响

需要多次拉深成形的零件，因材料在拉深变形过程中出现加工硬化现象，故首次拉深系数最小，以后逐次增大。但是，前道拉深后经过热处理退火的，后道的拉深系数同样可以取较小值。

4. 压边力的影响

使用压边圈时拉深不易起皱，拉深系数可以取小些；反之，拉深系数可取大些。应注意，压边力的大小要适当，如果压边力过大，会增加拉深阻力；反之，拉深时板料容易起皱，使拉深阻力剧增，甚至拉裂。

5. 润滑条件

润滑合理对拉深有利，可以降低拉深系数。例如，在图 4-45 中，摩擦力 F_1、F_2、F_3 使拉深力增加，它不仅使拉深系数增大，而且会拉伤模具和工件表面，所以这些力是有害的，应采取润滑措施以减少这些摩擦力的作用。摩擦力 F_4、F_5 的存在，可以传递部分拉深力，有利于减小材料在危险断面处的应力，有助于降低拉深系数，因此这些力是有益的，因此，在凸模上不需涂润滑剂。

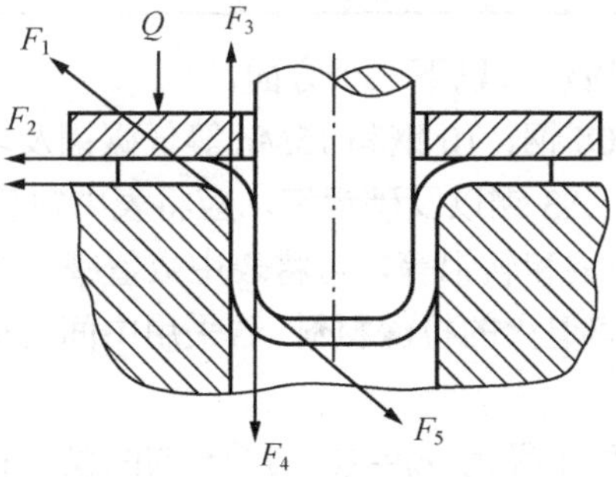

图 4-45　拉深中的摩擦力

F_1-凹模圆角处的摩擦力；F_2-压边圈、凹模与毛坯之间的摩擦力；F_3-工件与凹模壁之间的摩擦力；F_4-工件与凸模之间的摩擦力；F_5-凸模圆角处的摩擦力

6. 模具的几何参数

凸模与凹模的圆角半径对拉深工作影响很大，尤其是凹模的圆角半径影响更显著。圆角半径越大，拉深系数可选得越小。但凹模圆角半径太大时，毛坯在压边圈下的面积过小，容易起皱。而凸模的圆角半径在最后一次拉深时，应等于零件的圆角半径。

合理的拉深模的间隙有助于拉深系数的减小。如果间隙过大工件容易起皱；反之，如果间隙过小，则会使零件拉断或严重变薄。

表 4-12 和表 4-13 分别列出了不同材料、不同拉深条件以及不同拉深次数时的极限拉深系数。

表 4-12　圆筒形件带压边圈时的极限拉深系数

拉深系数	毛坯相对厚度(t/D)×100					
	2.0～1.5	1.5～1.0	1.0～0.6	0.6～0.3	0.3～0.15	0.15～0.08
m_1	0.48～0.50	0.50～0.53	0.53～0.55	0.55～0.58	0.58～0.60	0.60～0.63

续表

拉深系数	毛坯相对厚度$(t/D)\times100$					
	2.0～1.5	1.5～1.0	1.0～0.6	0.6～0.3	0.3～0.15	0.15～0.08
m_2	0.73～0.75	0.75～0.76	0.76～0.78	0.78～0.79	0.79～0.80	0.80～0.82
m_3	0.76～0.78	0.78～0.79	0.79～0.80	0.80～0.81	0.81～0.82	0.82～0.84
m_4	0.78～0.80	0.80～0.81	0.81～0.82	0.82～0.83	0.83～0.85	0.85～0.86
m_5	0.80～0.82	0.82～0.84	0.84～0.85	0.85～0.86	0.86～0.87	0.87～0.88

表 4-13　圆筒形件不带压边圈时的极限拉深系数

拉深系数	毛坯相对厚度$(t/D)\times100$				
	1.5	2.0	2.5	3.0	>0.3
m_1	0.65	0.6	0.55	0.53	0.50
m_2	0.8	0.75	0.75	0.75	0.70
m_3	0.84	0.80	0.80	0.80	0.75
m_4	0.87	0.84	0.84	0.84	0.78
m_5	0.90	0.87	0.87	0.87	0.82
m_6	—	0.90	0.90	0.90	0.85

使用表 4-12 和表 4-13 时应注意以下三个方面。

(1) 表中拉深系数适用于 08 钢、10 钢和 15Mn 等低碳钢及软化的 H62 黄铜。对拉深性能较差的 20 钢、25 钢、A2 钢、A3 钢以及硬铝等，应将表中数值增加 1.5%～2.0%；对拉深性能更好的 05 钢及 08、10 拉深钢和软铝等，可将表中数值减小 1.5%～2.0%。

(2) 表中数值适于未经中间退火的拉深材料。若采用中间退火时，可将表中数值减小 2%～3%。

(3) 表中较小值适用于圆角半径为 $r_d=(8\sim15)t$ 的凹模，较大值适用于圆角半径为 $r_d=(4\sim8)t$ 的凹模。

(三) 拉深次数的确定

若零件所要求的总拉深系数 $m_{总}$ 大于零件材料的极限拉深系数 m 时，该零件只需一次拉深即可制成，否则必须进行多次拉深。对于需要多次拉深的圆筒形工件，可根据零件的相对高度 h/d 和毛坯的相对厚度 t/D，由表 4-14 查出。

表 4-14　圆筒形工件拉深次数的确定

相对高度 h/d / 拉深次数	毛坯相对厚度$(t/D)\times100$					
	2～1.5	1.5～1.0	1.0～0.6	0.6～0.3	0.3～0.15	0.15～0.06
1	0.94～0.77	0.84～0.65	0.70～0.57	0.62～0.5	0.52～0.45	0.46～0.38
2	1.88～1.54	1.60～1.32	1.36～1.10	1.13～0.94	0.96～0.83	0.90～0.70
3	3.5～2.7	2.8～2.2	2.3～1.8	1.9～1.5	1.6～1.3	1.3～1.1
4	5.6～4.3	4.3～3.5	3.6～2.9	2.9～2.4	2.4～2.0	2.0～1.5
5	8.9～6.6	6.6～5.1	5.2～4.1	4.1～3.3	3.3～2.7	2.7～2.0

注：本表适用于 08、10 等软钢

四、拉深件毛坯尺寸的确定

由于拉深后工件的平均厚度与毛坯厚度差别不大，厚度变化可以忽略不计。拉深件毛坯尺寸的确定，可按照拉深前毛坯的面积和拉深后工件中性层展开表面积相等的原则计算。

在计算毛坯尺寸前，应考虑到：由于辗制板料具有方向性，凸模与凹模间的间隙不均匀等，拉深后的工件顶端一般不平齐，通常都需要修边，即将不平部分切去。所以，在计算毛坯之前，要在拉深高度方向加一段修边余量 h'(工件要求不高，而且筒形工件的高度不大者可不留)。

对于简单的圆筒形拉深件，如图 4-46 所示，其毛坯尺寸为

$$\frac{\pi}{4}D^2 = F_1 + F_2 + F_3$$

即

$$D=\sqrt{d_0^2+4d_{\mathrm{p}}(h+h')+6.28r_{\mathrm{p}}d_0+8r_{\mathrm{p}}^2} \tag{4-41}$$

式中，D——毛坯直径；

F_1、F_2、F_3——圆筒形拉深件的各部分面积；

h'——修边余量；

其余代号如图 4-46 所示。

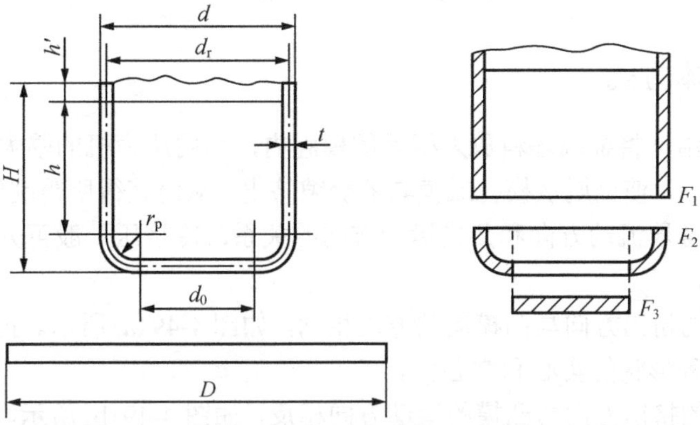

图 4-46　圆筒形拉深件毛坯计算图

在计算中，工件的直径按厚度中线计算；但当板厚 $t<1\text{mm}$ 时，也可按工件的外径和内高(或按内径和外高)计算。

形状复杂的工件，可分成若干简单几何形状部分，计算出近似的毛坯外形尺寸，经试压后进行修改，再最后确定。

五、拉深件的结构工艺性

(1)拉深件形状应尽量简单，以减少拉深次数和产生废品。为了使拉深顺利进行，拉深件底与壁、凸缘与壁、矩形件的四壁间圆角半径如图 4-47 和图 4-48 所示，应满足 $r_1\geqslant t$，$r_2\geqslant 2t$，$r_3\geqslant 3t$。否则应增加整形工序。

(2)应尽量避免设计有宽凸缘和深度大的拉深件，因为这类工件需要较多的拉深次数。在带凸缘的拉深件中，凸缘尺寸也不宜过窄，否则拉深时，由于压边圈不易压住材料而容易起皱。对需要有窄凸缘的工件，在实际生产中，常先拉深成直筒，然后再增加压平凸缘的工序。

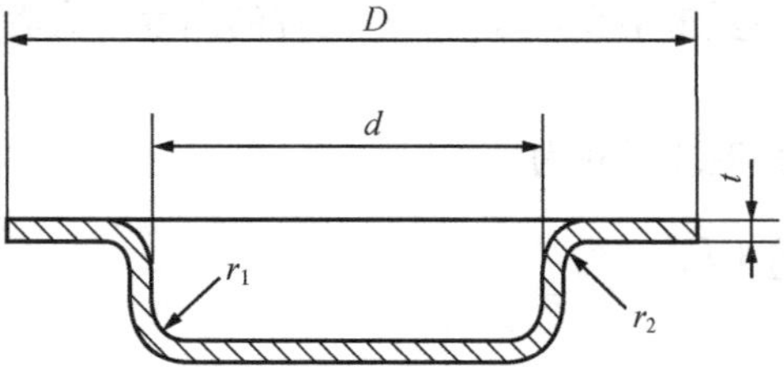

图 4-47　拉深件圆角半径

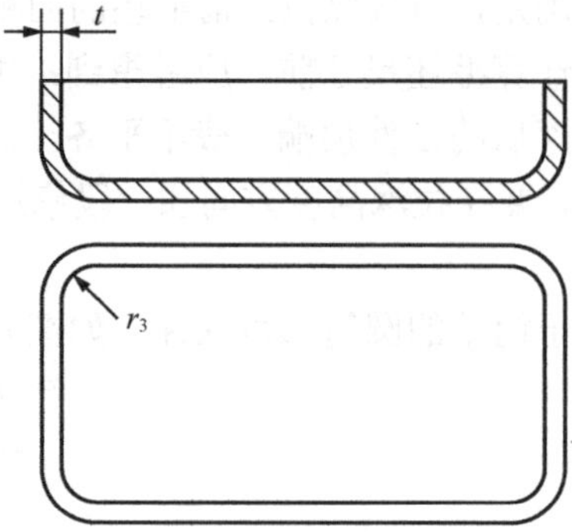

图 4-48　矩形拉深件壁间圆角半径

在用压边圈拉深筒形件时，最合适的凸缘尺寸约在下述范围内：

$$D=d+(12\sim25)t \tag{4-42}$$

(3) 对于半敞开及非对称的空心件，应考虑将两个或几个工件合并成对称的形状，一起拉深后剖切开。这样可以减少工序，节省材料，并有利于材料的变形，保证产品质量。

第五节　冷　挤　压

一、冷挤压的基本方式

冷挤压是在常温下将金属坯料放入模具的模腔内，利用压力机的强大压力，迫使坯料三向受压产生塑性流动，使金属从模孔或模具的缝隙挤出，从而获得所需制件的一种加工方法。根据冷挤压过程中金属流动方向和凸模运动方向的关系，冷挤压一般可分为以下三种基本方式，如图 4-49 所示。

正挤压：金属的挤出方向与凸模运动方向相同，如图 4-49 (a) 所示。正挤压可以利用实心或空心坯料制造各种形状的实心和空心件。

反挤压：金属的挤出方向与凸模的运动方向相反，如图 4-49 (b) 所示。反挤压可以制造各种断面形状的杯形件。

复合挤压：金属的挤出方向与凸模的运动方向，一部分相同，另一部分相反，如图 4-49 (c) 所示。复合挤压可以制造各类复杂形状的空心件。

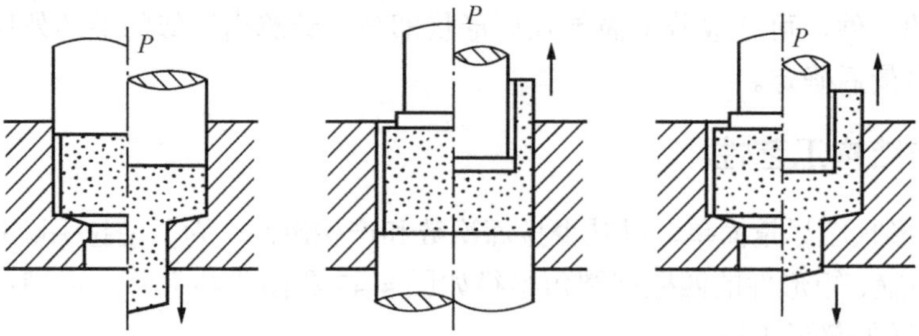

(a) 正挤压　(b) 反挤压　(c) 复合挤压

图 4-49　冷挤压方式

正挤压、反挤压与复合挤压是冷挤压中应用最广泛的三种方法，它们共同的特点是金属流动方向都与凸模轴线相平行，因此又统称为轴向冷挤压。此外，还有径向冷挤压。在径向冷挤压时金属的流动方向与凸模轴线方向相垂直，金属在凸模的压力作用下沿径向向外流动者，称为离心挤压，与此相反的称为向心挤压。径向挤压可以制造带有法兰或凸台类的轴对称零件。

二、冷挤压工艺的特点

(1)挤压力大。要使室温状态下的金属产生必要的塑性流动，需要很大的挤压力，挤压力的大小可能达到毛坯材料强度极限的4～6倍或更高，而且是集中力，作用时间长。这是冷挤压区别于其他成形方法的突出的特点。因此，这种工艺方法对模具和设备的要求也较高。由于冷挤压模具在承受很大挤压变形力作用的同时，在与挤压金属接触的表面受到激烈的磨损，所以在模具方面必须采取措施解决模具的强度、刚度和寿命很低(一般不超过2～3万件)的问题。

(2)冷挤压时，毛坯处于三向压应力作用下，其塑性可大大提高。材料允许的变形程度一般已不再受材料塑性的限制，而是受模具材料强度和模具寿命的限制，因此，提高一次挤压允许变形程度的有效方法，往往是通过降低毛坯的变形抗力，而使单位挤压力控制在模具强度允许的范围内。生产中常利用挤压前的热处理使毛坯材料的塑性得到提高。

(3)润滑对冷挤压的影响十分重要。毛坯与模具接触面的摩擦不仅影响金属的变形和挤压件的质量，而且也影响单位挤压力的大小、模具的强度和寿命。所以，挤压时的润滑常可能成为挤压成败的关键。常用的润滑剂有液体润滑剂(动物油、植物油、矿物油)和固体润滑剂(硬脂酸锌、硬脂酸钠、二硫化钼、石墨等)。它们可以单独使用或混合使用。有时为了确保挤压过程中润滑层不被破坏，毛坯要经过化学处理。例如，碳钢的磷化，奥氏体不锈钢的草酸盐处理，铝合金的氧化、磷化、氟硅化处理等。经化学处理后的毛坯表面覆盖层是很薄的多孔形状结晶膜，它能随毛坯一起变形而不剥离脱落，在孔内吸附的润滑剂可以保持挤压过程中润滑层的连续性和良好的润滑效果。

(4)冷挤压件的强度和硬度提高。冷挤压件是材料塑性流动后成形的，沿着挤压件轮廓具有连续分布的金属流线，组织致密，加上强烈的冷作硬化，零件强度，硬度大为提高。挤压后的强度可提高一倍左右，硬度可达到原来毛坯硬度的两倍以上。因此，可以用一般低强度材料代替贵重的高强度材料，或在满足强度要求的前提下缩小断面尺寸和减轻质量。

(5)冷挤压能充分利用材料，成本低廉，生产效率高。还可以提高冷挤压件的力学性能和使用寿命。

(6)冷挤压件的尺寸精度较高、表面质量好。冷挤压件尺寸精度可达IT8级，表面粗糙度可达 $Ra0.4\sim3.2\mu m$。

在冷挤压变形过程中，毛坯的尺寸、形状都要发生变化。其变化的大小称为变形程度或变形率，通常用断面收缩率 ε_A 来表示，即

$$\varepsilon_A=\frac{A_0-A_1}{A_0}\times100\% \tag{4-43}$$

式中，A_0——冷挤压变形前毛坯的横断面积，mm^2；

A_1——冷挤压后工件的横断面积，mm^2。

冷挤压时，一次挤压加工可能达到的最大变形程度称为许用变形程度或成形极限。

生产中常用表格法或图线法等形式给出常用材料一次挤压可能达到的许用变形程度。表 4-15 为几种材料的挤压允许变形程度。

表 4-15　几种材料的许用变形程度 ε_A　（单位：%）

材料		正挤压	反挤压	自由镦粗
钢	10	82～87	75～80	75～81
	15	80～82	70～73	70～73
	35	55～62	50	63
	45	45～48	40	40～45
	15Cr	53～63	42～50	53～60
	34CrMo	50～60	40～45	50～60
纯铝		97～99	97～99	～96
铝合金 LF3		95～98	92～98	～92
铝合金 LY11		92～95	75～82	～50

冷挤压的材料主要根据工件的要求来定，也还应当考虑材料所能达到的最大变形程度和模具的使用寿命。冷挤压材料应当具有较高的塑性，不但冷态塑性好，具有较低的屈服极限，而且变形时冷作硬化程度也不太强烈。通常认为，当材料同时具有低硬度和低加工硬化速度时，就具有最佳的冷挤压性能。

目前可用作冷挤压的材料主要是有色金属及其合金、低碳钢、中碳钢和低合金钢。当挤压件的形状、变形程度适宜时，对部分不锈钢、轴承钢、高速钢等也能实现冷挤压。

三、冷挤压件结构工艺性

根据冷挤压金属变形的特点，冷挤压件的形状应尽量有利于挤压时金属变形均匀，在挤出的方向与流速一致，挤压力小，模具寿命长。最适用于冷挤压的零件形状是轴对称旋转体零件。其次是有对称轴的非旋转体零件，如方形、矩形、正多边形、齿形等零件。一般对冷挤压件的要求如下。

(1) 对称性：冷挤压零件的断面形状应尽量对称，对称性越高，所需的挤压力越小，模具寿命长。

(2) 断面面积之差小：零件断面面积之差过大时，在断面变形的过渡部位，不均匀变形加剧，这部分材料容易破裂，还可能引起模具的剧烈磨损和早期破坏。为避免断面过渡突变，应将断面变化部位设计成锥形过渡，过渡部分的衔接处采用平滑的圆弧连接。

(3) 断面形状避免阶梯形：阶梯形外形或孔壁的各个台阶的尺寸差不大时，可格断面简化设计成内外均为直壁的圆筒形件，如图 4-50 所示。其阶梯形状，可在挤压后由机械加工完成。这样可以简化模具，且模具寿命长。如果各个台阶之间的尺寸差别较大，则不宜简化，可以采取逐个台阶顺序挤压的方法，即先挤出大孔，再挤小孔。在挤小孔时，已成形的大孔向上作刚性平移，大孔壁部已挤成的部分不再变形

(4) 避免细小深孔：因为挤压时金属的流动不均匀，会引起挤压件形状畸变，同时增大所需的挤压力，对凸模也易变形和折断。

(5) 适当的圆角半径：挤压件上圆角半径的大小十分重要。任何尖锐部位，都会阻碍金属的正常流动和加剧模具的磨损。在允许的范围内，圆角尽量取较大的数值。一般地说，材料

越硬，零件形状越复杂，尺寸越大，所需圆角半径也越大。

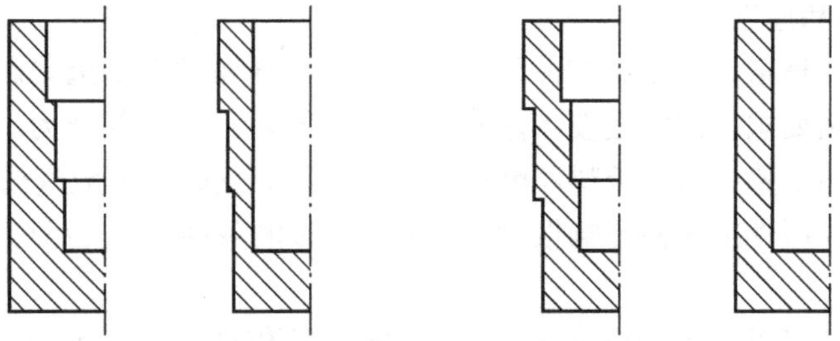

图 4-50　阶梯形件的改造

(6)挤压件的尺寸要合理：冷挤压工艺能够加工的尺寸，如直径、长度、深度、厚度等，是有一定范围的。超出这一范围，材料稳态塑性变形的条件遭到破坏，就会导致模具过载、挤压件形状改变和尺寸的严重波动，以及各种疵病的出现。

第六节　冲压工艺规程的制订

冲压工艺规程是指导冲压零件生产过程的技术文件，冲压零件的生产过程包括原材料的准备、各种冲压工序和必要的辅助工序等。在制订冲压工艺规程时，通常是根据冲压件的结构特点、生产批量、现有设备和生产能力等，拟订出几种可能的工艺方案。在对各种工艺方案进行周密的综合分析与比较之后，再选定一种较先进、经济、合理的工艺方案。本节介绍编制冲压工艺规程的步骤和内容。

一、冲压工艺规程制订的步骤及内容

冲压工艺规程制订的步骤及内容如下。

(1)对零件图的分析；

(2)确定冲压件生产的工艺方案；

(3)确定模具类型及结构形式；

(4)选择冲压设备；

(5)编写冲压工艺卡片。

冲压工艺规程制订所涉及的具体内容有些已经在前面的有关章节中叙述过。这里主要就一些需要强调的或进一步说明的问题进行讨论。

二、零件图的分析

零件图的分析包括冲压件的工艺性分析、冲压加工经济性分析、冲压件修改的必要性和可能性等。

1. 冲压件的工艺性

冲压件的工艺性是指该零件在冲压加工中的难易程度。工艺性良好的工件，能节约原材料、工序数目少、模具结构简单而寿命高、产品质量稳定、操作简单等。在一般情况下，对冲压件的工艺性影响最大的是几何形状、尺寸和精度要求。

下面就对影响冲压件工艺性的主要因素，如零件所用的材料、零件的形状、尺寸精度及表面质量要求等，分别加以讨论。

(1) 材料的种类和厚度。

原材料的性能、规格，常是影响冲压工艺和冲压件质量的重要因素。在选择材料时，首先应考虑工件的使用要求，同时还要考虑材料适应各种冲压工序的能力。冲压用材料必须具有足够的塑性、表面平整光洁、板料厚度符合公差标准。同时，还应遵循经济节约的原则。

材料的厚度对冲压件工艺性影响很大。在强度允许的条件下，要尽可能采用较薄的材料，以减少金属的消耗。

厚度较小的板，可以采用冷压工艺，对局部刚度不够的地方，可采用压加强筋等办法加强。如果对较厚的零件(6～12mm)采用冷压，不但需要吨位很大的压力机，而且某些变形较大的工件，还会出现裂纹等缺陷。为了提高材料的塑性和减少所需的变形力，需要采用热压工艺，这样，就增加了冲压工艺的复杂性。此外，材料厚度偏差的大小，也直接影响零件的精度、工序的多少和工艺装备的设计。

(2) 冲压件的形状。

冲压件的形状对工艺性影响最大。在生产中由于零件形状设计不合理，就会造成材料浪费、模具制造困难、废品增加、生产周期长、产品成本提高。有关各类冲压件的结构工艺性已在前面章节中介绍，这里不再赘述。

(3) 冲压件的尺寸精度和表面质量。

(a) 冲压件的尺寸精度要求，不应超过一般冲压生产所能达到的尺寸精度。并在满足使用要求的情况下，尽可能定得低一些。

一般冲压件尺寸精度如下：落料不超过 IT10 级精度；冲孔不超过 IT9 级；弯曲不超过 IT9～IT10 级；拉深时，高度的尺寸精度为 IT8～IT10 级，直径为 IT8～IT9 级，厚度为 IT9～IT10 级。

冲压件尺寸精度高于上述要求者，则需增加精整工序。

(b) 对冲压件表面质量的要求，不应高于原材料所具有的表面质量，否则要增加切削加工工序。一般普通冲裁粗糙度可达 $Ra3.2$～12.5μm，精冲可达 $Ra0.32$～2.5μm。

(4) 冲压件的尺寸标注、尺寸公差和基准面的选择。

(a) 除非结构上的特殊要求，尺寸数值宜用整数或偶数的倍数，以便计算和分割。

(b) 注意尺寸的通用性和孔的直径标准化，使尺寸稍加改进后即能利用现有的零件和工艺装备进行生产。

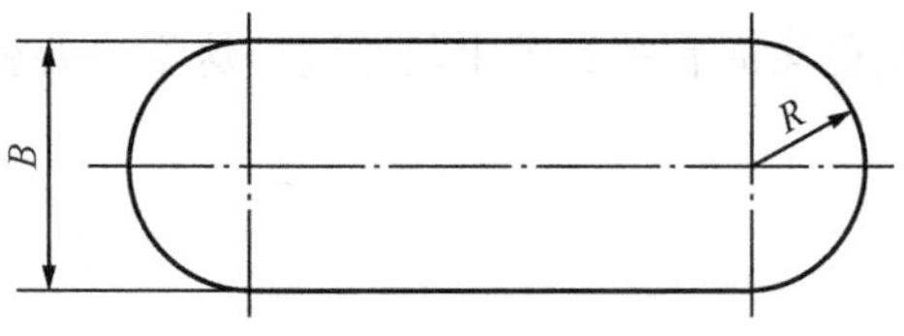

图 4-51　圆头形工件

(c) 冲压件在满足使用的前提下，如果将局部尺寸给予灵活处理，就可以扩大冲压工艺的灵活性。例如，如图 4-51 所示的零件，尺寸 R 若标为 $R \geqslant B/2$，就可以采用两种冲裁工艺：用落料，则取 $R=B/2$；若用切断工艺，则取 $R>B/2$，以便保证产品质量。

(d) 凡是冲压件图中未注明公差尺寸，通常按自由公差处理。如果没有配合要求的尺寸，不应标注公差与表面粗糙度。

(e) 冲压件结构尺寸的基准，应尽可能作为冲压时的定位基准，以避免定位误差。工件孔的尺寸基准，应尽可能选择在冲压过程中，自始至终不参与变形的面或线上。

2. 用冲压加工是否最经济

冲压加工虽然是一种先进的工艺方法，但不是在所有情况下都是最经济的方法。零件批量的大小对冲压加工的经济性起决定作用，随着批量的减小，它的优越性将明显地下降，这时就不如采用其他方式更经济。例如，深盒状零件，在批量较小的情况下，采用拉深浅盒再焊上侧壁，或将十字形毛坯折弯后再焊起来，比单纯拉深深盒要经济得多。另外，还可以采用等离子切割等代替小批量冲裁件生产。

3. 零件图有无修改的可能

经过分析若发现下列某种情况，应提出意见与设计部门共同研究，对原图进行适当修改。

(1)零件的形状过于复杂，尺寸精度和表面粗糙度要求过高，或尺寸标注不合理等。

(2)适当改变零件的局部形状或尺寸，会有利于排样，能节约材料，减少工序或简化模具结构。

(3)将形状复杂的零件，改为冲压与焊接组合结构可以简化工艺，降低成本。

(4)可以用廉价材料代替贵重材料，以薄料代厚料，以黑色金属代有色金属等。

通过修改产品零件的结构(有时甚至重新设计)以改善其工艺性或节约材料，这是简化工艺、降低零件成本的重要途径之一。

三、冲压工艺方案的确定

确定冲压工艺方案的主要工作，就是分析和确定某冲压件所需冲压工序的性质、数量和顺序，提出所需模具的类型，并选择所需压力机的型号和规格。

冲压同样的零件，通常可以采取几种不同的方法。应该把各种不同的工艺方法加以分析和比较，从中选择一种多快好省的方案。

1. 确定工序的性质、数量和顺序

工序的性质主要取决于工件的结构形状，但也受到具体生产条件的制约。在一般情况下可以从零件图上，直观地看出所需工序的种类。但是，有时却要经过计算、分析和比较后才能确定所要工序的性质。

例如，如图 4-52 所示的零件，初看似乎可以用落料、平面上冲孔与翻边三道工序冲出。以低碳钢材料为例，经过计算，其最大翻边高度(约为 14 mm)小于 18 mm，故不能直接用落料、冲孔、翻边方法制造，而必须经过落料、浅拉深、冲孔再翻边；或经过拉深、整修再切底才能达到预定的高度。

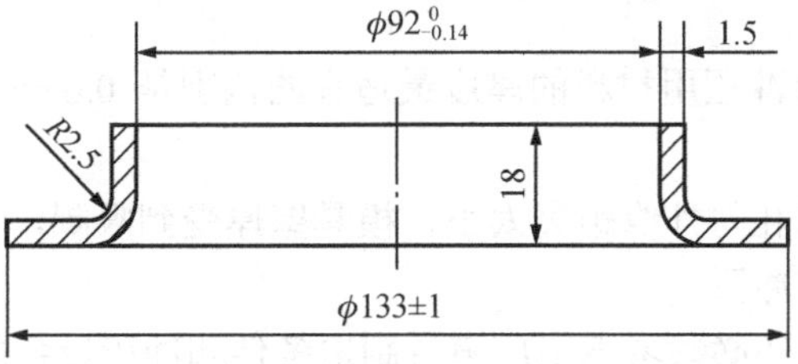

图 4-52　工序的性质分析

工序的数量，主要取决于零件材料的性能、几何形状的复杂程度和尺寸精度。因为任何冲压工序的变形程度和所能达到的精度都有一定的范围。

冲裁形状复杂的零件时，由于受到模具结构或强度的限制，其内外轮廓常不得不分成几个部分，用几套模具或连续模进行冲裁，非常靠近的两个孔也不能同时冲出；弯曲件的工序数量，随弯角的多少及其相对位置和弯曲方向而不同；拉深件的工序数量，与材料性能、阶梯数目、高度与直径的比值有关(盒形件还与角部的圆角半径有关)，因此往往需要通过具体计算求出所需工序的数量。

工序顺序的安排，主要考虑工序的性质、材料的变形规律、零件的精度及定位要求等。例如，当零件上孔距要求不高时可先冲孔后弯曲成形。但是，当零件上的孔距要求较精确时，则必须先成形后冲孔，否则孔的位置精度达不到要求，这时零件的精度和工件的变形决定了工序的先后顺序。安排工序顺序时，还必须考虑工件在模具中的定位方法。要注意前一工序所得工件的形状，不致引起后续工序中工件定位的困难。最后成形或冲裁工作不致引起已成形的部分发生变形。

例如，弯曲件应先弯外角，后弯内角。拉深件一般先压里面，后压外面，以利于金属的流动成形，如图 4-53 所示。

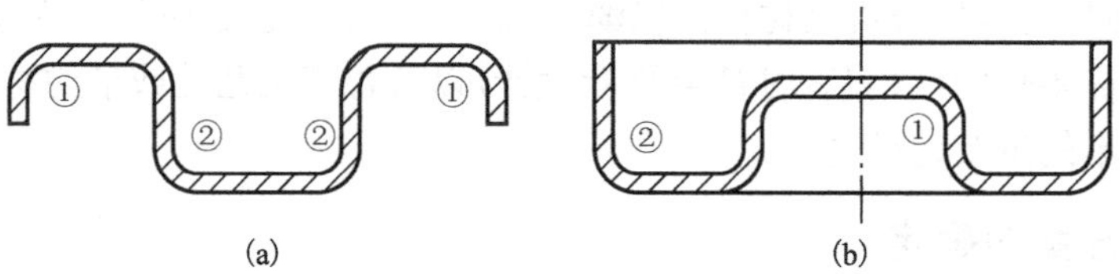

图 4-53　弯曲及拉深工序顺序

2. 工序的组合与模具形式的选择

工序的分散与集中，是分析和确定工艺方案时所遇到的比较复杂的问题。分析工艺方案时，关于工序的分散与集中必须考虑以下几个问题。

(1)组合的必要性。

工序组合的必要性，主要取决于零件生产的批量或年产量。一般来说，在大批量生产情况下，应当尽可能地把工序集中起来，采用复合模或连续模进行冲压。以提高生产效率，减少劳动量，降低成本；而在小批量生产时，则以采用单工序模分散冲压为宜。但是，有时为了减少劳动量，保障安全生产，批量虽小，也有把工序适当集中起来，用连续模或复合模进行生产的。

(2)组合的可能性。

工序组合的可能性，主要取决于零件的尺寸、精度、模具制造的可能性与使用的可靠性，以及冲压设备的能力等。

生产实践表明，复合冲压用材料的厚度最适宜的范围是 0.05～3mm，连续冲压为 0.2～6mm。

当零件上孔间距离或孔与外缘距离太小，模具壁厚受到限制，使模具缺乏足够的强度和刚度时，也不能用复合模冲压。

工序组合的可能性，还必须考虑工厂模具制造条件和冲压设备的情况。

(3)组合方式。

工序的组合方式主要有两种形式：复合冲压与连续冲压，究竟采用哪一种方式，应视具体情况而定。一般复合冲压的工件平坦、精度高。而连续冲压的工件不平，有拱弯或扭曲，精度较低，可参考表 4-5。因此，高精度(IT9～IT11 级)和大型零件，应当采用复合模进行复合冲压，而小型和低精度(IT12 级以下)零件，以采用连续模进行冲压为佳。

当考虑工序集中时，应该着重分析两个问题：集中到一副模具中的工序类型与数量，以及工序的组合方式。根据经验，集中到一副模具上的工序数量不能太多，对于复合模一般为2～3个工序，最多为4个工序；对于连续模，在满足压力机工作台要求的前提下，集中工序可以多一些。

3. 工件定位基准的选择

工件的定位方法不仅影响操作的方便与安全，而且与零件质量的稳定性以及中间工序尺寸的计算和模具设计有关。

最好选择既能做到基准重合又能保持定位可靠的表面作为定位基准。对于平面零件最好用相距较远的两孔定位，或用一个孔和外形定位。对于弯曲件可以用孔和形体定位。对于拉深件可以用形体、底面或切边后的端面定位。

定位基准的位置尺寸和形状都必须满足定位精度的要求。否则，不得不在结构上创造合理的定位条件。例如，在工件上预冲孔、冲切口、切角或冲压定位筋等。

定位基准最好选用自始至终不参与变形和产生移动的表面，因为材料的变形和移动将使定位面脱离定位元件，从而影响定位的准确性。

定位方法的选择要特别注意操作上的方便与安全。

总之，定位方法的选择是分析和确定工艺方案的一个重要问题，虽然有几条选择原则，但生产实际情况比较复杂，应当根据具体情况灵活运用这些原则。如果发生矛盾，应当把操作安全、方便放在首位优先考虑。

四、确定模具的结构形式

冲压件在工序性质、冲压次数、冲压顺序以及工序组合方式选择的基础上，通过综合分析、比较，得出最佳工艺方案。根据此冲压工艺方案选用模具的类型，确定模具的具体结构形式，绘出模具工作部分原理图，并估算模具制造成本。

五、冲压设备选择

根据冲压工序的性质选择设备类型，根据冲压工序所需冲压力和模具尺寸选定冲压设备的技术规格。详见本章第二节中冲压设备的选择。

六、编写冲压工艺卡

冲压工艺卡是重要的工艺文件，其综合表述了冲压工艺设计的具体内容。通过工艺卡片，可以清楚地了解冲压件的加工工艺路线和实施其工艺路线所需的工序数量、顺序、相应的工艺装备与冲压设备类型以及工件检验要求等。

在冲压生产中，冲压工艺卡尚无统一的格式，一般冲压工艺卡的主要内容应包括：工序序号、工序名称、工序内容、工序草图、工艺装备及设备、材料种类及规格、工时定额等。其中，工序草图是某一工序完成后的工件图，它应包括下列信息。

(1)根据工件的复杂程度，可以用一个视图或两个视图及必要的剖面图表示；

(2)该工序所得工件的形状和尺寸；

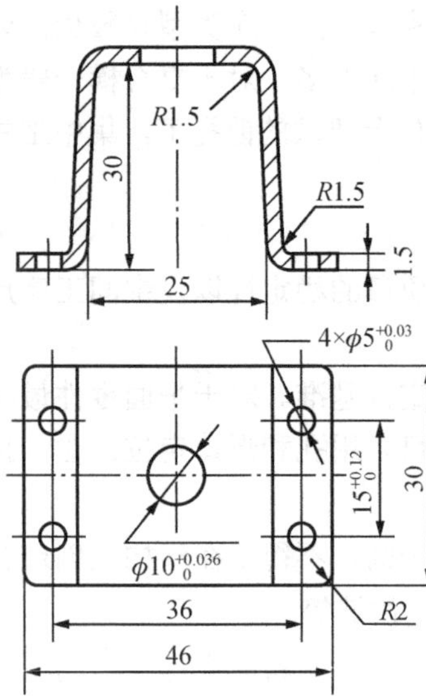

图 4-54　托架

(3) 工件的定位方式与压料方式；

(4) 如果采用连续模冲压，还要求绘出排样图。

七、冲压工艺规程的编制实例

确定如图 4-54 所示制件的工艺方案。材料为 08 钢板，年产量五万件，要求无严重划伤，无冲压毛刺，孔不允许变形。

1. 工艺分析

托架φ10 孔内装有心轴，并通过孔 4-φ5 与机身连接。五个孔的公差均为 IT9，孔不允许变形，表面不允许有严重划伤。该工件选用 08 冷轧钢板，弯曲半径大于最小弯曲半径，各孔也可冲出。因此，可以用冷冲压加工成形。

2. 确定工艺方案及模具结构形式

从工件结构形状可知，所需基本工序为冲孔、落料、弯曲三种。其中弯曲成形的方式如图 4-55 所示的三种。因此，可能的工艺方案有以下几种。

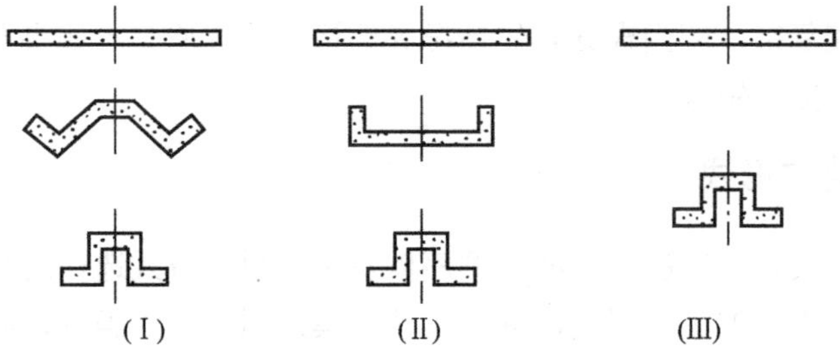

图 4-55　托架弯曲工艺方案

方案Ⅰ：如图 4-56(a)～(d)所示，冲孔φ10 和落料、弯外角和 45°顶角、弯内角、冲孔 4-φ5。

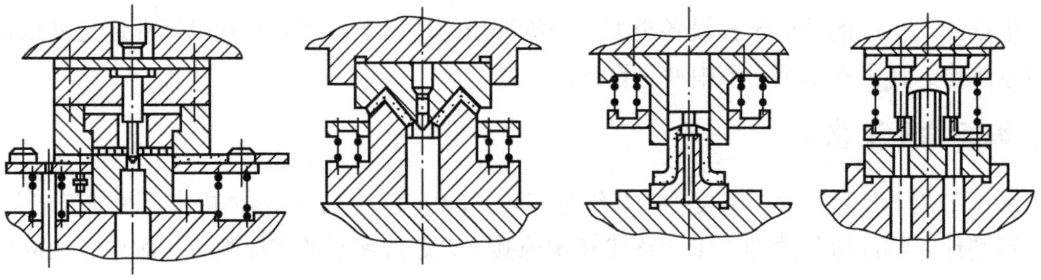

图 4-56　方案Ⅰ

方案Ⅱ：冲孔φ10 和落料(同方案Ⅰ)，弯外角、弯内角(图 4-57)，冲孔 4-φ5，如图 4-56(d)所示。

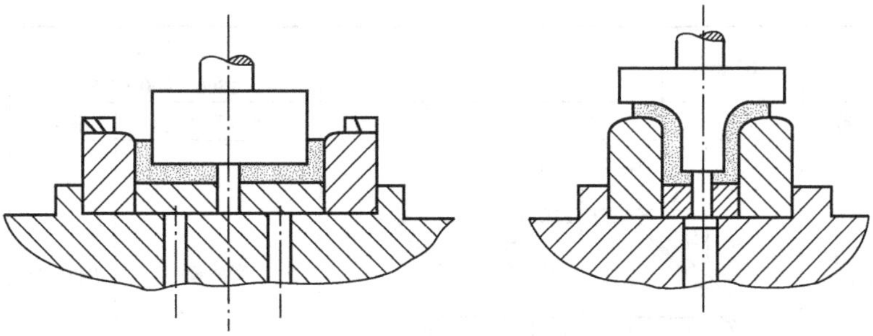

(a) 弯外角　　　　(b) 弯内角

图 4-57　方案Ⅱ

方案Ⅲ：冲孔ϕ10 和落料（同方案Ⅰ），弯四角（图 4-58），冲孔 4-ϕ5，如图 4-56(d) 所示。

方案Ⅰ的优点是模具结构简单、寿命长、制造周期短、投产快，工件的回弹容易控制、尺寸和形状准确、表面质量高。除冲孔ϕ10 和落料工序，其他各工序定位基准一致且与设计基准重合；操作方便。缺点是工序分散，需用模具、压力机和操作人员较多，劳动量较大。

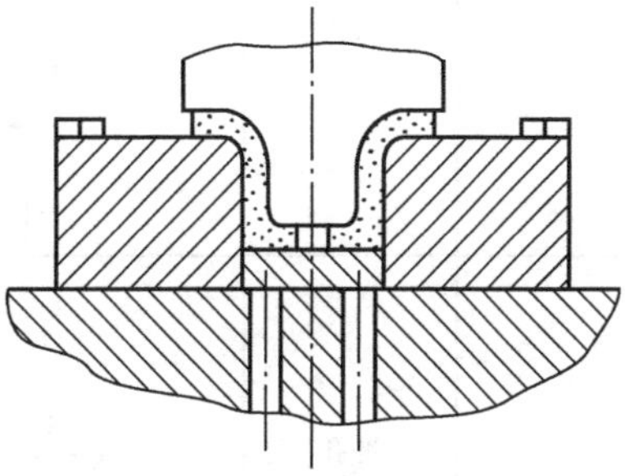

图 4-58　方案Ⅲ

方案Ⅱ的模具虽然也具有方案Ⅰ的优点，但零件回弹不易控制，故尺寸和形状不准确，同时也具有方案Ⅰ的缺点。

方案Ⅲ的工序比较集中，占用设备和人员少。但模具寿命较低，工件表面有刮伤、厚度有变薄现象，回弹不能控制，尺寸和形状不够准确。

综合上述，考虑到工件精度要求较高，批量不大，故生产中选择第Ⅰ种方案。

3. 填写冲压工艺卡片

各厂所使用的冲压工艺卡片的格式各不相同，表 4-16 是冲压工艺卡片的部分内容，供参考。

表 4-16　冲压工艺卡片部分内容

<table>
<tr><td colspan="2">材料牌号及技术条件</td><td>08 钢</td><td>毛坯形状及尺寸</td><td colspan="2">选用板料
1800×900×1.5</td><td colspan="2">纵裁成
1800×108×1.5</td></tr>
<tr><td>工序号</td><td>工序名称</td><td colspan="2">工序草图</td><td>工装名称及图号</td><td>设备</td><td>检验要求</td><td>备注</td></tr>
<tr><td>0</td><td>下料</td><td colspan="2">1800×108×1.5</td><td></td><td>剪床</td><td></td><td></td></tr>
<tr><td>1</td><td>冲孔落料</td><td colspan="2">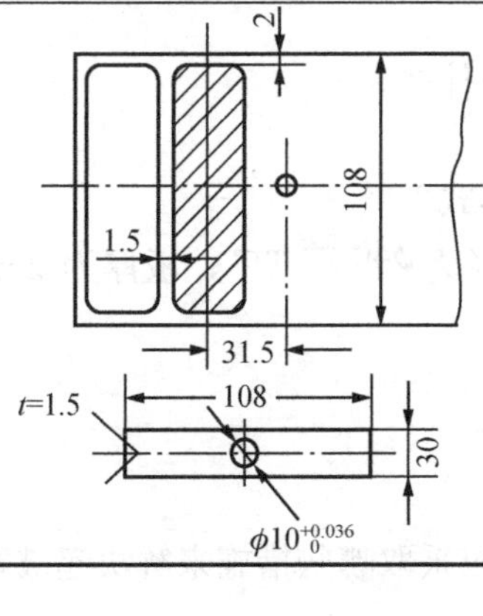
</td><td>冲孔落料复合模</td><td>J23-25</td><td>按草图
检验</td><td></td></tr>
</table>

续表

材料牌号及技术条件		08 钢	毛坯形状及尺寸	选用板料 1800×900×1.5		纵裁成 1800×108×1.5	
工序号	工序名称	工序草图		工装名称及图号	设备	检验要求	备注
2	首次弯曲 (带预弯)	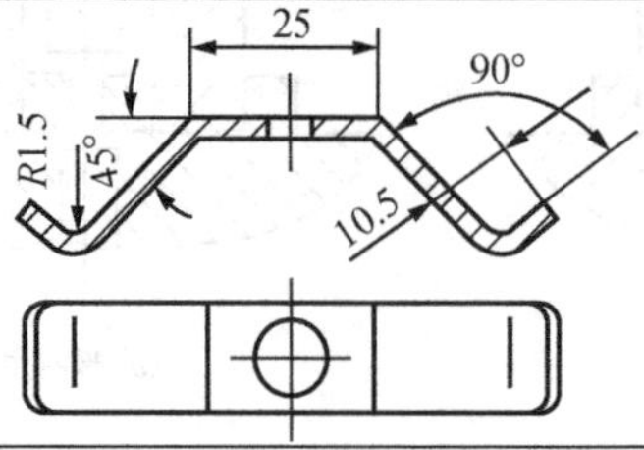		弯曲模	JH23-16	按草图 检验	
3	二次弯曲	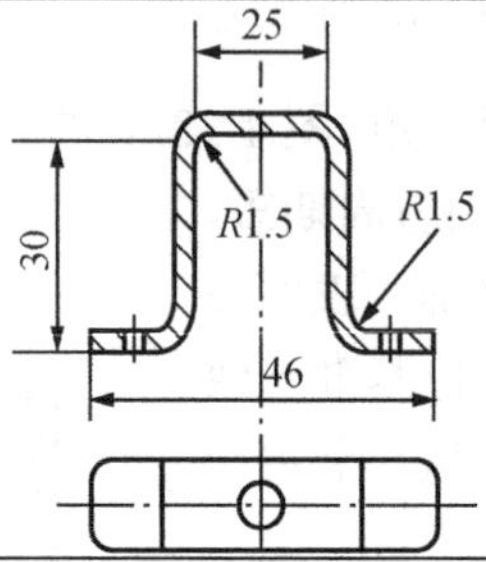		弯曲模	JH23-16	按草图 检验	
4	冲孔 4-$\phi5$	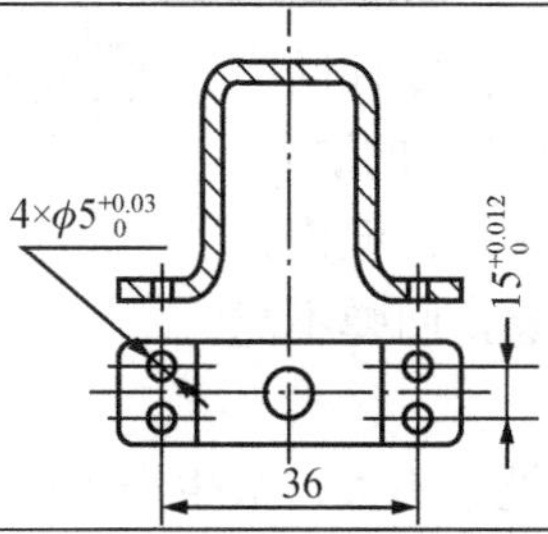		冲孔模	JH23-16	按图检验	
5	去毛刺				滚筒		
6	检验					按冲压件 图检验	

复习思考题

1．车体结构零件制造中常用的冲压工序有哪些？

2．简述冲裁时板料的变形过程。

3．降低冲裁力的方法有哪几种？

4．冲裁模的基本组成部分及其作用是什么？

5．简述冲裁模总体设计的具体内容。

6．冲裁凸模和凹模各有哪几种结构形式？

7．在 10＃钢板上冲孔，已知冲孔直径为$\phi40^{+0.25}_{0}$mm，板厚为 2mm。试求冲孔模的凸、凹模刃口尺寸及公差？

8．简述弯曲时板材的变形特点。

9．解决弯曲回弹问题的措施有哪些？

10．简述拉深过程中金属变形的特点。

11．拉深件为什么会出现起皱现象？应采取哪些措施来解决起皱？

12．简述冷挤压的三种基本方式。

第五章　车体焊接结构及工艺

第一节　车体制造中的焊接方法及设备

一、焊接方法及其分类

焊接是指通过适当的物理化学过程使两个分离的固态物体产生原子(或分子)间结合力而连接成一体的连接方法。要把两个分离的金属构件连接在一起，从物理本质上来看就是要使这两个金属构件的连接表面上的原子彼此接近到金属晶格距离(3～5 埃)。通常情况下，当把两个金属构件放在一起时，由于表面存在制造误差，即使采用精密磨削加工的金属表面，其不平度仍有几到几十微米(1 微米＝10^{-6}米>>1 埃=10^{-10}米)；其次，由于金属表面存在的氧化膜和其他污染物阻碍着实际金属表面原子之间接近到晶格距离，不能形成结合力。因此，焊接过程的本质就是通过适当的物理化学过程克服这两个困难，使两个分离表面的金属原子之间接近到晶格距离并形成结合力。焊接方法及分类如图 5-1 所示。

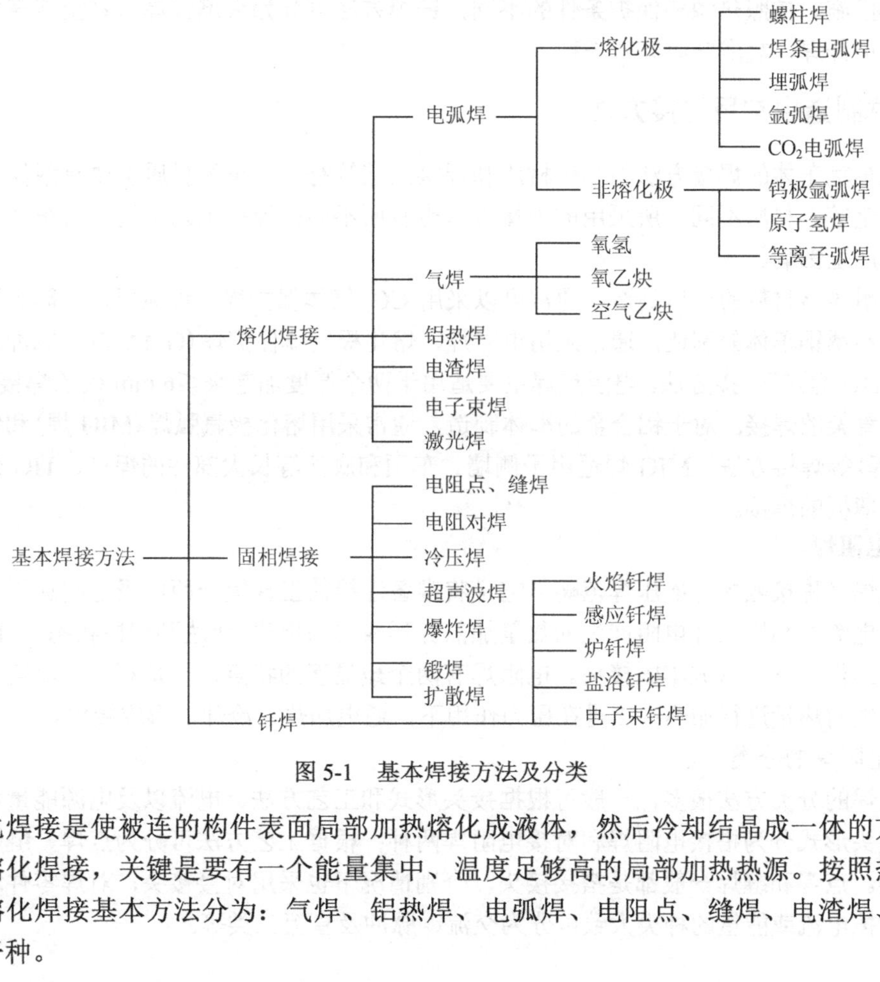

图 5-1　基本焊接方法及分类

熔化焊接是使被连的构件表面局部加热熔化成液体，然后冷却结晶成一体的方法。为了实现熔化焊接，关键是要有一个能量集中、温度足够高的局部加热热源。按照热源形式不同，熔化焊接基本方法分为：气焊、铝热焊、电弧焊、电阻点、缝焊、电渣焊、电子束焊等若干种。

其次，为了防止局部熔化的高温焊缝金属因跟空气接触而造成成分、性能的恶化，熔化焊接过程一般都必须采取有效的隔离空气的保护措施，其基本形式是：真空、气相和渣相保护三种。因此，保护形式常是区分熔化焊接方法的另一个特征。例如，熔化焊接方法中按保护方法不同分为埋弧焊、氩弧焊及 CO_2 气体保护焊等。此外，电弧焊按电极特征可分为熔化电极和非熔化电极两大类。

固相焊接是利用加压、摩擦、扩散等物理作用克服两个连接表面的不平度，除去(挤走)氧化膜及其他污染物，使两个连接表面上的原子相互接近到晶格距离，从而在固态条件下实现的连接统称为固相焊接。固相焊接时通常都必须加压，因此也将这类加压的焊接方法称为压焊。固相焊接大都在加压同时伴随加热措施，但加热温度通常都远低于焊件的熔点。因此，固相焊接一般都无须保护措施(扩散焊等除外)。

根据加热方法不同，固相焊接可分为冷压焊、摩擦焊、超声波焊、爆炸焊、锻焊、扩散焊、电阻对焊、闪光对焊等若干种。

应该注意的是，通常所指的电阻焊属于固相焊接。但有些电阻焊(点焊、滚焊)接头形成过程伴随有熔化结晶过程，则属于熔化焊接。

钎焊是利用某些熔点低于被连接构件材料熔点的熔化金属(钎料)作为连接的媒介物在连接界面上的流散浸润作用，然后冷却结晶形成结合面的方法。显然，钎焊过程也必须采取加热和保护措施。按照热源和保护条件的不同，钎焊方法可分为火焰钎焊、真空或充气感应钎焊、电阻炉钎焊、盐浴钎焊等若干种。

二、车体制造中常用焊接方法

轨道车辆车体的焊接方法与车体材质和焊接工艺等有关。车体材质主要有耐候钢、不锈钢和铝合金等。材质不同，所采用的焊接方法也有所不同；焊接工艺不同，对车体制造质量和成本均产生影响。

采用耐候钢材料的车体制造，通常可以采用 CO_2 气体保护焊、埋弧焊、电阻焊等焊接方法。对于不锈钢车体的制造，通常采用电阻焊、熔化极气体保护焊(GMAW)、脉冲钨极氩弧焊(脉冲 TIG 焊)等焊接方法。电阻点焊主要适用于两个厚度加起来≤6 mm 板的焊接，如端墙的外板和骨架的焊接。对于铝合金的车体制造，通常采用熔化极氩弧焊(MIG 焊)和钨极氩弧焊(TIG 焊)等焊接方法。MIG 焊适用于侧墙、车顶和底架等长大部件的焊接，TIG 焊主要适用于小件薄板的焊接。

1. 电阻焊

电阻焊又称接触焊，属压焊范畴。它是将准备连接的工件置于两电极之间加压，并对焊接处通以电流，利用工件电阻产生的热量加热并形成局部熔化(或达到塑性状态)，断电后，在压力继续作用下，形成牢固接头。电阻焊有两个最显著的特点：一是利用电流通过焊接区的电阻产生的热量进行加热；二是在压力作用下，通电加热、冷却，形成接头。

(1) 电阻焊的分类。

电阻焊的分类方法很多，一般可根据接头形式和工艺方法、电流以及电源能量种类来划分。按接头形式分为搭接电阻焊和对接电阻焊两种；根据工艺方法可分为点焊、缝焊以及对焊等几类。点焊和缝焊一般都是搭接接头，个别情况下也采用对接接头，对焊零件均采用对接接头；按电流或能量的种类大致可分为交流、脉冲及直流三类等。

① 点焊。

点焊时，工件间靠尺寸不大的焊点形成牢固接头，如图 5-2 所示。板件 3 由铜合金电极 2 压紧后通电加热，至工件内部形成应有尺寸的熔化核心 4 为止，切断电流，核心冷却凝固后去除压力。核心周围的形状塑性变形区称为塑性环，可隔绝周围气氛对核心熔化金属的侵袭，并可防止飞溅。

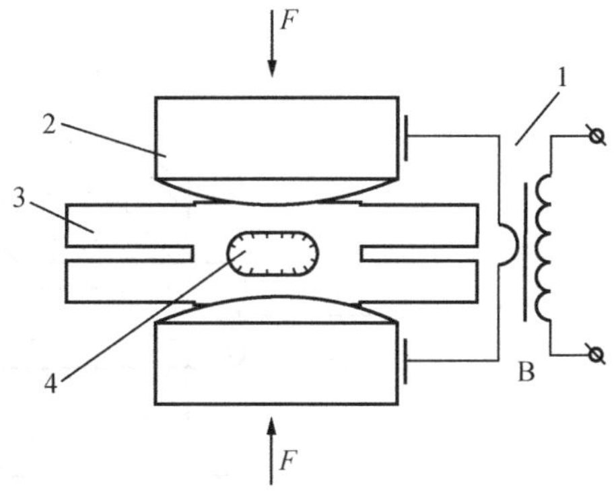

图 5-2　点焊示意图

1-变压器；2-电极；3-板件；4-熔化核心

按对工件供电的方向，点焊可分为单面点焊与双面点焊两种。

单面点焊，是由工件一侧供电，多在工件较大，夹具笨重，移动不便，或受通用焊机机臂尺寸限制时使用。用单面点焊可直接在装配夹具上装配，能较好地保证装配精度，在汽车、飞机等薄板冲压件装配焊接的生产线上采用甚多。

双面点焊，是由工件两侧对两个零件供电，可用两个电极，或一面是电极，另一面为导电垫板，以保护焊件表面涂覆层。

点焊按一次形成的焊点数可分为单点、双点或多点点焊。

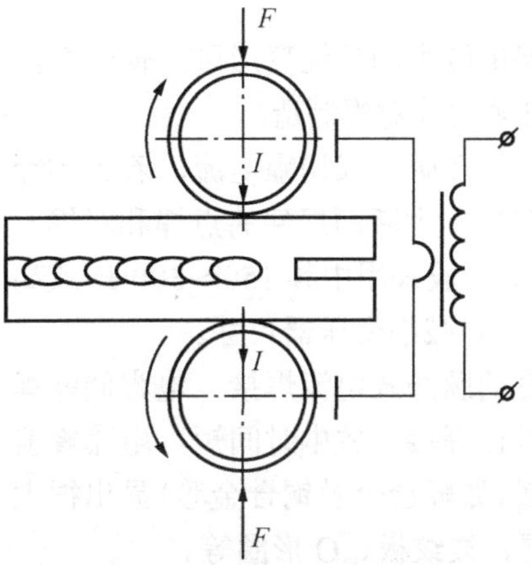

图 5-3　缝焊示意图

② 缝焊。

缝焊用滚盘代替电极，通常把一个个焊点相互重叠起来，形成类似连续点焊的焊缝。缝焊依滚盘转动与馈电方式分为连续缝焊(滚盘连续滚动，电流连续接通)、断续缝焊(滚盘连续滚动，电流间歇接通)、步进式缝焊(滚盘滚动与通电均为间歇式，电流在滚盘不动时输入)。按供电方向或一次成缝特点也可分为单面缝焊、双面缝焊、单缝缝焊、双缝缝焊等。一般情况下，缝焊皆用于有气密性要求的焊件，如油箱；或焊件组装，如火焰筒等，有时也可用于为提高点焊速度的滚点焊。缝焊过程与焊接循环，如图 5-3 所示。

③ 对焊。

对焊是电阻焊的另一大类，在造船、汽车及一般机械工业中占有重要地位，如船用锚链、汽车曲轴、飞机上操纵用拉杆、发动机中各种安装边等焊接中都有使用。

对焊件均为对接接头，按加压与通电方式分为电阻对焊、闪光对焊及滚对焊。对焊及其过程循环图，如图 5-4 所示。

电阻对焊时，将零件置于钳口(即电极)中夹紧，并使两零件端面压紧，然后通电加热；当零件端面及附近金属加热到一定温度时，突然增大压力进行顶锻，两零件便在同态下形成牢固的对接接头。

电阻对焊的接头较光滑，无毛刺，在小管道、拉杆以及小链环中采用较多。由于对接而易受空气侵袭，形成夹杂物而降低接头冲击性能，所以受力要求较高的焊件应在保护气氛(如氮、氩等)下进行电阻对焊。

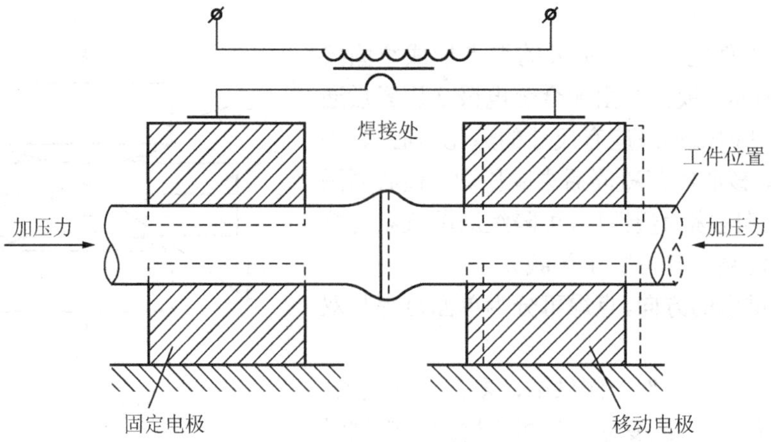

图 5-4　对焊示意图

闪光对焊是将焊件置于钳口中夹紧后，先接通电源，再使焊件缓慢靠拢接触，因端面个别点的接触而形成火花，加热达一定程度(端面有熔化层，并沿长度有一定塑性区)后，突然加速送进焊件，并进行顶锻。这时熔化金属被全部挤出结合面之外，而靠大量塑性变形形成牢固接头。用这种方法所焊得的接头因加热区窄，端面加热均匀，接头质量较高，生产率也高，故常用于重要的受力对焊件，如涡轮轴、锅炉管道等。

断面尺寸大的对焊件，如钢轨、大直径油管等，为了保证较大的塑性变形区，使结合面加热均匀，节省金属，也可以采用预热闪光对焊。薄壁钢管多用滚对焊制造。

交流电源中应用最多的是工频交流电阻焊，可用单脉冲、多脉冲或调幅电流。若工频经过变频后只使用 3～10Hz 时，便称为低频焊接，可用于大厚度、大断面焊件的点焊和对焊。高频交流电源多用于薄管滚对焊，如自行车架钢管的滚对焊，一般采用中频 150～300Hz 或高频 2.5～450kHz，缝焊速度可以从每分钟几十米到百米以上，并减小变压器尺寸。

脉冲焊(包括电容储能和直流脉冲等)采用单方向的畸变的脉冲式电流焊接。电容储能焊是利用储藏在电容中的能量对焊接处突然放电的脉冲电流进行焊接。放电时间短，电流峰值高，波形陡峭，加热与冷却速度很快，对导热性很好的金属(如轻合金及铜合金等)显出很大优点，可用于焊接铝制零件、车辆、家具以及发动机隔热屏、波纹板、O 形圈等。

直流脉冲焊接又称直流冲击波焊接。它利用普通交流电源整流成直流(在变压器初级侧整流)后，供给焊接处以直流电源。电流波形具有缓升缓降的性质，这对一些易产生裂纹的较厚的铝合金零件甚为有利，故在雷达、飞机、发动机、车辆等一些部件装配焊接中获得较广泛的应用。

(2) 电阻焊的优缺点。

近年来，电阻焊得到迅速发展，这与其技术经济特点有密切关系。与同样用于组装的铆接或其他焊接方法相比，电阻焊的优点如下。

① 因是内部热源，热量集中，加热时间短促，在焊点形成过程中始终被塑性环包围，故电阻焊冶金过程简单，热影响区小，变形小，易于获得质量较好的焊接接头。在某些大型构件或用熔焊不易保证质量的焊件上，易于满足焊接质量要求，如铝制地铁车辆厢体及房屋构架、汽车车身的焊接等。

② 与铆接结构相比，质量轻、结构简化，易于得到形状复杂的零件。减轻结构质量不但

节省金属，还能改进结构承载性能，减少动力消耗，提高运行速度。如高速铁路车辆、导弹、飞行器、船舶等对结构质量的控制甚为严格。

③ 电阻焊因机械化、自动化程度高，可提高生产率，改善工作条件。与手工铆接相比，采用点焊可节省工时 5/6 以上，与成组压铆相比也可节省 1/2 的工时。对焊的生产率比其他焊接方法也高得多。此外，因焊接过程中无不良气氛，且噪声小，易于安排在流水线中。只是在对焊时，因有飞溅火花，需根据产品特点加以隔离。

④ 表面质量较好，易于保证气密。采用点焊或缝焊装配，可获得较好的表面质量，避免表面金属的损伤。使用点、缝焊也比铆接易于保证气密。

尽管电阻焊具有很多优点，但仍存在如下一些问题。

① 由于电阻焊的加热是利用内部热源，凡影响电阻大小、电源波动的因素均会造成热量波动，使焊接质量不稳定。

② 设备较复杂，功率大，投资较多。电阻焊机械化、自动化程度较高，相对于一般熔焊设备要复杂些，维修也较困难。由于电压低(几伏)、电流大(达几十千安培)，要求电源功率大(有的达 1000kVA 以上)，因而一般馈电网负荷困难。

③ 焊件的尺寸、形状、厚度受到设备的限制。焊件的材料、厚度、尺寸及形状受焊机功率、机臂尺寸与结构形状的限制，故对于一些封闭型、半封闭型结构或因焊件的材料而不宜采用电阻焊设备时，则需订制专用设备。

④ 点焊与缝焊多采用搭接接头，增加了构件的质量，焊缝受力时会有附加力矩，使承载条件变坏，降低了承载能力。

电阻焊适用于薄板的搭接和型材的对接，在航空、汽车、地铁车辆、锅炉、自行车、量具刃具以及无线电器件等工业领域中都得到了广泛应用。如国外某些铝制高速地铁车辆的制造，每台车辆约有 10000 个焊点，一辆轿车至少有 5000 个焊点。电阻焊还可用于客车侧墙板与侧立柱的连接，底架侧梁等纵向梁的拼接等。

2. 熔化极氩弧焊

熔化极氩弧焊(MIG)用焊丝本身作电极，可以大大提高焊接电流。其特点是电弧功率大，热量集中，热影响区小，生产率高。与手工钨极氩弧焊相比，效率提高 3～4 倍，并随着焊件厚度的增大，生产率明显提高。这种焊接方法广泛应用于中厚度和大厚度铝合金板材的焊接。例如，焊接 30mm 厚的铝板可不必预热，只焊正、反两层即可获得表面光滑、质量优良的焊缝。

熔化极氩弧焊时，焊缝的气孔敏感性较大，这与焊丝直径有显著的关系。为此，常选用粗焊丝及较大的焊接电流。焊丝直径越粗，焊丝的比表面积(单位长度的焊缝中熔化焊丝的表面积与其体积之比)就越小；反之，越大。用细焊丝焊接时，由铝焊丝表面带入溶池的氧化膜及表面吸附水等杂质的数量要高于粗丝焊，因此容易产生气孔。

熔化极氩弧焊可分为熔化极半自动氩弧焊、熔化极自动氩弧焊和熔化极脉冲氩弧焊等。

(1)熔化极半自动氩弧焊。

熔化极半自动氩弧焊采用手工操作方式，在焊接时，主要是引弧、熄弧及焊枪姿态和运行的控制问题。引弧时，常易引起未焊透或未熔合。为此，引弧最好在引弧板上进行，也可在焊件上进行。但引弧部位应选在正式焊接的始点前方约 20mm 处，最好是热启动，引弧电流应稍大，或引燃电弧后停留片刻，然后再过渡到正常焊接速度。熄弧时，容易产生弧坑及焊缝过热，甚至由此产生裂纹。在焊接结束时，熄弧处的焊缝应高出焊缝表面，余高过高时再将其修平。熄弧最好在引出板上进行。在实际生产中，熔化极半自动氩弧焊适用于定位焊，定位焊缝长度一般为40～60mm。

(2)熔化极自动氩弧焊。

熔化极自动氩弧焊也称自动MIG焊。自动MIG焊工艺易于实现自动化焊接，但对零件尺寸精度及装配质量比熔化极半自动氩弧焊要求更高，对装配焊接工艺装备的配套要求更多，如小车、导轨或操作机或变位机。

采用自动MIG焊焊接纵向焊缝时，对接坡口两端应焊上引弧板及熄弧板。焊接环形焊缝时，熄弧处应超越起弧点100mm左右，以弥补原起弧处焊缝成形不良，也使熄弧处与起弧处不致重叠。

自动MIG焊适用于形状规则的长焊缝，起弧、熄弧、接头处少，可采用比手工焊接更大的电流，提高焊接生产率，较少人为因素影响焊接质量，焊接参数及焊缝质量比手工焊接稳定。

(3)熔化极脉冲氩弧焊。

普通MIG焊时，同一直径的焊丝，其电流范围很窄，焊接电流不超过临界值便不能得到稳定的射流过渡或短路过渡。熔化极脉冲氩弧焊(简称脉冲MIG焊)的电流调节范围可包括从短路过渡到射流过渡的所有电流领域，既适于焊接厚板，又适于焊接薄板。

脉冲MIG焊过程参数多且可调，主要参数是脉冲频率、脉宽比和焊接电流。频率范围一般为30～300Hz，当要求焊接电流大时，可采用较高频率；当要求焊接电流小时，可采用较低的频率。脉宽比的一般范围为25%～50%，空间位置焊接时选用30%～40%，脉宽比过小将影响电弧的稳定性，脉宽比过大则近似普通MIG焊，失去脉冲MIG焊特征。

3. 钨极氩弧焊

钨极氩弧焊是钨极气体保护焊(TIG)的一种。它是在氩气保护层下，以燃烧于非熔化电极(钨极)与焊件间的电弧作为热源，熔化铝合金填充焊丝及基体金属而实现焊接的一种方法。图5-5为钨极氩弧焊示意图。钨极氩弧焊的优点如下。

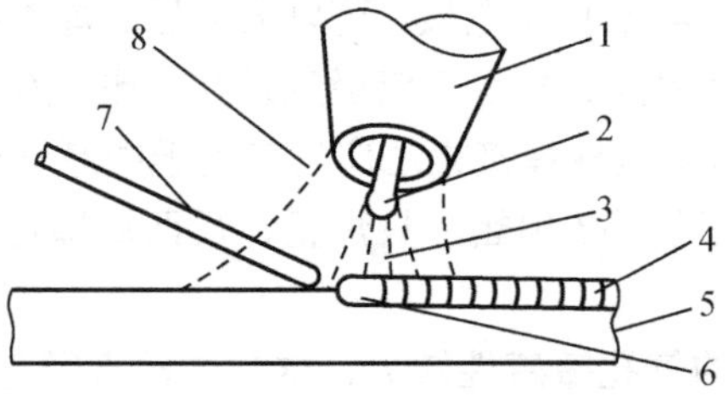

图5-5　钨极氩弧焊示意图

1-喷嘴；2-钨极；3-电弧；4-焊缝；5-工件；6-熔池；7-填充焊丝；8-氩气

① 焊丝端部及熔池受到氩气保护，使其不与空气中的氧和氮等气体反应，氩气既不与金属起化学作用，也不溶解于金属中，使焊接冶金反应变得简单和容易控制；

② 热量集中，焊件的热影响区狭窄，焊接变形小；

③ 接头形式不受限制，并可省略焊后清理熔渣等工序；

④ 由于交流电氩弧焊时产生的“阴极破碎”作用，可以较彻底地清除焊件表面的氧化膜；

⑤ 电弧燃烧稳定，焊缝成形美观、光滑，焊接接头质量优良。

钨极氩弧焊在工业中获得越来越广泛的应用，它主要用于重要结构的焊接，如飞机制造、原子能、化工及纺织等工程中。它适于焊接 1～20mm 厚的焊件。钨极氩弧焊可分为手工焊及自动焊两种，手工钨极氩弧焊操作灵活、方便，因此，应用极为广泛，特别适用于铝合金铸件的焊补。钨极自动氩弧焊主要用于外形较规则，并且是批量生产的直线焊缝及环形焊缝的焊接。

(1)手工钨极氩弧焊。

手工钨极氩弧焊(也称手工 TIG 焊)时，引弧及熄弧最好也在引弧板及熄弧板上进行，待钨极炽热后再将电弧平稳过渡到工件的始焊处。手工 TIG 焊适用于定位焊。

定位焊的部位一般置于双面焊正面坡口的背面。单面焊时可在坡口内进行定位焊。定位焊一般为冷态引弧，为保证焊透，电弧应在引弧或起弧点稍作停留，待母材熔化并形成熔池后，再及时填丝运行。定位焊后，应打磨并检查定位焊缝表面，当出现未焊透、未熔合、气孔、裂纹时，宁可将其铲除，并重新定位焊。

熄弧的要点是不留弧坑。即使母材焊接性良好，但因焊接过程中热量积累，熄弧部位温度很高，弧坑内熔池快速凝固和全方位收缩，很容易导致弧坑或弧坑裂纹。为此，熄弧后，应继续向焊枪送气 5～15s，以保护工件熄弧区表面及钨极不被氧化。

(2)自动钨极氩弧焊。

自动钨极氩弧焊(也称自动 TIG 焊)时，电弧运行及焊丝填入均由机械控制，焊接电流及焊接速度和焊接质量比手工 TIG 焊均有所提高。焊接时，钨极尖端与工件之间的距离保持 0.8～2.0mm，一般应备有反面垫板。同时，操作者必须严密监控电弧的运行轨迹和钨极至工件的距离。

(3)脉冲钨极氩弧焊。

脉冲钨极氩弧焊(也称脉冲 TIG 焊)可有效地控制焊缝反面成形，提高焊接接头强度、塑性，减少气孔，避免裂纹，特别有利于焊接热处理强化的高强度铝合金结构。

三、新型焊接电源设备

随着大功率电子元件和集成电路技术的发展，使先进的中频逆变技术迅速推广和应用。它从应用于中频加热、稳压电源、电化学加工，发展到应用于电弧焊接、电阻焊接和电子束焊接等。直流—交流之间的变换称为逆变，实现这种变换的装置称为逆变器。为焊接电弧提供电能，并具有焊接方法所要求性能的逆变器，称为弧焊逆变器(或称为逆变式弧焊电源)。

弧焊逆变器是把单相或三相交流电经过整流后，由逆变器转变为几百至几万赫兹的中频交流电，经降压后输出交流或直流。整个过程由电子电路控制，使电弧具有符合需要的外特性和动特性。它具有高效节能、质量轻、体积小、功率因数高、焊接性能好等独特的优点。可应用于各种弧焊方法，是一种最有发展前途的普及型弧焊电源。弧焊逆变器按功率元件分为晶闸管式、晶体管式、场效应管式和 IGBT 式。

第一台晶闸管式弧焊逆变器于 1978 年问世，1981 年又出现了晶体管式弧焊逆变器，1989 年 IGBT 式弧焊逆变器在埃森世界焊接与切割博览会上出现。从 20 世纪 80 年代开始，多数焊接设备公司都相继研制和生产了不同类型的弧焊逆变器，从而使这种高效轻巧、性能好的新型电子弧焊电源迅速得到推广应用，逐步成为更新换代的重要产品。

弧焊逆变器的特点如下。

(1)省料、质量轻、体积小。传统的弧焊电源用工频传递电能，弧焊逆变器用几千至几万赫兹的中频，而制作变压器的用料多少与工作频率成反比，工作频率提高还可以减少制作滤波电感的用料。因此，弧焊逆变器的质量只是传统电源的 1/10～1/5，体积是传统电源的 1/3 左右。

(2) 高效节能。由于电子功率器件工作于开关状态，变压器等可采用铁损小的磁芯材料，效率可达 80%～90%。主电路内有电容，提高了功率因数，节能效果十分显著。

(3) 改善了弧焊工艺性能。因为工作频率高，所需的主电路中滤波电感值小，电磁惯性减小，易于获得良好的动特性；弧焊逆变器的可控性好，外特性和动特性等可按不同工艺要求来设计；用作交流电源时可获得较高频率的矩形波，从而提高交流电弧的稳定性。弧焊逆变器与传统弧焊电源的主要技术指标见表 5-1。

表 5-1　弧焊逆变器与传统弧焊电源的主要技术指标

弧焊电源类型	电源电压/V	空载电压/V	输出电流/A	负载持续率/%	效率/%	功率因数	质量/kg	尺寸/mm
弧焊发电机 AX-320	3×380	50～80	320	50	53	0.87	530	1195×600×992
弧焊整流器 ZXG-300-1	3×380	72	300	60	68	0.65	200	410×600×790
晶闸管式弧焊逆变器 CAAYWELD350	3×380	50	300	60	83	0.95	37	570×265×410
IGBT 式弧焊逆变器 2×7-315	3×380	63	315	60	85	0.98	30	420×260×470
晶体管式弧焊逆变器 US220AT	220	3	220	60	81	0.99	25	350×550×365
场效应管式弧焊逆变器 LUA400	3×380 3×220	67	400	35	80	0.90	48	—

弧焊逆变器首先应用于手弧焊，随后因功率增大和性能提高，其用途不断扩大，现在已逐步被推广应用于不熔化极气体保护焊、熔化极气体保护焊、等离子弧焊、埋弧焊、脉冲弧焊、高频脉冲弧焊等各种弧焊方法。而且随着研制和生产水平的提高，它将会有越来越广阔的市场，并将起着更新换代的作用。

第二节　车体结构的焊接变形

一、焊接应力和变形分析

焊接过程有其特殊性，其表现为：①焊接时的温度变化范围大，在焊缝上最高温度可达到材料的沸点，而离开热源温度急剧下降直至室温；②焊接时由于温度变化范围大可能出现相变，相变结果将引起许多物理和力学参数的变化；③焊接温度场的分布复杂。图 5-6 为薄板焊接时的一个典型温度场，图 5-6 (a) 是温度场的立体图，平板面内的 X 轴与焊缝方向一致，Y 轴与焊缝垂直，用垂直于平板面的坐标表示温度；图 5-6 (b) 为距焊缝中心不同位置的温度分布；图 5-6 (c) 是沿 X 方向距热源不同位置的温度分布；图 5-6 (d) 是等温线。从图中可以清楚地看出，由于焊接热源并不是沿焊缝全长同时加热，因此，平面假设的准确性就受到影响。但是，在焊接速度较快，材料导热性差的情况下，在焊接温度场的后部，还有一个相当长的区域纵向的温度梯度较小，仍可用平面假设来进行近似的分析。

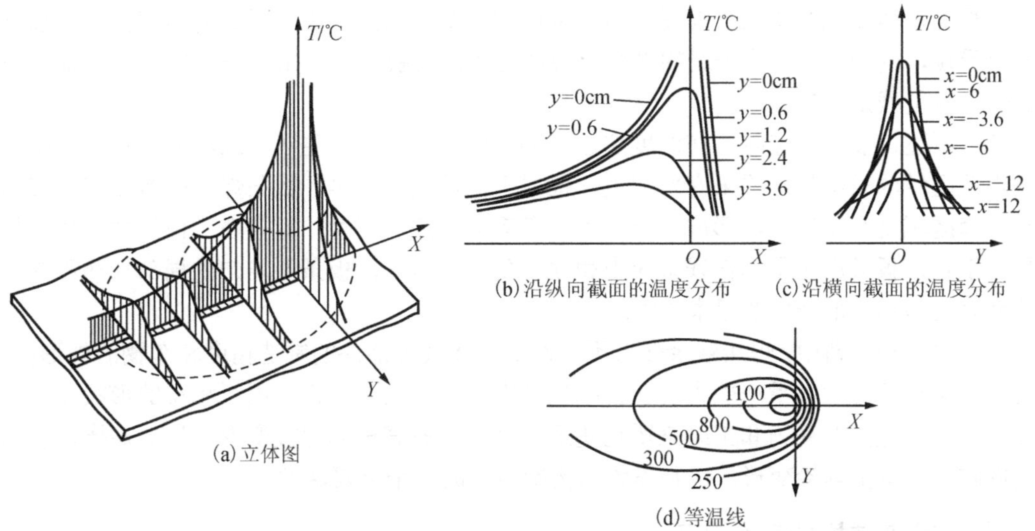

图 5-6　焊接温度场

设一低碳钢平板条，沿其中心线焊接一条纵向焊缝，在焊接过程中出现一个温度场。在接近热源处取一横截面，该截面上的温度如图 5-7(a)所示。由于板条中心的温度较高，远离中心的金属温度较低，这样使板条产生不均匀的热膨胀，其自由变形为ε_T。根据“平面假设”，板条加热伸长后该截面仍保持平面。板条的伸长量为ε_e，曲线ε_T与ε_e之间的差距为应变，$A_1'A_1$水平线以上的应变为负值，产生压应力，平行线以下的应变为正值，产生拉应力。在这种情况下，板条中间部分受压，两侧部分受拉。在 $D'D$ 区域内，金属的温度超过 600℃，产生了塑性变形，σ_s可视为零，不产生应力。DC 和 $D'C'$区域的温度从 600℃降至 500℃，应力迅速从零上升到室温时的数值。因此，在这两个区域中内应力的大小是随σ_s的增加而增加。在 CB 和 $C'B'$区域内，内应力为室温时的σ_s，其值保持不变。AB 和 $A'B'$区域中金属完全处于弹性状态，内应力正比于内部应变值。

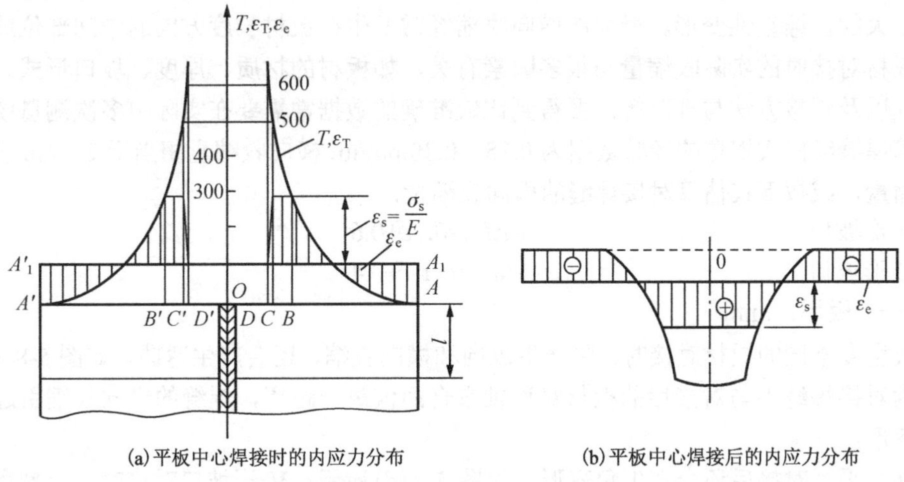

图 5-7　平板中心的内应力分布

由于板条焊接时在 $D'D$ 区域内产生了压缩塑性变形，当板条焊后恢复到室温后，板条中间区域的长度将比原来有所缩短，其缩短量等于焊接时所产生的压缩塑性变形。但由于截面要保持平面，所以该区域的收缩受到两侧金属的限制，因此出现了新的应力和变形。板条中心部分受拉，两侧受压，这个新的平衡应力系统就是残余应力，如图 5-7(b)所示。而板条端面的位移就是残余变形。

综上所述，板条焊接时，在温度超过 600℃的焊缝区域产生了压缩塑性变形，焊接后，板条焊缝区域的长度将比原来有所缩短，根据平面假设，此时，板条焊缝区域受有拉应力，远离焊缝区域受有压应力，形成一个新的平衡应力系统，同时，板条在几何尺寸上也发生了变化，于是，板条产生了焊接残余应力和残余变形。所以，板条不均匀的局部加热和冷却是焊接残余应力和变形产生的根本原因。

在车体结构制造中，焊接残余变形不仅影响车体及各部件的制造精度和车辆的外形美观，还会影响车辆的强度和承载能力。在实际生产中，为了获得与设计图纸相符的形状和尺寸，往往要花费大量的劳动力和工时来矫正变形。因此，研究车体焊接变形产生的规律，从而采取措施防止或减少焊接变形，这是车体结构制造中的一个重要课题。

二、常见焊接结构的残余变形

焊接残余变形是指焊接后残存于焊接结构中的变形。焊接结构的残余变形可归纳为七种形式，包括纵向收缩变形、横向收缩变形、弯曲变形、角变形、波浪变形、错边变形和螺旋形变形等。对于不同的焊接结构，产生的残余变形的形式不同，下面分别进行讨论。

1. 板材对接时的变形

为保证对接质量，板材对接前需进行点固或用夹具夹紧，否则，在焊接开始阶段，板材之间的间隙将有所增大，当焊缝到达一定长度后，随着电弧向前移动，两板之间的间隙又逐渐减小，对接板材相互靠近，甚至发生重叠，如图 5-8(a)所示。这是由于随着焊缝长度的增加，对接板材成为一体的刚度增加，刚焊好的焊缝在焊接过程中产生了压缩塑性变形，这是由焊接后产生的横向收缩造成的。

板材对接之后将产生纵向收缩、横向收缩、弯曲变形和角变形，如图 5-8 所示。板材在各个区段的收缩量是不一样的。最大的纵向收缩通常在焊缝附近，这是由于焊缝区域比其他区域有较大的压缩塑性变形。最大的横向收缩经常发生在板材长度方向的中间部位或焊缝收尾前。板材对接时的实际收缩量与很多因素有关，如板材的材质、厚度、坡口形式、结构的具体情况以及焊接方法与规范等。要得到比较准确的数据常需要在实际中多次测量统计。生产中估算焊缝纵向收缩量的经验数据为 0.15～0.30mm/m；横向收缩量相当于 2～4m 长焊缝的纵向收缩量，或按下式估算对接焊缝的横向收缩量：

V 形坡口　　$\Delta l_{横}=0.1\delta+0.6$　　(5-1)

X 形坡口　　$\Delta l_{横}=0.1\delta+0.4$　　(5-2)

式中，δ——板厚，mm。

两块宽度不同的板材对接时，除产生纵向和横向收缩，还会产生弯曲，如图 5-8(c)所示。这是因为对接焊缝不与对接后的板材对称轴重合而偏离一距离，焊缝的纵向收缩引起板材产生弯曲变形。

此外，平板对接后还会产生角变形，如图 5-8(d)所示。V 形坡口对接时，上部焊缝比下部宽，所以上部收缩比下部大，结果就形成角变形，其数值大致在 2°～3°。在焊接 X 形坡口时，角变形较小，这种情况下的角变形只是由于 X 形坡口两侧不是同时焊接引起的。

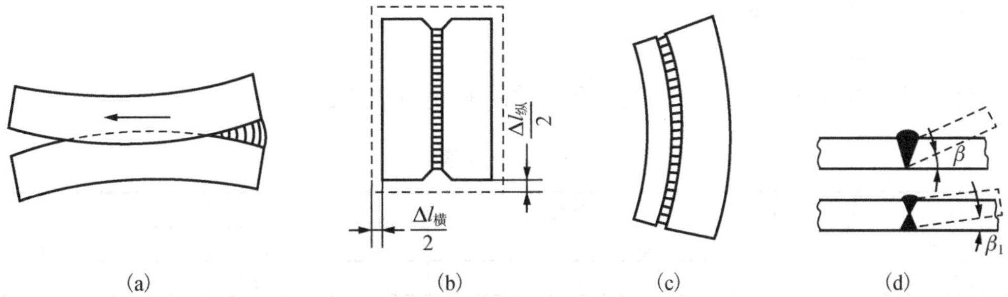

图 5-8　平板对接时的变形

2. 丁字梁焊接时的变形

丁字梁焊后将产生复杂的变形，焊缝的纵向收缩将引起丁字梁长度方向的缩短，这通常是较小的，而弯曲变形则较大。如果焊缝在丁字梁截面的中性轴以下，丁字梁将产生上凸弯曲变形，如图 5-9(a)所示。否则，相反，如图 5-9(b)所示。

除了上述变形，还有由纵向焊缝的横向收缩引起的角变形，如图 5-9(c)所示。丁字梁单面焊时，腹板将向焊缝一侧倾斜，如图 5-9(d)所示。丁字梁焊接变形计算如下。

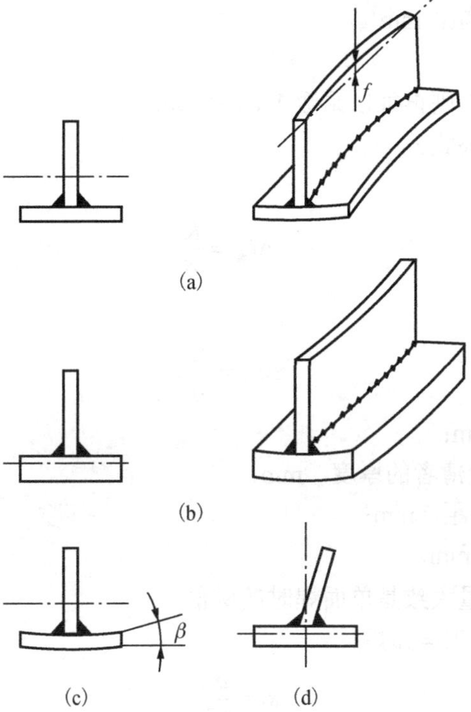

图 5-9　丁字梁焊接时的变形

丁字梁等细长杆件结构的纵向收缩量可按下式计算：

单面焊：
$$\Delta l_{纵} = \frac{k_1 F_H L}{F} \tag{5-3}$$

式中，F_H——焊缝截面积，mm^2；

F——杆件截面积，mm^2；

L——杆件长度，mm；

k_1——系数。

系数与焊接方法和材质有关。低碳钢工件的 k_1 值见表 5-2。

表 5-2　k_1 值

焊接方法	CO_2 焊	埋弧焊	手弧焊	
材　料	低 碳 钢		低碳钢	奥氏体钢
k_1 值	0.043	0.071～0.076	0.048～0.057	0.076

双面角焊缝丁字梁的纵向收缩量由单面角焊缝的纵向收缩量乘以系数 1.15～1.40，这是因为双面角焊缝产生的塑性变形区基本上是重叠的。

丁字梁弯曲变形的挠度 f 随丁字梁长度的增加而急剧增加，挠度 f 与梁的长度 L 的平方成正比。挠度的估算公式为

单面焊：

$$f = \frac{k_1 F_H e L^2}{8I} \tag{5-4}$$

式中，e——焊缝到杆件中性轴的距离，mm；

I——焊件截面惯性矩，mm^4。

其他符号的意义同前。

对于双面角焊缝结构，则再乘以系数 1.15～1.40。

角焊缝横向收缩估算公式：

连续单面角焊缝

$$\Delta l_{横} = \frac{K}{\delta} \tag{5-5}$$

间断单面角焊缝

$$\Delta l_{横} = \frac{K}{\delta} \times \frac{t}{l} \tag{5-6}$$

式中，K——焊角尺寸，mm；

δ——翼、腹板中较薄者的厚度，mm；

t——断续焊缝中心距，mm；

l——段焊缝长度，mm。

双面焊时，横向收缩量大致是单面焊时的两倍。

翼板变形估算公式(手工电弧焊)：

$$s = \frac{b}{4\delta} \tag{5-7}$$

式中，b——翼板宽度，mm；

δ——翼腹板中较薄的一块板的厚度，mm。

例题：如图 5-10 所示低碳钢丁字梁焊接，已知丁字梁长 5000mm，腹板高 250mm，翼板宽 250mm，板厚均为 30mm。采用 CO_2 焊进行双面焊接，焊角尺寸为 10mm。试估算丁字梁焊接产生的弯曲变形。

解： 已知： $L=5000$ mm， $k_1=0.043$（CO_2焊）

$t=30$ mm，$K=10$ mm，$h=250$ mm，$b=250$ mm。

(1) 求丁字梁形心 y_c。

$$x_1=0,\quad y_1=\frac{250}{2}+\frac{30}{2}=140(\text{mm})$$

$$x_2=0,\quad y_2=0$$

$$x_c=0,$$

$$y_c=\frac{F_1\cdot y_1+F_2\cdot y_2}{F}=\frac{250\times30\times140+250\times30\times0}{250\times30\times2}$$

$$=\frac{7500\times140}{15000}=70(\text{mm})$$

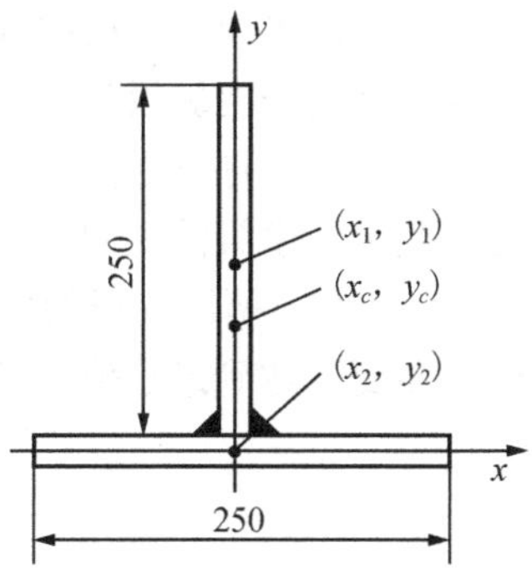

图 5-10　丁字梁截面图

(2) 求丁字梁惯性矩 I_c。

F_1 截面形心到 y_c 的平移轴距离为

$$y_{c1}=y_1-y_c=140-70=70\ (\text{mm})$$

F_2 截面形心到 y_c 的平移轴距离为

$$y_{c2}=y_c=70\ (\text{mm})$$

则丁字梁惯性矩为

$$I_c=\frac{t\cdot h^3}{12}+y_{c1}^2\times F_1+\frac{b\cdot t^3}{12}+y_{c2}^2\times F_2$$

$$=\frac{30\times250^3}{12}+70^2\times7500+\frac{250\times30^3}{12}+70^2\times7500$$

$$=39062500+36750000+562500+36750000=113125000\ (\text{mm}^4)$$

(3) 求丁字梁弯曲变形。

焊缝形心到丁字梁中性轴的距离为

$$e=70-30/2-10/3=51.7\ (\text{mm})$$

则单面焊弯曲挠度为

$$f_1=\frac{k_1\cdot F_H\cdot e\cdot L^2}{8I_c}=\frac{0.043\times50\times51.7\times5000^2}{8\times113125000}=3.07\ (\text{mm})$$

双面焊弯曲挠度为

$$f_2=(1.15\sim1.4)\cdot f_1=(1.15\sim1.4)\times3.07=3.53\sim4.30\ (\text{mm})$$

则丁字梁的弯曲挠度为 3.53～4.30 mm。

3. 工字梁焊接时的变形

工字梁由上、下翼板和一块腹板组成，并在腹板上加筋以提高其刚度，如图 5-11 (a) 所示。工字梁整体变形主要有纵向收缩、垂直方向的弯曲和水平方向的弯曲。工字梁的纵向收缩是由翼板焊接时（焊缝 1、2、3、4）引起的纵向收缩和筋板焊接时引起的横向收缩造成的。水平方向的弯曲通常不大。垂直方向的弯曲与工字梁的装配焊接次序有关。

工字梁的所有焊缝都对称地分布于水平轴的上、下，为什么会产生垂直方向的弯曲呢?这是因为工字梁的焊接次序有先后而破坏了其对称性，随着焊缝的增加，梁的刚度也在增加。

显然先焊的焊缝产生的变形大，后焊的焊缝产生的变形小，最终形成了弯曲变形。

例如，先焊下翼板的焊缝 1 和 2，它们的塑性变形区的纵向收缩将会受到丁字梁的阻碍。因为丁字梁与上翼板只是一般点焊，尚未连成一个整体，对变形的阻碍力不大，所以焊缝 1、2 造成了较大的挠度 $f_{1、2}$。当用同样的焊接规范焊接焊缝 3、4 时，它们的塑性变形区的收缩受到整个工字梁的阻碍，而工字梁的刚度比丁字梁要大得多，因而焊缝 3、4 引起的挠度 $f_{3、4}$ 比 $f_{1、2}$ 要小。两次变形的叠加，使工字梁产生了残余弯曲变形，如图 5-11(b)所示。为了使这个弯曲变形达到最小值，应该采取这样的焊接次序：1—4—3—2 或 1—3—4—2。

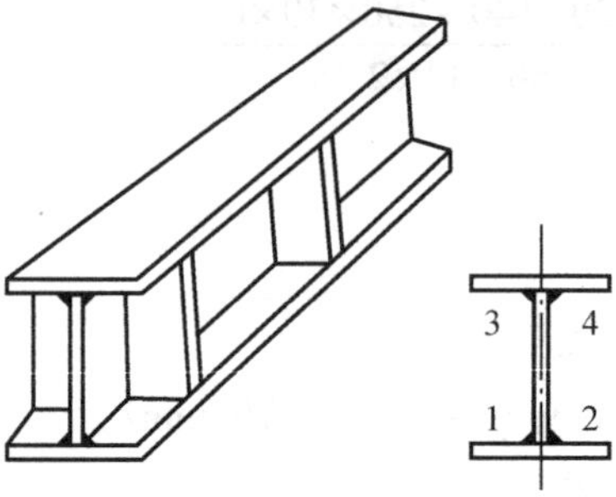

(a)

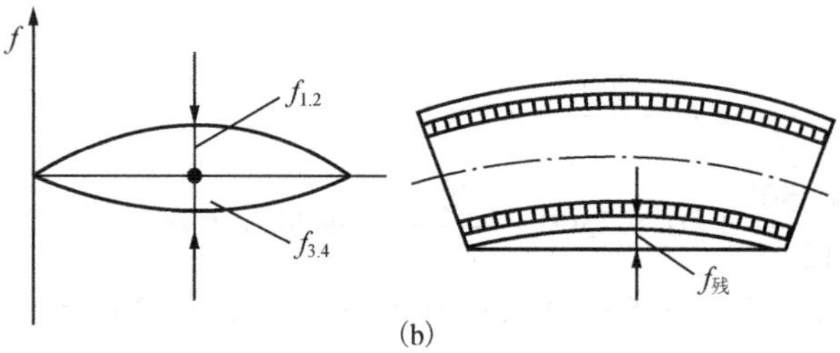

(b)

图 5-11　工字梁焊接时的变形

4. 薄板焊接时波浪变形

薄板在承受压力时，当其中的压应力达到某一临界值时，薄板将因出现波浪变形而丧失承载能力，这种现象称为失稳。当焊接薄板结构时，薄板件的纵向应力分布如图 5-12(b)所示。焊缝附近薄板内部产生拉应力，焊缝区域外薄板产生压应力，当焊缝区域外的焊接压应力超过薄板的临界应力值时，使薄板局部丧失稳定而隆起，形成波浪形，如图 5-12(a)所示。由于焊后焊缝区域内薄板内部总是产生拉应力，所以焊缝区的材料不会丧失稳定，由于横向波浪变形不能越过焊缝，所以波浪变形只在焊缝两侧形成。

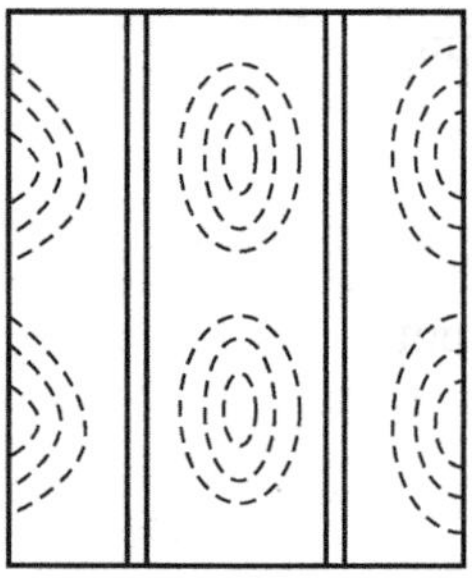

(a)

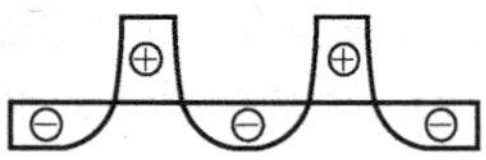

(b)

图 5-12　薄板的波浪变形

失稳临界应力值一般比材料的屈服极限小得多，可是焊接压应力值往往会达到屈服极限。另外，失稳临界应力值还和板厚与板宽的比值有关，板厚与板宽的比值越小，失稳临界应力值越小，平板也就越容易出现失稳现象。因此，在焊接薄板结构时，极易产生波浪变形。当焊件厚度在 8mm 以上时，实际上就不会出现波浪变形。

三、车体结构焊接变形及防止措施

(一)车体结构焊接变形分析

由钢骨架和薄板组合而成的客车车体结构的焊接变形有其特点。据有关资料介绍，客车车体外板的波浪变形和钢骨架的弯曲变形约占车体全部变形量的90%，其余10%是角变形和尺寸误差。车体外板的波浪变形中，侧墙外板占68%，车顶板占20%，端板占12%。可见，波浪变形大都在外表面上，严重地影响车辆的外形美观。

车体结构产生弯曲变形的原因，主要是焊缝在结构上分布不对称。例如，客车底架牵引梁组对时，焊缝在断面中性轴以下，焊后牵引梁将产生下垂的弯曲变形。

又如，车顶弯梁、侧柱、地板横梁等压型件，断面形状为乙形，如图5-13所示。它们和车顶板、侧墙板、铁地板的连接焊缝在结构断面上分布不对称，于是焊后它们将产生向上凸起或水平弯曲变形。

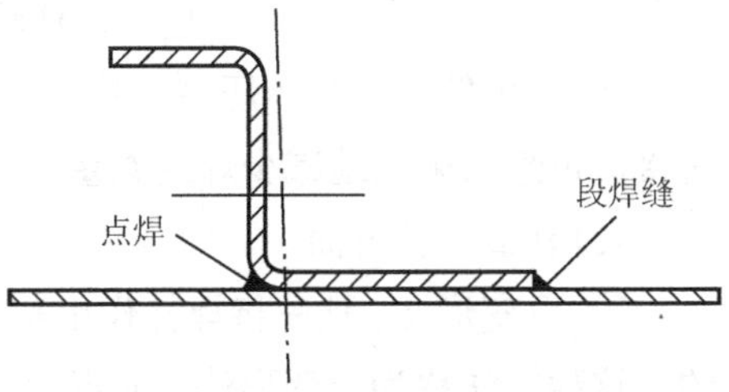

图5-13　乙形梁与薄板的焊接

车体结构的侧墙板、车顶板、端墙板和铁地板等，板厚均在3 mm以下，所以焊后极易局部丧失稳定而隆起波浪形；此外，角变形也能引起波浪变形。例如，车体骨架与薄板各角焊缝的纵向收缩造成的压应力超过其临界应力，使薄板产生波浪变形；同时，这些角焊缝的横向收缩产生的角变形，也使板材形成波浪变形，如图5-14所示。

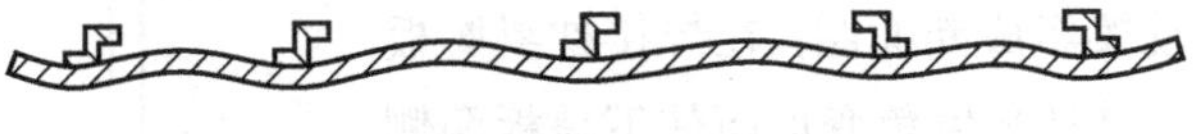

图5-14　角焊缝引起的板材波浪变形

(二)防止和减小车体结构焊接变形的措施

防止车体结构的焊接变形，需要根据不同变形情况采取相应的措施，现分述如下。

1. 尺寸误差

尺寸误差主要是焊缝纵向和横向收缩而造成的工件尺寸的缩小。因此，一般都在工件下料时放长或放宽尺寸。在防止尺寸误差时，要注意以下三方面因素。

(1)材料的线膨胀系数。线膨胀系数大的材料，焊后收缩量也大。不锈钢和铝合金的线膨胀系数比低碳钢大。所以焊接变形也比低碳钢大。

(2)焊缝的纵向收缩随焊缝长度的增加而增加。

(3)焊缝的横向收缩则随焊缝宽度的增加而增加。如前所述，一条焊缝的横向收缩量相当于2～4m长焊缝的纵向收缩量，所以焊缝的横向收缩不可忽视。

2. 弯曲变形

车体结构在制造中的弯曲变形对其性能影响很大，矫正也很困难。因此，必须在装配-焊接前就能估计出变形方向和变形量，并在施焊过程中加以控制。实践证明，焊接变形的大小不仅与焊接过程有关，而且在很大程度上取决于结构设计。

(1)结构设计方面。

① 尽量选用对称的结构、截面和焊缝位置。例如，客车底架牵引梁，绝大多数是采用两

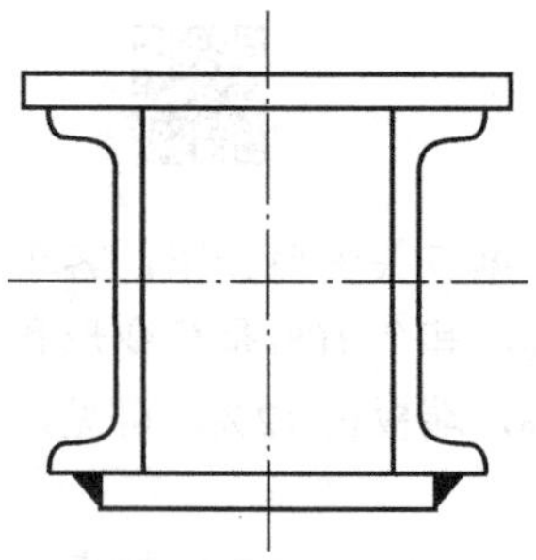

图 5-15　牵引梁断面

根槽钢拼对起来，上、下盖板与槽钢之间的焊缝对称分布在两个中性轴的上下左右，如图 5-15 所示。在焊接过程中，只要合理调整焊接规范和焊接次序，就可减少和防止牵引梁产生的焊接弯曲变形。

② 在保证结构承载能力的条件下，尽可能地减少焊缝的数量、断面尺寸和长度。例如，在客车车顶、侧墙、铁地板等部件制造中，各梁、柱和板材的连接焊缝可用断续焊缝代替连续焊缝。对于搭接或丁字接头，在满足强度要求的前提下，尽量减小焊角尺寸，使输入给工件的热量减少，因而焊接变形量减小。

③ 尽可能采用整体压型结构以减少焊缝数量。例如，侧墙板按车体长度下料，上下板材对接，可最大限度地减少焊缝数量，因而减少焊接变形。

(2)制造工艺方面。

① 反变形法。预先将焊件作出基本上能抵消焊接变形的反变形来达到防止焊接变形的目的，这种方法称为反变形法。它既可以防止弯曲变形，又可以防止角变形。反变形有弹性反变形和塑性反变形两种。

弹性反变形的特点是：在焊接过程中，焊件受到刚性夹具的作用而始终保持弯曲状态，焊件主要产生弹性变形。图 5-16 是客车枕梁组成断面图，在焊接枕梁腹板与下盖板的角焊缝时，容易产生角变形而使下盖板两侧向上翘起。为此，装配时下盖板下面垫上两个板条 E，上面施加压力 P，使其处于弹性反变形状态，焊后可以消除下盖板的角变形。

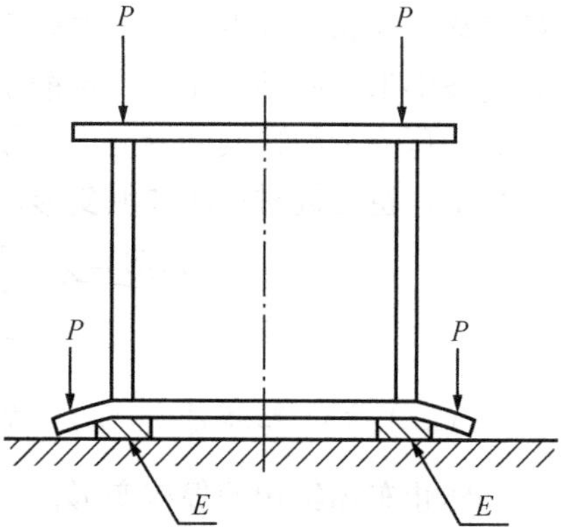

图 5-16　用反变形法焊接枕梁下盖板

塑性反变形的特点是：焊件在焊接前，用机械的方法将其反向弯曲成一定曲率，焊件在有塑性反向弯曲但没有夹紧的情况下进行焊接。

② 利用装配-焊接夹具防止变形。焊接时，将工件固定在刚性很大的夹具上，可以减少弯曲变形和角变形，但允许有纵向收缩。在夹具内焊接，实际上就是在外力作用下进行焊接，焊完松开夹具后，由于弹性变形恢复，所以仍保留一部分变形，但比在自由状态下进行焊接的变形要小得多。

③ 正确地确定装配-焊接次序。利用装配-焊接次序防止焊接变形，就是用不同的装配-焊接次序来改变结构在不同装配阶段的刚度和中性轴位置，因而也改变了焊缝对结构中性轴的相对位置。这种方法在生产复杂焊接结构时经常采用。

图 5-17(a)是一中梁组成图。两片槽钢、下盖板和隔板间由焊缝 A、B、C 连接成一体。中梁断面对 y—y 轴对称，对 x—x 轴不对称，因此，组焊后除出现纵向缩短，还有垂直方向弯曲变形。装配焊接该中梁有三种方案、四种结果，见图 5-17(b)。

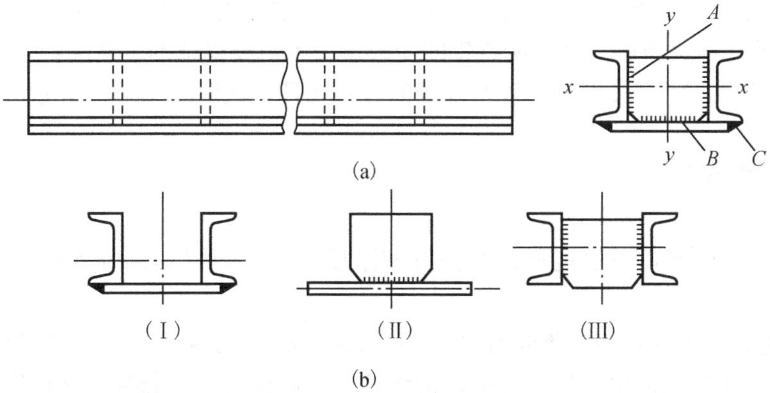

图 5-17　中梁组焊次序

方案Ⅰ：先装配两片槽钢和下盖板，焊接焊缝 C，然后再装配隔板，焊接焊缝 B 和 A，即 C、B、A(或 C、A、B)。这个方案的特点是：纵向长焊缝 C 距 $x—x$ 轴较远，产生较大的上挠变形 f_C，焊缝 B 的横向收缩也产生上挠变形 f_B，焊缝 A 的中心偏于 $x—x$ 轴上方，但距重心较近，其横向收缩产生不大的下挠变形 f_A。因此，总变形量 $f=f_C+f_B-f_A$。

方案Ⅱ：先装配下盖板和隔板，焊接焊缝 B，然后再装配两片槽钢，焊接焊缝 C 和 A，即 B、C、A。这个方案的特点是：焊缝 B 只引起盖板的缩短，对整个中梁的弯曲变形基本上不产生影响，即 $f_B=0$。装配槽钢以后，焊缝 C 和 A 分别位于 $x—x$ 轴的两侧，变形可以抵消一部分，因此总变形量 $f=f_C-f_A$。

如果焊接次序为 B、A、C，$f_B=0$。同时，焊缝 A 位于结构中性轴上、下对称，只引起槽钢的缩短，即 $f_A=0$。焊缝 C 位于 $x—x$ 轴下方，焊接后产生上挠变形 f_C，因此总变形量 $f=f_C$。

方案Ⅲ：先装配隔板和两片槽钢，焊接焊缝 A，然后再装配盖板，焊接焊缝 C 和 B，即 A、C、B。这个方案的特点是：焊缝 A 位于结构中性轴上、下对称，只引起槽钢的缩短，即 $f_A=0$。装配焊接下盖板以后，焊缝 C 和 B 均产生上挠变形 f_C 和 f_B，因此，总变形量 $f=f_C+f_B$。

如果焊接次序为 A、B、C，$f_A=0$。装配焊接下盖板以后，焊缝 B 只引起盖板的缩短，对整个中梁的弯曲变形基本上不产生影响，即 $f_B=0$。焊缝 C 产生上挠变形 f_C，因此，总变形量 $f=f_C$。

由上可见，从减小中梁焊接弯曲变形的角度看，方案Ⅱ的第一种情况是最好的。但在车体结构制造中，往往要求中梁组焊后有足够的上挠度值，以保证车体总装后具有 0～12mm 的上挠度。因此方案Ⅲ较为理想，即利用装配-焊接次序和组装夹具上预制的上挠度，就可较方便地达到对中梁预挠度的要求。

④ 利用焊接方向对变形的影响。由于自由板条进行直通对焊时，能引起较小的弯曲变形，其变形方向如图 5-18 所示，因此，在车体结构的制造中，常利用焊接方向对变形的影响。

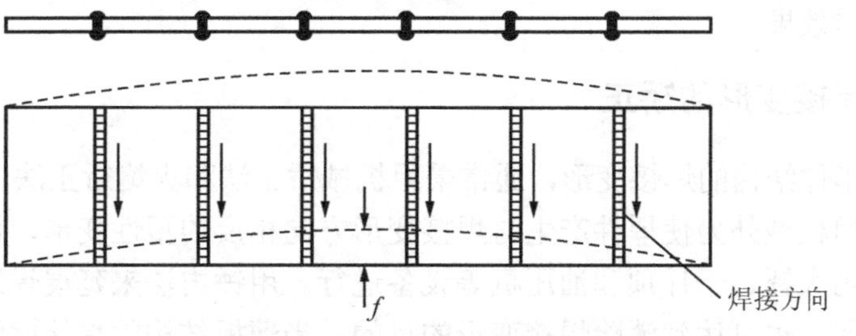

图 5-18　焊接方向对变形的影响

上述各种防止焊接变形的措施中，正确选择结构的装配-焊接次序是防止变形的主要方法。这种方法能在很大范围内调整所产生的变形量而不需要复杂的工艺装备。在实际生产中，可根据结构形状、尺寸、技术要求以及现场的设备条件，同时采用多种措施，以取得最好的效果。

3. 防止波浪变形

(1)结构设计方面。

① 在钢板上压筋，不仅能增加其强度和刚度，而且可以提高临界应力值，减小波浪变形。

② 采用型钢、压型件加强薄板的周边，以提高钢板的临界应力值。如侧墙下边梁、侧立柱、车顶弯梁、车顶纵向梁、地板横梁、端墙的立柱和横梁等都起到了这种作用。需要指出的是，各梁、柱之间组成的封闭图形不可呈正方形，因为正方形薄板的稳定性最小。

(2)制造工艺方面。

① 正确选择焊接方法：用 CO_2 焊代替手弧焊，可以减少薄板结构的变形。因为 CO_2 焊焊接电流密度大，电弧加热集中，焊接速度快，因而工件受热面积小，又有 CO_2 气流的冷却作用，所以焊接变形比手弧焊小得多，目前已在车辆制造中大量采用。接触点焊和电弧焊相比，由于热量集中，焊接时间短，工件又处于电极的夹持之中，因此焊接变形比电弧焊大为减少。特别在焊接客车侧墙、车顶等薄板结构时，采用多点焊对防止波浪变形非常有利。

② 合理的施焊顺序：如图 5-19 所示，用六条焊缝来拼接一块金属底板，焊接顺序是 1—2—3—4—5—6，这将使底板产生局部隆起的波浪变形。因为最后两道焊缝 5 和 6 的横向收缩，在底板中部引起压缩应力而使底板失稳。假如焊接顺序改为 1—2—5—6—3—4，这时所有焊缝的横向收缩都不会受到牵制，因而消除了底板中部隆起的变形。一般在拼焊大面积平板时，合理的焊接顺序为：先焊短的横向焊缝，后焊长的纵向焊缝。

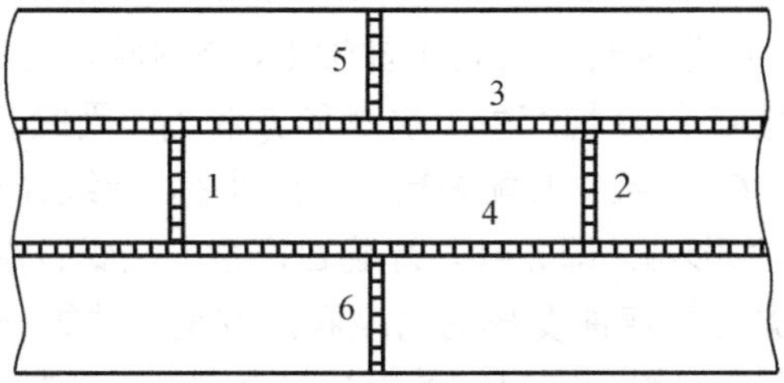

图 5-19 金属底板焊接顺序

③ 刚性固定法：将焊件暂时夹固在平台上焊接是简单易行的方法，但对于厚度为 2～3mm 的薄板，仅在薄板边缘夹固是不够的。由于对接焊缝的纵向收缩使薄板失稳而形成波浪变形，为此，应在焊缝两侧压紧固定，固定的位置应该尽量接近焊缝。同时，在薄板的边缘点固，这样才会取得好的效果。

四、车体结构焊接变形的矫正

消除及矫正车体结构的焊接变形，通常采用机械矫正法和火焰矫正法。

机械矫正是用机械外力使焊件产生与焊接变形方向相反的塑性变形，使两者互相抵消。机械矫正一般使用大锤、千斤顶和油压机等设备进行。用锤击法来延展焊缝及其周围压缩塑性变形区域的金属，也可达到消除焊接变形的目的。当薄板结构的焊接比较规则时，采用辗压法消除焊接变形效率高，质量好，具有很大的优越性。

火焰矫正一般采用氧-乙炔火焰作热源。这里重点介绍火焰矫正法。

(一)火焰矫正法

火焰矫正法是利用火焰局部加热时产生压缩塑性变形，使较长的金属在冷却后收缩，来达到较正变形的目的。火焰矫正法采用一般的气焊焊炬，不需要专门的设备。方法简便，在生产上广为应用。火焰矫正的效果好坏，关键在于正确地选择加热形状和加热位置。

火焰矫正的加热形状有点状、线性和三角形三种。不同的加热形状和加热位置，可以矫正不同方向的变形；不同的加热量可以获得不同的矫正变形的能力。一般情况下，热量越大矫正变形的能力越强。因此，首先要定出正确的加热位置和加热形状，如果位置错了或加热形状不对，都不能得到预期的效果，甚至适得其反。同时要根据变形的大小来决定其加热的程度。

(二)薄板波浪变形的矫正

通常，薄钢板的波浪变形都是在凸弯处进行点状加热，同时浇水以加速冷却。加热点的直径可根据板厚而定，厚板要大些，薄板可小些，一般不小于 15mm。根据结构特点和变形情况，可加热一点和多点。

此外，孔板火焰矫正法如图 5-20 所示，应用亦很普遍。该方法是先将薄板用孔板压紧在平台上，然后用气体火焰从孔眼处对钢板进行加热，同时浇水速冷。变形严重时，按次序逐点加热；变形不严重时，可以隔 1～2 孔加热一点，加热点的分布尽可能均称。对于组装在车体上的侧墙板，由于无法将其压在平台上，因此采用一块 30mm 厚的平板放在侧墙板里面，外面的孔板和里面的平板一起用卡具夹紧，然后进行加热矫正。采用孔板火焰矫正法，可以避免在工件上进行锤击，提高了工件的表面质量，因此，适用于成批生产时车体外皮薄板波浪变形的矫正。

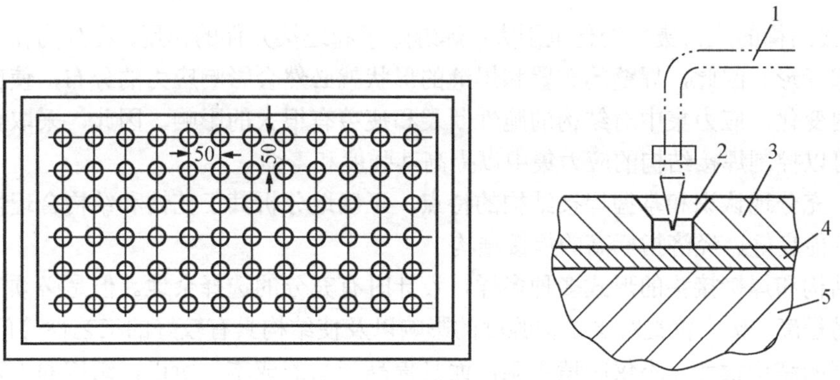

图 5-20　孔板火焰矫正法

1-烤把；2-冷却水；3-孔板；4-工件；5-平台

(三)梁、柱变形的矫正

梁、柱的焊接变形，一般有上挠、旁弯和角变形三种。这些变形可用压力机或调梁机矫正，也可用火焰矫正。下面以丁字梁为例说明。

(1)角变形的矫正：如图 5-21(a)所示，在两道焊缝的背面，沿着与焊缝相对应的位置进

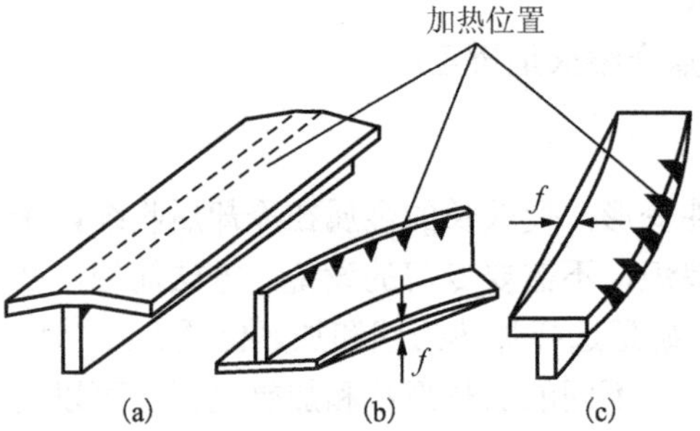

图 5-21　丁字梁的火焰矫正

行加热(厚板应加热两道)，加热线不能太宽，应小于两焊角总宽度，加热的深度不超过板厚，冷却后即可消除角变形。

(2)上挠的矫正：如图 5-21(b)所示，矫正上挠变形是在立板上采用三角形加热方式，加热的位置应根据变形情况来确定。如果第一次加热后还有上拱，再进行第二次，并且加热位置应选在第一次加热位置之间，避免在原处重复加热。

(3)旁弯的矫正：如图 5-21(c)所示，加热位置选在水平板外凸的一侧，一般采用三角形加热。

第三节　焊接结构及接头强度计算

一、焊接结构的主要特点

客车车体结构中，除前、后从板座、上心盘、冲击座等仍沿用铆接结构外，其余一般已采用焊接结构。焊接结构的主要特点如下。

(1)焊接接头的整体性：这是焊接结构区别于铆接结构的一个重要特性，它一方面赋予焊接结构高密封性和高刚度，但另一方面焊缝中任何缺陷所产生的应力集中也直接牵连到结构本体。

(2)焊接结构有较大的焊接应力和变形：绝大多数焊接方法都采用局部加热，故不可避免地将产生内应力和变形。焊接应力和变形不但可能引起工艺缺陷，而且在一定条件下，将影响结构的承载能力，如强度、刚度和受压稳定性。因此，在设计和施工时应充分考虑焊接应力和变形。

(3)焊接结构的应力集中变化范围大：焊缝除了起连接元件的作用，在外力作用下它与基本金属一起变形。因此，焊缝的布置和焊缝的形状就必然会影响应力的分布，使应力集中在较大范围内变化。应力集中对结构的脆性断裂和疲劳有很大的影响，因此，采取合理的工艺和设计，可以控制焊接结构的应力集中以提高其强度和寿命。

总之，充分地认识和掌握焊接结构的特点，正确地分析其工艺性和结构合理性，才能设计制造出性能良好、经济指标高的焊接结构。

焊接结构和焊接接头的形式多种多样，设计时有充分的选择余地。但是必须考虑工艺上实现的难易程度、接头位置对于结构强度的影响以及使结构具有较好的工艺性等问题。因此，工艺性不好的结构设计，不仅制造困难，而且提高产品的成本，所以，结构的工艺性和经济性是紧密相关联的。

二、焊接接头及其基本形式

1. 焊接接头

熔化焊焊接接头采用高温热源进行局部加热而形成。焊接接头是由焊缝金属、熔合线、热影响区(8～30mm)和母材组成的，如图 5-22 所示。

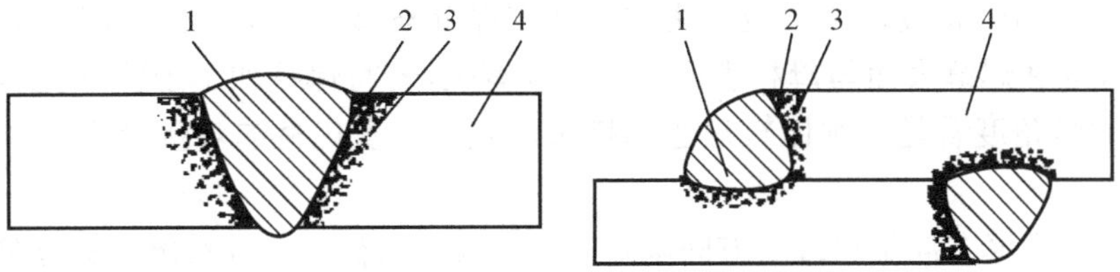

(a)对接接头断面图　　(b)搭接接头断面图

图 5-22　熔化极焊接接头的组成

1-焊缝金属；2-熔合线；3-热影响区；4-母材

焊缝金属是由焊接填充材料及部分母材熔融凝固形成的铸造组织，其组织和化学成分都不同于母材。近缝区受焊接热循环和热塑性变形的影响，组织和性能都发生变化，特别是熔合线的组织和性能变化更为明显。因此焊接接头是一个不均匀体。焊接接头因焊缝的形状和布置的不同而产生不同程度的应力集中，再加上焊接接头的残余应力与变形和高刚性就构成焊接接头的基本属性。

影响焊接接头性能的因素较多，归纳起来，大体可分为两个方面：一个是力学方面的影响因素；另一个是材质方面的影响因素。

在力学方面影响焊接接头性能的因素，为接头形状的不连续性、焊接缺陷、残余应力和焊接变形。焊接接头的加强高和施焊中可能造成的接头错位等接头形状的不连续性，都是应力集中的根源。特别是焊接缺陷中的未焊透和焊接裂纹，往往是接头破坏的起点。

在材质方面影响焊接接头性能的因素，不仅有热循环引起的组织变化，还有由于焊接过程中的热塑性变形循环所产生的材质变化。此外，焊后热处理和矫正变形等工序，都可能影响接头性能。

焊接接头是组成焊接结构的关键部分，它的性能与焊接结构的性能和安全等方面有直接的关系。因此，为了不断地提高接头质量，多年来许多焊接工作者对影响其性能的各种因素，都进行了大量的试验研究工作，取得了许多重大成果，扩大了焊接结构的应用范围，提高了焊接结构的安全可靠性。但是，焊接结构的破坏事故并未完全消除，尤其是新钢种的不断出现，采用高强钢制造大型结构逐日增多的情况下，对焊接接头性能的研究，仍是当前和今后的一项重要任务。

2. 基本焊接接头形式

基本的焊接接头有对接接头、搭接接头、丁字接头和角接头四种，如图 5-23 所示。

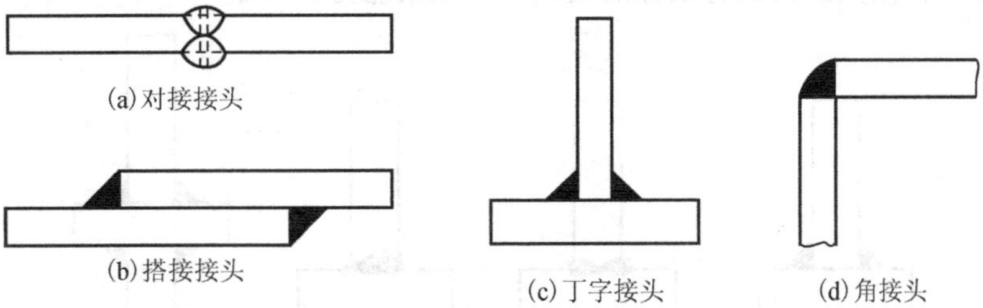

(a)对接接头　(b)搭接接头　(c)丁字接头　(d)角接头

图 5-23　焊接接头的基本形式

(1)对接接头。

对接接头是焊接结构中最常用的接头形式，可用所有的熔化焊方法来施焊。优质的对接接头受力时应力分布较均匀，应力集中出现在焊缝与母材的交界处，应力集中系数主要与焊缝加厚高 e 和焊缝表面与母材表面的夹角 θ 有关，若将焊缝加工平整，则没有应力集中。对接接头从力学角度看是一种比较理想的接头形式。质量优良的对接接头口，与母材等强度有关。

常见的对接焊缝方向是与载荷方向垂直的，也有与载荷方向成斜角的斜缝对接接头，这种接头的焊缝承受较低的正应力。过去由于焊接技术水平较低，为了安全可靠往往采用这种斜缝对接，例如，我国 22 型客车中梁就是采用的斜缝对接。但是，现在焊接技术已有很大发展，焊缝金属具有优良的性能，并不低于母材的性能，而斜缝对接因浪费材料和工时，所以一般不再采用。

(2)搭接接头。

搭接接头应用于板料工件，搭接长度一般大于板厚的 4 倍。和对接相比，搭接接头的备料和装配都较容易，其横向收缩也比对接接头小，但需要用较多的焊条和钢板，自重增加，焊接时要翻转，应力集中比对接接头严重，在受外力作用时，因两工件不在同一平面上，可能产生很大的力矩，使焊缝应力复杂化。因此，单面正向焊缝的搭接接头不能用于作为工作焊缝，如图 5-24(a)所示。当反面有断续焊缝时，能大大提高接头的强度，如果反面焊缝无法施焊，则可用塞焊来加强，如图 5-24(b)所示。但塞焊缝不允许在承受动载荷的结构中使用。搭接接头可用于大型储罐的底板拼接。

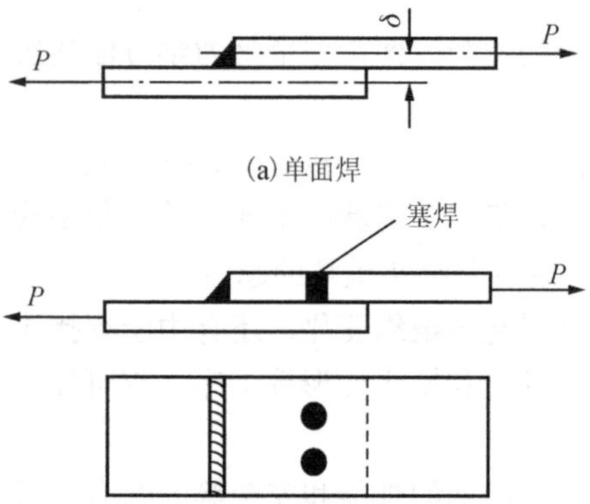

(a)单面焊

(b)单面焊加塞焊

图 5-24　搭接接头

搭接接头的应力分布不均匀，疲劳强度较低，不是焊接结构的理想接头。

(3)丁字接头。

丁字接头和角接头通常是将相互垂直(或成一定角度)的被连接件用角焊缝连接起来的接头，如图 5-25 所示。这种接头是典型的电弧焊接头，能承受各种方向的力和力矩。丁字接头应避免采用单面角焊缝，因为这种接头的根部有很深的缺口，其承载能力非常低。

对较厚的板，可采用 K 形坡口，如图 5-25(b)所示，根据受力情况决定是否需要焊透，这样做比不开坡口用大尺寸的角焊缝经济，而且疲劳强度高。对于丁字接头应避免采用单面角焊缝，因为这种接头的根部有很深的缺口，其承载能力非常低。

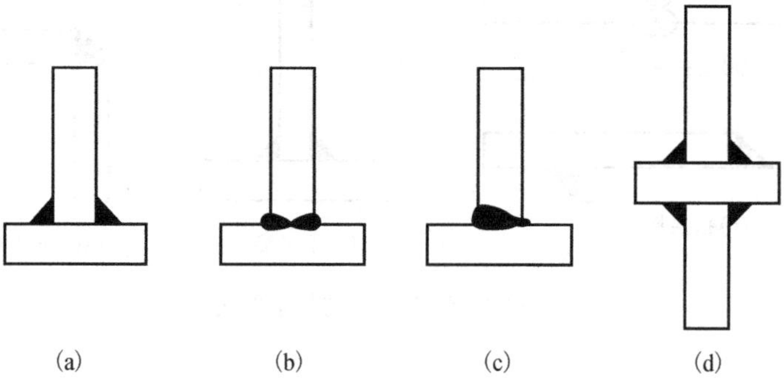

(a)　(b)　(c)　(d)

图 5-25　常见丁字(十字)接头

(4) 角接头。

角接头多用于箱形构件上，常见的角接头如图 5-26 所示。其中，图 5-26 (a) 是最简单的角接头，其承载能力差；图 5-26 (b) 是采用双面焊缝从内部加强的角焊缝，其承载能力大；图 5-26 (c) 和 (d) 开坡口，有较高的强度，而且在外观上具有良好的棱角，但要注意层状撕裂问题；图 5-26 (e) 和 (f) 易装配，省工时，是最经济的角接头；图 5-26 (g) 是保证接头具有准确直角的角接头，并且刚性大，但角钢厚度应大于板厚；图 5-26 (h) 是不合理的角接头，焊缝多且不易施焊。

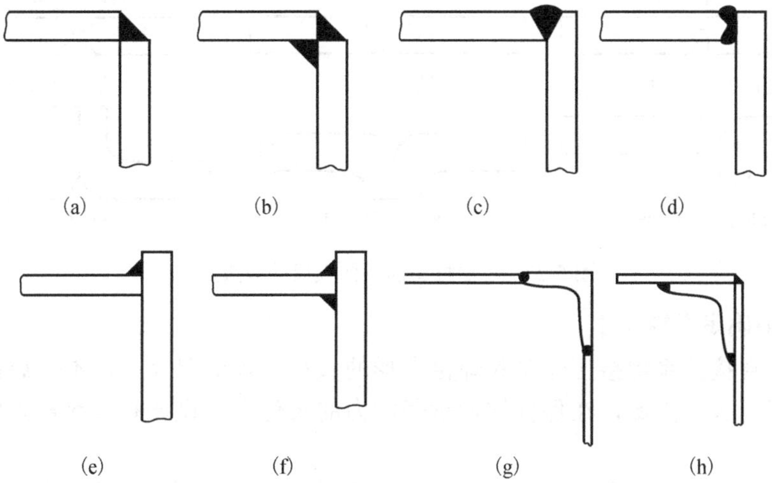

图 5-26　常用的角接头

电弧焊接头的基本形式、尺寸和焊缝代号可参照国家标准中的有关规定。

在车体结构上，四种接头均有采用。例如，客车侧墙板拼接采用对接接头，车体结构的各梁都是重要的受力杆件，所以梁的接长也都采用对接。一般情况下，接口形式为正接，如各型货车中梁和侧梁的接长均为正接。但考虑客车对运行安全性要求更高，例如，YZ_{25} 型客车中梁采用 60°斜接缝。客货车上板与梁柱的结合多采用搭接，车顶板、金属地板的拼接也采用搭接。型钢组合件作为车体结构各梁时，其连接处的丁字接头和角接接头一般采用型切法。

三、焊接结构设计

1. 坡口的选择

为了增加熔深，保证焊透，在焊接厚板时需要开坡口。对接接头的坡口一般根据板厚和焊接方法选取，如图 5-27 所示，同时还应考虑焊接工作量、坡口加工的难易、预防焊接变形以及方便焊接等问题。

对接接头板厚 1～6mm 时用 I 形坡口，采用单面焊或双面焊即可保证焊透；对接接头板厚超过 6mm 时，为保证焊缝有效厚度或充分焊透，改善成形，可加工成 V 形、X 形、U 形等坡口形式。

厚度相同的工件，既可开 V 形坡口，也可开 U 形坡口。两者相比，U 形坡口焊缝沿工件厚度上的收缩比较一致，因此角变形小；同时，U 形坡口便于焊条下伸，焊缝根部容易焊透。但 U 形坡口一般需在刨边机上用成形刀具进行加工，颇费工时，一般只在厚板重要结构中应用。

V 形坡口与 X 形坡口相比，X 形坡口节省焊条金属，节省电力和焊接工时；而且 X 形坡口是对称地添加焊条金属，可以减少焊接变形与应力。但焊接 X 形坡口时必须翻转工件，当无法翻转工件时，水平焊缝宜选用 V 形坡口，在这种情况下，方便焊接是主要因素。

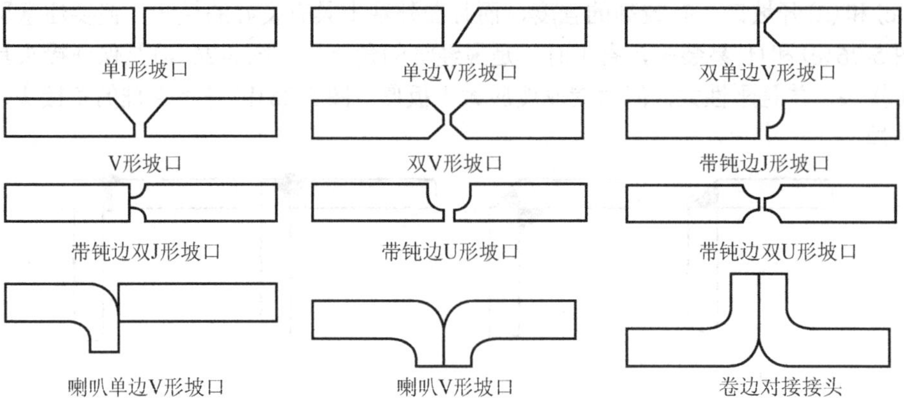

图 5-27　单面坡口和双面坡口的接头形式

2. 合理地确定焊缝尺寸

焊缝尺寸直接关系焊接工作量和焊接变形的大小，焊缝尺寸大，不仅焊接工作量大，而且焊接变形也大。因此，在保证结构承载能力的条件下，设计时应尽量采用较小的焊缝尺寸。

两块平板连接的对接焊缝，其截面厚度不允许小于两板中最薄板的厚度。

角焊缝的焊角尺寸可由强度计算确定。在保证强度的条件下，应尽量减小焊角尺寸。因为过大的焊角尺寸不仅会多消耗焊接材料和工时，增加热影响区的宽度，同时还会引起过大的焊接变形和应力。如果通过强度计算，角焊缝所需焊角极小，还应该考虑工艺上的可能性问题。因为焊角尺寸太小的焊缝，冷却速度过快，容易产生一系列的焊接缺陷，如裂纹、热影响区硬度过高等。因此，一般都根据板厚来选取工艺上可能的最小焊角尺寸。

表 5-3 是不同厚度低碳钢板的最小焊角尺寸，可供参考。

表 5-3　最小焊角尺寸　　(单位：mm)

焊件厚度(按厚度大者计)	≤6	7～18	19～30	31～50	≥51
最小焊角	3	4	6	8	10

低合金结构钢由于对冷却速度更敏感，在同样厚度条件下，最小焊角尺寸应该比表中的数据稍大一些。

3. 合理地布置焊缝

(1)避免焊缝过分集中和尽可能减少不必要的焊缝，否则焊接接头变形大，应力集中严重，容易产生缺陷。如图 5-28(a)所示的接头形式应当尽量避免，如图 5-28(b)所示的接头形式是合理的。

(2)焊缝对称布置，并尽量使其接近中性轴，以利于减少焊接变形。

(3)尽可能避免截面上有突变的接头，特别是在交变载荷工作条件下更应注意。为此，对非等厚截面的对接焊缝，应采用等截面连接，将厚板的接口处要做成斜坡(单面或双面)，其斜坡长度 $L \geqslant 3(\delta_1-\delta_2)$，当接头设计成两者的中性面对齐时，还可避免焊接结构受拉时产生附加的弯曲力矩，如图 5-29 所示。

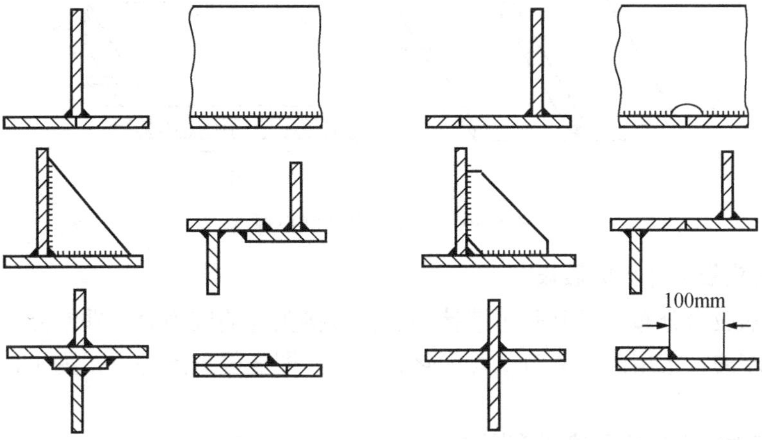

图 5-28　焊缝过分集中的结构

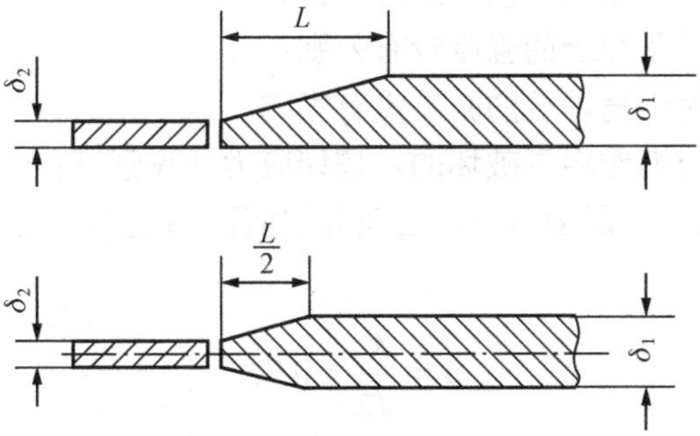

图 5-29　非等厚板对接接头形式

(4)在容易积存水汽的地方，不宜采用搭接段焊或搭接塞焊接头，由于在搭接接头的结合面上存在缝隙，水汽可以渗透到缝隙中，使结合面很容易产生夹锈。

4．应保证可焊到性

设计结构时应考虑焊缝是否容易施焊，在封闭空间操作对工人健康十分有害，因此容器的焊接接头应尽量采用单面 V 形或 U 形坡口，使焊接工作在容器外部进行，将在容器内施焊的工作量减少到最低限度。

四、焊接接头静强度计算

1．工作焊缝和联系焊缝

焊接结构上的焊缝，根据其传递的载荷情况可分为两种：一种为焊缝与被连接件是串联的，它承担传递全部载荷的作用，一旦断裂，结构就立即失效，这种焊缝称为工作焊缝如图 5-30(a)所示，其应力称为工作应力；另一种为焊缝与被连接件是并联的，它传递很小的载荷，主要起连接件之间相互联系的作用，焊缝一旦断裂，结构不会立即失效，这种焊缝称为联系焊缝。如图 5-30(b)所示，其应力称为联系应力。在设计时，无须计算联系焊缝的强度，而工作焊缝的强度必须计算。对于具有双重性的焊缝，它既有工作应力又有联系应力，则只计算工作应力而不考虑联系应力。

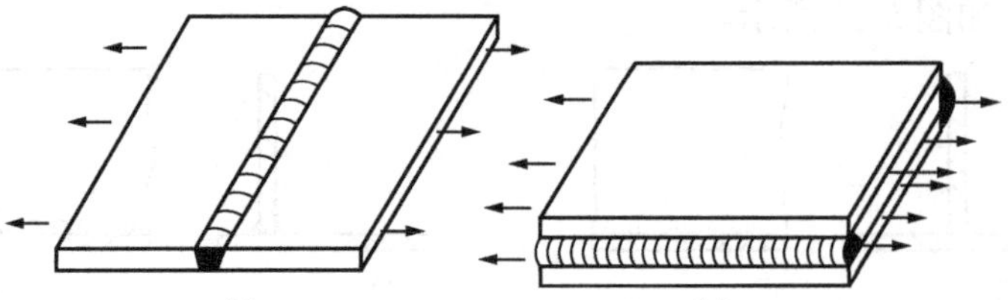

图 5-30　工作焊缝和联系焊缝

2. 焊接接头强度计算的假设

焊接接头的应力分布，尤其是丁字接头和搭接接头等的应力分布非常复杂，精确计算接头的强度是困难的。常用的计算方法是简化计算法，即在静载条件下，为了计算方便作了如下假设。

(1) 残余应力对于接头强度没有影响；

(2) 焊趾和加厚高等处的应力集中对于接头强度没有影响；

(3) 接头的工作应力是均布的，以平均应力计算；

(4) 正面角焊缝和侧面角焊缝的强度没有差别；

(5) 焊角尺寸的大小对于角焊缝的强度没有影响；

(6) 角焊缝都是在切应力作用下破坏的，按切应力计算强度；

(7) 角焊缝的破断面(计算断面 $A—A$)在角焊缝截面的最小高度上，如图 5-31 所示，其计算高度 a 为

$$a=\frac{K}{\sqrt{2}}=0.7K$$

(8) 加厚高和少量的熔深对于接头的强度没有影响，但埋弧自动焊和 CO_2 焊的熔深较大，应予考虑，如图 5-32 所示，其角焊缝计算断面厚度 a 为

$$a=(K+p)\cos 45° \tag{5-8}$$

当 $K \leqslant 8$mm，a 可取 K 值；当 $K>8$mm，p 一般可取 3mm。

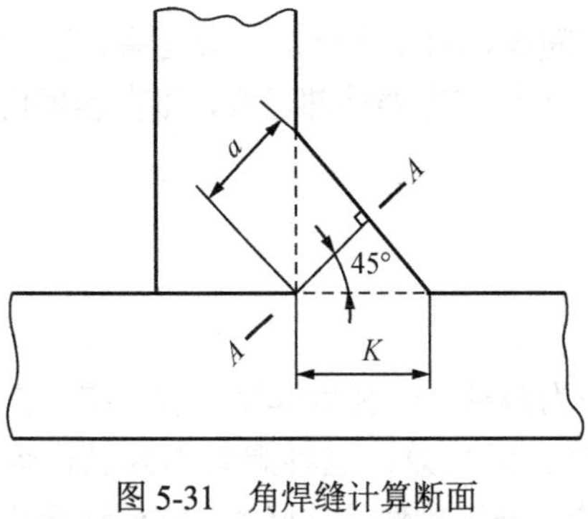

图 5-31　角焊缝计算断面

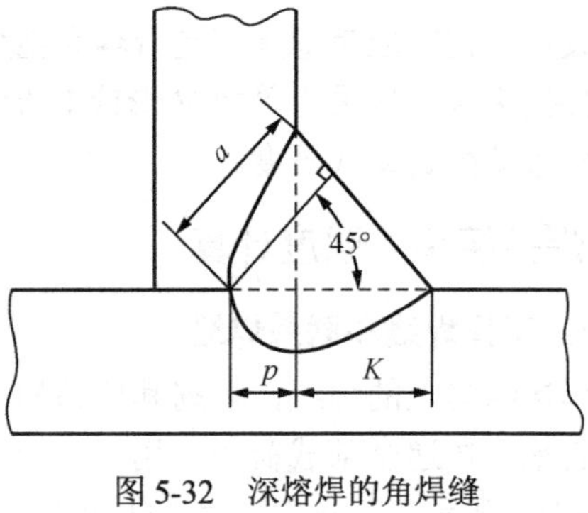

图 5-32　深熔焊的角焊缝

3. 电弧焊接接头的静载强度计算

(1) 对接接头静载强度计算。

计算对接接头时，不考虑焊缝加厚高，计算厚度取两板中较薄者，焊缝计算长度取实际长度。所以计算基本金属强度的公式也完全适用于计算这种接头。如果焊缝金属的许用应力

与基本金属相等，则可不必进行强度计算。

全部焊透的对接接头如图 5-33 所示，其各种受力情况的计算公式列于表 5-4(1)～(5)式。

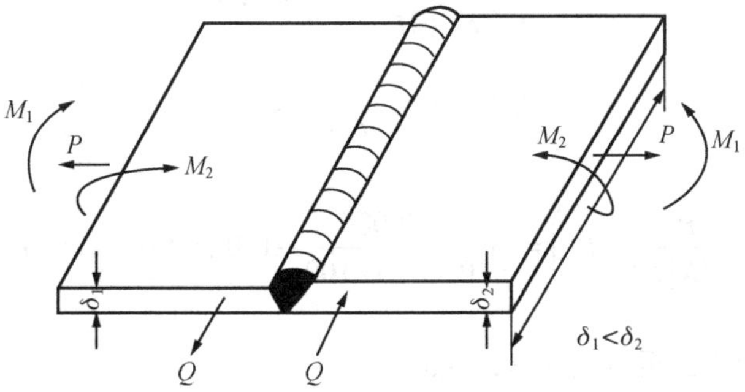

图 5-33　对接接头受力情况

① 受拉或压的搭接接头的计算。

各种承受拉或压的搭接接头如图 5-34 所示，其静强度计算公式列于表 5-4(6)～(8)式。

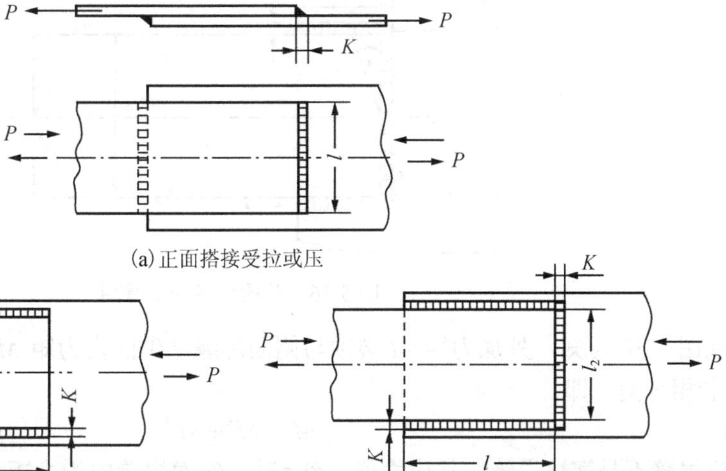

(a)正面搭接受拉或压

(b)侧面搭接受拉或压　　(c)联合搭接受拉或压

图 5-34　各种搭接接头受力情况

例题：如图 5-35 所示，两块同型号、厚度 t=20mm 的钢板采用搭接焊缝连接。已知钢板的许用应力为[σ]=160 N/mm^2 ，焊缝许用应力为[τ']=100 N/mm^2，焊角尺寸 K=10 mm，正面焊缝长 L_2=100 mm。按钢板所能承受的许用载荷 P，计算搭接接头侧面焊缝长度 L_1。

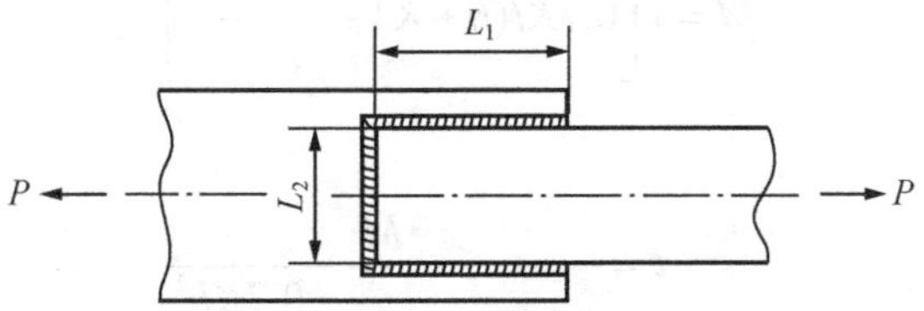

图 5-35　搭接接头计算简图

解：钢板所能承受的许用拉力为

$$P=t\times L_2\times[\sigma]=20\times100\times160=320000\ (\mathrm{N})$$

根据

$$\frac{P}{0.7K\cdot(2L_1+L_2)}\leqslant[\tau']$$

则

$$2L_1+L_2\geqslant\frac{P}{0.7K[\tau']}$$

$$L_1\geqslant\frac{1}{2}\left(\frac{P}{0.7K[\tau']}-L_2\right)=\frac{1}{2}\left(\frac{320000}{0.7\times10\times100}-100\right)=178.5\,(\text{mm})$$

即接头的焊缝长度 L_1 至少为 178.5 mm。

② 受弯矩的搭接接头计算。

如图 5-36 所示，搭接接头在搭接平面内受弯曲力矩时可采用分段计算法，计算公式列于表 5-4(9)式。其计算过程如下。

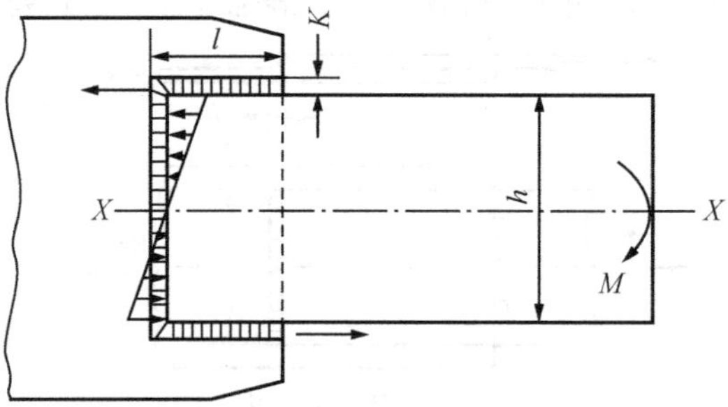

图 5-36　分段计算法示意图

从图 5-36 可知，外加力矩 M 必须与侧面焊缝产生的内力矩 M'和正面焊缝产生的内力矩 M''之和相平衡，即

$$M=M'+M''$$

当焊缝不是深熔焊缝，其应力值达到τ时，侧面焊缝中的力矩为

$$M'=\tau\cdot0.7Kl(h+K)$$

正面焊缝中的力矩 M'' 为

$$M''=\tau\cdot\frac{0.7Kh^2}{6}$$

因此

$$M=\tau\left[0.7Kl(h+K)+\frac{0.7Kh^2}{6}\right]$$

得

$$\tau=\frac{M}{0.7Kl(h+K)+\dfrac{0.7Kh^2}{6}}$$

(2) 丁字接头强度计算。

① 载荷平行于焊缝的丁字接头计算：如图 5-37(a)所示的丁字接头，如果开坡口并焊透，

其强度按对接接头计算；焊缝金属截面等于母材截面($F=\delta h$)。当不开坡口时，按表 5-4 中(10)式进行计算。由于产生最大应力的危险点是在焊缝的最上端，该点同时有两个切应力起作用，一个是由 $M=PL$ 引起的τ_M，一个是由 $Q=P$ 引起的τ_Q。τ_M和τ_Q是互相垂直的，所以该点的合成应力为它们的向量和，即

$$\tau_{合}=\sqrt{\tau_M^2+\tau_Q^2}$$

② 弯矩垂直于板面的丁字接头计算：如图 5-37(b)所示的丁字接头，如开坡口并焊透，其强度按对接接头计算用表 5-4 中(5)式。当接头不开坡口用角焊缝连接，可用表 5-4 中(11)式计算。

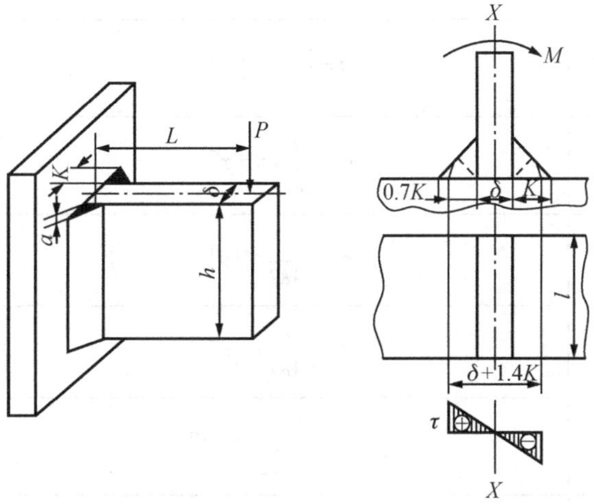

(a)载荷平行焊缝　(b)弯矩垂直板面

图 5-37　丁字接头

(3)焊缝许用应力。

焊缝许用应力的大小与许多因素有关，如焊接工艺、焊接材料以及焊接检验方法的精确程度等。随着焊接技术的不断发展，焊接检验方法的日益改进，焊接接头的可靠性不断提高，因此焊缝的许用应力也相应增大。

确定焊缝的许用应力有以下两种方法。

① 按基本金属的许用应力乘以一个系数来确定焊缝的许用应力，即

$$[\sigma']=\eta[\sigma]$$

式中，$[\sigma']$——焊缝的许用应力；

$[\sigma]$——基本金属的许用应力；

η——系数。

系数 η 由所用焊接方法和焊接材料确定，用一般焊条手弧焊焊成的焊缝采用较低的系数，用低氢型焊条或自动焊的焊缝采用较高的系数，见表 5-5。这种方法的优点是可以在知道基本金属许用应力的条件下设计焊接接头，多用于结构设计。

② 采用已经规定的具体数值：这种方法多为某类产品行业所用，可查有关手册。

表 5-4　焊接接头静载强度计算基本公式

接头形式		受力条件	计算公式	序号	注
对接接头		受拉	$\sigma=\dfrac{P}{l\delta_1}\leqslant[\sigma']$	(1)	图 5-33
		受压	$\sigma=\dfrac{P}{l\delta_1}\leqslant[\sigma']$	(2)	
		受剪切	$\tau=\dfrac{Q}{l\delta_1}\leqslant[\tau']$	(3)	
		受板平面内弯矩 M_1	$\sigma=\dfrac{6M_1}{\delta_1 l^2}\leqslant[\sigma']$	(4)	
		受垂直板面弯矩 M_2	$\sigma=\dfrac{6M_2}{\delta_1^2\cdot l}\leqslant[\sigma']$	(5)	
搭接接头	正面焊缝	受拉、压	$\tau=\dfrac{P}{1.4Kl}\leqslant[\tau']$	(6)	图 5-34 $\sum l=2l_1+l_2$
	侧面焊缝	受拉、压	$\tau=\dfrac{P}{1.4Kl}\leqslant[\tau']$	(7)	
	正侧焊缝联合搭接	受拉、压	$\tau=\dfrac{P}{0.7K\cdot\sum l}\leqslant[\tau']$	(8)	
		受弯矩（分段法）	$\tau=\dfrac{M}{0.7Kl(K+h)+\dfrac{0.7Kh^2}{6}}\leqslant[\tau']$	(9)	图 5-36
丁字接头（无坡口）		P 平行焊缝	$\tau_{合}=\sqrt{\tau_M^{\ 2}+\tau_Q^{\ 2}}$，　$\tau_M=\dfrac{3PL}{0.7Kh^2}$，　$\tau_Q=\dfrac{P}{1.4Kh}$	(10)	图 5-37
		M 垂直板面	$\tau=\dfrac{M}{W}$，　$W=\dfrac{l\left[(\delta+1.4K)^3-\delta^3\right]}{6(\delta+1.4K)}$	(11)	

表 5-5　焊缝的许用应力

焊缝种类	应力状态	焊缝许用应力	
		42kg 和 50kg 级焊条手弧焊接	低氢焊条手弧焊、自动焊和半自动焊
对接焊	拉应力	$0.9[\sigma]$	$[\sigma]$
	压应力	$[\sigma]$	$[\sigma]$
	切应力	$0.6[\sigma]$	$0.65[\sigma]$
角焊缝	切应力	$0.6[\sigma]$	$0.65[\sigma]$

第四节　不锈钢车体焊接特点

随着铁路交通运输事业的迅速发展，铁路将面临一个新的课题，那就是发展高速铁路。

同时，也对高速列车的设计和制造提出了新课题。与普通速度的列车相比，高速列车具有其独自特征，即头型流线化、良好的密封性能和隔声降噪性能、车体轻量化及先进制造工艺等。

轻量化车体可以节省牵引功率，降低高速所引起的动力作用对线路结构、机车车辆结构产生的损伤，提高旅客乘坐舒适度，延长线路和列车的使用寿命等。另外，轻量化车体对降低振动噪声也能起到功效。

当然，轻量化并不意味着车体越轻越好，车体过量的轻量化会带来制造成本的增加、车体刚度的下降、车内环境(舒适度降低和噪声的增大)的恶化，并会给制造和维修带来很多困难，甚至会影响列车的运行安全。

各国高速列车车体的轻量化措施主要有两种：一是对车体结构采用优化设计；二是采用轻量化材料。目前车体轻量化材料主要是铝合金和不锈钢，从发展趋势看，铝合金将成为动车组车体的主导材料。本节及第五节将分别对不锈钢车体和铝合金车体的焊接予以分析。

一、不锈钢焊接特性

1. 不锈钢车体特征

(1)优异的耐腐蚀性。可实现车体轻量化：由于普通碳素钢耐腐蚀性能差，造成车体结构的严重腐蚀。给设计部门带来很大的困难，为了延长车辆的使用寿命，设计中不得不加大断面尺寸，以致使车体的自重增加。不锈钢具有优异的耐腐蚀性能，在强度、刚度及使用性能允许的前提下，能够降低板厚，实现车体的轻量化。使用不锈钢制造的车体结构与普通钢制车体结构相比，可减轻质量10%～20%。质量的减轻可降低能耗和提高运行速度，具有较高的经济效益。

(2)减少制造维修工时，实现车体无涂装：由于耐腐蚀性能好，车体无须涂装，大大减少了制造工时。另一方面，当前车辆的维修工作主要是修复普通钢制车辆所产生的腐蚀，它占去了修理工时的大部分，严重影响了车辆的周转。不锈钢车体具有优异的耐腐蚀性能，不存在普通钢制车辆存在的腐蚀问题，日常的维修工作主要以清洗为主，减少了维修工作量，提高了车辆的运用率。

2. 不锈钢车体材料

车体用的不锈钢材料需要有耐高应力、良好的焊接性和冲压加工成形性。目前主要使用SUS304、SUS301L。最初曾使用SUS301，但因焊接受热时有碳化铬析出，易产生晶界腐蚀，而SUS301L与 SUS301相比，含碳量由0.15%减少到0.03%，能够抑制碳化铬的产生，进而起到防止晶界腐蚀的作用。

3. 车体用不锈钢的化学成分和力学性能

车体用不锈钢的化学成分和力学性能如表5-6和表5-7所示。

表5-6　车体用不锈钢的化学成分　(单位：%)

	主要化学成分(不包括铁)							
	C(max)	Si(max)	Mn(max)	Ni	Cr	S(max)	P(max)	N(max)
SUS301L	0.03	1.00	2.00	6.00～8.00	16.00～18.00	0.030	0.045	0.20
SUS301	0.15	1.00	2.00	6.00～8.00	16.00～18.00	0.030	0.045	—
SUS304	0.08	1.00	2.00	6.00～10.50	18.00～20.00	0.030	0.045	—

表 5-7　车体用不锈钢的力学性能

	力学性能					
	调质处理时间/h	σ_b /MPa	$\sigma_{0.2}$ /MPa	延伸率/%		
				厚度/mm <0.4	厚度/mm 0.4～0.8	厚度/mm >0.8
SUS301L	1/4h	686	343	>40		
	1/2h	755	412	>35		
	3/4h	823	180	>25		
	h	931	686	>20		
SUS301	1/4h	860	510	>25	>25	>25
	1/2h	1030	755	>9	>10	>10
	3/4h	1210	930	>3	>5	>7
	h	1270	960	>3	>4	>5
SUS304		520	206	>40		

4．车体用不锈钢材料国际牌号对照

车体用不锈钢材料国际牌号对照见表 5-8。

表 5-8　车体用不锈钢材料国际牌号对照

国际(ISO)	日本(JIS)	美国(AISI)	中国(GB)
A-2	SUS201	201	1Cr17Mn6Ni5N
14	SUS301	301	1Cr17Ni7
	SUS301L		1Cr17Ni8
11	SUS304	304	0Cr19Ni9

二、不锈钢焊接工艺

焊接方法:不锈钢的焊接方法很多，如电阻点焊、等离子弧焊、氩弧焊等，但焊接高速客车不锈钢车体氩弧焊为宜。

采用氩弧焊焊接不锈钢车体，焊缝的成分易于控制，因为加热集中，又有氩气的冷却，所以热影响区范围小。氩弧焊焊后不需要清理熔渣，适用于车体全位置的机械化焊接，能够提高劳动生产率，保证焊接质量。在不锈钢车体焊接中，TIG 焊适用于厚度不大于 4 mm 的薄板，MIG 焊主要用于焊接厚度大于 3mm 的构件。

1．电阻点焊工艺

不锈钢车体及其构件多采用电阻点焊工艺，是由不锈钢特殊的热物理和焊接特性决定的。不锈钢高的电阻率、大的膨胀系数和低的热导率决定不锈钢焊接时，若焊接线能量过大，则会出现难以控制的焊接变形，产生很大的焊接残余应力；焊后金相组织发生改变，形成晶间腐蚀，造成强度减弱。采用电阻点焊可以减少以上焊接缺陷，在对新型不锈钢结构部件进行点焊生产之前，必须做大量的点焊接头试件，通过对接头试件力学性能的测试和焊点端面的破坏性试验来选定点焊的参数范围。由于点焊接头的特殊性，在工程上难以实现对接头的无损检测，点焊质量和接头强度是通过点焊试件质量来验证的。不锈钢点焊焊接性良好，尤其是电阻率高，热导率低，不存在淬硬倾向以及不带磁性，因而无须特殊的工艺措施，采用普通工频交流点焊机，简单焊接循环即可获得满意的焊接质量。其点焊技术要点如下。

(1)用清洗、纱布打磨或毡轮抛光等方法进行点焊前表面清理，但对于用铅锌或铝锌模成形的焊件必须采用酸洗方法；

(2)采用硬规范，强烈的内部和外部水冷却，可显著提高生产率和焊接质量；

(3) 由于高温强度大，塑性变形困难，应选用较高的电极压力，以避免产生喷溅和缩孔、裂纹等缺陷。

点焊采用的设备为日本川崎重工的 C 型、X 型和 NC 型点焊机。C 型和 X 型点焊机多用于不易自动点焊的位置，由操作人员手提焊枪人工操作，NC 型点焊机可实现自动编程，点焊位置由程序控制，多用于车顶、侧墙的骨架与蒙板的连接。其具体的焊接参数见表 5-9。

表 5-9　SUS 型不锈钢点焊规范参数

板厚/mm	电极直径/mm	焊接电流/kA	焊接时间/s	电极压力/kN
0.5	4.0	3.5～4.5	0.06～0.08	1.5～2.0
0.8	5.0	5.0～6.5	0.10～0.14	2.4～3.6
1.0	5.0	5.8～6.5	0.12～0.16	3.6～4.2
1.5	5.5～6.5	6.5～8.0	0.18～0.24	5.0～5.6
2.0	7.0	8.0～10.0	0.22～0.26	7.5～8.5
2.5	7.5～8.0	8.0～10.0	0.24～0.32	8.0～10.0
3.0	9.0～10.0	11.0～13.0	0.26～0.34	10.0～12.0

2. 熔化极气体保护焊工艺

熔化极气体保护焊(GMAW)在此是指 $Ar+CO_2$ 混合气体保护焊。它采用脉冲产生峰值和背景电流。其特点是电弧功率大，热量集中，热影响区小，生产率高，多用于不锈钢车体中低合金钢之间或低合金钢与不锈钢之间的连接。与 TIG 焊相比，效率提高 3～4 倍，广泛应用于各种厚度不锈钢板材的焊接；与 MIG 焊相比，GMAW 在同等的热输入下提高电弧的挺度，增大了熔深，减少了热输入。焊接 15 mm 厚的不锈钢板可不必预热，只焊正、反两层即可获得表面光滑、质量优良的焊缝。焊接作业中需注意以下问题。

(1) 峰值电流的作用是熔化焊丝，控制熔深；背景电流作用是维持电流，控制背面成形；焊接速度和送丝速度决定焊缝成形；四个参数应合理地匹配；

(2) 电流过大会引起焊丝过烧，并降低焊丝使用性和熔敷金属的性能，应在推荐电流范围内使用；

(3) 完全奥氏体组织的焊丝容易产生热裂纹，应采用较低的焊接速度；

(4) 为防止不锈钢焊道背面氧化，焊道背面需增设工艺保护槽。

GMAW 采用美国 Lincoln 公司生产的 STT-11 逆变脉冲焊机，可以实现自动化焊接。表 5-10 为 1.5 mm SUS 型不锈钢钢板 GMAW 焊接工艺参数。

表 5-10　GMAW 焊接工艺参数

焊接参数	平焊对接	立焊对接
峰值电流/A	144～147	153～157
背景电流/A	37～41	44～47
焊接电压/V	13～15	13～15
送丝速度/(m/min)	1.85～2.05	1.90～2.10
回烧时间/s	0.14	0.14
提前送气时间/s	0.3	0.3
滞后送气时间/s	3.4	3.4
气体流量/(L/min)	12	15
焊接速度/(m/min)	0.15～0.20	0.15～0.20
焊丝直径/mm	1.0	1.0
板对接间隙/mm	1.1～1.3	1.1～1.3
杆身长度/mm	6.4～7.9	6.4～7.9
保护气体成分	$96\%Ar+4\%CO_2$	
焊丝成分	Y308L	

3. 脉冲 TIG 焊接工艺

脉冲 TIG 焊易于进行薄板焊接或底层焊，几乎不发生飞溅。并能获得美观的焊缝，广泛适用于不锈钢车体内壁镀锌板以及底架波纹地板的焊接。脉冲 TIG 焊由于脉冲的作用使每个焊点获得最佳的焊接热循环，减少了不必要的热输入，因而使得到的焊缝更加美观。其焊接技术要点如下。

(1) 直流电极接阴极(正接极)；

(2) 基值电流作用是维持电弧燃烧，脉冲电流作用是熔化焊丝，脉冲频率控制焊接速度，脉冲幅比决定了焊点的焊接热循环过程，四个参数之间要有一个合理的匹配关系；

(3) 从焊枪顶端伸出的电极长度一般为 4～5mm，在角接头等保护性不好的地方为 2～3mm，在较深的开口内则为 5～6mm；

(4) 电弧长度以 1～3 mm 为宜，过长则变得保护不良；

(5) 进行底层焊时，为防止底层焊道氧化，需进行反面保护；

(6) 完全奥氏体组织的焊接材料容易发生高温裂纹，应将电流、焊接速度等控制得低一些；

(7) 焊接送丝过程中，后一焊点依次压住前一焊点直径的 2/3，形成焊缝。

TIG 焊采用日本 Panasonic 公司生产的 IGBT 控制直流 TIG 焊机，人工操作。表 5-11 为 1.5mm SUS 型不锈钢 TIG 焊接工艺参数。

表 5-11　TIG 焊接工艺参数

焊接参数	平焊对接规范	焊接参数	平焊对接规范
脉冲电流/A	45～48	钨极直径/mm	2.4
基值电流/A	20～22	气体流量/(L/min)	5
平均电流/A	28～30	板对接间隙/mm	1.4～1.6
脉冲频率/Hz	0.5～1.0	手工填丝型号	ER308L
脉冲幅比/%	45～55	保护气体成分	99.95%以上的纯 Ar
手工填丝直径/mm	1.6		

三、不锈钢焊接的主要问题及防止措施

(1) 焊接接头的晶间腐蚀。奥氏体不锈钢中起耐蚀性作用的主要元素是铬，当含铬量超过 11.7%时，不锈钢具有优良的耐腐蚀性能；当低于 11.7%时，耐腐蚀性能显著下降。当达到一定温度时，不锈钢中的碳原子扩散速度增加，超过溶解度的碳向晶界扩散，与铬相结合形成碳化铬($Cr_{23}C_6$)在晶界析出，使不锈钢的含铬量降低。当低于 11.7%时，在腐蚀介质的作用下，焊接接头产生晶间腐蚀。

防止措施：一是减少不锈钢中的含碳量，因为含碳量越高，产生晶间腐蚀的可能性越大；二是在不锈钢中加入钛(Ti)、铌(Nb)、钽(Ta)等稳定性元素，避免碳化铬在晶界析出使含铬量下降。

(2) 焊接热裂纹。奥氏体不锈钢具有较高的焊接热裂纹敏感性。其原因主要为：奥氏体不锈钢导热系数小，线膨胀系数大，在焊接过程中易形成较大的拉应力；随着含镍量的增加，对硫(S)、磷(P)、锡(Sn)、锑(Sb)等杂质更加敏感；奥氏体不锈钢焊缝易形成方向性强的粗大柱状晶组织。在上述因素作用下，焊接接头呈现出较大的热裂纹敏感性。

防止措施主要是严格限制焊缝中杂质元素的含量；焊接时采用较小的线能量和较高的冷却速度，减小熔池体积，控制热影响区金属过热和晶粒长大的程度。

(3) 应力腐蚀开裂。不锈钢表面因钝化作用生成氧化膜，但其塑性低于金属本身的塑性。在拉应力作用下使氧化膜发生局部破裂，在腐蚀介质作用下破膜处将形成腐蚀坑穴，产生应

力集中，随着裂纹的形成与发展，最终引起断裂。

防止措施有以下几方面：首先是提高材料本身抗应力腐蚀开裂的能力；其次是降低残余应力，可采用退火热处理来解决；还可以通过表面机械处理和电化学防护措施；另外，不锈钢车体合理的结构设计，对避免产生应力集中、防止应力腐蚀开裂也是行之有效的方法。

第五节　铝合金车体焊接特点

动车组采用铝合金车体，可使车体结构的制造工艺大为简化，降低制造工时。这是由于铝合金具有优异的挤压特性，可根据车体的优化设计，挤压出各种复杂形状的断面，宽度可达 700～800mm，长度可达车体的长度，因此，可以大幅度地减少焊接工作量。由于铝合金具有优良的耐腐蚀性，车体可实现无涂装化。这不仅可降低制造、维修费用，还可以改善作业环境，减少大修期在厂施修时间，提高车辆的运用效率，延长车辆的使用寿命。通常，铝合金车辆的使用寿命要比钢制车辆长 10 年以上。采用铝合金制造车体，可实现车体轻量化，铝合金车体的质量仅为钢制车体质量的三分之一。

一、铝合金种类及焊接特性

1. 铝合金的种类

铝合金可根据其状态图分为形变铝合金和铸造铝合金。形变铝合金是将纯铝和合金元素在反射炉或电炉中进行熔炼和铸造，并在 450～480℃的高温下将铸锭加工成一定形状的铝合金。这种铝合金可以通过轧制、挤压、拉拔、锻造等方法制成板材、管材、棒材与线材、型材等。

铸造铝合金是将纯铝及所添加的合金进行熔炼，然后注入砂模或金属模中而制成的铸件。这些铝合金还可以进一步分为热处理强化型和非热处理强化型。热处理强化型铝合金经热处理后强度显著提高。例如，退火状态下硬铝的抗拉强度为 160～220 MPa，经过淬火及时效后，其抗拉强度增至 312.4～460MPa。非热处理强化型铝合金不能通过热处理来提高其力学性能，而只能用冷作变形强化。这种合金的特点是强度中等，塑性良好，具有满意的焊接性。

铝合金也可以根据主要添加元素的不同进行分类，如铝镁合金、铝锌合金等。铝合金分类如图 5-38 所示。

- 形变合金
  - 非热处理型合金
    - 纯铝(1000系)
    - Al-Mn系合金(3000系)
    - Al-Si系合金(4000系)
    - Al-Mg系合金(5000系)
  - 热处理型合金
    - Al-Cu-Mg系合金(2000系)
    - Al-Mg-Si系合金(6000系)
    - Al-Zn-Mg系合金(7000系)
- 铸造材料
  - 非热处理型合金
    - 纯铝
    - Al-Si系合金
    - Al-Mg系合金
  - 热处理型合金
    - Al-Cu-Si系合金
    - Al-Cu-Mg-Si系合金
    - Al-Mg-Si系合金

图 5-38　铝合金分类

高速动车组铝合金车体材料主要有 5000 系、6000 系和 7000 系，其各自的特性分述如下。

(1) 5000 系合金。

5000 系合金是形变 Al-Mg 合金，其中 Mg 含量少的可作为装饰材料、高级器具材料、建材材料等，如 5N01、5005；Mg 含量较高的合金，具有高强度、焊接性好的特点，被广泛应用于船舶、铁道车辆、化学机械等领域。

5083 是非热处理合金中强度最大的高耐腐蚀性合金，具有优良的焊接性能和良好的低温韧性，适用于焊接结构。但挤压加工性较差，难以得到薄壁及中空型材。5083 经过冷加工后，再用高温去除应力，通常可作为结构骨架材料。

(2) 6000 系合金。

6000 系合金是形变 Al-Mg-Si 合金。该系合金的强度、耐腐蚀性较好，能够作为代表性的结构用材。但是，在焊接时焊缝接头效率低，多数通过小螺钉、铆钉、螺栓来进行结构组装。

在车体上应用的 6000 系合金主要有 6063 合金和 6N01 合金。其特点是具有优异的挤压成形特性，可以挤压出结构形状复杂、薄壁、中空、宽幅的各种型材，可以实现结构的优化设计。6063 具有优良的挤压性，主要用于建筑用的门窗框。6N01 的强度略高于 6063，其挤压加工性、加压淬火性均比较优良，能制造出复杂形状的大型薄壁型材，且耐腐蚀性、焊接性较好。

(3) 7000 系合金。

7000 系合金是形变 Al-Zn-Mg 合金。该系铝合金具有高强度特性，可细分为 Al-Zn-Mg-Cu 系合金和不含 Cu 用于焊接结构的 Al-Zn-Mg 合金。Al-Zn-Mg-Cu 合金的代表是 7075，可用于飞机、体育用品类。不含 Cu 的 Al-Zn-Mg 合金具有比较高的强度，在焊接后的热影响区也能够通过自然时效恢复到与母材相近的强度，具有优秀的焊缝接头效率。

7N01 是其中具有代表性的高强度铝合金，可作为焊接结构材料用于动车组车体。7N01 通过常温时效处理，焊接部分的强度能够恢复到接近于母材的强度，耐腐蚀性好，适用于制造受力较大的部件。

CRH2 型动车组车体用铝合金材料的主要力学性能见表 5-12。

表 5-12　CRH2 型动车组车体用主要铝合金材料主要力学性能

材料名	纵弹性率/MPa	泊松比	弹性极限/MPa		疲劳强度/MPa	
			基料部分	焊接部分	基料部分	焊接部分
A5083P-O	69	0.3	125	125	103	39
A6N01S-T5	69	0.3	205	120	78	39
A7N01P-T4	69	0.3	195	176	135	39
A7N01S-T5	69	0.3	245	205	119	39

2. 铝合金的焊接特性

(1) 具有强氧化能力。铝和氧的亲和力很大，铝与空气中的氧结合，在其表面生成一层致密的 Al_2O_3 薄膜，这层薄膜会吸收水分，并在焊接过程中形成气孔、夹渣等缺陷，从而降低焊接接头的力学性能。因此，铝合金在焊前需去除 Al_2O_3 薄膜，并在焊接过程中防止熔池继续受到氧化。例如，在氩弧焊时，由于氩气的机械隔离作用，可使熔池免受氧化。

(2) 热导率和电导率高。铝合金的热导率大约是低碳钢的 4 倍，是影响可焊性的重要因素。在熔化焊接过程中大量的热能被迅速传导到基体金属内部，因此焊接铝合金时比焊接钢材要消耗更多的热量。为了达到高质量的焊接接头，必须采用能量集中、功率大的热源，并采取预热等措施。

电导率对于电阻焊是一个非常重要的影响因素。铝比钢有较高的电导率，这意味着需要较高的电流来产生相同的热效应。因此，在电阻焊和滚焊时，要选用很大的焊接电流，通常采用直流冲击波点焊机和滚焊机进行焊接。

(3) 容易形成热裂纹。铝的线膨胀系数为 23.5×10^{-6}/℃，约为钢的 2 倍，凝固时的体积收缩率达 6.5%～6.6%。因此，在焊接某些铝合金时，往往由于过大的收缩内应力而导致裂纹。

(4) 容易形成气孔。铝合金的液体熔池很容易吸收气体，在高温下溶入的大量氢气，在焊后冷凝过程中来不及析出而聚集在焊缝中形成气孔。

(5) 高温下强度和塑性低。在高温下铝的强度和塑性很低，以致不能支承住液体金属而使焊缝成形不良，甚至形成塌陷或烧穿。因此，一般情况下需要用夹具和垫板。

(6) 合金元素的蒸发和烧损。某些铝合金中含有低沸点的合金元素 Mg 和 Zn 等，这些元素在高温下极易蒸发和烧损，从而改变了焊缝金属的化学成分，同时也降低了焊接接头的力学性能。

二、铝合金焊接工艺

1. 保护气体及流量的选择

铝及铝合金 MIG 焊时，只采用惰性气体氩或氦。氩和氦的物理特性不同，因而其工艺性能也有差异。氩气的密度大约是空气的 1.4 倍，比空气重；氦气的密度大约是空气的 0.14，比空气轻。在平焊位置焊接时，氩气下沉，驱走空气，对电弧的保护和对焊接区的覆盖作用较好。为得到相同的保护效果，氦气的流量消耗比氩气高 2～3 倍。

从焊缝成形来看，氦气的导热性比氩气高，能产生能量分布更均匀的电弧等离子体。氩弧等离子体弧柱中心能量高而其周围能量低。因此，氦弧 MIG 焊时的焊缝形状为熔深与熔宽大，焊缝底部呈圆弧状，而氩弧 MIG 焊的焊缝中心呈窄而深的“指状”熔深，其两侧熔深较浅。

由于 MIG 氩弧焊的电弧电压低和电弧能量密度小，电弧稳定，飞溅极少，因而适用于焊接薄件。MIG 氦弧焊的能量密度高，适用于焊接中厚件，但电弧不够稳定，且氦气价格高昂。在一般情况下，宜优先选用氩气进行 MIG 氩弧焊。

用于焊接铝合金的氩气，必须满足下列含量的要求：氩气大于 99.97%，氮气、氧气和水分应小于规定的百分数。当氮气超过标准值时，焊缝表面会产生淡黄色或草绿色的氮化物及气孔，给操作带来困难。氧气过量时，在熔池表面上会出现密集的黑点，使电弧不稳定，飞溅较大。水分会导致熔池沸腾，并形成气孔。

气体流量与其他工艺因素有关，必须选配适当。流量偏小时，虽也能达到保护目的，但经不起外界因素对保护的干扰，特别是在引弧处的保护易遭到破坏。气体流量过大时，会引起熔池铝液翻腾，恶化焊缝成形。此外，气体流量过大或过小均易造成紊流。造成保护不良，焊缝表面起皱。

2. 接头形式的选择

接头形式及其有关尺寸取决于铝合金焊件厚度、焊接位置、熔滴过渡形式及焊接工艺。如果零件厚度小于 6mm，则对接接头焊接一般无须开坡口；如果零件厚度大于 6mm，则为了充分焊透，必须开坡口进行焊接。对接接头和丁字接头坡口形式见表 5-13。V 形坡口角度一般不小于 90°，以免产生未熔合。零件对接间隙和钝边的尺寸视熔滴过渡形式而异。短路过渡时，间隙应较大，钝边应较小；射流过渡时，因熔深较大，间隙应较小，钝边应较大。搭接接头焊接时无须开坡口。

表 5-13　铝合金焊接的接头形式及坡口尺寸

板厚/mm	接头和坡口形式	根部间隙 b/mm	钝边 p/mm	坡口角度 α/(°)
≤12	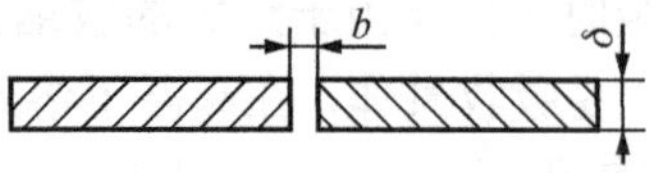	0～3	—	—
5～25	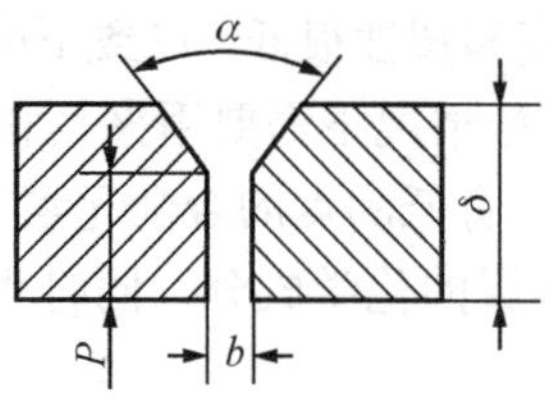	0～3	1～3	60～90
8～30	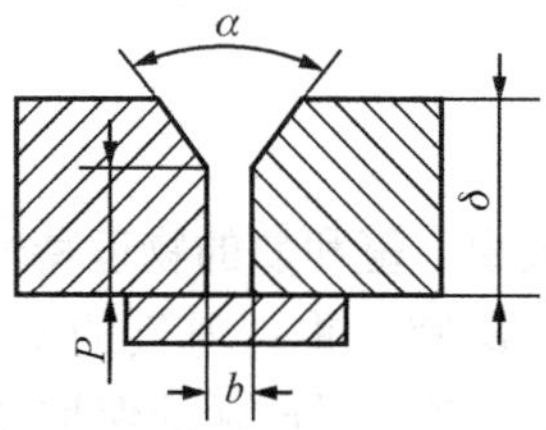	3～6	2～4	60
20 以上	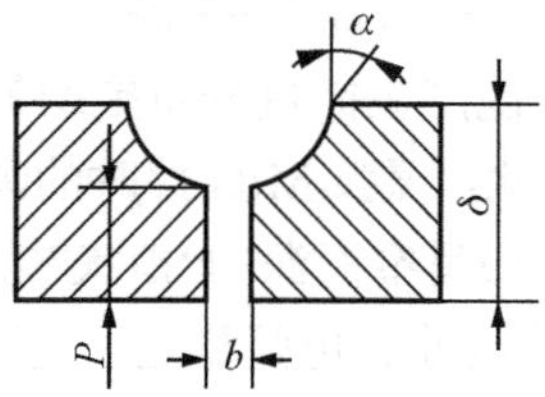	0～3	3～5	15～20
8 以上	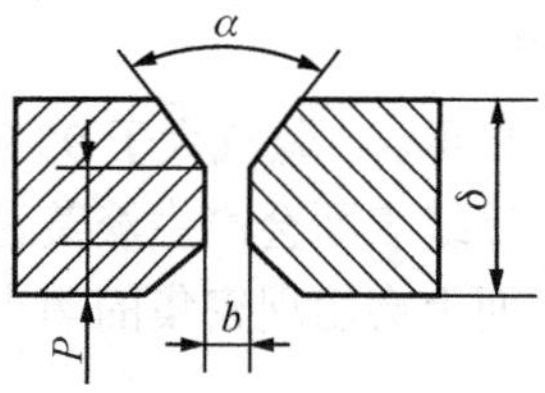	0～3	3～6	70
20 以上		0～3	6～10	70
≤3	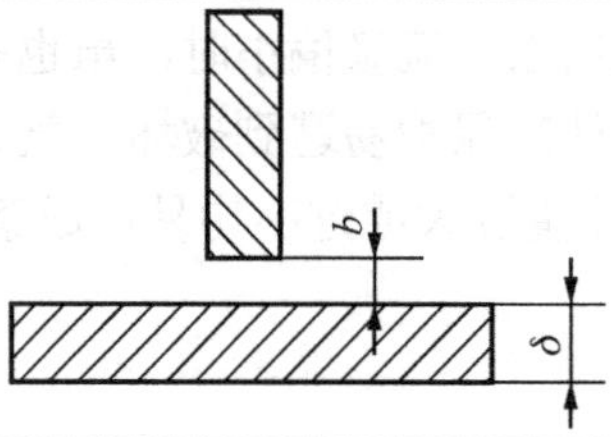	0～1	—	—
4～12	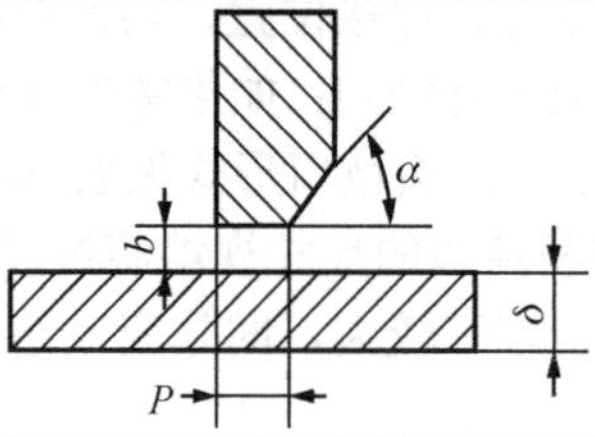	1～2	2～3	45～55

续表

板厚/mm	接头和坡口形式	根部间隙 b/mm	钝边 p/mm	坡口角度α/(°)
>12	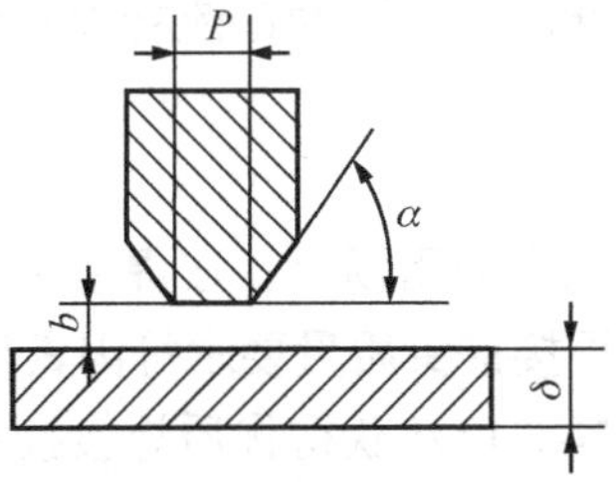	1～3	1～4	40～50

3. **焊前处理**

铝合金的表面覆盖着极薄而致密的氧化膜。焊接时这层氧化膜不仅妨碍熔化金属的熔合，而且有时还含有 $Al_2O_3 \cdot H_2O$、$Al_2O_3 \cdot 3H_2O$ 等形成的结晶水，是生成气孔的根源。此外，在基本金属和添加金属的表面上，有时还会沾染油污和其他脏物，这些也会成为气孔和其他缺陷产生的根源，必须予以清除。以上这些操作一般称为焊前处理，具体操作如下。

(1) 除油处理。基体金属或添加金属表面除油时，可以利用稀释剂、汽油、石油醚、三氯乙烯和金属乙烯等有机溶剂将其浸泡清洗，或用浸有这些溶剂的清洁布擦洗。这些溶剂均具有可燃性，处理时必须严加注意。

(2) 氧化膜的清除，可以用机械的或化学的方法清除氧化膜。机械方法有机械切削、吹砂处理、喷丸处理及锉刀、细钢丝刷及钢丝棉清理等方法。其中手工或电动细钢丝刷清理方法最为常用。

化学方法是用酸或碱溶解材料表面的方法。在 5%～10%的氢氧化钠溶液(约 70℃)中浸泡 30～60s 后用清水冲洗，然后在约 15%的硝酸水溶液(常温)中浸泡约 2 min，用清水冲洗后，再用温水冲洗干净，最后进行干燥处理。

最好在临焊接之前进行化学清理，做到当天清理，当天焊接。临焊接之前，材料的坡口表面最好也要用钢丝刷进行清理。

4. **焊丝的选择**

焊丝的选择包括焊丝的化学成分和焊丝直径。焊丝的化学成分与母材的化学成分相关。由于大部分铝合金在焊接中具有不同程度的热裂倾向，在选择焊丝时，还必须满足接头对抗裂性能和使用性能的要求。对铝合金车体的承载部件的焊接，应采用与母材合金成分接近、与母材有良好相容性的焊丝材料，可以获得较好抗裂性能。

焊丝直径与焊接电流及其范围有一定的关系。细丝可采用的焊接电流较小，电流范围也较窄，焊接时主要采用短路过渡方式，主要用于焊接薄件。由于细丝的比表面积(焊丝表面积与其体积或质量之比)大，随细丝进入熔池的污染物较多，出现气孔的概率比粗丝大。粗丝允许采用较大电流，电流范围也比较大，适用于焊接中厚板。

手工半自动 M1G 焊时，一般采用细丝。自动 MIG 焊时，一般采用粗丝。

5. **焊接设备的选择**

选择设备时，用户应根据焊接件的结构、材料、板厚、接头形式及尺寸、焊接位置等多方面情况来确定对设备的使用要求，如功率输出范围、静态特性、动态特性、送丝机特点、工艺装备配套等。

当需焊接厚大铝合金焊件时，应选用大电流和较大输出功率的电源。当需焊接空间位置焊缝或焊接较薄的焊件时，应选用脉冲或短路过渡焊接电源，此时应特别注意电源的动特性或动特性可调的电源，例如，适应性较大的逆变式焊接电源。当采用亚射流过渡形式进行焊接时，宜选用下降或陡降式外特性焊接电源，此时，电源的恒流特性及弧长自调作用有利于稳定电弧及熔深。

6. 焊接方法的选择

铝合金的焊接方法很多，各种方法有其不同的应用场合。在焊接生产中，应根据铝合金的牌号、焊件厚度、产品结构、生产条件以及焊接接头质量要求等因素加以选择。

虽然大多数熔焊方法都能够焊接铝合金材料，但从获得优质焊接接头和表面质量分析，以氩弧焊方法为最佳选择。焊接铝合金车体结构的氩弧焊主要有钨极氩弧焊(TIG)和熔化极氩弧(MIG)焊两种方法。厚大零件一般选用MIG焊，小尺寸薄壁零件则用TIG焊，且后者多采用手工方式施焊。

7. 焊接参数的选择

氩弧焊主要的规范参数有焊接电流、电弧电压、焊接速度以及氩气流量等。其中，关键焊接参数是焊接电流和电弧电压。

(1) 焊接电流。

MIG焊时，焊接电流主要取决于零件厚度。应尽量选取较大的焊接电流，但以不致烧穿焊件为度，这样既能提高生产效率，也有助于抑制焊缝气孔。

TIG焊时，焊接电流的大小与钨电极直径有关，电流过大，会使电极熔化。

(2) 电弧电压。

电弧电压与弧长、焊丝成分、焊丝直径、保护气体和焊接技术等因素有关。电弧电压是从电源的输出端子上检测的，它还包括焊接电缆和焊丝伸出长度上的电压降。当其他参数保持不变时，电弧电压与电弧长度成正比关系。

在焊接铝合金时，电弧电压一般都选得低一些，电压为27～31V，使电弧略带轻微爆声，也就是使焊丝端部的熔滴呈“亚射流过渡”(介于射流过渡和短路过渡之间的一种过渡形式)。因而，阴极破碎区大，焊缝成形好，焊接缺陷也较少。

8. 焊接接头的位置

焊接接头的位置有平焊、横焊、立焊、仰焊，焊接技术难度按此顺序依次加大。由于重力的作用，熔池液态焊缝金属总是有下落的倾向。因此，最好通过机械化的辅助装置，使工件上的所有焊缝均变成平焊或接近平焊的位置。当不得不按不同位置进行焊接时，应按不同位置的特点来选择焊接参数。例如，仰焊时，宜选用细焊丝、小电流、短弧、实行短路过渡，使熔池较小，熔池凝固较快，焊缝快速成形。立焊有两种情况，一是向下立焊；二是向上立焊。前者焊缝成形难于控制、电流应小，后者对焊缝成形的影响不大，电流可大。

9. 焊接道次

焊接道次主要取决于零件厚度、接头形式、坡口尺寸及结构和材料特性。零件厚度较大时，自然需要多道焊。当结构要求气密或材料对热敏感时，也宜优选多道焊，减小每个焊道所需的热输入，增大道次间隔时间，防止金属过热。此外，每个道次的熔池体积较小，也有利于氢气泡在熔池凝固前得以逸出。相邻两焊道内残存的两气孔巧合相连而形成通孔的概率是不大的。因此，多道焊接较有利于保证气密性，防止渗漏。

必须指出，以上焊接工艺和参数的选择都不是孤立的，各参数之间是互有关联的。某一参数的影响都是在其他参数给定的条件下表现出来的，改变某一个参数就要求同时改变另一个或另一些参数，才能获得改变参数所期望获得的结果。因此，选择最佳的相互适配的成套参数需要参考有关资料和专家经验，同时，也需要用户自行试验和验证。表 5-14～表 5-19 为铝合金焊接时的焊接参数，供参考。

表 5-14　熔化极半自动氩弧焊焊接参数

板厚/mm	坡口及坡口形式	焊丝直径/mm	焊接电流/A	电弧电压/V	焊接速度/ (m/h)	气体流量/ (L/min)	焊道数
<4	对接 I 形坡口	0.8～1.2	70～150	12～16	24～36	8～12	1～2
4～6		1.2	140～240	19～22	20～30	10～18	2
8～10		1.2～2	220～300	22～25	15～25	15～18	2
12		2	280～300	23～25	15～18	15～20	2
5～8	对接 V 形坡口加垫板	1.2～2	220～280	21～24	20～25	12～18	2～3
10～12		1.6～2	260～280	21～25	15～20	15～20	3～4
12～16	对接 X 形坡口	2	280～360	24～28	20～25	18～24	2～4
20～25		2	330～360	26～28	18～20	20～24	3～8
30～60		2	330～360	26～28	18～20	24～30	10～30
4～6	丁字接头角接接头搭接接头	1.2	200～260	18～22	20～30	14～18	1
8～16		1.2～2	270～330	24～26	20～25	15～22	2～6
20～30		2	330～360	26～28	20～25	24～28	10～20

表 5-15　熔化极自动氩弧焊焊接参数

板厚/mm	坡口及坡口形式	焊丝直径/mm	焊接电流/A	电弧电压/V	焊接速度/ (m/h)	气体流量/(L/min)	焊道数
4～6	对接 I 形坡口	1.4～2	140～240	19～22	25～30	15～18	2
8～10		1.4～2	220～300	20～25	15～25	18～22	2
12		1.4～2	280～300	20～25	15～20	20～25	2
6～8	对接 V 形坡口加垫板	1.4～2	240～280	22～25	15～25	20～22	1
10		2～2.5	420～460	27～29	15～20	24～30	1
12～16	对接 X 形坡口	2～2.5	280～300	24～26	12～15	20～25	2～4
20～25		2.5～4	380～520	26～30	10～20	28～30	2～4
30～40		2.5～4	420～540	27～30	10～20	28～30	3～5
50～60		2.5～4	460～540	28～32	10～20	28～30	5～8
4～6	丁字接头	1.4～2	200～260	18～22	20～30	20～22	1
8～16		2	270～330	24～26	20～25	24～28	1～2

表 5-16　熔化极脉冲半自动氩弧焊焊接参数

板厚/mm	焊丝直径/mm	脉冲速率/Hz	焊接电流/A	电弧电压/V	焊接速度/ (m/h)	气体流量/ (L/min)	焊道数
4	1.1～1.6	50	130～150	17～19	20～25	10～12	1
5	1.4～1.6	50	140～170	17～19	20～25	10～13	1
6	1.4～1.6	100	160～180	18～21	20～25	12～14	1
8	2	100	160～190	22～24	25～30	15～18	2
10	2	100	220～280	24～26	25～30	18～20	2

表 5-17　熔化极脉冲自动氩弧焊焊接参数

板厚/mm	接头形式	焊接位置	焊丝直径/mm	焊接电流/A	电弧电压/V	焊接速度/(cm/h)	气体流量/(L/min)	焊道数
3	I 形坡口对接	水平	1.4～1.6	70～100	18～20	21～24	8～9	1
		横向	1.4～1.6	70～100	18～20	21～24	13～15	
		立（向下）	1.4～1.6	60～80	17～18	21～24	8～9	
		仰	1.2～1.6	60～80	17～18	18～21	8～10	
4～6	T 形接头	水平	1.6～2.0	180～200	22～23	14～20	10～12	
		立（向上）	1.6～2.0	150～180	21～22	12～18	10～12	
		仰	1.6～2.0	120～180	20～22	12～18	8～12	
14～25	T 形接头	立（向上）	2.0～2.5	220～230	21～24	6～15	12～25	3
		仰	2.0～2.5	240～300	23～24	6～12	14～26	

表 5-18　手工钨极氩弧焊焊接参数

板厚/mm	焊丝直径/mm	钨极直径/mm	预热温度/℃	焊接电流/A	氩气流量/(L/min)	喷嘴孔径/mm	焊接层数(正面/反面)	备注
1	1.6	2	—	45～60	7～9	8	1/0	卷边焊
1.5	1.6～2.0	2	—	50～80	7～9	8	1/0	卷边或单面对接焊
2	2～2.5	2～3	—	90～120	8～12	8～12	1/0	对接焊
3	2～3	3	—	150～180	8～12	8～12	1/0	V 形坡口对接
4	3	4	—	180～200	10～15	8～12	1～2/1	V 形坡口对接
5	3～4	4	—	180～240	10～15	10～12	1～2/1	V 形坡口对接
6	4	5	—	240～280	16～20	14～16	1～2/1	V 形坡口对接
8	4～5	5	100	260～320	16～20	14～16	2/1	V 形坡口对接
10	4～5	5	100～150	280～340	16～20	14～16	3～4/1～2	V 形坡口对接
12	4～5	5～6	100～150	300～360	18～22	16～20	3～4/1～2	V 形坡口对接
14	5～6	5～6	180～200	340～380	20～24	16～20	3～4/1～2	V 形坡口对接
16	5～6	6	200～220	340～380	20～24	16～20	4～5/1～2	V 形坡口对接
18	5～6	6	200～240	360～400	25～30	16～20	4～5/1～2	V 形坡口对接
20	5～6	6	200～260	360～400	25～30	20～22	4～5/1～2	V 形坡口对接
22～25	5～6	6～7	200～260	360～400	30～35	20～22	3～4/3～4	X 形坡口对接

表 5-19　自动钨极氩弧焊焊接参数

板厚/mm	焊接层数	钨极直径/mm	焊丝直径/mm	喷嘴直径/mm	氩气流量/(L/min)	焊接电流/A	送丝速度/(m/h)
1	1	1.5～2	1.6	8～10	5～6	120～160	—
2	1	3	1.6～2	8～10	12～14	180～220	65～70
3	1～2	4	2	10～14	14～18	220～240	65～70
4	1～2	5	2～3	10～14	14～18	240～280	70～75
5	2	5	2～3	12～16	16～20	280～320	70～75
6～8	2～3	5～6	3	14～18	18～24	280～320	75～80
10～12	2～3	6	3～4	14～18	18～24	300～340	80～85

三、铝合金焊接的主要问题及防止措施

1．铝合金焊接的主要问题

(1)焊缝易产生夹杂物。铝合金表面形成的氧化膜(Al_2O_3)使铝合金具有优良的耐腐蚀性和化学稳定性，但另一方面给铝合金的焊接带来困难。覆盖于铝合金表面的氧化膜熔点高达

2050℃，远超过铝合金的熔点，在焊接过程中，氧化膜将阻碍金属之间的良好熔合，容易形成焊缝的夹杂物，从而引起焊缝的性能下降。

(2)容易形成气孔。气孔是铝合金焊接时最常见的缺陷，与其他金属材料相比，铝合金更容易产生气孔。由于铝合金中不含碳，不存在生成CO气孔的条件，而氮又不溶于铝，因此，氢是铝合金焊接时产生气孔的主要原因。

在焊接高温下，氢被熔池金属和熔滴金属大量吸收，并溶入液态铝中，如果熔池金属溶入氢较多并形成过饱和状态，在一定的冷却速度下，过饱和氢将从液态金属中析出形成微小的气泡。因为铝合金密度小，气泡上浮较慢，当焊后冷却凝固速度较快时，气泡来不及逸出熔池，凝固后就聚集在焊缝中形成气孔，给焊接接头的质量带来严重的影响。

(3)焊接热裂纹倾向大。铝合金的线膨胀系数比钢大，凝固时的体积收缩率达6.5%左右，在铝合金焊接时，由于过大的内应力而产生热裂纹。焊接热裂纹是结晶过程中在脆性温度区的范围内产生的，它既可能以结晶裂纹的形式出现在焊缝中，也可能以液化裂纹的形式出现在热影响区中。

(4)焊接变形问题。铝合金的焊接变形产生的机理基本上与钢相同，但与钢相比，铝的凝固收缩量和膨胀系数大而刚性又小，所以同样的焊接接头，铝发生的收缩、变形和翘曲等现象要比钢严重。

此外，铝合金焊接由固态变为液态时，其颜色无明显的变化，在焊接过程中给操作者带来很多困难，无形中提高了焊接的复杂程度。

2. 防止措施

针对铝合金焊接中出现的问题，主要从以下几方面采取措施。

(1)焊前清除氧化膜和油污。为了使熔焊金属达到良好的熔合，提高焊缝的性能，其主要手段是清除氧化膜和油污，防止焊缝夹杂物的生成。

(2)减少氢的来源和调整焊接规范。焊接中氢的主要来源有母材和焊丝金属本身含有的氢、焊丝和工件表面氧化膜吸附的水分及未清理干净的油污等。

首先应保证母材和焊丝的冶金质量，含氢量要低。对厚度超过5～10 mm的铝合金构件，为了减少气孔等缺陷，焊前应进行预热。

清除氧化膜不仅对保证焊缝性能有利，同时对减少气孔的产生也是十分必要的。

从减少焊缝中气孔的另一个角度分析，可以通过调整焊接规范来改变熔池存在的时间，从而控制氢的溶解和析出。

当采取较大的焊接线能量，即适当降低焊接速度或增大焊接电流，可以增加熔池存在的时间，虽然有更多的氢溶于熔池，但也有利于气泡的长大和及时浮出，从而达到减少气孔的目的。实践证明，焊接厚度不大的铝合金材料时，增加焊接线能量对减少焊缝中气孔起到了积极的作用。

(3)选择热裂纹倾向小的母材和适当的填充金属可防止焊接热裂纹的产生。在铝合金车体焊接时，尽量选择热裂纹倾向小的母材。还可以通过选择合适的焊丝材料，调整焊缝的化学成分，减少焊接热裂纹。

在Al-Mg系合金的焊丝中可增加Mg的含量超过3.5%～4.5%，加入锆(Zr)、钛(Ti)、硼(B)、钒(V)等微量元素，可起到细化晶粒、改善其抗裂性能的功效。

A1-Zn-Mg系合金热裂纹倾向较大，尤其是A1-Zn-Mg-Cu系合金抗裂性能更差，在焊接这些系列的合金时，可通过调整焊丝成分，变化锌与镁的含量，并可添加锆(Zr)、钛(Ti)、硼(B)等元素以改善其抗裂性能。国外多采用含Mg(4%～5%)的Al-Mg合金作为填充金属来焊接A1-Zn-Mg系合金，取得了满意的结果。

(4)减小铝合金焊接变形。为了减小铝的焊接变形，在焊接过程中应注意以下问题。

① 坡口间隙的大小及其均匀性对焊接接头的变形、错位和收缩均有很大的影响。要特别注意坡口组合和定位焊的问题，同时还应该采用适用于材料厚度和部件形状的装配焊接夹具。

② 焊接装配应尽量在地面上和采用平焊方法进行，并要充分利用能够进行自动焊的转胎。

③ 应尽量采用能减小变形的设计，即采用挤压型材来代替焊接装配，采用波纹板结构以及对非密封部件采用断续角焊缝或点焊等措施。

复习思考题

1．车体制造中常用的焊接方法有哪几种？各种焊接方法的应用特点如何？

2．焊接结构有何特点？车体结构中常采用哪几种焊接接头？并画出车体结构上采用的各种接头的实例。

3．焊接结构中的焊缝布置应考虑哪些因素？

4．简述焊接应力和变形产生的原因。

5．车体结构制造中的主要变形形式有哪几种？简述各种变形产生的原因及防止措施。

6．火焰矫正法的基本原理是什么？

7．简述用火焰矫正法矫正薄板波浪变形及梁、柱弯曲变形的过程。

8．焊接低碳钢丁字梁，已知丁字梁长5m，腹板高250mm，翼板宽200mm，板厚均为30mm。采用CO_2焊进行双面焊接，焊角尺寸为10mm。试求丁字梁纵向收缩和弯曲变形。

9．简述不锈钢焊接的主要问题及防止措施。

10．铝合金焊接前为什么要进行处理？如何进行焊前处理？

11．简述铝合金焊接的主要问题及防止措施。

第六章 货 车 制 造

第一节 概 述

货车主要用于运送货物。目前，我国铁路运输完成的货运量已占全国货物运输的 50%左右。由于货物的类型千差万别，因此，需要的货车种类也是多种多样的。货车按用途可分为通用货车和专用货车两类。其中敞车、棚车、平车、罐车及冷藏车属于通用性货车，可以装的货物类型较多，在货车总数中占的比例较大。长大货物车、漏斗车、自翻车等属专用货车，只能运输一种或很少几种货物。随着铁路运输量的增加，铁路货车的品种还要不断增加，如研制适应重载运输和最高运行速度为 100 km/h 及以上的货车，以及适用于货物集装化、散装化、冷装化运输的各种专用货车等。

货车的数量和车种的配备是根据货物运量和所运货物的性质确定的。据统计，我国铁路现有货车车种的构成比例为：敞车 60%左右；平车(包括集装箱平车)6.3%；棚车 15.1%；罐车 17.4%；保温车 1.4%；其他专用车约占 2.8%。以上各种车中绝大部分为载重 60t 左右的四轴货车。

由于敞车占货车保有量的比例最大，故本章将内容集中于通用敞车的制造。尽管通用敞车的型号及载重量不同，但其结构及制造工艺相似。因此，以下将以 C70 型通用敞车为例介绍货车钢结构的制造工艺。

一、货车车体结构组成

C70 型敞车是在 C64 型敞车基础上发展起来的我国新一代敞车，载重量和容量均有所增大，并采用提速转向架。C70 型敞车车体为全钢焊接结构，由底架、侧墙、端墙、车门等部件组成。车体主要材料采用屈服强度为 450MPa 的耐大气腐蚀钢，如图 6-1 所示。

二、装配系统图

利用图的形式将车体钢结构工艺部件装配的先后顺序表示出来，这种图称为装配系统图。C70 型敞车车体钢结构划分为五大工艺部件，即底架，一、二位侧墙及一、二位端墙。各大工艺部件又由若干小部件组成，小部件由一些零件和组件组成，而组件由若干零件组成。车体钢结构装配系统图如图 6-2 所示。

三、货车制造工艺流程

根据货车车体钢结构的工艺部件，将货车车体钢结构制造工艺流程安排为：底架组焊—侧墙组焊—端墙组焊—车体钢结构总组装及货车总组装。车体钢结构装配生产的组织形式可采用固定式或移动式装配。在装配过程中，固定在一个作业场地，操作人员固定或循环作业在该作业场地进行装配的方式，称为固定式装配。其特点是装配对象和操作人员相对固定，对操作者的技术水平要求高，减少装配对象的移动时间，可缩短装配周期。如果装配工序和作业场地固定不变，装配对象不断地依次从一个作业场地移到另一个作业场地的装配方式，称为移动式装配。其特点是各个作业场地分工明确，对操作者的技术水平要求不很高，易于实现流水作业，生产效率高。目前，我国车辆生产主要采用流水作业方式。

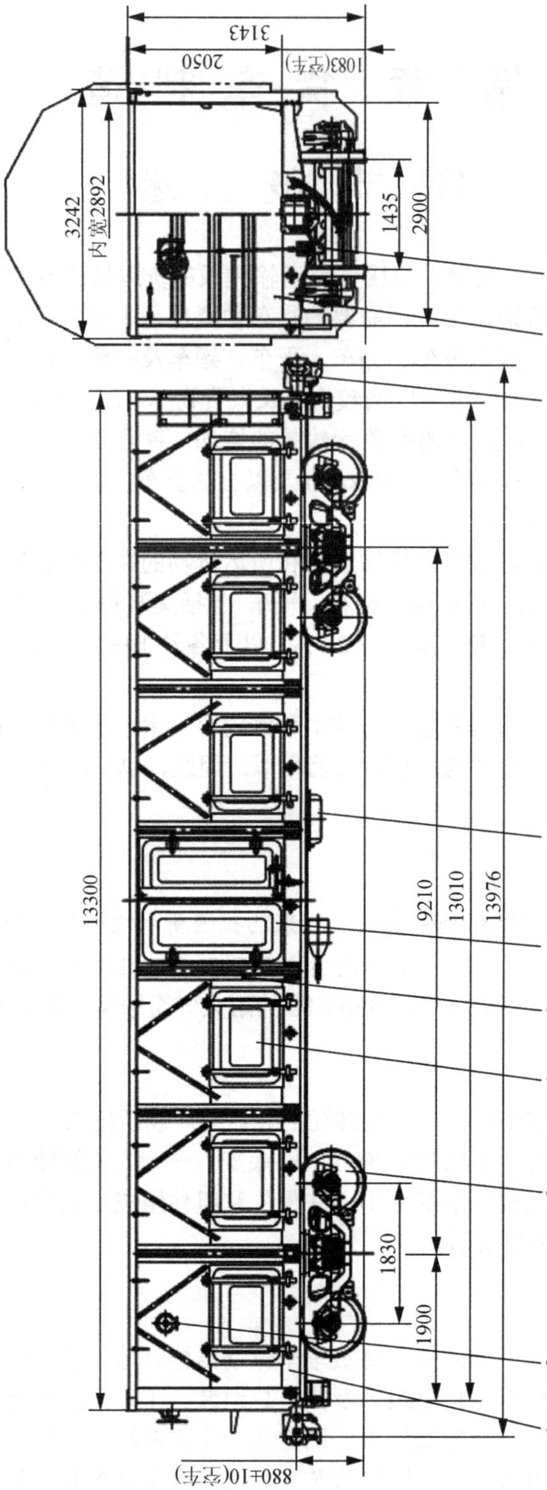

图 6-1　C70 型敞车组成图

1-底架组成；2-转向架；3-下侧门；4-侧墙组成；5-侧开门；6-车钩缓冲装置；7-端墙组成；
8-车钩缓冲装置；9-端墙；10-手制动装置

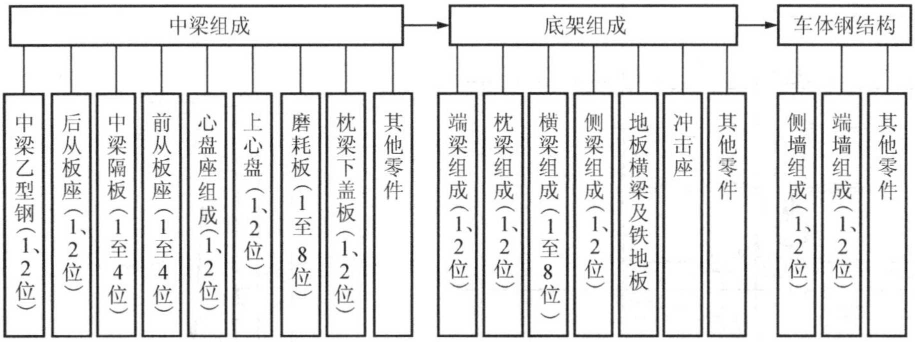

图 6-2　货车车体钢结构装配系统图

第二节　底架组焊工艺

底架由中梁、侧梁、枕梁、大横梁、端梁、纵向梁、小横梁及铁地板组焊而成。底架尺寸为：长 13010mm、宽 2900mm、固定轴距 9210mm，如图 6-3 所示。侧梁为 240mm×80mm×8mm 的槽形冷弯型钢，枕梁、大横梁为双腹板钢板组焊结构，小横梁为 U 形冷弯型钢，纵向梁为槽型冷弯型钢。底架上铺 6mm 厚的耐候钢地板。采用锻造上心盘(直径为 358 mm)及材质为 C 级铸钢的前、后从板座。前、后从板座、脚蹬、冲击座等均采用专用拉铆钉连接。底架组成的组焊工艺可分为中梁组成制造和底架制造。

一、主要技术要求

(1) 中梁组成全长为 12998mm；

(2) 中梁两心盘中心间上挠度为 25～29mm；各工厂根据实际情况可能不同，根据实际情况按工艺员确定的工艺参数控制；

(3) 两心盘中心距为(9210±7) mm；

(4) 中梁旁弯全长内≤8 mm，每米旁弯≤3mm；

(5) 心盘座平面度≤1 mm；

(6) 前后从板座间距 $625_{-3}^{\ 0}$ mm；

(7) 牵引梁端部旁弯≤5mm。

二、中梁制造工艺

中梁是底架的重要承载结构，主要起承受纵向和垂向载荷的作用，是车辆上最重要的部件之一。中梁组焊质量的优劣，将直接影响底架的组焊质量乃至整个车辆的制造质量，中梁组成如图 6-4 所示。中梁 3 采用屈服强度为 450MPa 的热轧 310 乙型钢或冷弯中梁制造，两中梁之间焊有隔板 5 和 9；中梁和枕梁结点处安装有补强板 8 和上心盘 2，上心盘与中梁用铆钉 13 连接；在牵引梁内侧安装有前后从板座 4 和 10，用专用拉铆钉 1 连接。

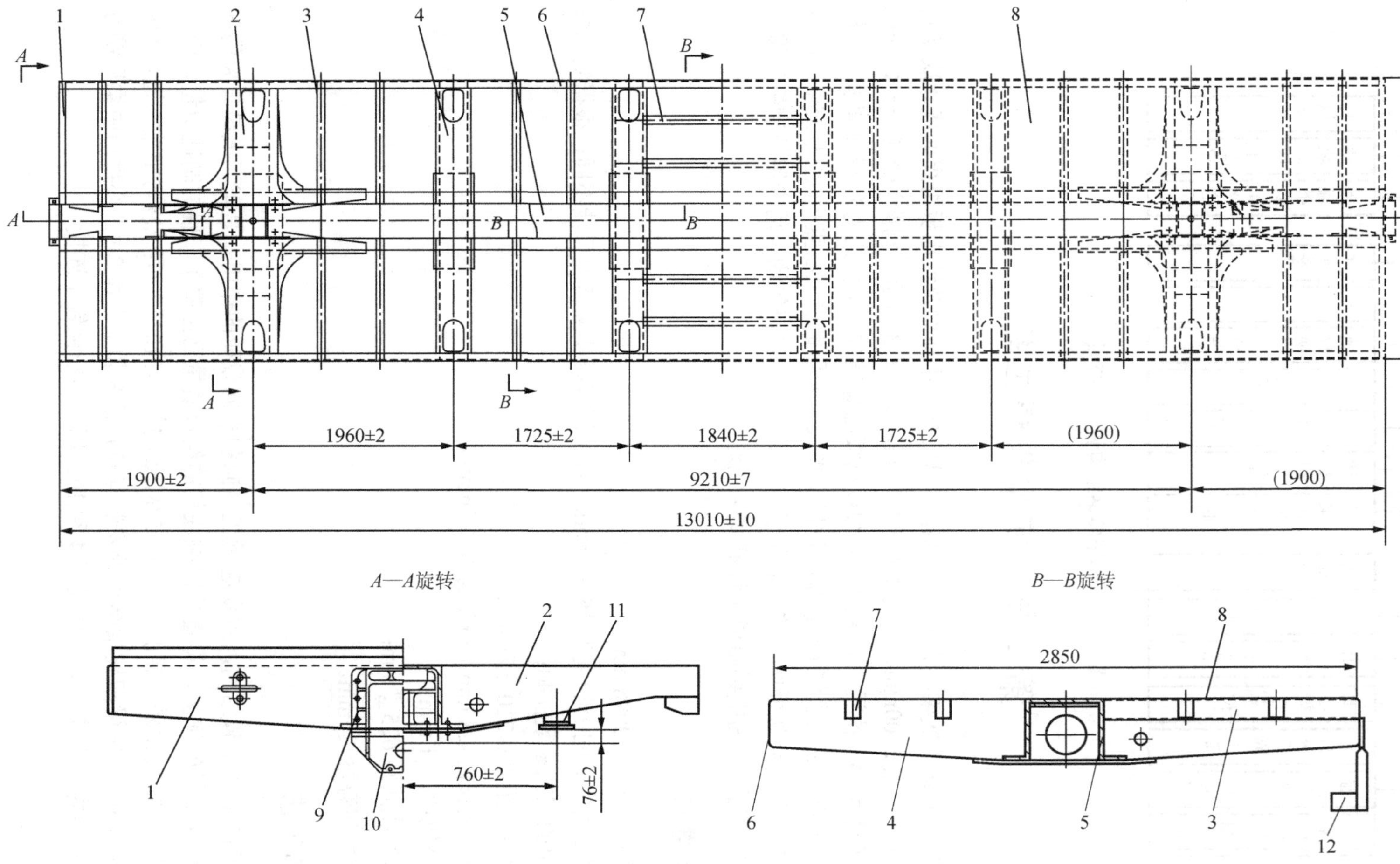

图 6-3 C70 型敞车底架组成

1-端梁；2-枕梁；3-小横梁；4-大横梁；5-中梁；6-侧梁；7-纵向梁；8-地板;9-铆钉；10-冲击座；11-上旁承；12-脚蹬

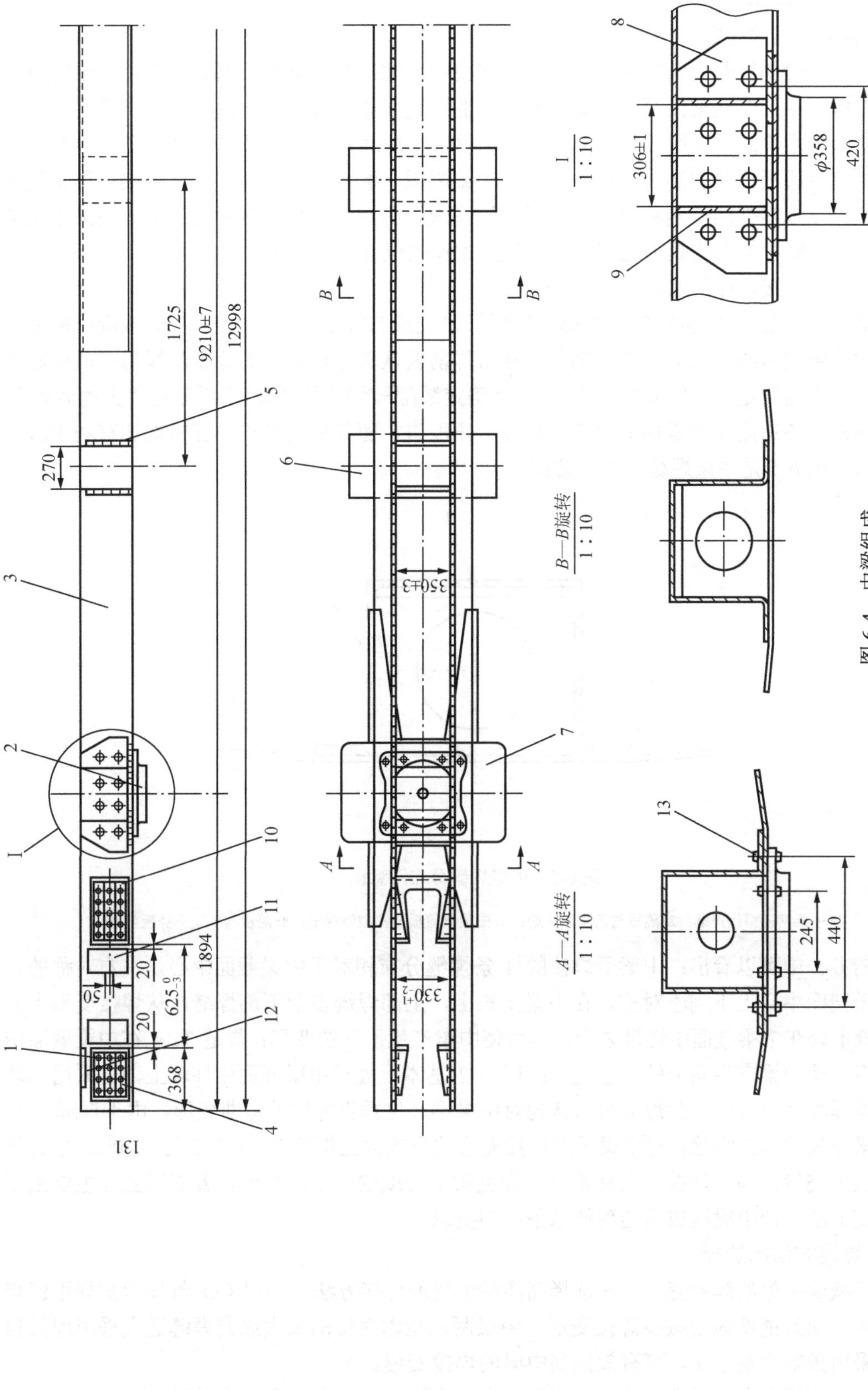

图 6-4　中梁组成

1-专用拉铆钉；2-上心盘；3-中梁；4-前从板座；5-中梁隔板(横梁处)；6-横梁下盖板；7-枕梁下盖板；8-补强板；9-隔板组成(枕梁处)；10-后从板座；11-磨耗板；12-钩尾框磨耗板；13-铆钉

1. 中梁组装工艺分析

(1)装配基准的确定。

为保证中梁的组装质量要求，中梁的组装应在装配夹具内进行。因此，选择正确的组装基准面对保证中梁及底架乃至车体钢结构整体的组装质量至关重要。根据中梁在夹具内所处的位置，确定中梁是否采用正装法或反装法。由于 C70 型敞车的中梁是由两根乙型钢组对而成，还要在两腹板内侧安装前、后从板座、中梁隔板、磨耗板等零件。如果中梁采用正装法进行装配，以上零件的安装将很困难甚至无法完成，因此，乙型钢组对的中梁一般采用反装法进行组装，即中梁在夹具内处于与工作位置相反的位置进行组装。

(2)装配-焊接顺序的确定。

中梁组成的装配-焊接顺序直接影响焊后焊接变形的大小。不同的装配-焊接顺序能够改变焊缝对于结构重心的相对位置。因此，在组焊前要认真分析焊缝的分布及焊后可能引起的焊接变形，进而确定正确的装配-焊接顺序。确定装配-焊接顺序的基本原则是“先内后外”。对装配来讲，该原则便于零件的组装，从焊接角度讲，随着中梁结构刚度的增加有利于减小焊接变形。图 6-5 是中梁焊缝分布示意图。

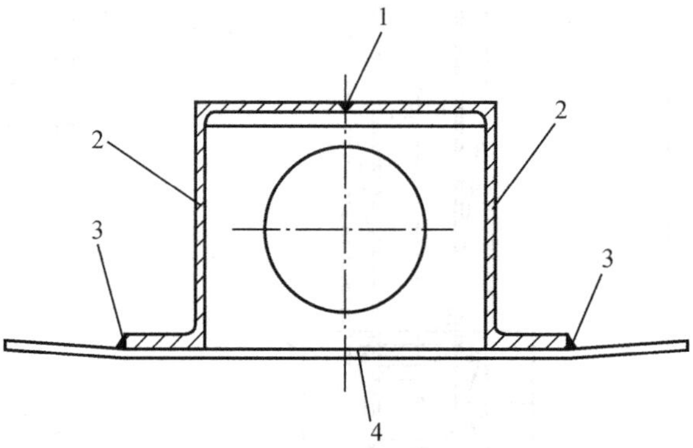

图 6-5　中梁焊缝分布示意图

1-中梁两乙型钢焊缝；2-隔板与乙型钢焊缝；3-横梁下盖板与乙型钢焊缝；4-隔板与横梁下盖板焊缝

从图 6-5 中可以看出：中梁所焊接的 4 条焊缝分布相对于中梁截面中心是左右对称的，而相对于截面中心上下则不对称。在中梁全长上，上部焊缝多于下部焊缝。从焊接变形上分析，焊缝 1 处在中梁截面中性轴之上，焊后使中梁产生下凹的变形；焊缝 3、4 在中梁截面中性轴之下，使中梁产生向上的凸起变形；焊缝 2 基本上处于中梁截面中性轴上，若采用比较合理的施焊顺序与方向，此焊缝可以认为对中梁不产生垂直方向的弯曲变形。由于焊缝 1 是贯穿中梁全长的纵向焊缝，对中梁垂直焊接变形的影响远比焊缝 2、3 和 4 大。因此，中梁焊后将产生下挠度，与上述技术条件不符。为克服下挠度的产生，目前，各制造企业主要采用预制反变形法，使中梁组成后达到技术条件的要求。

(3)焊接方法的选择。

为了减少中梁的焊接变形，应选择高能量密度的焊接方法。采用 CO_2 气体保护焊不但焊接效率高，而且能明显地减少焊接变形。中梁两乙型钢对接的长大纵向焊缝适宜采用埋弧自动焊，采用预制反变形法，可有效控制中梁的焊接变形。

此外，施焊方向，对中梁的焊接变形也会产生影响，在中梁焊接时不可忽视。

2. 中梁组装工艺流程

C70 型敞车中梁的组装工艺流程为：乙型钢组对—内纵向焊缝的焊接—零件组对—枕梁隔板焊接—中梁压平—上心盘组对—中梁钻孔—中梁翻焊—外纵向焊缝焊接—中梁铆接—切头与矫正等。

(1) 乙型钢组对。

中梁全长为 12998mm。由于受来料供应限制，中梁有时需要接长。通常，组成中梁的每一根乙型钢，仅允许出现一处拼接接头，两根乙型钢的拼接接头应互相错开在 400mm 以上。从强度方面考虑，单根中梁拼装时，接缝位置应避开高应力区及受力状态不利的处所，如枕梁、中梁中间附近位置。乙型钢的拼接焊缝必须充分焊透，焊后需经表面及超声波探伤检验合格。考虑中梁焊接后将产生纵向收缩变形，因此在乙型钢下料时，应根据图纸尺寸留出一定的放长量，一般为中梁长度的 1‰。

乙型钢组对在装配-焊接夹具中进行，两乙型钢腹板内侧距为 350mm，利用滚动小车压紧并点固焊。

(2) 内纵向焊缝的焊接。

由于内纵向焊缝在中梁的中性轴以上，中梁焊接后将会产生下挠度。为保证中梁制成后符合所规定的技术要求，在焊接前，采用中梁中间部位的夹紧器固定中梁，然后启动压紧装置，使中梁产生 60～70mm 的反变形，再进行埋弧自动焊焊接。

(3) 零件组对。

在零件组对时，所有各零件的纵向和横向定位均采用中梁装配-焊接夹具进行定位。需要组对的零件包括：前、后从板座，补强板，中间垫板，支板，磨耗板等。前、后从板座间距是关键尺寸，必须符合所规定的技术要求。

(4) 枕梁隔板焊接。

枕梁隔板的焊接采用 CO_2 气体保护焊方法。由于焊缝位置复杂，为保证焊接质量，便于操作，枕梁隔板焊接需在旋转夹具内进行，将立焊缝和横焊缝等变成水平位置进行焊接。

(5) 中梁压平。

采用四柱液压机对中梁进行压平。其目的是调整心盘安装面处两乙型钢翼缘平面度，保证上心盘的铆接质量。否则，会造成铆钉间隙超差。当列车运用中，在交变载荷的作用下，将会造成心盘裂纹。

(6) 上心盘组对。

为满足两上心盘之间的距离及公差中心距 (9210±7) mm 要求，采用装配夹具或定位孔装配上心盘，保证其横向、纵向位置准确。

为了确保中梁的两心盘面处于水平，在心盘座处设置了乙型钢翼缘调平装置。在组装时，用平尺和塞尺测量中梁安装心盘处的水平度，以满足所规定的技术要求。

(7) 中梁钻孔。

中梁钻孔主要是前、后从板座及上心盘铆接孔。为提高钻孔效率、确保各孔之间的位置精度，采用多头钻床进行钻孔。

(8) 中梁翻焊。

中梁翻焊包括横梁隔板焊接和两次翻焊两部分。横梁隔板焊接采用翻转机等专用夹具，使全部焊缝均在有利的施焊位置上焊接，以保证焊接质量。

在两次翻焊中，第一次翻焊焊接横梁隔板、心盘座与中梁立焊缝，第二次翻焊焊接枕梁下盖板(中)与中梁焊缝。

(9)外纵向焊缝焊接。

在内纵向缝焊接后，其背面将残留下夹渣等杂物，在外纵向缝焊接前必须认真清除，否则将影响焊接质量。外纵向缝焊接同内纵向焊缝焊接一样，采用埋弧自动焊进行。

(10)中梁铆接。

中梁铆接包括前、后从板座铆接和上心盘铆接。前、后从板座铆接采用专用拉铆钉铆接技术。专用拉铆钉铆接技术属于冷铆，连接强度较好，需使用专用设备。从技术角度，上心盘采用专用拉铆钉铆接技术也是可行的，但由于专用拉铆钉的套环容易与转向架下心盘干涉，因此，上心盘仍采用普通铆钉热铆技术，用液压铆钉机进行铆接。

(11)切头与矫正。

在中梁组成后，需切去中梁两端的多余金属，此项内容一般是用样板画线，在水平胎位上进行。

中梁组焊存在的主要问题有：中梁两心盘间上挠度达不到要求，其主要原因是中梁预制的反挠度不够造成的；心盘组装平面不平，其主要原因是乙型钢翼缘不平，在心盘座处设置的乙型钢翼缘调平装置是解决问题的主要措施之一；中梁旁弯及扭曲等问题是由于焊接变形造成的。应在采取减少和防止焊接变形措施的同时，对其变形采用机械矫正或火焰矫正的方法来解决。

三、底架制造工艺

(一)主要技术要求

(1)底架全长(13010±10)mm，底架宽(2900±5)mm；

(2)底架对角线差≤8mm；

(3)铁地板平面度每米内≤7 mm；

(4)底架心盘中心距(9210±7)mm；

(5)底架组成后两枕梁间上挠度 2～12mm。

(二)底架制造的工艺过程

1. 工艺分析

(1)底架焊接变形分析。

底架上的焊缝分布对底架横截面的水平中性轴是不对称的，且焊缝多集中于中性轴以上，焊后必然要使底架产生下挠度。为此，采用专用装配-焊接夹具并预制反变形，从而使底架焊后获得所需的上挠度。

铁地板是由小块地板拼装焊接而成的。由于铁地板的板厚小、焊缝多，铁地板易产生波浪变形。由于焊缝不对称，铁地板与底架侧梁的两条纵向焊缝对侧梁的弯曲变形影响较大，在底架制成后，要进行矫正。

底架结构有许多梁与梁之间的连接焊缝，虽然焊缝长度较短，但因焊缝位置及分布复杂而使焊接困难，需采取旋转夹具进行焊接。

底架的大横梁和小横梁较多，这些大小横梁与中梁和侧梁的组对间隙不同会引起焊缝收缩量不同，致使侧梁产生旁弯，影响底架的组装质量。因此，要严格控制各大小横梁的组对间隙。

(2)组焊方法分析。

底架组焊有正装法和反装法两种。正装法在垂向以心盘面为组焊基准，底架各梁均以下平面定位。其优点是能保证心盘面位置准确，使底架与转向架之间的相关尺寸得到保证，使车体落在转向架上不产生倾斜。缺点是所有的组焊尺寸偏差均反映在底架的上部，给铁地板的铺设和车体总组装带来困难。

反装法以铁地板为组装基准，使底架上部尺寸得到保证。其优点是组焊夹具简单，定位方便，底架上平面的水平度得到保证。缺点是所有的组焊尺寸偏差都反映到底架下部，必须严格控制心盘面的水平度，否则，会使车体落在转向架上产生倾斜。

虽然两种组装方法各有优缺点，但只要采取有效的工艺措施，保证心盘面水平、保证底架其他零件与心盘平的相对尺寸及位置关系正确，以达到技术要求的规定，两种组装方法均可采用。C70 型敞车底架采用正装法组焊。

2. 底架制造的工艺过程

由于底架制造比较复杂，为了提高生产效率和质量，底架制造应采用流水作业。可将底架分解为中梁组成、枕梁组成、端梁组成、侧梁组成等工艺部件，各工艺部件在各自台位上采用专用装配-焊接夹具制造，然后按组焊顺序在底架组焊台位上进行组焊。底架制造工艺过程为：底架组对、点固—底架正面焊接—铁地板的组对、点固—铁地板焊接—底架反面焊接—底架调修与检测。

(1)底架组对、点固。

底架组对和点固是在底架专用装配夹具上进行的，采用气动夹紧装置。首先，将组装好的中梁吊放到装配夹具内， 以两个心盘作为定位基准进行定位，装配夹具上的定位元件可以采用圆柱销。中梁定位后，用气动夹具装置夹紧。

安装大、小横梁、枕梁、端梁、侧梁等零部件。小横梁的纵向定位靠装配夹具上的定位挡铁实现，并使 1、2 位侧对称的两根小横梁在一条直线上，保证各小横梁与中、侧梁垂直。小横梁的横向紧靠中梁确定其位置，垂向应使各小横梁的上平面与中梁上平面保持同一水平面。位置确定后，将小横梁与中梁进行点固。大横梁、枕梁在夹具上的定位方法与小横梁相同。

端梁在装配夹具上的定位方法是：其横向定位依据中梁的纵向中心线，纵向定位紧靠中梁端部，垂向与中梁上平面保持平齐。使用端部夹紧器夹紧后，将端梁与中梁进行点固。

端梁与侧梁的连接可用样板按眼孔的相对尺寸找正，使端梁和侧梁上同一高度的四个眼孔保持在同一平面，也可通过侧梁端头与中梁端头保持平齐和等高进行找正。端梁组对后，端梁上平面与中、侧梁上平面高度差应符合所规定的技术要求。

此外，在装配夹具内通过夹具定位完成制动缸吊座、副风缸吊座、120 阀吊座、手制动拉杆吊座等零件的组对。

(2)底架正面焊接。

底架正面焊接主要施焊各横梁与中、侧梁的平焊缝、立焊缝。由于底架焊缝分布比较复杂，在焊接时一定要采用正确的焊接顺序，以减小焊接应力和变形。

枕梁与中梁焊接时，首先，应焊接枕梁腹板与中梁腹板的角焊缝；其次，焊接枕梁下盖板与中梁乙型钢下翼缘的对接焊缝；然后，依次焊接枕梁腹板与中梁乙型钢下翼缘的角焊缝，按此焊接顺序可以减小焊接应力。

横梁与中梁、侧梁焊接时，应先焊横梁与中梁的焊缝，可增加底架的刚度；然后，焊接横梁与侧梁的焊缝，可减少焊接变形。

可根据底架结构对称的特点，在底架对称位置上同时施焊，可以减小底架焊接变形。

(3)铁地板的组对、点固。

将底架吊装到铁地板组装夹具上，然后吊装铁地板，铁地板定位后，用风动压紧器压紧，使铁地板与各梁密贴，然后进行点固。在铁地板拼接时，尽量将焊缝接口放在横梁上。

(4)铁地板焊接。

铁地板的焊接采用埋弧自动焊，由中间向两端进行焊接。

(5)底架反面焊接。

底架反面焊接采用 CO_2 气体保护焊。由于底架的反面焊缝分布复杂，焊缝多，工作量大，应采用翻转焊接夹具将底架翻转到适当位置进行焊接。

(6)底架调修与检测。

根据技术条件的要求，对底架组焊后的关键尺寸进行检测，不符合技术条件的要进行调修。尽管在底架制造的每道工序都对可能产生的问题采取了措施，但由于底架结构的复杂和大量的焊缝，底架制成后不可避免地会出现一些问题，如底架上挠度不够、落车后底架产生动摇和倾斜。底架上挠度不够的主要原因前面已经谈及。底架产生动摇和倾斜的主要原因是中梁和底架在组焊过程中产生扭曲变形，或两心盘面不水平。可采用机械矫正法和火焰矫正法解决底架变形问题。下面以底架倾斜为例，介绍用火焰矫正法的矫正工艺。

底架倾斜是由端梁、枕梁、横梁倾斜造成的。一般要求，当枕梁处中、侧梁水平差超过 6mm 时，就要进行矫正。如图 6-6 所示，在枕梁较低一侧 *a* 处采用三角形加热，使之升高。若中、侧梁水平差较大，同时在枕梁较高一侧根部 *b* 处进行三角形加热，使之下降，最终使底架达到水平。若倾斜程度过大，一次矫正解决不了，可进行二次加热矫正，但不要在已加热过的部位重复加热，以避免由于金属组织变化及过厚的氧化皮脱落，降低材料的力学性能。

端梁的矫正方法与枕梁相同，若倾斜过大，按图 6-7 所示的 *a*、*b*、*c*、*d*、*e* 处进行三角形加热。

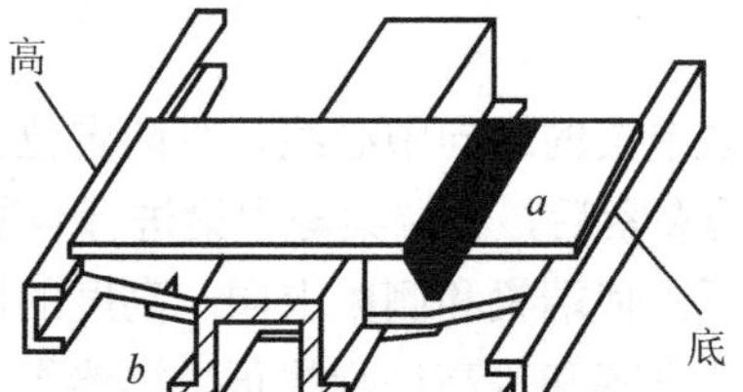

图 6-6　枕梁倾斜的矫正

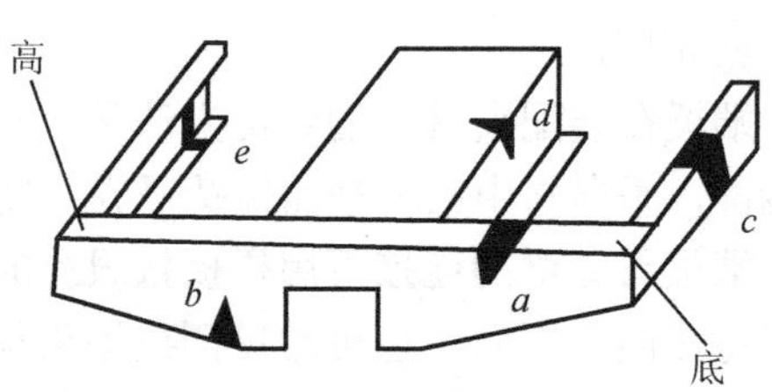

图 6-7　端梁倾斜的矫正

第三节　侧墙组焊工艺

C70 型敞车侧墙为板柱式结构，由上侧梁、侧柱、侧板、侧柱连铁、斜撑、侧柱补强板及侧柱内补强座等组焊而成，如图 6-8 所示。上侧梁采用 140mm×100mm×5mm 的冷弯矩形钢管，侧柱采用 8mm 厚冷弯双曲面帽型钢。侧柱与侧梁采用专用拉铆钉连接。斜撑采用侧墙上设有 1 个侧开门和 6 个上翻式下侧门。

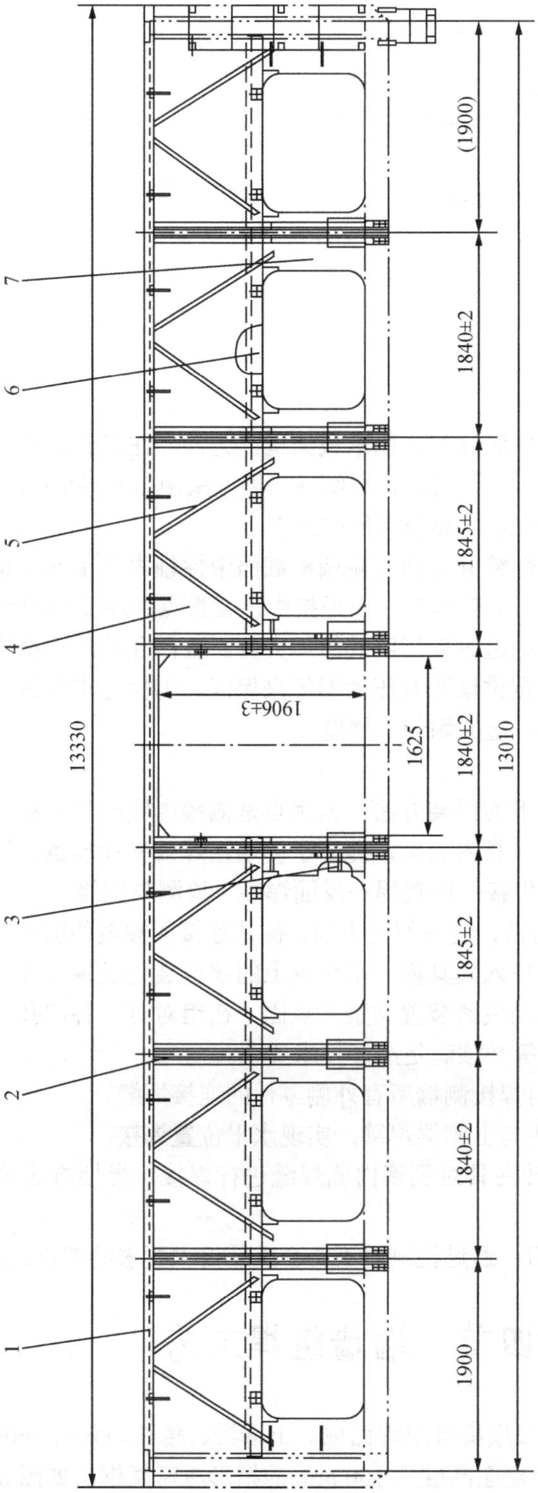

图 6-8　C70 型敞车侧墙组成图

1–上侧梁；2–侧柱；3–侧柱内补强座；4–侧板；5–斜撑；6–侧柱连铁；7–侧柱补强板

一、主要技术要求

(1)侧梁全长为 13010 mm；
(2)上侧梁上平面至中梁上平面高度 2056 mm；
(3)侧墙对角线差≤15 mm；
(4)各下侧门孔宽度为(1250±3)mm；
(5)侧门孔宽度为(1620±3)mm；
(6)侧板平面度≤15 mm。

二、侧墙制造的工艺过程

1. 工艺分析

从承载特点看，敞车属于侧壁和底架共同承载结构。为此，在设计上通过侧柱加强板和内加强座将侧柱焊接在底架侧梁上，同时，每根侧柱与侧梁采用 6 个专用拉铆钉连接，可防止在运用过程中侧柱与侧梁连接焊缝的撕裂和侧柱外涨。

从焊接变形方面看，侧墙的焊缝分布相对侧墙横截面中性轴内外基本上是对称的，而沿其高度方向，中性轴以下焊缝少于上部焊缝。在焊接中，要重点关注侧墙的焊接变形问题。

由于侧墙的结构特点，侧墙制造时采用卧式组焊夹具，各门孔的尺寸精度及主要技术要求通过组焊夹具上的定位挡铁、定位销孔及压紧器等来保证。为保证车体钢结构上挠度的要求，侧墙组焊夹具必须使侧墙有一定的均匀上挠度。

2. 侧墙制造的工艺过程

侧墙组焊多采用侧墙内侧朝下的组装方法。其优点是侧墙内侧的形状和尺寸精度能够得到保证，侧墙外侧的零件均可在夹具内装配，提高了侧墙组焊效率和质量。侧墙制造的工艺过程为：侧墙组对、点固—正面焊接—倒置焊—反面焊接—检测与调修。

(1)侧墙组对、点固。在组对前，侧柱的内表面、侧柱连接面被盖住的部分及各加强板表面涂防锈漆。依次将侧墙各零件放入夹具内，用夹具上的定位装置及各零件之间的位置关系进行定位，位置确定后，通过风动夹紧装置夹紧并点固。在组对时，各门孔尺寸、侧墙及门孔的对角线之差、侧板的平面度等必须满足组焊技术要求。

(2)正面焊接。在焊接夹具内焊接侧墙所有外侧零件的连接焊缝。

(3)倒置焊。焊接各侧柱端头与上侧梁焊缝，实现水平位置焊接。

(4)反面焊接。利用焊接翻转夹具对侧墙内侧焊缝进行焊接，焊接方法采用 CO_2 气体保护焊。

(5)检测与调修。侧墙组成后，通过检测对不符合组装技术要求的部位进行调修。

第四节　端墙组焊工艺

端墙由上端梁、角柱、横带及端板等组焊而成。上端梁、角柱均采用 160mm×100mm×5mm 的冷弯矩形钢管，横带采用断面高度为 150 mm 的帽形冷弯型钢，如图 6-9 所示。

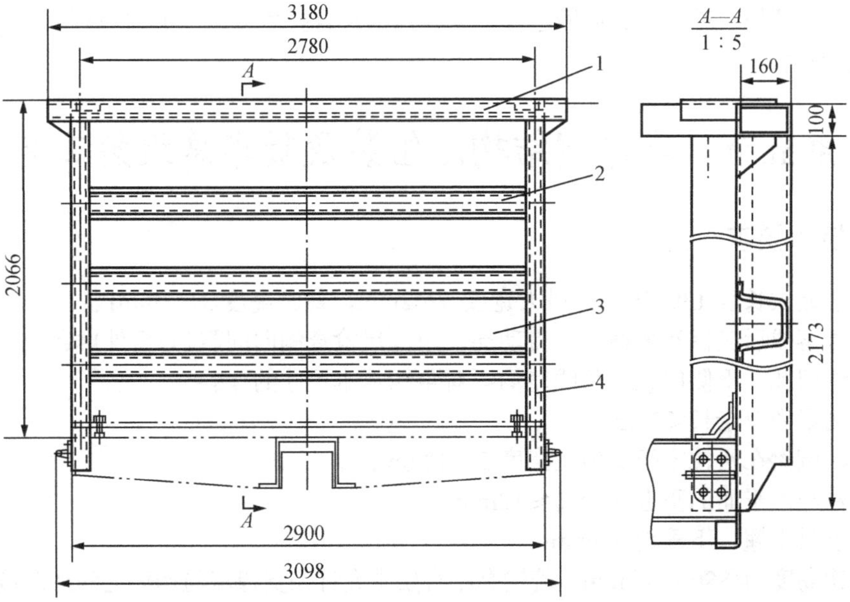

图 6-9　C70 敞车端墙组成

1-上端梁；2-横带；3-端板；4-角柱

一、主要技术要求

(1) 两角柱内侧根部距离为 2900mm；

(2) 端墙对角线差≤8mm；

(3) 端板平面度每米≤15mm；

(4) 角柱旁弯≤5mm。

二、端墙制造工艺过程

1. 工艺分析

端墙在垂向的焊缝分布比较均匀，端墙组焊后在垂向的弯曲变形比较小，端墙容易产生的焊接变形主要有：角柱产生旁弯、端板波浪变形、横带水平弯曲变形等。为此，首先在组装工艺上要保证质量，如端墙上端梁要左右对称，以免引起上侧梁与上端梁组对错牙。此外，要严格控制下料公差。在组焊工艺和组焊夹具上要采取措施，减少和防止焊接变形的产生。

2. 端墙制造工艺过程

端墙制造一般采取在夹具内且端墙内侧朝下的制造方法。其工艺过程为：端墙组对、点固—正面自动焊接—倒置焊—反面自动焊接—检测与调修。

(1) 端墙组对、点固。在组装夹具内依次放入端板、上端梁、角柱、横带及其他零件，各零件根据夹具内的定位元件及样板定位，保证端墙组对满足所规定的技术要求。各零件位置确定后，用风动夹紧器夹紧并点固。

(2) 正面自动焊接。在正面焊接夹具内焊接端墙所有外部零件的连接焊缝。

(3) 倒置焊。焊接角柱端头与上端梁焊缝，实现平位置焊接。

(4) 反面自动焊接。采用翻转夹具将端墙翻转 180°，将端墙内侧面朝上。在焊接夹具内焊接所有内侧的连接焊缝。

(5) 检测与调修。对组焊的端墙进行检测，凡不符合技术要求的必进行矫正，矫正方法以火焰矫正法为主。

第五节　车体钢结构总组装及货车总组装工艺

一、主要技术要求

(1) 车辆最大长度 13976mm，最大宽度 3242mm，最大高度 3143mm；

(2) 车体落成后应保持平稳，不得动摇，用塞尺检查侧向间隙(心盘处)≤0.5mm；

(3) 中侧门孔、下侧门孔对角线差均≤对角线基本尺寸的 3‰；

(4) 上侧梁旁弯全长≤12mm；

(5) 中、侧梁在两枕梁间均匀上挠度 2～12mm；

(6) 角柱与水平面的垂直度全高≤12mm；

(7) 牵引梁上翘、下垂均≤5mm；

(8) 车钩高度为(880±10)mm，若钩高不合要求允许在支撑座与钩体之间加厚度 8～14mm 的垫板，以调整车钩高度。

二、车体钢结构总组装工艺过程

车体钢结构总组装是将底架组成、1、2 位侧墙组成和 1、2 位端墙组成组焊在一起，完成车体各零件的铆接，安装钩缓装置，最后落在转向架上。车体钢结构总组装工艺过程为：车体钢结构组对—铰孔—拉铆—车体焊接—钩缓组装、转向架落成—交验。

1. 车体钢结构组对

车体钢结构组对是在总组装台位上进行的。首先将底架组成吊入台位并通过组焊夹具和风动夹紧装置使底架定位，然后吊入 1、2 位侧墙组成。侧墙的纵向定位靠侧柱铆钉孔与底架侧梁相对应的铆钉孔对准并用插销固定，用风动压紧器压紧，使各侧柱与底架侧梁密贴作为侧墙的横向定位。侧墙高度方向的定位采用垂直定位拉紧器来保证侧墙的高度尺寸及侧墙与底架的垂直度。侧墙完成定位后将底架与侧墙点固。最后装配端墙组成。端墙的横向定位是端墙角柱的铆钉孔与底架端梁铆钉孔对准并用定位销固定，用压紧器使角柱与底架端梁密贴，作为端墙的纵向定位。在垂直方向，使端墙上端梁上平面与侧墙上边梁上平面保持同一水平面，然后点固。

2. 铰孔

利用侧柱钻对侧柱、角柱、冲击座、绳栓、搭扣等铆钉孔进行铰孔，以便下道工序铆接位置的准确与顺利铆接。

3. 拉铆

使用液压拉铆枪完成对上述零件的铆接工作。

4. 车体焊接

对车体的所有焊缝进行焊接。为了减少焊接变形，在焊接时要注意对称施焊，要考虑焊接顺序和焊接方向对变形的影响。

5. 钩缓组装、转向架落成

在此台位上进行车钩缓冲装置的组装，然后将车体钢结构吊放到转向架上。

6. 交验

根据车体钢结构总组装的技术要求对各部位、各项指标进行检查，全部合格后移至货车车间进行货车总组装。

三、货车总组装工艺过程

货车总组装工艺过程为：车体除锈—涂装防锈底漆—调整旁承间隙—组装侧开门及下侧门—制动装置的组装—涂装面漆—调整车钩高度—交验。

1. 车体除锈

车体钢结构表面除锈的目的是将附在钢结构表面的锈垢清除并使表面粗糙，增强涂料的附着力，提高涂料的使用寿命。全部金属型材、板材进行抛丸除锈预处理，处理后钢材表面清洁度应达到GB/T 8923中$Sa2\frac{1}{2}$级及以上标准，表面粗糙度Ra值为30～80μm，抛丸处理后喷涂可焊性金属防锈漆，其干膜厚度为10～20μm，地板上表面可不进行抛丸预处理。

2. 涂装防锈底漆

车体钢结构除锈后应尽快涂装防锈底漆，防止二次生锈。

3. 调整旁承间隙

上、下旁承间隙与车辆运行性能有关，偏移的大小又会对运行阻力产生影响。

4. 组装侧开门及下侧门

在组装侧开门和下侧门时，必须严格控制搭接量和间隙，各门尺寸要满足技术要求，要保证互换性。

5. 制动装置的组装

制动装置和车体钢结构分别涂漆后，调节制动缸鞲鞴行程，制动各项性能指标要符合规定的要求。

6. 涂装面漆

面漆漆膜的厚度要达到规定的数值，以达到预期的防腐效果及延长车辆使用寿命。

7. 调整车钩高度

车体落成后，要保证车钩高度(880±10)mm，否则，要进行调整。

8. 交验

各项性能试验和所有技术要求均符合后，即可交验出厂，投入运用。

复习思考题

1．从制造工艺角度，敞车划分成哪些工艺部件？
2．中梁装配-焊接顺序确定的基本原则是什么？为什么？
3．中梁制造中如何控制上挠度？
4．简述底架组装中正装法和反装法的优缺点。
5．底架制成后容易出现哪些质量问题？分析其产生的原因。
6．侧墙组焊的主要技术要求有哪些？
7．如何矫正端墙横带的水平弯曲变形？
8．简述车体钢结构总组装工艺过程。

第七章 客车制造

第一节 概 述

20 世纪 50 年代开始，我国自行设计和制造的主型客车类型有 22 型客车和 25 型客车。到了 90 年代初起，已由 25 型客车逐步取代了原有的 22 型客车。

与 22 型客车相比较，25 型客车车体长为 25.5m，比 22 型客车车体长增加了 1.9m。从材料方面，25 型客车车体钢结构采用高强度耐候钢及其他型材制造；从车体结构上看，25 型客车车体底架取消了中梁结构，底架金属地板由原来的平地板改为纵向波纹地板；侧墙的外墙板取消了大、小腰带和压筋。25 型客车车体不但自重轻，而且制造工艺更为先进、结构设计更加合理。

本章以 25 型客车为例，介绍客车车体钢结构的制造工艺和客车总组装工艺。客车制造工艺流程如图 7-1 所示。

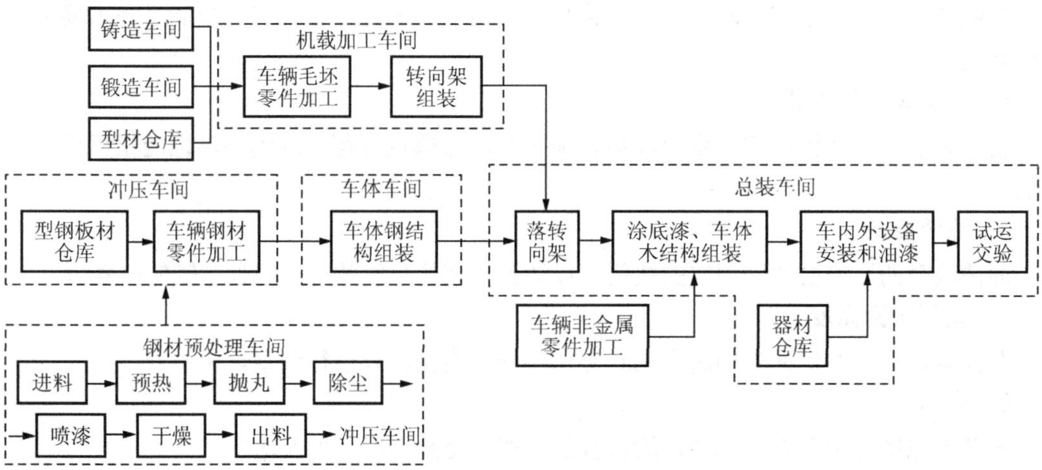

图 7-1 客车制造工艺流程示意图

从图 7-1 看出，客车制造主要经过五个车间。钢材预处理车间对车体钢结构使用的各种板材和型材进行下料、表面除锈和除尘处理，并在材料表面喷涂防锈漆，提高了材料的防腐性能。冲压车间采用冲压设备对车体钢结构零部件进行下料和冲压加工，如各种压型梁和柱的制造。车体车间完成各大部件的装配焊接，并完成车体钢结构总组装。机械加工车间接收来自铸造车间、锻造车间和型材仓库的毛坯零件，完成转向架零部件的机械加工，如车轴和车轮的机械加工，并完成转向架组装。总装车间完成车内木结构、防寒材料、车内外设备的安装及油漆等，木结构件来自非金属零件加工车间，车内外设备来自器材仓库。总装车间最后一道工序是将车体落到转向架上(称为落车)，完成交验。

从生产工艺布局来看，25 型客车车体钢结构制造仍然采用部件装配、流水作业方式。但由于生产纲领、生产车间布局、生产组织及技术水平等不同，在具体的制造工艺过程中，不同的制造企业所采用的工艺方法、工艺装备，划分的工艺部件及流水作业的具体组织也不尽相同。

一、车体钢结构装配系统图

25 型客车车体钢结构工艺部件划分为底架、侧墙(1、2 位)、外端墙(1、2 位)、内端墙(1、2 位)和车顶等八大工艺部件。为了提高劳动生产率，组织流水生产，各大工艺部件根据其具体结构，又划分为若干个小工艺部件。各大工艺部件可单独、平行地进行制造，最后在总组装台位进行车体钢结构的总组装，其装配系统图如图 7-2 所示。

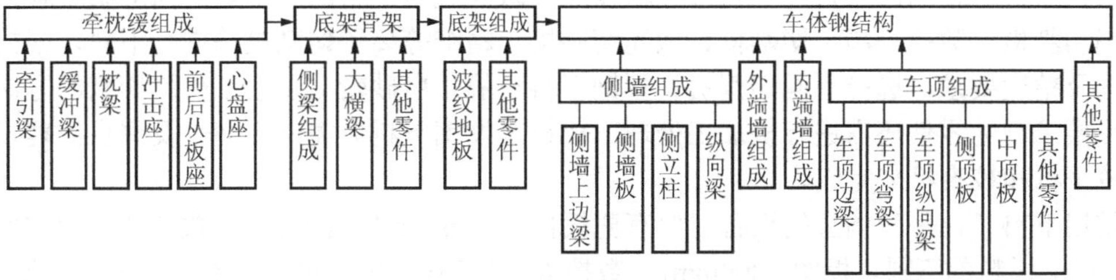

图 7-2　25 型客车车体钢结构装配系统图

二、车体钢结构的流水生产布局

在车体钢结构制造时，通常将所划分的各大工艺部件组织分成若干条分支流水作业生产线，然后汇合成一条主流水作业生产线，即车体钢结构制造与总组装流水作业生产线。在流水线设计时，首先应根据其生产纲领确定流水线的节拍，进而确定所需的台位数和所需的厂房面积，或根据现有的厂房面积进行车间流水生产线的台位布置。在流水线台位布置时，应尽可能使零部件及材料运送距离最短，场地紧凑。

车体钢结构制造与总组装流水作业生产线通常采用生产对象移动、操作人员和工艺装备固定的流水作业生产形式，但对于少数在制造中尚未形成足够的刚度、运送有困难的工艺部件，采取生产对象固定、操作人员和工艺装备移动的生产形式。如图 7-3 所示为客车车体钢结构流水生产布置简图，共有五条生产流水线。其中，车顶流水线、底架流水线、侧墙流水线和端墙流水线是分支流水线，这些流水线可平行作业。底架流水线开始先完成牵引梁、枕梁和缓冲梁的组焊，然后进入牵枕缓组焊，直到底架焊接。当各大工艺部件制造后，进入车体钢结构总装配流水线进行车体总组装、车体表面校平、零件安装、交验。

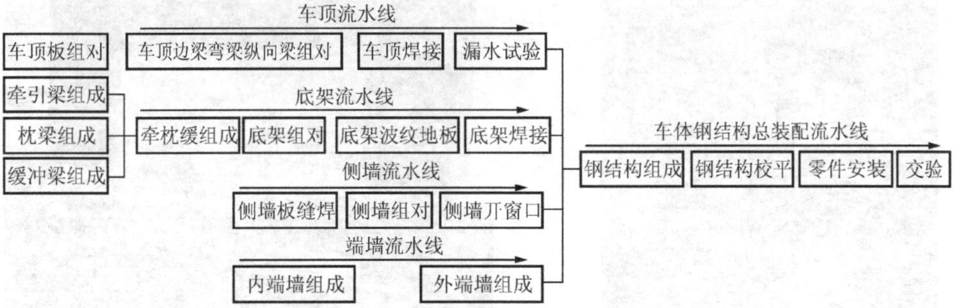

图 7-3　车体钢结构流水生产布置简图

第二节　车体钢结构备料及预处理

一、车体钢结构下料

要保证车体钢结构的外观质量，必须保证车体零部件的尺寸和外观质量。由于车体钢结构多为薄板件冲压和焊接结构，必须经过下料工序获得各种焊接件。传统方法是采用剪板机、折弯机、冲角机、冲压模具或等离子切割等进行下料。所获得的零件形状及精度难以控制，直接影响各部件的成品质量。采用新设备、新工艺进行车体零件下料，有效地保证了车体零件的尺寸和精度要求。

在下料工序中，对于6mm以下的板材，一般采用开卷线设备进行卷板开卷、校平、横剪，然后用剪板机进行纵向断料，下料尺寸精度高并减少边角余料的产生。曲面形状下料采用数控火焰切割机、数控等离子切割机、激光切割机、精细等离子切割机等进行下料，根据板厚的不同及精度要求，选择不同切割机。型钢下料一般采用砂轮锯及手工火焰切割的方法，对于精度要求高的零件还需进行机加工处理。板材及型钢下料后需进行调平及调直处理，一般采用校平机和校直机来完成。

常用下料、调平和调直的设备主要有剪板机(3～6mm 板材下料)、数控液压闸式剪板机(8mm以上板料的下料，板宽4000mm)、数控火焰切割机(10～30mm钢板下料，厚板下料坡口较大且存在变形)、激光切割机(1.5～4mm 和 4～6mm 的精细加工)和精细等离子切割机(8～10mm厚板的精细加工)等。用于下料的典型设备如图7-4所示。

（a）激光切割机　（b）精细等离子切割机

（c）160t开式固定台压力机　（d）160t数控板料折弯机

图7-4　典型下料设备

二、车体表面处理

车体表面处理实际上就是车体在涂装前，为增加油漆与底材之间的附着力而进行的表面净化和粗化处理，亦即涂装前处理。涂装前处理质量的好坏，直接影响涂层的附着力、外观及涂层的耐潮湿和耐腐蚀性。如果前处理工作做得不彻底，锈蚀仍会在涂层下继续蔓延，使涂层成片脱落。

1. 钢材化学预处理

钢材化学预处理主要包括：除油、除锈、磷化、涂预涂底漆。常温化学预处理的过程：除油—温水洗—水洗—酸洗—水洗—中和—水洗—表调—磷化—水洗—热水洗—浸(喷)预涂底漆(悬挂链)。其中，最重要的三个工序是除油、除锈、磷化。

(1)除油：游离碱度 8～20 点，温度 45～65℃，时间 8～20min。

(2)除锈：盐酸 15%～30%，酸洗添加剂 5%，时间 1～40min。

(3)磷化：游离酸度 1.5～2.5 点，总酸度 25～35 点，温度 25～40℃，时间 5～20min，表面膜重 1.8～4.5g/m^2。

钢结构化学预处理工序多，槽液工艺参数变化大，槽液很难实施工艺管理。每道工序调整不好，都将影响预处理质量。磷化膜成形不致密，疏松的磷化膜在夏季容易吸水，涂装底层隐患大，且每道工序的 pH 很难控制。

化学预处理法的特点是工艺复杂，不稳定因素太多，很难控制，污水处理困难。

2. 钢材物理处理

钢材物理处理包括手工除锈和喷砂。由于手工除锈生产效率低、劳动强度大、质量不稳定，不适于批量作业。喷砂是采用压缩空气为动力形成的高速喷射束，将磨料(铜矿砂、石英砂、铁砂、金刚砂等)高速喷射到需要处理的工件表面。由于砂料对工件表面的冲击和切削作用，使工件表面获得一定的清洁度和不同的粗糙度，使工件的力学性能得到改善，提高了工件的抗疲劳性，增加了工件和涂层之间的附着力，延长了涂膜的耐久性，也有利于涂料的流平和装饰。喷砂处理工艺过程(现用于型钢、厚板材)是，型材—除油—喷砂—清洁—喷(预涂)底漆。

由于喷砂是磨料高速喷射冲击工件表面，薄板易产生变形、污染严重，在这种环境下作业，容易得职业病，环保投资大。

物理处理法的特点是工艺简单，便于管理，但污染严重。尽管如此，从工艺过程和工艺管理来看，应当选择喷砂物理法进行涂装前处理。

第三节 底架组焊工艺

底架主要由牵枕缓组成、侧梁组成、波纹地板组成及主横梁等零部件组成。在牵引梁两槽钢腹板内侧铆接有前后从板座、焊有磨耗板和防跳板。缓冲梁是由钢板压制而成的槽形断面，在缓冲梁中部开有安装车钩的缺口，缓冲梁的中央部分与牵引梁端部进行组焊。枕梁是一个近似等强度的变截面箱形梁，靠近侧梁一端为小端，靠近牵引梁一端为大端。在与牵引梁交叉处安装有心盘座，以提高枕梁和牵引梁的连接强度和刚度。在枕梁两端的上旁承安装处焊有旁承加强筋板，枕梁端部还焊有供顶车用的防滑垫板。枕梁、缓冲梁与牵引梁组成的结构称为牵枕缓组成。

一、主要技术要求

(1)底架全长 25495^{+5}_{-7} mm，宽(3100±3) mm；

(2) 两枕梁中心距(18000±5)mm，对角线之差≤6mm；

(3) 缓冲梁、枕梁与牵引梁垂直度偏差≤2mm；

(4) 枕梁与缓冲梁对角线之差≤4mm；

(5) 枕梁中心线与底架中心线之间偏差≤3mm；

(6) 地板安装牢固，不平度每米内≤8mm；

(7) 同位端两空气弹簧定位座高度差≤1mm。

(8) 各吊座高度差≤2mm，各吊座孔中心对角线差值≤3mm；

(9) 同位端两旁承高度差≤3mm；

(10) 一、二位端梁距离偏差±5mm，对角线之差不大于6mm。

二、工艺分析

(1) 将底架组装和焊接分别放在不同的台位上进行，这样既可以保证组装质量，又可以提高焊接生产率；

(2) 底架采用在翻转焊接夹具内进行焊接，使施焊焊缝处于最有利的位置上焊接；

(3) 底架的组装采用正装法，确保心盘的水平度和旁承间隙，从而保证组成后的车体钢结构落在转向架上不产生车体倾斜现象。

三、底架制造

根据工艺部件装配的原则，可将底架进一步划分为枕梁组成和牵枕缓组成等子工艺部件。底架制造的工艺过程为：底架小部件组焊—牵枕缓组焊—底架组焊。底架制造工艺流程如图 7-5 所示。

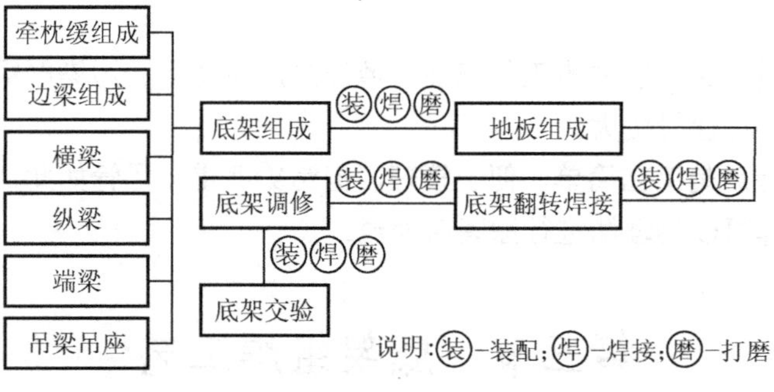

图 7-5　底架制造工艺流程

(一) 底架端部小部件组焊

1. 牵引梁组焊

牵引梁由两片槽钢组成，两槽钢之间装有前、后从板座。由于前、后从板座承受纵向冲击载荷作用，为保证前、后从板座与槽钢的连接强度，它们之间采用铆钉连接。由于客车的地板面比较高，为保证车钩的安装高度，必须向下增加牵引梁端部腹板的高度，即做成鱼腹形结构。其装配焊接过程如图 7-6 所示。

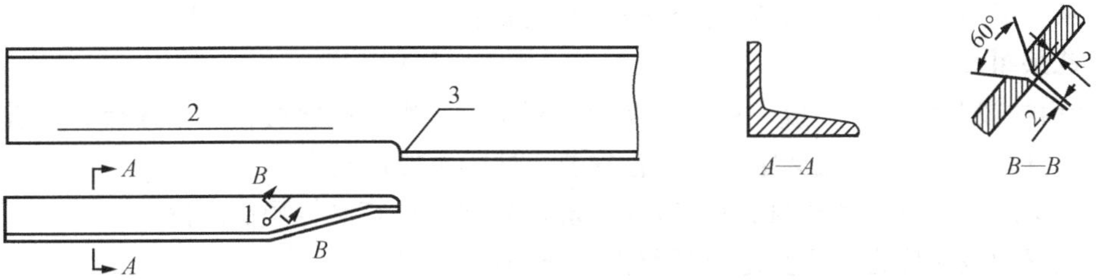

图 7-6　牵引梁焊接

用下料样板对牵引梁画线后进行切割，开 V 形坡口。焊接顺序为：先焊接焊缝 1，然后焊接焊缝 2。由于焊缝 2 在牵引梁中性轴以下，焊接时，牵引梁会产生下垂的焊接变形(在焊缝 2 的长度范围内牵引梁中间产生向上挠的焊接变形)，可以采用在焊接夹具内焊接或预制反变形来减小焊接变形。牵引梁下翼板处的焊缝 3 在焊接前要保证牵引梁平直，焊接后不产生牵引梁下垂现象。

单片牵引梁长度方向的工艺放量 14～20mm，高度公差为(-2，+1)mm，端头上翘不得大于 2.5mm，不允许下垂。腹板不平度不大于 1.5 mm/m，全长不大于 3 mm，不允许有硬弯。从板座安装处的焊缝必须磨平，不得凸起。从板座眼孔孔距偏差为±0.5 mm。在组焊夹具上完成牵引梁的组装及焊接。

为保证从板座铆钉孔和牵引梁铆钉孔铆接时孔径一致，便于铆接，需用风钻并使用 ϕ23mm 绞刀对铆钉孔进行扩孔，经扩孔后，孔直径为 $\phi 23_{-1}^{+2}$ mm。(注：扩孔前铆钉孔直径为 ϕ22mm)铆接过程为使用铆钉加热炉加热铆钉，进行铆接作业，铆钉铆接符合 TB/T 2911《车辆铆接通用技术条件》：铆钉加热温度为 800～1100℃，铆接过程应在 500℃之前完成，铆钉温度用红外测温仪测量。铆钉不得松动，松动时应予更换。铆接后其接触面应严密，在铆钉中心各向 50mm 范围内，用 0.5mm 厚度塞尺测量不得触及铆钉杆，其余部分用 1mm 厚度塞尺测量，插入深度不得超过 20mm。前、后从板座距离 625_{-3}^{0} mm，如图 7-7 所示。

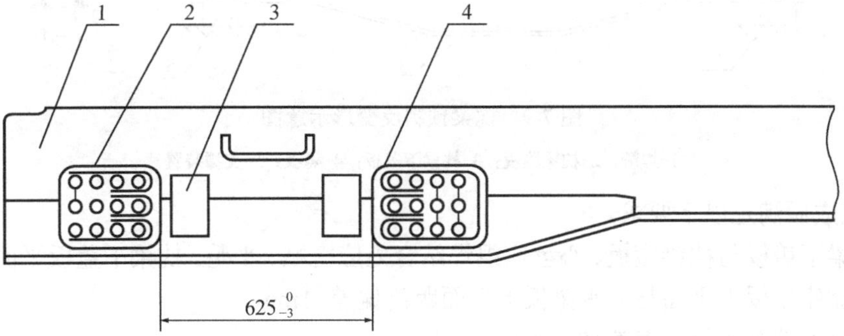

图 7-7　安装前、后从板座

1-牵引梁；2-前从板座；3-磨耗板；4-后从板座

牵引梁组成后满足如下技术要求。

(1) 从板座组成后，两接触面对角线之差不得大于 2mm。

(2) 牵引梁内侧间距不得小于(350±1)mm。

(3) 防跳板高度允许比名义尺寸小 3mm。

(4) 牵引梁翼面眼孔横向位置公差不得大于 1mm，纵线位置公差不得大于 0.5mm。

(5) 牵引梁组成后上下左右弯曲全长不大于 2mm。

2. 枕梁组焊

枕梁由枕梁腹板、下盖板、筋板以及上盖板组成。组装时将腹板、下盖板、隔板、心盘座组装成一体，上盖板于底架组装时进行安装。枕梁主要控制点如下。

(1) 枕梁腹板长度尺寸放量为(3082+4) mm，各焊接处打磨掉预涂底漆。

(2) 枕梁腹板高度方向平直边已预留出 5mm 机加工量。

(3) 为了保证车体钢结构组成后落在转向架上不产生倾斜现象，枕梁组成后心盘安装面与旁承间的高度差需要机加工来保证，枕梁机加工时，长度方向以枕梁腹板为画线基准，宽度方向以枕梁下盖板为画线基准。枕梁组焊工艺流程如图 7-8 所示。

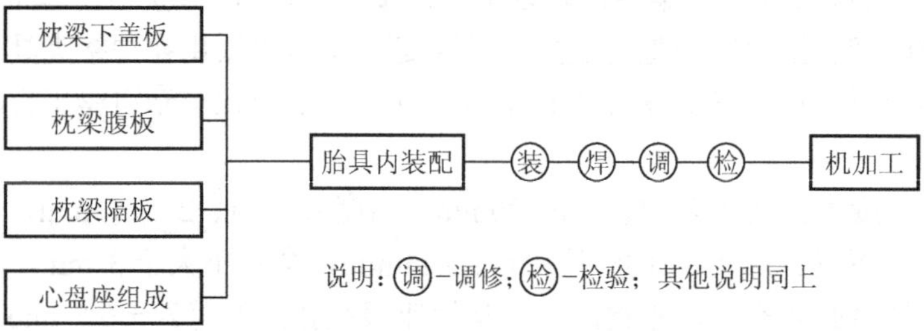

图 7-8　枕梁组焊工艺流程

根据枕梁上焊缝的分布情况，枕梁腹板与下盖板焊接后将使整个枕梁产生上挠变形。为此，采用预制反变形措施。如图 7-9 所示，将枕梁放入专用的装配-焊接夹具上，在枕梁的两侧用支撑装置支撑，在枕梁腹板中间施加作用力 F，使枕梁产生下挠度。预置的反变形与梁焊接后产生的上挠度相互抵消，从而满足了设计要求。

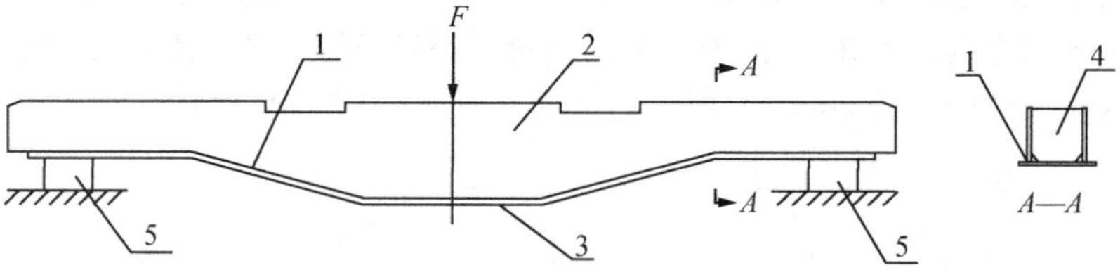

图 7-9　枕梁预制反变形示意图

1-焊缝；2-枕梁腹板；3-枕梁下盖板；4-隔板；5-支撑装置

枕梁组成后满足以下要求。

(1) 枕梁下盖板与枕梁腹板、心盘座组焊结合处应密贴、平整。枕梁下盖板平面度≤2mm。

(2) 心盘座垫板下平面与旁承垫板下平面距离偏差±1mm。

(3) 心盘安装孔的位置偏差±0.5mm。

(4) 同位端旁承高度差≤1mm。

3. 缓冲梁组焊

缓冲梁主要由面板、角托铁、上翼板、套筒、钩提杆吊铁等组成。缓冲梁组焊工装可以采用变位机结构、工装上设置压紧及定位压紧装置且预制反变形，在组装胎上完成角托铁、上翼板、套筒、钩提杆吊铁等缓冲梁附件的安装及焊接。

缓冲梁组成后，保证缓冲梁上翼板平直度≤1 mm/m，缓冲梁上下左右旁弯≤3 mm。如果超差，可用火焰加热调修。缓冲梁过线孔内侧面棱角需打磨光滑，无毛刺、锐棱。在缓冲梁分线盒处浇水试验，每个缓冲梁浇水 40s，浇水后检查是否漏水，20～30min 后复查是否漏水。

(二)牵枕缓组焊

牵枕缓主要由牵引梁、枕梁、缓冲梁等零部件组成，如图 7-10 所示。牵枕缓起传递全部牵引力、冲击力的作用，是车体上重要的部件之一。牵枕缓组焊质量的优劣，将直接影响车体及整个车辆的制造质量。牵枕缓组焊主要技术要求如下。

(1)在同位端缓冲梁外侧面以内，枕梁与缓冲梁对角线之差不大于 4mm。

(2)牵引梁、缓冲梁、枕梁翘曲不大于 4mm。

(3)上心盘安装螺母及旁承安装用螺母紧固扭矩需满足要求。

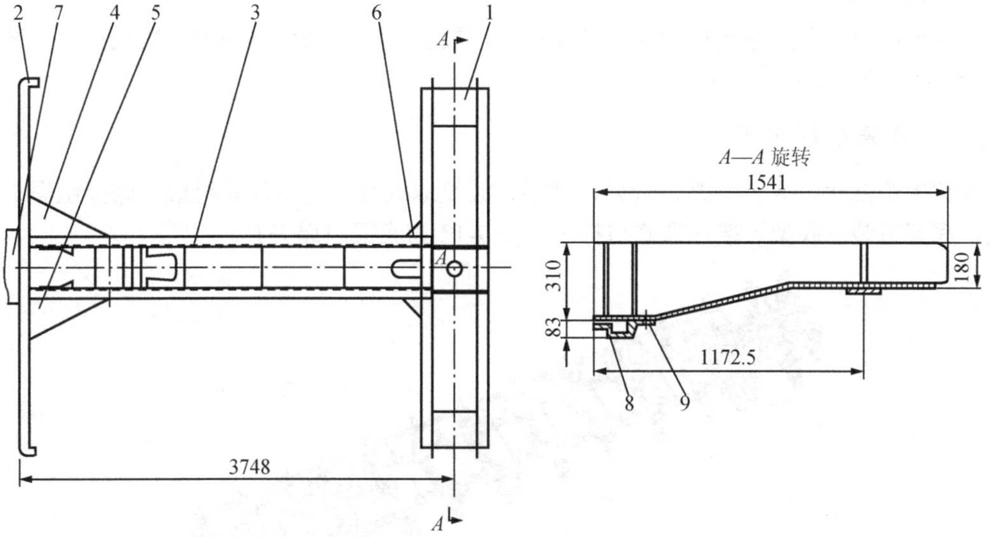

图 7-10　牵枕缓组成

1-枕梁；2-缓冲梁；3-牵引梁；4、5、6-补强板；7-冲击座；8-上心盘；9-铆钉

1. 牵枕缓组成

由于牵枕缓上面为一平面，为保证安装方便，一般采用反装，在牵枕缓组焊胎上完成组装及焊接工作。牵枕缓组焊胎可用变位器来满足不同位置焊缝的要求。牵枕缓组装流程如图 7-11 所示，图中符号含义同上。

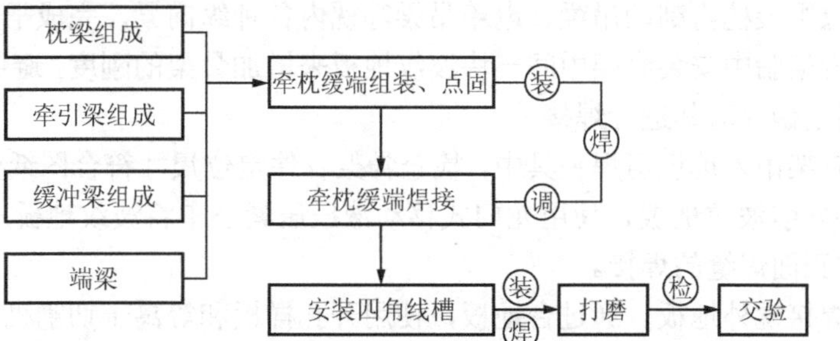

注：符号说明同上

图 7-11　牵枕缓组装流程

(1)牵枕缓以车体纵向中心及缓冲梁端面及枕梁中心定位，依次将枕梁组成、牵引梁组成、

缓冲梁组成吊入组装胎内，并进行压紧，完成各种平焊缝焊接。

(2)紧固上心盘螺栓(M24×90/4.8级,紧固扭矩为340 N · m)，紧固旁承螺栓(M20×75，紧固扭矩为190 N · m)。并在螺栓、螺母和工件的可视部位上打防松标记。

(3)牵枕缓翻转，完成焊缝焊接。将牵枕缓组成吊入调修胎，调修后在同位端缓冲梁中心1370 mm处测量，枕梁与缓冲梁对角线之差≤3mm。

2. 枕内横梁

底架大横梁用落料和压型模具进行备料。横梁组成后全长上下左右旁弯不大于 1.5mm，截面尺寸允许公差为$^{+0.5}_{0}$ mm，为保证底架焊接后定宽度要求，需增加工艺放量5mm。

3. 波纹地板

波纹地板由专业厂家辊压而成，长宽可依据要求而定，长度方向现一般采用通长波纹地板，长度尺寸为17384^{+10}_{+5} mm。

(三)底架组焊工艺

底架由牵枕缓组成、侧梁、端梁、横梁、波纹地板及各种附件等组成。底架组焊工艺过程为：底架组装—底架焊接—调修与打平。图7-12为底架组焊夹具。

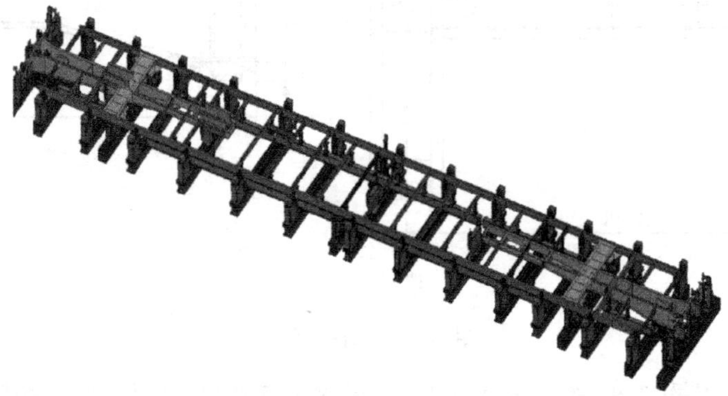

图7-12　底架组焊夹具

1. 底架骨架组装

(1)分别吊装一、二位牵枕缓、侧梁、枕内大横梁放入骨架组焊胎进行组装及焊接，底架骨架胎具工艺放量为8～10mm。

(2)画线定位组装枕内制动吊梁、电箱吊梁等枕内各种纵向梁，完成平焊缝的焊接。

(3)在底架骨架胎中安装底架中间一块波纹地板来增加骨架的刚度，避免底架骨架吊装时产生变形，并用电铆焊对其进行焊接。

(4)将底架骨架吊入地板组焊夹具中，检查骨架各件定位尺寸符合图纸要求，用夹紧装置将其固定。顺序安装波纹地板，使用龙门式移动液压压紧小车将波纹地板压紧，使其与横梁上面密贴，完成正面焊缝的焊接。

(5)点固并焊接枕外地板、通过台地板，使用开孔样板和等离子切割机对地板进行开孔。

2. 底架翻转焊接

(1)按照底架翻转胎要求将底架吊入胎中，完成底架组成的装夹工作，如图7-13所示。

(2)顺时针翻转180°，使底架反面向上，完成平焊缝焊接。安装地板反面的吊码和吊座等，完成平焊缝的焊接，检查定位尺寸及焊接。

(3)顺时针翻转90°，使底架竖直，完成此正面焊缝的焊接。

(4)顺时针翻转180°，使底架竖直，完成此正面焊缝的焊接。

(5)逆时针翻转90°，按照底架翻转胎的要求，将底架组成的装夹松开，使用底架吊具出胎。

(6)底架组成调修。

图7-13　底架翻转焊接夹具

3. 底架调修

在底架调修夹具中进行调修，对各梁、柱的弯曲变形和地板的波浪变形进行调修与打平。保证其平面度及侧梁顺直，对所有组件的定位尺寸及焊缝焊接进行检测，对不符合要求的部件进行调修。

要求枕内波纹地板平面度沿车体宽度范围不大于4mm，边梁左右旁弯不大于2mm/m，两枕梁之间的尺寸偏差不大于3mm。

4. 底架检测

按图纸对底架进行检测，对底架车下立体吊钩尺寸可采用莱卡进行检测。

第四节　侧墙组焊工艺

侧墙由侧墙板、上侧梁、纵向梁、门柱、侧立柱等组成，如图7-14所示。侧墙外表面为平板无压筋，在平整的外墙板内侧焊有垂直立柱和水平纵向梁，形成板梁式平面承载侧墙结构。侧墙上侧梁(上围梁)、侧墙水平纵向梁、帽形梁等起加强侧墙的垂直弯曲强度和刚度的作用，同时也减少了钢板自由表面的面积。在侧墙窗口间有短的窗间小纵向梁，以增加窗间板的强度与刚度。在窗口两侧有垂向的窗边立柱，也称侧立柱，它们与所有的纵梁、上侧梁、下侧梁连在一起，组成侧墙钢骨架，并与侧墙板焊接形成侧墙钢结构。

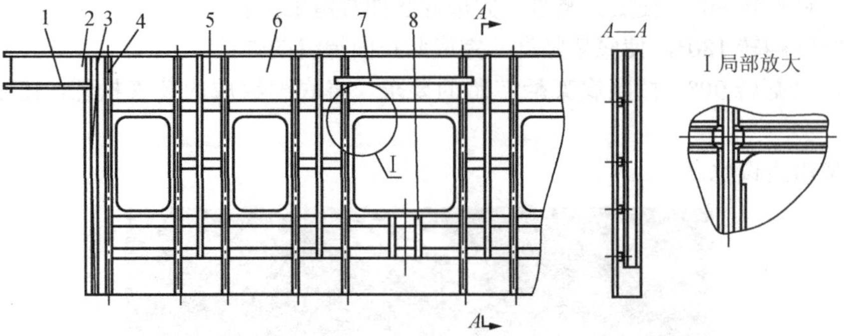

图 7-14　侧墙组成

1-侧门上横梁组成；2-侧门上板；3-侧门柱组成；4-侧墙柱；
5-侧墙骨架组成；6-侧墙板；7-上铺托固定梁；8-茶桌支梁组成

一、主要技术要求

(1) 上侧梁在 3 m 长度内弯曲≤3mm；

(2) 纵向梁上下弯曲在每米内≤2mm；

(3) 侧立柱、侧门柱左右弯曲≤2mm；

(4) 各柱、梁与墙板应密贴，保证焊接质量；

(5) 侧立柱根部上挠度 5～12mm；

(6) 窗口高度偏差为 $^{+3}_{0}$，宽度偏差为 $^{+3}_{0}$，对角线之差≤3mm；

(7) 相邻两窗口中心线间公差±3mm。

二、侧墙组焊

(一) 侧墙制造工艺流程

侧墙的装配焊接工作在组焊夹具内进行，如图 7-15 所示。侧墙制造工艺流程如图 7-16 所示。

图 7-15　侧墙组焊夹具

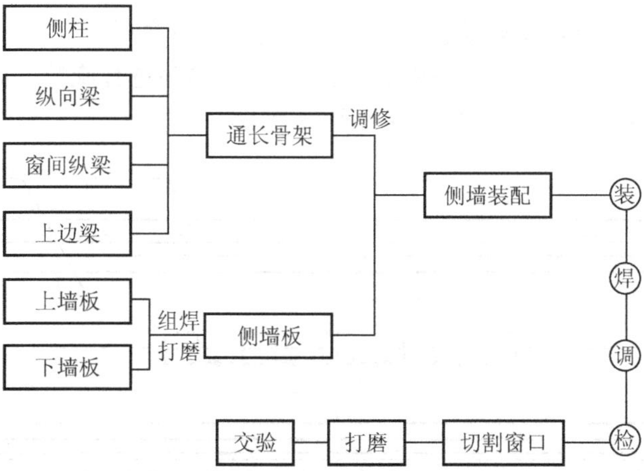

图 7-16 侧墙制造工艺流程

侧柱为帽形梁结构，在侧柱的上面分布有多个内装及焊接用各种眼孔，为保证侧柱的外形尺寸及眼孔精度要求，一般采用模具进行落料及模具压型而成，侧柱成形后保证侧柱左右前后弯曲小于 1mm。纵向梁为在侧墙长度方向的通长结构，为运输方便分成长度为 8000mm 的两段，平面度为≤1mm/m，一般采用冷弯成形工艺。一、二位侧墙板分别为长 25mm、宽 1240mm 两块对接而成，侧墙板采用物理打砂方法进行预处理。在侧墙装配焊接过程中，应注意以下问题。

(1) 侧墙以外侧表面作为定位基准，以保证侧墙外侧表面的平整度；

(2) 侧墙组成的绝大部分焊缝位于侧墙的内侧，可以在一个夹具上完成装配焊接工作；

(3) 侧墙制造时应采取必要的工艺措施，以保证侧墙组成后在垂直方向有一定的上挠度。

(二) 侧墙骨架组焊

(1) 按照图纸尺寸定位侧柱压紧装置，校准侧墙组装胎的上挠度定位块，使侧柱下端面枕梁内形成 10mm 的挠度值，枕梁外均匀过渡，下垂不得超过 3mm。

(2) 按图纸摆放侧柱、纵向梁、窗间纵梁和上侧梁到侧墙工装相应位置，需预先在工装上将侧墙上侧梁、纵向梁接口焊好。

(3) 使用压紧小车压紧骨架，焊接侧柱、纵向梁、窗间纵梁和上侧梁之间的焊缝，从工件中心向两端对称施焊。

(4) 对组焊好的侧墙骨架使用侧墙吊具吊出组焊胎，移至调修胎。

(5) 用平尺检查侧墙骨架平度，重点在侧柱和纵向梁的平度。在平度超差处，利用火焰调修、木槌敲击释放应力，注意火焰温度控制，使用风枪进行风冷。

(6) 调修后将侧墙骨架移至侧墙骨架挂架。

(三) 侧墙板组焊

(1) 用专用吊具分别将上下两块侧墙板吊运至侧墙组焊工装上。

(2) 使上墙板与工装上的墙板定位块密贴，墙板两端使用拉紧装置拉紧，调整侧墙板焊缝间隙为 2mm。

(3) 使用窗口中心定位样板在侧墙板上划出窗口中心位置，再使用窗口样条(一块与窗口等宽的窄铁条，有中心线)返出窗口宽度到板缝附近画线，标示出窗口大概位置。

(4) 根据窗口画线位置焊接侧墙板窗口间的焊缝，焊后磨平。

侧墙板焊接顺序是从中间向两端按①、②、③、④顺序进行施焊，如图 7-17 所示。一条焊缝焊完后，用手锤敲击焊缝，以释放焊接残余应力。

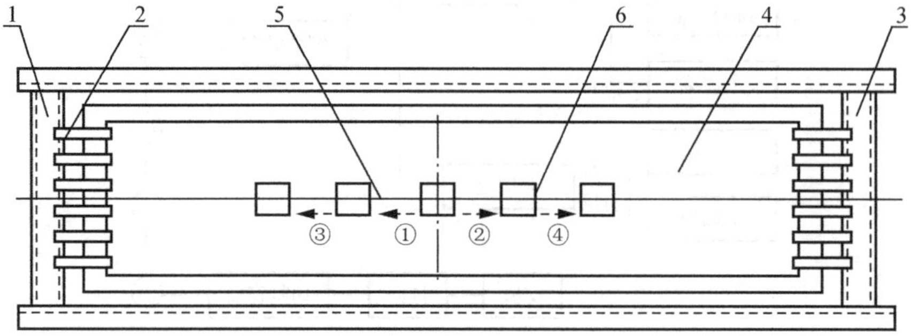

图 7-17　在拉伸装置中侧墙组对焊接示意图

1-固定端；2-拉杆；3-拉伸端；4-侧墙板；5-焊缝；6-窗口

(四) 侧墙组焊

(1) 吊运侧墙骨架至侧墙组焊胎上，并按照图纸尺寸要求调整位置，使用侧柱定位压紧装置进行定位压紧。

(2) 由中间至两端进行焊接。利用移动小车到工作位置，压紧侧柱、纵向梁、窗间纵梁后进行焊接。

(3) 使用平尺对侧柱进行检验，在平度超差处，利用火焰调修、木槌敲击释放应力，注意火焰温度控制。

(4) 使用窗口画线模板，用手电钻在侧墙板上开出窗口定位孔。

(5) 将侧墙吊出至窗口台位上切窗口、修边、打磨炭黑和找补底漆。

由于在侧墙组装工装上加大侧墙板冷拉伸拉力，同时在侧墙组装前预组焊侧墙板及骨架，使侧墙的平整度得到很大提高。

三、侧墙组焊存在的问题及预防措施

由于侧墙属于薄板焊接结构，焊接后将产生侧墙板的波浪变形、下挠变形及侧立柱弯曲变形等。上述变形如果处理不当，不但会对车体钢结构组装带来影响，而且会影响车辆的承载能力和车体外表的美观。

(一) 侧墙的下挠变形

侧墙组成中有一根上侧梁而没有下边梁，因此焊缝分布沿侧墙纵向中性轴是不对称的，且偏于上方。其结果是侧墙在组焊后势必产生向下的弯曲变形，这与技术要求中必须有上挠度是不符的。

可在装配焊接夹具上采取预制反挠度措施，使侧墙组焊后产生上挠度，其数值的大小，除考虑侧墙焊接时产生的下挠度影响，还要满足技术要求中的上挠度值。也可以采取合理的焊接方法和焊接顺序。焊接时要由中间向两端对称焊接，以减少焊接变形的产生，或由上往下焊，有利于上挠度的形成。

(二)侧墙板的波浪变形

由于侧墙板厚度仅 2.5mm，侧墙板与梁、柱的焊接角变形将形成波浪变形，所以侧墙板的波浪变形将不同程度地存在。

为此，可通过不同的焊接方法来控制和减少侧墙的波浪变形。例如，采用接触点焊、CO_2气体保护焊等可以减少焊接变形。当焊后仍存在变形时，可采用电磁打平机来矫正。

侧墙上有多条垂直方向焊缝，组焊后将产生侧墙长度方向的缩短，不仅会引起侧墙纵向尺寸的变化，还会给车门尺寸精度带来影响。

对侧墙纵向长度尺寸因垂直方向焊缝的焊接而造成缩短问题，主要措施是在侧墙纵向长度尺寸下料时留出适当的余量。

(三)侧墙大板拉伸工艺

为减小侧墙的焊接变形，各个生产企业均采用不同的工艺方法。其根本就是通过减少侧墙的焊缝数量和采用不同的焊接方法来实现减少焊接变形的目的。例如，采用小部件制造工艺方法进行侧墙的组焊，对控制侧墙的焊接变形有一定效果。为进一步减小焊接变形，侧墙板采用缝焊机先横向分段接料成小部件，再用 CO_2气体保护焊整体接长的工艺方法。此工艺虽然很好地控制了小部件的焊接变形，但 CO_2气体保护焊后引起的侧墙焊接变形仍然存在。进一步的措施是，采用侧墙板用缝焊机横向整体接料工艺方法，避免 CO_2气体保护焊引起的焊接变形，使侧墙组焊质量得到进一步提高。以下简单介绍侧墙大板拉伸工艺。

(1)将定尺侧墙板(宽 1240mm、长 28500mm)拉伸至宽度减小到 1237～1238mm，侧墙板在大板拉伸后需放置两天释放应力后使用。侧墙组成全长工艺放量为 6mm。

(2)胎位调整如下。

① 将侧柱定位装置按图纸要求调整至准确位置，对侧柱定位尺寸是在设计图纸的基础上加出工艺放量。

② 根据窗口中心线的工艺尺寸，在胎上打出窗口中心线定位标志。

③ 调整侧墙挠度定位，各侧柱均匀形成枕梁内 10mm 的挠度值，枕梁外均匀过渡，下垂不得超过 3mm。

(3)组装上下墙板方法如下。

① 用电磁吊具将上下侧墙板吊至侧墙组焊胎上。

② 保证侧墙板上边与两端挠度定位装置密贴。

③ 将侧墙板夹紧，使其两端均不得有任何的松动。

④ 用液压千斤顶带动活动拉紧装置滑台将侧墙板拉平，直至满足工艺要求(滑台移动15～20mm)。在拉紧侧墙板过程中，要缓慢加压，压力值不得超过上限值(50t)，若发现异常情况，应立即卸压，处理后再加压。调整上下侧墙板对接缝隙，使上下墙板的板缝隙保持在1.5～2.5mm。

(4)将上侧梁按图纸要求置于侧墙板上相应位置，上侧梁接头间隙 1～1.5mm，上侧梁与挠度定位装置密贴后使用压紧装置压紧。

(5)将纵向梁按图纸要求置于侧墙板上相应位置。接头间隙 1～1.5mm。

(6)根据图纸要求将侧柱编号(与图纸侧柱编号相同)，按编号将侧柱放在规定位置，侧柱上端的马蹄嵌入上侧梁，用侧柱定位装置将侧柱卡紧。将上侧梁与侧柱顶紧，保证侧柱根部与挠度定位装置密贴。

(7)上述操作完成后开始进行侧墙焊接。从侧墙中部向两端进行对称施焊。利用移动小车压紧侧柱、纵向梁、窗间纵梁后进行焊接。

由于侧墙板经过拉伸处理，并在组焊过程中侧墙板始终处于拉伸状态，当侧墙板与骨架焊接后，在侧墙板中残留一定的弹性拉伸变形，使侧墙板的波浪变形得到了改善。

第五节　车顶组焊工艺

车顶由车顶边梁、车顶弯梁、车顶纵向梁、空调机组安装座平台、水箱盖、车顶板等组成，车顶一、二位端各有一个空调机组安装座平台，车顶二位端还有一个水箱盖组成。车顶的中间部分为圆弧形结构，如图 7-18 所示。

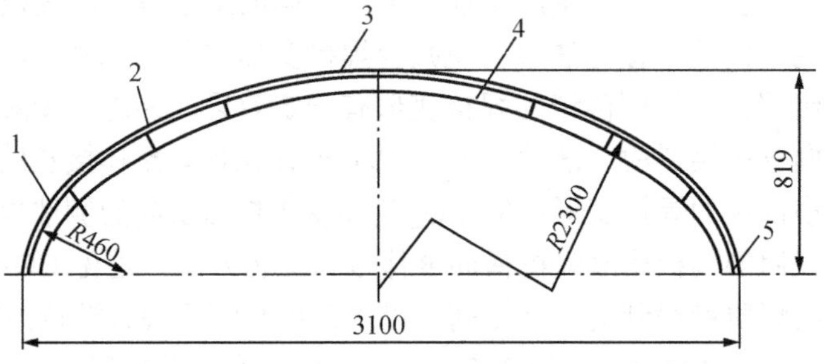

图 7-18　车顶组成

1-侧顶板；2-车顶纵向梁；3-中顶板；4-车顶弯梁；5-车顶边梁

车顶钢结构现有两种结构，一是采用通长中顶板(图 7-19)；另一个是采用整体中顶弯梁，无侧顶组成结构(图 7-20)。

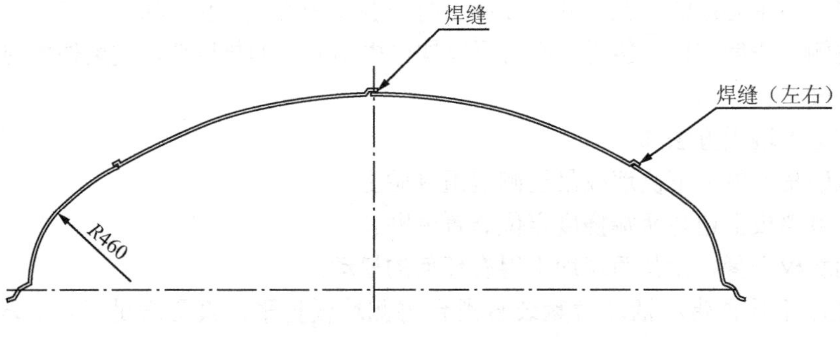

图 7-19　通长中顶板结构

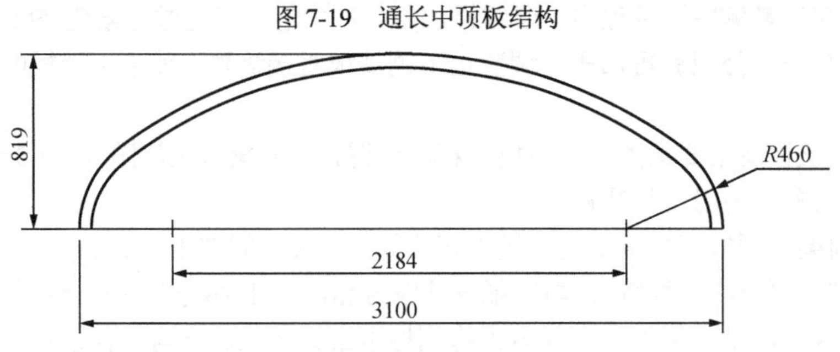

图 7-20　整体中顶弯梁

一、主要技术要求

(1) 车顶全长在 1、2 位两侧测量为 25500_{-2}^{+8} mm，在车顶中部上面测量为 25500_{-7}^{+2} mm；

(2) 车顶宽 3100_{-3}^{+5} mm；

(3) 车顶高 (819±5) mm；

(4) 车顶边梁不准有明显硬弯，左右弯曲全长≤6mm，上下弯曲在 3 m 内≤2mm；

(5) 侧顶板与小弯梁需密贴，间隙≤1mm；

(6) 对角线之差≤8mm。

二、车顶装配基准

车顶的装配基准决定了车顶组装是采用正装还是反装，应从以下两个方面考虑。

1. 结构因素

从结构因素上考虑，应使车顶组装定位基准和设计基准重合，这样可以避免因基准不重合而引起的定位误差。

车顶边梁的下平面在车体钢结构总组装时是车顶的装配基准，也是车顶高度的设计基准。车顶边梁下平面的质量，将直接影响车体钢结构总组装的质量。采取正装法可以保证车顶边梁下平面平整。因此，车顶组装采取正装法能保证定位基准与设计基准重合。采用反装法则不能。

2. 工艺因素

从工艺因素上考虑，应使车顶组装定位基准在装配和焊接时能够改善工作条件，使车顶在夹具上有较多的水平焊缝，便于施焊。

车顶大部分的焊接工作都集中在车顶弯梁、纵向梁和车顶板之间的焊接。采取反装法时，车顶弯梁和纵向梁在夹具中的定位和夹紧比较简单，夹具的设计和制造比较容易。由于车顶内的大部分焊缝处于平焊位置，使车顶装配和施焊比较容易，而且通风条件比较好，焊接时产生的气体容易散发。

采取正装法时，车顶弯梁和纵向梁在夹具中的定位和夹紧比较复杂，给夹具的设计和制造造成一定难度。由于车顶内大部分焊缝处于仰焊位置，给焊接操作带来不便。由于通风条件比较差，焊接时产生的大量气体不易排出，使焊接工作环境恶化。如果将车顶组装并点固后从夹具上吊出翻转 180°再进行焊接，由于车顶组成的连接强度和刚度较差，容易引起车顶组成的扭曲变形，影响车顶的组焊质量。

综上所述，从结构因素上考虑车顶组焊采取正装法较为合理，但必须解决好车顶的装配-焊接工艺问题。从工艺因素上考虑车顶组焊采取反装法较为有利，但定位基准与装配基准不重合，必须考虑消除定位误差问题。在实际生产中，通常应以结构因素为主，以满足产品的制造质量为先决条件。但工艺因素有时也会对产品的组装过程和质量带来很大影响。

三、车顶组焊

以上分析可知，车顶组焊采用正装法或反装法均存在一些问题。目前，在车顶组焊中，可采用正装法和反装法相结合的小部件车顶组焊工艺，将车顶组成分解为几个小部件分别进行制造，最后在车顶组装台位上完成车顶的组焊工作。也可以采用反装法，在车顶组装台位上完成车顶的装配-焊接工作，如图 7-21 所示。

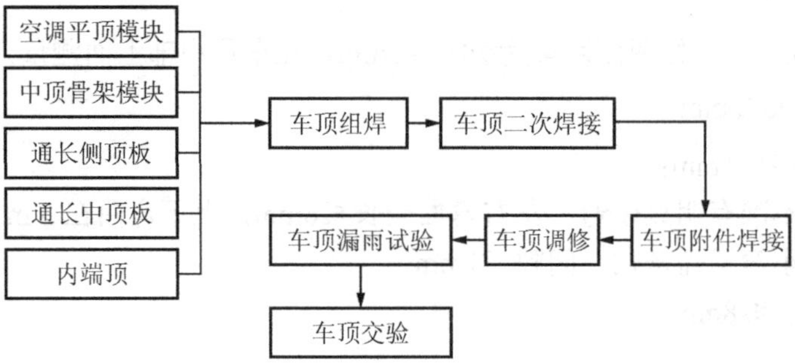

图 7-21　车顶组焊工艺流程图

(一)采用正装法制造车顶

1．车顶小部件制造

(1)中顶弯梁制造。

中顶弯梁的断面为帽形(图 7-22)，采用先折弯再拉弯的工艺。其工艺流程为：剪切下料—折弯—拉弯—调修—切头—开工艺孔。采用的工装设备有：剪板机、LVD 折弯机、弯梁检测样板。

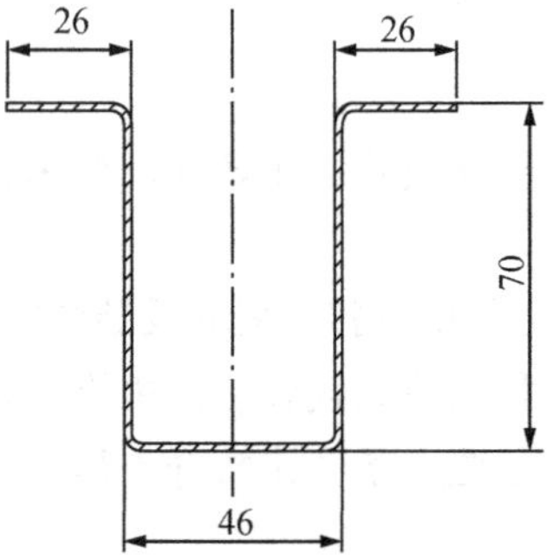

图 7-22　中顶弯梁断面形状

中顶弯梁两端根部的切口平整、无毛刺，中顶弯梁的尺寸符合图纸要求。用离子切割机在中顶弯梁上使用样板开工艺孔，用于车顶组装时安装横向支撑，工艺孔直径 20mm。

(2)中顶板和侧顶板制造。

中顶板由原来的多块横向拼接改为 2 块纵向通长结构，焊缝由横向变为纵向通长焊缝，宽度为 1250 mm。中顶板在车顶组装胎上进行组装，组装前不单独成为组件。其工艺流程为：开卷—校平—横剪—预处理(打河沙和喷漆)。要求中顶板弧度、直线度及不平度不大于 1mm/m，不允许有硬伤和局部凹凸不平现象。

侧顶板也采用通长板结构，在车顶组装胎上进行组装。要求侧顶板雨檐角度符合设计图纸要求。同样要求侧顶板弧度、直线度及不平度不大于 1mm/m，不允许有硬伤和局部凹凸不平现象。

(3)空调平顶模块组焊。

平顶骨架组成采用反装法，工装使用三维柔性平顶组合夹具，具体工艺方案如下。

① 按照平顶组合夹具中定位块的位置摆放平顶大横梁、小横梁和纵梁、机组槽钢左、机组槽钢右。

② 使用压紧装置压紧横梁、纵梁、机组槽钢。

③ 焊接横梁、纵梁连接处的焊缝。

④ 平顶骨架出胎、反装、支撑，安装平顶角钢。

⑤ 吊运平顶骨架至平顶蒙皮胎，铺平顶板，安装防水槽。

⑥ 平顶组成出胎，翻转，使用样板安装平顶吊码。

(4) 中顶骨架模块组焊。

中顶骨架模块采用反装法，使用中顶骨架组装胎，如图 7-23 所示。工艺方案如下。

① 将中顶弯梁放入中顶骨架组装胎，靠紧定位块，压紧装置压紧。

② 将纵向梁放入中顶骨架组装胎，靠紧定位块，压紧装置压紧。

③ 焊接中顶弯梁与纵梁间焊缝。

④ 松开压卡，出胎、存放。

图 7-23　中顶骨架

2. 车顶组装工艺

车顶组装采用正装法，两端散口。其组焊工艺过程如下。

(1) 用车顶组装胎对车顶边梁进行定位和压紧，保证车顶边梁与定位块密贴。车顶边梁对接间隙为 2mm，对接处错边小于 0.5mm。车顶边梁总长度应保证工装的一、二位端留有不小于 100mm 的余量。

(2) 在车顶边梁上测量并标记中顶弯梁搭接位置，并标记车顶横向中心。该中心与工装横向中心定位块对正。

(3) 用吊车分别吊运一、二位侧顶板至车顶组装胎，调整侧顶板位置，使侧顶板与组装胎定位块靠紧，使侧顶板横向中心与车顶组装胎横向中心对正并压紧，焊接侧顶板与车顶弯梁。

(4) 组装内端顶，检测并调节内端顶垂直度、定位尺寸。

(5) 安放一位端工艺端顶，吊装空调机组座组成，调整位置使空调机组座组成的中心与车体中心偏差不大于 1mm，空调机组座组成与内端顶贴紧。

(6) 安放二位端工艺端顶，吊装中顶板至车顶组装胎，调整中顶板位置，保证中顶板与侧顶板、两块中顶板之间搭接量在 20～30mm。用中顶板拉伸装置前端夹具夹紧中顶板，然后启动拉伸装置电源对中顶板进行拉伸。用两辆行走压紧小车自车顶组装胎的中部各自向一、二位端移动和压紧，同时焊接中顶板与车顶弯梁、中顶与侧顶板搭接处焊缝，如图 7-24 所示。

将车顶吊出运至车顶二次焊接胎，吊出前使用工艺支撑连接车顶弯梁根部。用车顶专用吊具，配合 10 t 天车，双车吊运车顶，吊具在吊运过程中不能损伤车顶雨檐。

工艺要点及难点是，空调端顶的垂直度、中顶骨架各模块之间的高度公差、车顶弯梁端头在车顶的纵向定位、通长侧顶板、中顶板的吊运及定位问题等。

图 7-24　车顶组焊

3. 车顶附件焊接、调修及漏雨试验

翻转胎位进行车顶附件的焊接，焊后采用火焰方式对车顶进行调修，火焰调修冷却方式采用水冷，调修后对车顶进行漏雨试验，试验符合 TB/ T1802—1996《铁道车辆漏雨试验办法》要求。

(二)采用反装法制造车顶

采用反装法制造车顶，可以在装配焊接夹具中进行，如图 7-25 所示。车顶垂向和横向以外圆弧表面定位，车顶弯梁的纵向通过车顶弯梁定位器定位，用风动压紧小车和侧顶板压紧器夹紧。

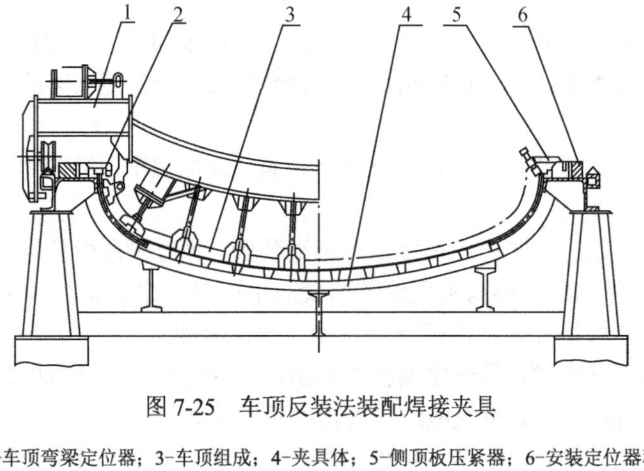

图 7-25　车顶反装法装配焊接夹具

1-风动压紧小车；2-车顶弯梁定位器；3-车顶组成；4-夹具体；5-侧顶板压紧器；6-安装定位器和夹紧器的铸铁平板

(1) 车顶装配如下。

① 铺放中顶板，用夹具上的定位标记定位。

② 铺放侧顶板，在侧顶板的雨檐部分用夹具上的圆弧板端面来定位，用铰接式压紧器压紧。以上工作完成后，用风动压紧小车由中间向两端交错进行压紧并点固。

③ 安装车顶弯梁，用夹具上的铰接式定位器来定位，用风动压紧小车压紧并点固。

④ 安装车顶纵向梁，车顶纵向梁是分段的，在车顶弯梁处断开。

⑤ 安装车顶边梁，将车顶边梁装在弯梁端部的缺口处。

⑥ 安装车顶端部组成。

需要指出的是，包括有车顶端部的车顶组成在车体钢结构总组装过程中，需要同时满足车顶端部外表面与外端墙外表面的平齐和车门门口尺寸及公差要求。由于车体的各个工艺部件存在制造误差，因此，上述要求很难同时满足。改进后的工艺是将车顶端部与外端墙作为一个完整的工艺部件，在车体钢结构总组装过程中，外端墙上的顶端弯梁与车顶板采用搭接方式，对车门门口尺寸调整没有任何影响。该工艺不但简化了工艺操作过程，也保证了车体钢结构的制造精度。

(2) 车顶焊接如下。

① 焊接车顶弯梁与纵向梁和车顶边梁的角焊缝。

② 焊接车顶骨架与车顶板之间的断焊缝。

③ 焊接车顶板之间的搭接焊缝。

(3) 将车顶组成吊离夹具放在翻转机上翻转 180°，然后再从翻转机上吊出放在台架上，焊接车顶外面的搭接焊缝。

(4) 检查与调修。

四、车顶组焊存在的问题及预防措施

1. 车顶弯梁外胀及预防措施

由于车顶弯梁与车顶板之间的焊缝集中于弯梁中性轴的外侧，使车顶弯梁外侧圆弧部分收缩而产生外胀，这将给车体钢结构总组装带来困难。

可采取在焊接车顶弯梁与车顶板焊缝时，用定位拉杆拉紧并临时点固，待组装结束后再取下拉杆，可减少车顶的外胀变形。还可以采取反变形的方法，将组焊夹具做成比实际部件宽度略小而高度略高，以保证车顶弯梁圆弧展开长度不变，待组焊结束后，其宽度满足技术要求。

2. 车顶纵向收缩变形及预防措施

由于车顶横向焊缝较多和在车顶调平作业时采用火焰加热引起车顶纵向收缩变形，可以在车顶板下料时适当放长其长度尺寸。同时在制造过程中，采用合理的焊接方法和工艺，可以有效地减少车顶的纵向收缩变形。

第六节 端墙组焊工艺

外端墙包括槽钢制成的折棚立柱、角柱、位于端门两侧的门边立柱、还有位于端门立柱和角柱之间的同上断面的乙形立柱。上述所有立柱的上端与车顶的顶端横梁相焊接，下端焊在底架缓冲梁的上翼缘上。在角柱与门边立柱之间焊有角形断面的水平横梁，门上横梁是乙形断面，上述梁柱构成外端墙钢骨架。在钢骨架的外表面焊有墙板，与钢骨架组成板梁焊接结构。此外，还有与端墙成垂直的门板、门上板、踏板等与风挡连接，形成由一节车向相邻车通过的安全通道。在外端墙板的内、外面还焊装一些如电线槽、角铁、电力连接器座、连接器座、风挡缓冲杆座、扶手等附件。外端墙组成如图 7-26 所示，其制造工艺流程如图 7-27 所示。

风挡框组成与外端顶组成在各自组焊胎内组焊完成后，放入外端墙组焊胎与端墙骨架、墙板及附件组成等组焊而成。外端墙制造工艺过程如下。

(1)将风挡框吊运入端墙组焊胎位上，根据图纸要求定位尺寸调整好风挡框位置。

(2)将端墙板吊运至端墙组焊胎上，根据端墙组焊胎定位块定位，保证端墙高度偏差为$^{+5}_{-3}$mm；宽度偏差为$^{+3}_{0}$mm，对角线偏差≤5mm。

(3)用外端板画线样板在端墙板上划出端墙骨架位置，根据端墙板画线定位横承、立柱，校正尺寸，保证各梁柱定位偏差±2mm，各立柱上下端头、高低差≤2mm。

(4)根据图纸要求的定位尺寸画线定位各垫板、槽铁、角铁。

(5)根据图纸要求的定位尺寸对端顶组成进行定位。

(6)对外端墙进行焊接。

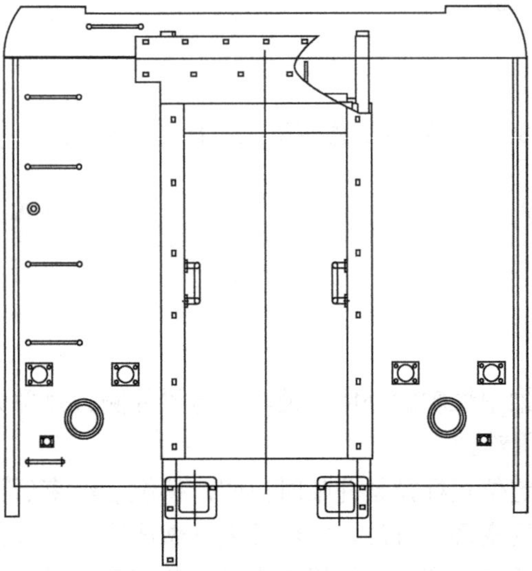

图 7-26　外端墙组成

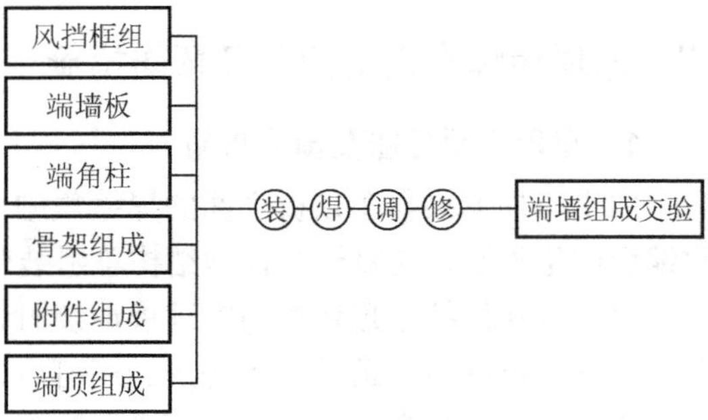

图 7-27　外端墙制造工艺流程图

第七节　车体钢结构总组装工艺

车体钢结构是由底架钢结构、侧墙钢结构、车顶钢结构、端墙钢结构构成的薄壁筒形整体承载结构。车体钢结构总组装是在总组装夹具内完成的。为了适应不同种类车型的生产，车体钢结构总组装夹具的定位和压紧装置应做成可移动式的，并且应具有调整方便、迅速、定位准确等特点。

车体钢结构总组装工艺流程如 7-28 所示。当生产量不大时，可在此夹具内完成从组对、焊接直至全部组装工作。当生产量较大时，可采取流水作业，将全部组装工作分别在不同台位上完成。

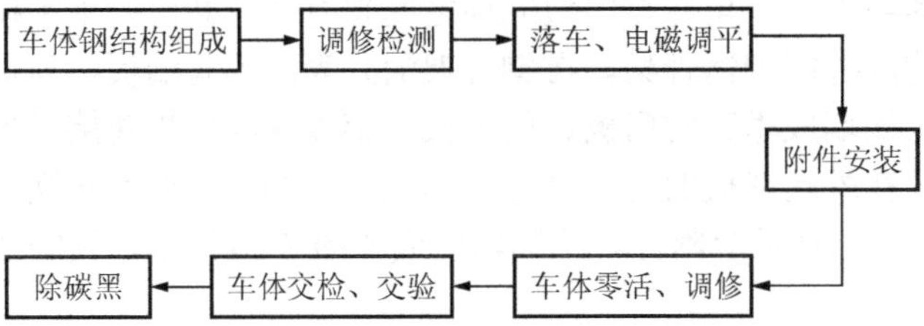

图 7-28　车体钢结构总组装工艺流程

一、主要技术要求

(1)车体长度偏差为±10mm；

(2)车体高度偏差为$^{+12}_{-3}$ mm；

(3)车体内宽偏差为±5mm；

(4)车体横断面对角线之差≤12mm；

(5)车体左右倾斜≤10mm；

(6)侧梁上挠6～12mm，下垂0～5mm；

(7)车体钢结构组成后上挠度为5～12mm；

(8)同一门口上、下宽度差≤2mm，同一门口两侧高度差≤3mm；

(9)窗口底边至底架侧梁高度为915^{+2}_{-1} mm；

(10)车体钢结构组成后，墙、顶板平面度为：侧墙不平度≤1.5mm/m；侧顶不平度≤2mm/m；车顶中部≤4mm/m；外端墙不平度≤2.5mm/m；外端墙垂直度≤5mm。

二、车体钢结构总组装

1. 安放底架组成

(1)底架挠度与侧墙挠度一致，枕内起10mm，枕外下垂3mm，对侧墙挠度及总组装时底架挠度进行监测，避免总组装时因挠度不匹配拽拉侧墙，保证侧墙的平面度。

(2)边梁预制上挠度，底架边梁落在组装胎边梁支撑上，底架心盘及旁承座落至定位面上，并用拉紧装置将底架与定位面拉密贴。

底架组成在总组装夹具上的定位正确与否，直接影响车体钢结构各大部件装配的相互位置精度，也会影响车体落车后的倾斜度。因此，底架的定位是车体钢结构组装质量的关键。底架、侧墙及车顶之间的定位关系如图7-29所示。其中，局部放大I为侧墙与底架之间的定位关系，局部放大II为车顶与侧墙之间的定位关系。

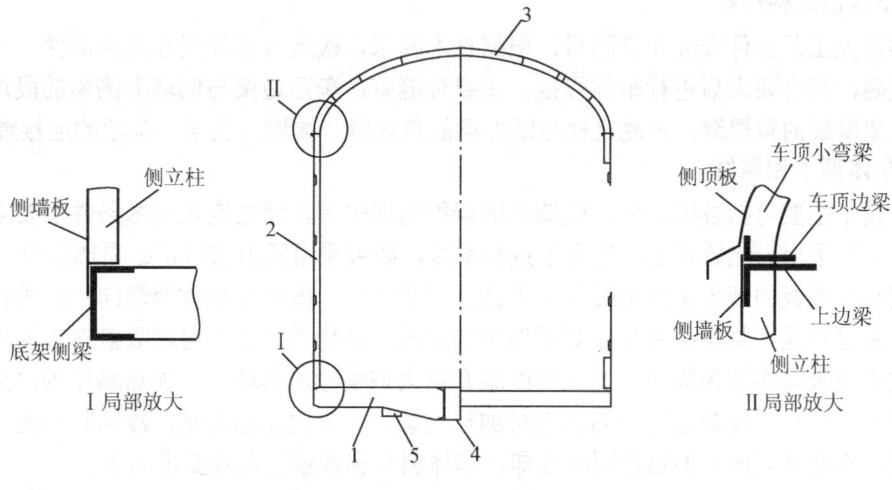

图7-29　车体钢结构总装定位关系示意图

1-底架；2-侧墙；3-车顶；4-上心盘；5-上旁承

2. 侧墙组装

(1) 将整体钢门框吊入底架相应位置，调整好位置、各项尺寸及垂直度后用撑杆将钢门框与底架点焊固定。

(2) 吊装侧墙，纵向调整侧墙中心与底架中心重合，侧墙板外部搭在底架边梁槽内，垂向定位使侧立柱下端面与底架侧梁上翼板压紧。位置调整好后用撑杆将侧墙固定，用底架边梁压紧器将侧墙板与底架边梁压紧密贴，点固侧墙板与底架边梁。

3. 内、外端墙组装

将内、外端墙组成分别吊装到底架上。内端墙纵向定位以地板端梁上所划出的内端墙安装位置来确定，横向定位应使内端墙中心线与底架纵向中心线对齐。外端墙中心与缓冲梁中心重合，二者中心线相互错位不大于 2mm。外端板、风挡框贴紧缓冲梁。外端墙位置调整好后用拉紧装置将端墙与底架点焊固定。测量、调整端墙的左右倾斜及垂直度合格后用折棚柱压紧器、端墙下边压紧器压紧端墙，点焊固定立柱根部及外端板。

4. 车顶组装

(1) 吊装车顶，使车顶中心与车体中心重合，两中心线相互错位不大于 2mm。安装一、二位车顶，使车顶顶板落在端顶弯梁上。注意搭接尺寸，保证端顶槽钢处相对缓冲梁的垂直度不大于 3mm。将车顶与端墙点焊固定。

(2) 测量车体各部尺寸及车体倾斜。

(3) 各项数据合格后，进入焊接工序对车体钢结构各部位进行焊接。

将车顶组成吊装到侧墙的上侧梁上，纵向以车顶与侧墙中心对齐定位，检查门柱至车顶端部横梁内翼面距离，使 1～4 位处测得的距离基本均等，横向定位使侧墙板与车顶边梁压紧，然后夹紧车顶边梁与侧墙上侧梁并点固。用拉杆拉紧折棚立柱，使其与车顶端部靠严，用定位拉紧器调整门柱与端角柱之间的距离，以控制四个车门的门口宽度尺寸，然后点固。

如果车顶端部与外端墙作为完整工艺部件进行装配，只要调整顶端弯梁与车顶板的搭接量，即可保证四个车门的门口宽度尺寸及精度要求。

5. 车体钢结构焊接

车体各大工艺部件安装和点固后，根据技术要求，检查各部件尺寸及各部件之间相互位置是否正确，符合要求后进行车体焊接。主要焊缝有：车顶边梁与侧墙上侧梁的段焊缝，侧立柱与底架侧梁的角焊缝，折棚立柱与缓冲梁的角焊缝，端墙与底架、车顶的连接焊缝等。

6. 车体调平和调修

车体调平主要包括各梁、柱、侧墙和端墙板的调平等，使之满足技术条件的要求。梁、柱的调直主要采用火焰矫正法，配合顶拉和水冷。如果采用锤击法矫正必须加垫板。

侧墙和端墙板的调平采用电磁调平工艺。调平工作一般是由车体两端向中间进行的。电磁调平工艺过程是，将电磁吸盘贴到要调平的墙板，将烤板置于和电磁吸盘对应的墙板另一侧，通过电磁吸盘将墙板吸住，通过烤板眼孔用火焰喷枪加热墙板。加热顺序为由烤板中间向四周进行，然后用冷却喷枪的高压水对加热点急冷。需要注意的是，冷却时只能加热一点冷却一点，不允许对所有加热点同时冷却。车体调平和调修工艺及要求如下。

(1) 总组装后先进行侧柱的调修，使侧柱的平面度不大于 1.5mm/m。

(2) 电磁调平时要选择与墙板规格相同的垫板，加热温度为 650～750℃(加热点颜色为红色)，然后冷却，冷却至黑色。

(3) 为了提高外皮平面度，电磁调平后增加人工细调，对侧墙板局部松动处，用火焰点状加热，用木槌加垫木打平，并用水冷却。对侧墙板平面度超差部位加垫木进行冷调，直至使侧墙平面度不大于 1.5 mm/m。

(4) 小件定位公差±2 mm，同组小件，每 3 个之间，其中心直线度不大于 2 mm，全长直线度偏差不大于 6 mm。各小件扭偏倾斜量不大于其长、宽尺寸的 2%，相邻两个小件的扭偏方向不应相反。

第八节　客车总组装工艺

客车总组装在总装车间进行。其任务是完成车内木结构安装、防寒材料安装、车内设备安装(如车电装置、通风、给水、卫生设备等)、车钩缓冲装置安装、制动装置安装，以及油漆等工作，最后将车体落在转向架上(通常称为落车)，经检查合格后交付使用。

客车总组装的生产特点是：生产周期较长，为 30 天左右；工种多，涉及木工、电工、钳工及油漆工等；工作量大，其中，木工的工作量最大。在安排生产时，应以木工为主，其他工种的工作，按先后工序插入，或平行作业，或交叉作业，使整个总组装有计划、有步骤、合理地进行。客车总组装工艺流程因制造企业具体情况不同而不同。通常情况下，客车总组装工艺流程包括：木结构安装—车窗安装—钩缓、制动装置安装—车电装置安装—卫生设备安装—车体钢结构油漆—落车检查—试运行等。

一、木结构安装

为提高车体钢结构的防腐性能，在木结构安装之前，一般先用密封胶把车体的搭接缝隙密封堵严，然后在车体钢结构内侧表面喷涂防锈漆，再喷涂沥青浆涂料。

木结构安装包括底架木结构安装、侧墙木结构安装和车顶木结构安装等。底架木结构安装是先将底架木骨架用螺栓固定在底架钢结构上，各木梁之间填充整块玻璃丝棉，起到防寒隔热的作用。由于铁地板采用的是波纹地板，因此，在波纹地板凹处也要填充防寒材料；然后，在木骨架上安装木地板，木地板的接缝应与木梁的中心线对齐，保证木地板固定牢靠；最后，在木地板上铺装地板布。铺装地板布时用防火沥青与木地板粘接，地板布的接缝采用焊接或粘接，以保证接缝平整严密。

侧墙木骨架的安装采用螺栓固定在侧墙钢结构上。木骨架安装时，注意窗口部位的木梁与窗框之间的间隙要均匀，窗口四周立柱、横梁及侧立柱上的木立柱应位于同一平面内；木骨架安装后填充防寒隔热材料。最后，将内墙板固定于木骨架上，其表面质量要满足设计要求。车顶木结构的安装与底架、侧墙木结构的安装基本相同，不再赘述。

在木结构安装中，内墙板和车顶板的安装质量对客车室内的美观和舒适性等将产生较大影响。因此，要保证其安装表面平整，间隙均匀，牢固可靠。

二、车窗安装

车窗安装是客车总组装工艺过程中较重要的部分，车窗安装后的密封性能，是检验客车组装质量的主要参数之一。车窗采用整体式，在安装前要检查车窗开闭是否灵活、窗锁作用是否良好，以及对车窗进行淋雨试验，各项指标合格后方可进行安装。

首先将车窗吊至车体钢结构的窗口位置，采用专用设备使车窗准确定位，按车窗位置钻孔；然后取下车窗，清除车窗和钢结构上的钻孔铁屑，在车窗接触部位和钢结构窗口四周涂密封胶，将车窗用拉铆方法与车体钢结构固定。车窗安装结束后，进行淋雨试验，确保车窗不漏雨。

三、钩缓、制动装置安装

钩缓装置包括车钩、缓冲器、钩尾框及钩尾销等，将车钩和缓冲器组装在一起安装在牵引梁内，保证钩身水平差及钩头肩部至冲击座距离均在规定的范围内。

制动装置的安装主要包括管路系统、阀类、杠杆、拉杆以及各种风缸的安装，落车后要进行制动试验，其结果必须满足设计要求。

四、车电装置安装

车电装置的安装包括发电机、蓄电池、控制箱、电气配线、照明灯具以及其他电气装置的安装。电气配线分为车体内部与车体下部两大部分，车电配线安装后，要进行耐压和绝缘试验。

五、卫生设备安装

厕所采用玻璃钢结构。玻璃钢材料具有自重轻、比强度高、耐腐蚀性能优异的特点。玻璃钢材料的应用，减轻了因厕所腐蚀而带来的维修工作量。

六、车体钢结构油漆

在车体钢结构表面涂装油漆保护层，不仅外观美观，而且能将车体钢结构和空气、水分、日光以及外界的腐蚀物质隔绝，对车体钢结构起保护作用。

(一)对油漆材料的要求

(1)表面附着力强，多层涂装时各涂层有良好的配套性；
(2)化学稳定性和耐老化性能好；
(3)漆膜具有足够的弹性和硬度；
(4)致密性和均匀成膜性好；
(5)对人体健康无害；
(6)油漆干燥速度快，工艺性好。

(二) 车体钢结构油漆工艺

车体钢结构表面油漆由防锈底漆、腻子和面漆三层组成。底漆主要起保护作用，防止车体金属表面锈蚀；腻子的作用是填平金属表面的凹、凸不平，提高车体表面的平整性；面漆主要起保护作用并使车体美观。

1. 涂装防锈底漆

车体钢结构在涂装防锈底漆前，必须将其表面的锈层和其他污物清除，保证车体表面具有一定的清洁度，进而提高漆膜与车体表面的结合力，延长漆膜的保护作业。防锈底漆以喷涂方式喷涂2～3遍。在喷涂前，必须保证喷涂表面彻底干燥。

2. 刮腻子

防锈底漆干燥后，在车体表面刮腻子3～5遍，每层刮腻子的厚度应在0.1～0.5mm。腻子太厚不易干燥，会产生质量问题，腻子太薄作用不明显。每层腻子干燥后应进行打磨，使车体表面平整光滑。最后，用人造水磨石进行水磨，直到车体表面达到标准。

3. 喷涂面漆

喷涂面漆是车体钢结构油漆的最后一道工序。面漆一般喷涂 2～3 遍，漆膜厚度为 150～200μm，在不同环境下使用的漆膜经济厚度详见 TB 1493—83。每次喷涂面漆之前，必须保证涂层表面彻底干燥，最后喷涂各种标记。试验证明，采用多遍喷涂较薄漆膜构成一定厚度的漆膜具有较好的防护效果。

车体外部墙面、车顶涂层体系包括如下内容。

(1) 预处理过的底材；

(2) 环氧磷酸锌防锈漆，干膜厚度 60～100μm；

(3) 不饱和聚酯腻子，总厚度≤3mm；

(4) 聚氨酯中涂漆(两遍)，干膜厚度 40～60μm；

(5) 聚氨酯面漆，干膜厚度≥60μm；

(6) 聚氨酯清漆，干膜厚度≥40μm。

车体底架涂层体系包括如下内容。

(1) 预处理过的底材；

(2) 双组分环氧预涂底漆，干膜厚度 60～100μm；

(3) 604 底面合一涂料，干膜厚度≥200μm。

车内涂层体系包括如下内容。

(1) 预处理过的底材；

(2) 双组分环氧预涂底漆，干膜厚度 60～100μm；

(3) 604 重防腐涂料，干膜厚度≥200μm。

七、落车检查

落车检查是指将车体落在转向架上，然后按照以下技术要求进行检查。

(1) 车钩高度：车钩中心线距轨面高度为 880^{+10}_{-5} mm，同一车辆前、后车钩高度差不得超过 10mm；

(2) 车钩的三态作用良好；

(3) 转向架四角高度之差(弹簧支柱平面至轨面距离)前、后应不大于 10mm，左右不大于 8mm，车体左右倾斜不得大于 15mm；

(4) 同一轴箱上轴箱弹簧高度差不得大于 2mm，同一转向架其高度差不得大于 4mm；

(5) 同一转向架上下旁承间隙为 2～4mm，左右两侧上、下旁承间隙之和不大于 6mm(采用心盘承载方式)；

(6) 各种试验，包括制动单车试验、电气绝缘和耐压试验、给水、采暖装置性能试验等。

八、试运转

新造车辆、特种用途的车辆和国际联运车辆在制成后均需进行试运转。其目的是检查车辆在正常运行速度下，各项设计指标是否达到要求。检查的主要内容有轴温、制动作用、走行部分状态、钩缓装置状态、车电装置的工作状态等。同时，还要检查各个部件有无异常杂声和下垂现象。

试运转后，检查车钩高度、转向架各弹簧高度、车体四角距轨面高度是否仍符合要求，各主要零部件是否有折损、裂纹和其他不良状态等。若发现问题，应及时进行修理或更换，必要时修复后再次试运转，直至所有指标全部合格后方可出厂。

复习思考题

1. 车体表面处理方法有哪几种？其处理工艺及特点如何？
2. 25 型客车车体钢结构与 22 型客车车体钢结构相比，主要有哪些方面的改进？
3. 底架制造中采用的工艺方案是什么？
4. 简述车体钢结构底架制造的工艺过程。
5. 简述侧墙组焊存在的问题及预防措施。
6. 简述侧墙组焊新工艺及其防止波浪变形的机理。
7. 简述车顶组焊存在的问题及预防措施。
8. 简述车体钢结构总组装过程中各大工艺部件是如何定位的。

第八章　动车组制造

第一节　概　　述

动车组是轨道车辆的成员之一，是高速铁路的主要技术装备和特征。动车组与传统铁路列车的区别和主要特点也在于它自身的系统性，以及作为高速铁路的一个子系统，与其他子系统的密切联系和相互影响。动车组是包括机械、电子、材料、计算机、控制及航空等在内的现代技术的集中体现。

由于速度的提高，动车组的设计与制造中遇到了传统列车不曾有过的问题。例如，动车组车体结构轻量化问题、动车组气动外形设计及车厢密封等问题。为了实现车体结构的轻量化，动车组车体普遍采用不锈钢或铝合金等轻量化材料制造。我国于 2005 年才开始生产动车组，对不锈钢和铝合金车体的制造尚缺乏经验。由于生产历史短，动车组制造工艺有待进一步改进和完善。

到目前为止，我国生产的动车组按先后顺序主要有两个系列。CRH1、CRH2、CRH3 及 CRH5 为第一个系列，简称 CRH 系列。第二个系列的动车组包括 CRH380A、CRH380B、CRH380C 和 CRH380D，简称 CRH380 系列。

一、动车组车体结构及工艺特点

动车组车体结构大致分为两种，一种是两端带驾驶室车体(简称端车车体)；另一种是中间不带驾驶室车体(简称中间车车体)。无论是端车车体还是中间车车体，它们均由底架、侧墙、车顶、端墙、车体附件(如车下设备舱等)组成。对于端车车体还包括前罩开闭装置、排障装置和驾驶室头部结构。其主要结构和工艺特点如下。

(1) 车体外形采用流线化设计，可减小列车运行空气阻力；

(2) 车体断面采用“鼓形”设计，可增加车体的强度和刚度；

(3) 大部分车体采用铝合金材料设计，不但实现车体结构的轻量化，而且防腐性好；

(4) 各大工艺部件采用大型中空挤压铝型材制造，大幅减少零件数量，简化车体制造工艺；

(5) 车体气密性要求高；

(6) 车体制造长大焊缝多、自动化焊接范围大，生产效率高、质量好。

二、动车组装配系统图

动车组车体制造过程与普通客车制造过程相似，采用部件组装和焊接工艺，车体材料为铝合金。其装配系统图如图 8-1 所示。

首先完成底架、侧墙、车顶、端墙及驾驶室的组焊，然后以底架为定位基准进行车体总组装。经车体气密性试验后进行动车组总装。在动车组总装车间完成动车组车下设备、车内设备、车顶设备及驾驶室设备的组装，最后将整个动车组车体落在两个转向架上，完成落车和交验。

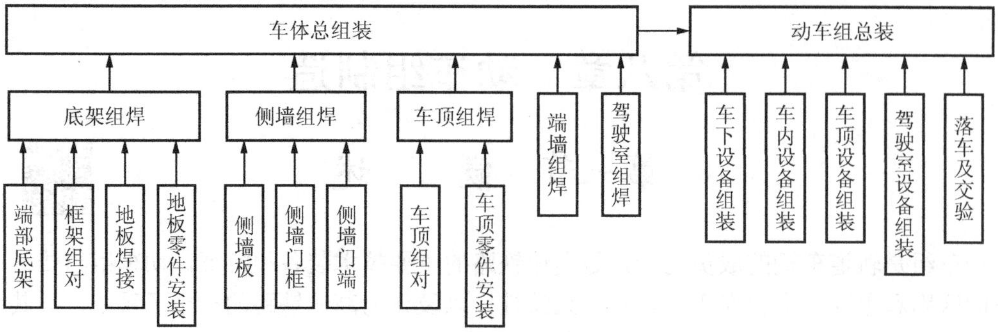

图 8-1　动车组装配系统图

第二节　底架组焊工艺

一、底架组焊技术要求

底架主要由牵引梁、枕梁、缓冲梁、横梁、边梁、地板等部件组成，是车体结构中的重要承载部件，结构较为复杂，制造难度较大。其中，横梁的材质牌号为 A7N01S-T5，边梁和地板的材质牌号为 A6N01S-T5，两种材料均为热处理强化型铝合金。

底架分为端车底架和中间车底架两种。中间车底架只有车身底架，而端车底架由车身底架和车头底架两部分组成，如图 8-2 所示。

底架焊接和调修时，要严格遵守有关作业标准。其主要技术要求如下。

(1)底架长度公差：上偏差为+22 mm，下偏差为+7 mm；

(2)底架纵向中心线到边梁最宽处间距：一位侧 1679.15^{+1}_{-4} mm；二位侧 1679.15^{+1}_{-4} mm；

(3)底架枕梁中心线间距公差：17500^{+16}_{+2} mm；

(4)底架一侧两枕梁空气弹簧座横向间距：(2460±1) mm；

(5)底架全长的四角对角线之差：8mm 以下；

(6)枕梁间对角线之差：8mm 以下；

(7)底架两边梁为通长梁，边梁与缓冲梁拼接后必须打磨光滑；

(8)底架枕梁中心线与缓冲梁外表面间距：(3125±3) mm 或(3500±3) mm；

(9)底架枕梁中心线与缓冲梁外表面间距一、二位侧差值：5mm 以下；

(10)缓冲梁外表面到车钩从板座前座工作面距离：(760.3±3) mm；

(11)端车底架牵引梁最前端到车钩从板座前座工作面距离：(185±3) mm；

(12)空气弹簧安装面平面度：1mm 以下；

(13)底架上平面平面度(铝地板面)：4mm 以下。

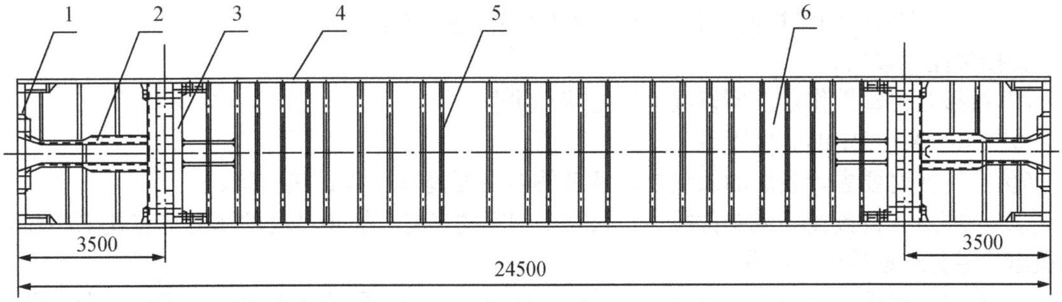

(a) 中间车底架

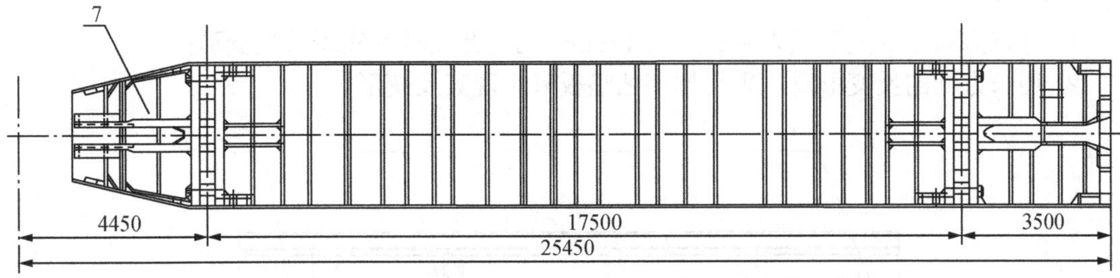

(b) 端车底架

图 8-2　底架组成图

1-缓冲梁；2-牵引梁；3-枕梁；4-边梁；5-横梁；6-地板；7-车头底架

二、底架组焊工艺过程

由于底架的端部结构是连接车钩的关键部件，其结构复杂，各尺寸要求相对精准，施焊难度大。因此，底架组焊应在装配-焊接夹具内进行，既满足了不同位置焊缝的焊接，又有效地控制了焊接变形。底架组焊工艺过程如下：端部底架预组—框架组对—框架正、反面焊接—框架反、正面零件安装—框架调修—地板铺装—地板正面焊接—气密性检查—地板上部零件安装—地板反面焊接及地板下部零件安装—地板开孔—调修校正—交检交验。

1. 端部底架预组

(1) 牵引梁铆接。牵引梁是钩缓装置与车体连接的纽带，是传递纵向力的重要部件之一。从板座与牵引梁型材间的铆接质量对于整个车体来说是非常重要的。从板座铆接时重点控制的工艺和参数为扩孔、铆钉加热温度、铆接温度以及铆接力等。

扩孔是将从板座预钻眼孔与牵引梁型材上的预钻孔扩成同心和铆接需要的孔径，以保证铆钉铆接后不受纵向剪切力作用。牵引梁型材上的预钻孔径大小一般比从板座孔径小 2～2.5mm，用扩孔钻或麻花钻进行扩孔。扩孔后的铆钉孔径的选择见表 8-1。

表 8-1　铆钉直径与铆钉孔直径选择　　（单位：mm）

铆钉直径ϕ	12	16	18	20	22
铆钉孔直径ϕ	12.8	17	19.5	21.5	23.5

铆钉的加热温度是否合适，对紧固效果有很大影响。所以，铆钉加热要慎重进行，铆钉加热时可以通过查看铆钉的颜色来推定其温度。

采用空压铆钉枪的铆接温度为 900～1000℃（黄红色－黄色）。

采用液压铆钉枪的铆接温度为 850～900℃(淡红色－黄红色)。

铆接时注意事项如下.

① 铆接是热塑性作业，所以要迅速准确地进行。

② 铆接要在规定的温度下进行。

③ 在铆接时要去除表面的氧化皮，注意铆钉头要没有偏心、扭曲等。

④ 不要进行铆接校正或头部校正。未完全铆紧的铆钉、加热过度的铆钉等有缺陷的部分应拨出，避免造成周围的损伤。

(2) 牵引梁组焊。为增加牵引梁强度，牵引梁设计时增加了许多补强板，因此，牵引梁的焊接工作量比较大，焊接后变形也较大。在实际焊接中，可采用如下焊接反变形的经验值，如图 8-3 所示。

① 开口方向的反变形量采用长度为 179mm 的工艺支撑管实现其反变形；

② 通长方向的反变形量，采用加工艺垫板来实现其反变形。

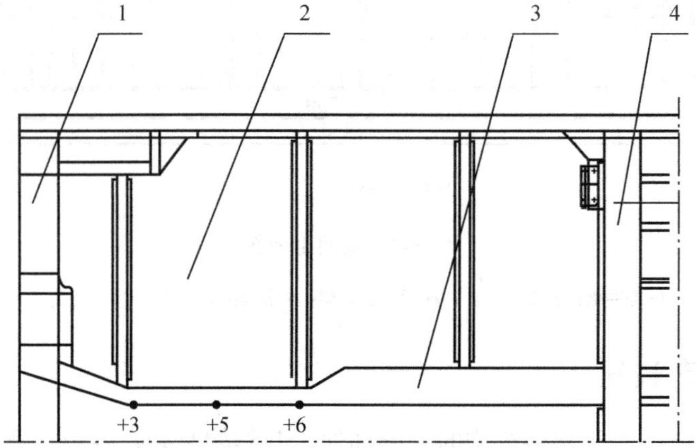

图 8-3　牵引梁反变形数据

1-缓冲梁；2-地板；3-牵引梁；4-枕梁

(3) 枕梁组焊。枕梁由厚度为 10 mm 以上的铝合金板及型材组成。其组焊时容易产生收缩及弯曲变形。为此，枕梁下料时宽度方向一般按+3 mm 的放量，长度方向按+1 mm 的放量，长度方向预置+8 mm 的反变形。枕梁组焊的工艺流程如下。

① 先摆放两根枕梁型材和枕梁下盖板，确定好宽度尺寸；

② 安装补强板，点固焊后，进行翻转焊接，完成内部焊缝的焊接；

③ 对枕梁下盖板的平面度进行确认和调修；

④ 安装贯通管，并完成贯通管与枕梁的焊接；

⑤ 安装枕梁上盖板，进行塞焊；

⑥ 进行枕梁上盖板和下盖板的外焊缝自动焊。

2. 底架框架组对

(1) 采用反装法将边梁放置在底架组焊夹具上，通过夹具对边梁进行定位。

(2) 利用专用钢带尺和样板在边梁上标注枕梁、横梁、缓冲梁的位置。应在边梁的上、下翼板均画线标注，以保证安装时各梁的定位要求。

(3) 将枕梁、横梁、缓冲梁放入底架组焊夹具内，用夹紧装置将边梁固定在底架组焊夹具上。

(4)安装枕梁和缓冲梁时，要保证缓冲梁中心与枕梁中心一致。

(5)将预装的设备件和管子等按图纸要求摆放，然后摆放横梁。

(6)检查底架框架的对角线尺寸，通过标注在边梁底面的枕梁中心测量对角线尺寸，若差值较大，松开边梁夹紧装置，用锤子敲打进行调整，使枕梁对角差小于 8mm。

(7)将定位后的边梁夹紧固定。

(8)在枕梁部位确认底架框架的其他尺寸。

(9)将枕梁、横梁、缓冲梁临时点固，端车边梁调整量为+3mm，中间车不需要边梁调整量。

(10)安装牵引梁和端车头部的横梁(对于端车而言)。

3. 底架框架焊接

(1)打磨待焊焊缝。

(2)底架框架焊接。为减少底架框架的焊接变形，应合理安排焊接顺序。首先进行枕梁与边梁的焊接，然后进行牵引梁与枕梁的焊接，最后进行横梁与边梁、缓冲梁与边梁的焊接。其中，横梁与边梁的焊接应按照由中间向两端的顺序进行，一位和二位侧同时进行焊接。焊接顺序如图 8-4 所示。

(3)焊缝打磨。

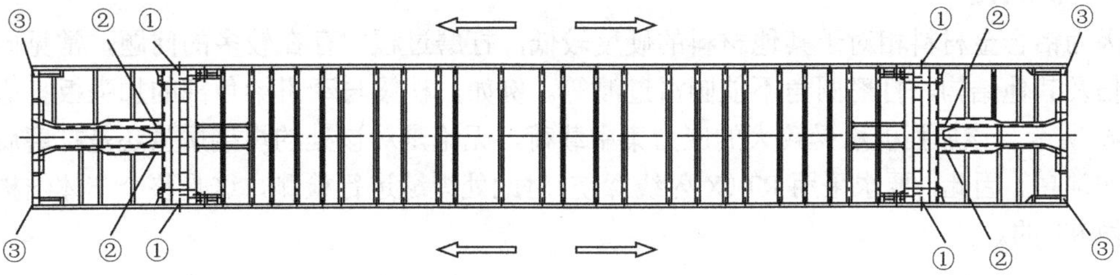

图 8-4　底架焊接顺序图

4. 其他零部件安装

(1)将底架框架吊运至零部件安装台位上。

(2)将底架框架分成中端及两个端部共三个部分进行作业。对于底架中部横梁之间的机器吊装，用工具使横梁间距扩大后插入机器并安装环槽螺栓。

(3)将安装的零部件进行焊接、打磨。

(4)利用翻转夹具将底架框架翻转 180°，安装其他零部件，并进行焊接、打磨。

5. 底架框架校正

(1)将底架框架按正装放置在校正台位上。

(2)校正牵引梁上平面的平整度。

(3)校正缓冲部梁上平面和侧面的平整度。

6. 地板铺装

(1)检查确认地板的长和宽，安装地板时要前后左右对中。

(2)将底架框架吊至铺设地板台位上，底架框架端部，用油压千斤顶顶起牵引梁部分，用手扳拉紧器将侧梁部分拉紧并固定，以防止焊接地板时引起底架框架的变形。

(3)地板上面与底架框架焊接，应按照由中间向两端的顺序，一位和二位侧同时进行焊接。地板焊接后进行气密性检查，合格后按图纸要求及通用打磨标准对焊缝(主要是焊缝端部)进行打磨。

(4)气密性检查。

(5)地板上面的零件安装和焊接。

(6)将底架框架翻转 180°放置在地板零件安装及钻孔台位上，底架框架端部用油压千斤顶顶起牵引梁部分，用手扳拉紧器将侧梁部分拉紧并固定，以防止焊接地板时引起底架框架的变形。

(7)地板下面与底架框架的焊接，地板下面零件安装及焊接。

(8)缓冲梁车钩托板的安装处钻孔(均为反装)。先检查缓冲梁下平面的平整度，若达不到要求，则进行调修至合格。根据车钩托板安装钻孔样板进行钻孔。

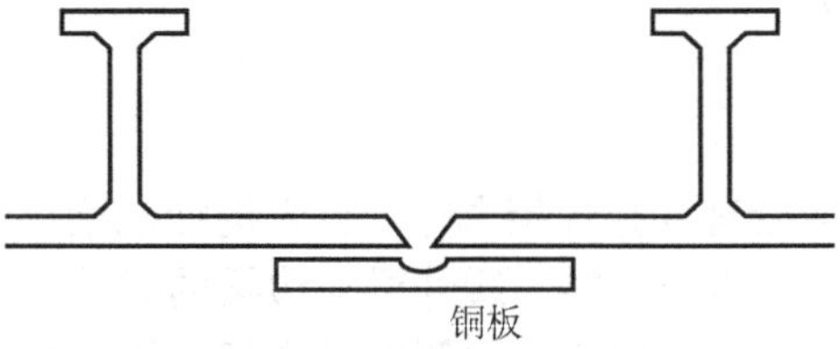

图 8-5　地板接头示意图

7. 地板焊接

地板为单面型材结构，采用自动焊对接在一起。地板焊接时一般采用铜质或不锈钢垫板实现单面焊接双面成形的目的，如图 8-5 所示。地板对接时应保证两块地板之间的对接间隙正确，一般应为 0.5～1mm。

8. 底架打磨

因为铝合金材料相对于其他材料的硬度较低，打磨过程中存在较多的问题，常见问题是打磨伤及其他结构，打磨圆角不能圆滑过渡等。例如，枕梁与牵引梁角部的加强板打磨，如图 8-6 所示，该加强板承受较大的应力集中载荷，无论是对该处的焊接质量还是打磨质量都要求非常高。因此，要求采用 RT(X 射线探伤)对此处焊缝进行检测，这是整个车体结构中唯一要做 RT 的。

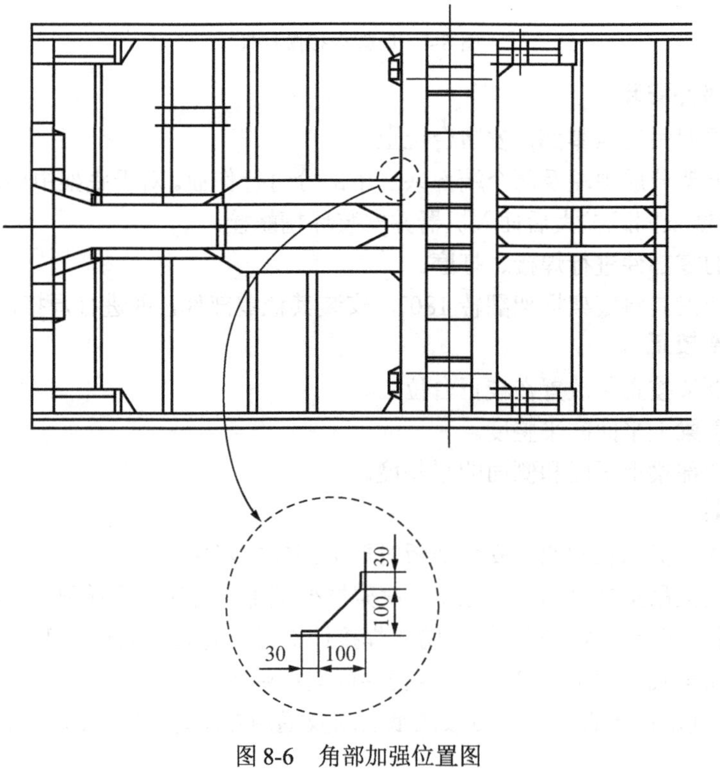

图 8-6　角部加强位置图

9. 清扫处理

对底架组成进行彻底清扫，撤除所有夹具。

底架焊接时应当注意，由于铝合金其熔点低、导热系数及热膨胀系数较大，因此在焊接时容易产生裂纹、熔合不良、气孔等焊接缺陷，焊后造成的焊接变形较大，必须采取有效措施控制焊接缺陷和焊接变形的产生。

第三节　侧墙组焊工艺

一、侧墙结构组成

侧墙采用大型中空挤压型材插接方式双面组焊而成，不设车内侧立柱，端车与中间车的侧墙结构相同，只是长度不同而已。组成侧墙的挤压型材之间的焊缝在车体纵向采用连续焊接的方式，侧墙与车顶的连接在车内、外两侧进行连续焊接，侧墙和底架边梁之间的连接采用车内侧点固焊接、车外侧连续焊接方式。图 8-7 为某车型的侧墙。

侧墙组成分侧门中间部分和门区部分。中间部分主要由侧板和腰板组成。窗口及其以下部分称为侧板，通长板有四块，其中窗口部分由窗上窗下通长板预先铣口与窗间板(小块)拼焊而成，两端通到门区部分。腰板由三块通长板组成，均通到外端与端墙搭接，通长板均为中空型材结构。

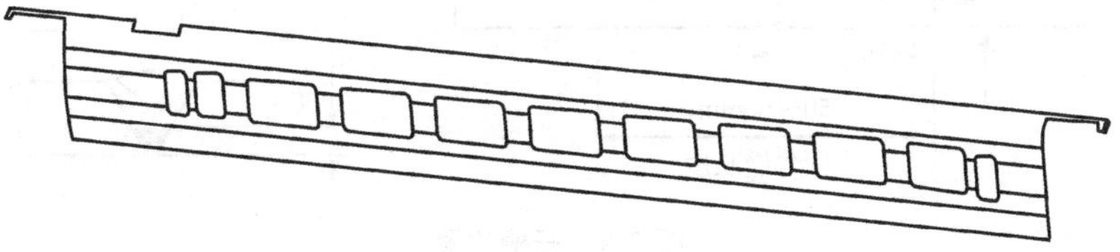

图 8-7　侧墙组成图

二、侧墙组焊工艺过程

侧墙由七块通长中空挤压型材拼接而成，将侧墙组成分成侧墙板、侧墙门框和侧墙门端三个小工艺部件，可以分别在不同的台位上独立平行进行组焊，在侧墙总组装台位上完成侧墙总组装和焊接。侧墙组焊工艺流程，如图 8-8 所示。

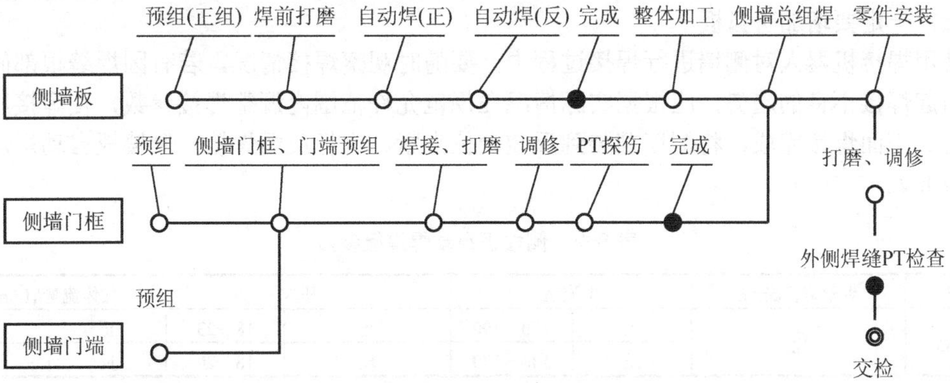

注：○-工序；●-分厂控制检验点；◎-质量管理部控制检验点

图 8-8　侧墙组焊工艺流程图

1. 侧墙板组焊

(1) 侧墙板预组。

侧墙板预组点固焊前，对待焊部位用丙酮溶液进行擦洗，然后用风动打磨工具打磨，打磨深度为 0.5～1.5mm。

侧墙板组对时根据不同的车型先确定车体中心，使车体中心和夹具中心重合，板块之间插接的间隙控制在 0.5～1mm。吊装第 1 块板到夹具内，用卡拦将板的两端与夹具定位并夹紧固定，然后中间每隔 2m 用卡拦夹紧固定。组装顺序由第 1 块板至第 7 块板，同时将侧墙板一端对齐。为减小侧墙的焊接变形，必须使侧墙板与夹具定位块紧密接触，不能有间隙。

侧墙板点固时一定要注意点固焊缝的长度。焊缝过长，容易造成激光跟踪不能绕过焊缝；焊缝过短，则连接强度不够，容易造成侧墙板焊接时开裂。一般点固焊缝的长度为 50～60mm。点固后对焊缝两端进行打磨沟槽，使焊缝中心没有打磨的焊缝保持在 25～30mm，并且保证沟槽的最低处距焊缝最低处 2～3mm。开槽位置如图 8-9 所示。点固焊缝间隔为 1.5m。同时尽量使点固焊缝布置在窗口范围内，这样可以在加工窗口部分时把这些点固焊焊缝加工掉，可最大限度地减少焊接不良现象。

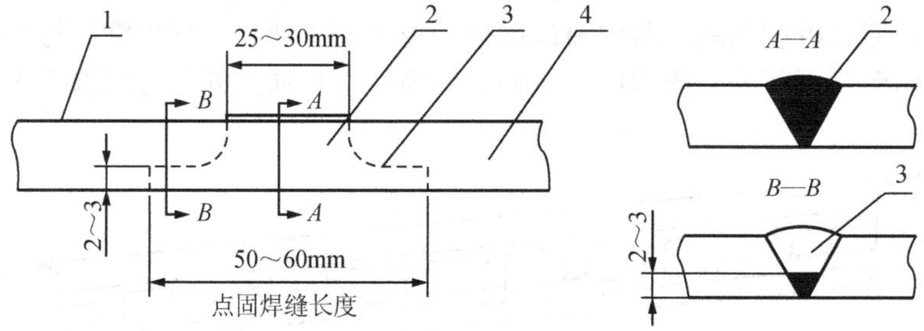

图 8-9　开槽位置

1-侧墙板；2-焊缝金属；3-开槽；4-坡口

(2) 侧墙板自动焊接。

侧墙板自动焊接是侧墙制造工艺中最重要也是最关键的一步。焊接前一定要打磨通长焊缝，然后用高压风吹掉焊缝中的细小铝屑，并且要求打磨后一定要在 4h 内完成焊接。如果超过 4h 没有焊接，那么要在焊接前进行重新打磨。否则，铝合金表面将生成三氧化二铝氧化膜，影响焊接质量。另外，由于自动焊机在起弧和收弧时电流不稳定，容易造成焊接缺陷，因此，在焊接前一定要增加引弧板。

使用焊接机器人对侧墙进行焊接过程中，要随时观察焊接情况，若有因焊缝根部间隙不均而引起焊接不良的趋势，应根据实际情况在规范允许范围内调整焊接参数，使焊接质量趋向良好。正面焊接完成，将侧墙翻装到反装台位夹紧，进行反面焊接。侧墙板自动焊焊接参数见表 8-2。

表 8-2　侧墙板自动焊焊接参数

焊丝	焊丝直径ϕ/mm	电流/A		电压/V		气体流量/(L/min)	
A5356	1.2	正	170～190	正	18～23	正	27
		反	140～170	反	18～20	反	25

由于铝合金的热传导很大，如果焊接顺序不正确，很容易造成严重的侧墙板变形，因此，侧墙焊接必须严格按焊接顺序进行。侧墙的焊接顺序是：1、5－6－2、4－3，其中第 1、5 道

和第 2、4 道焊缝同时焊接，如图 8-10 所示。

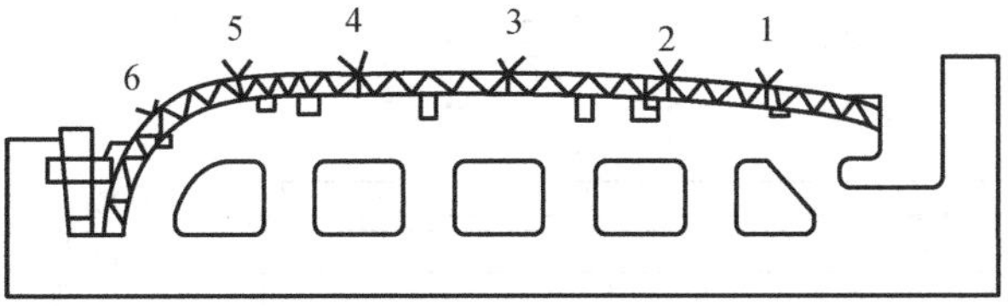

(a) 正装

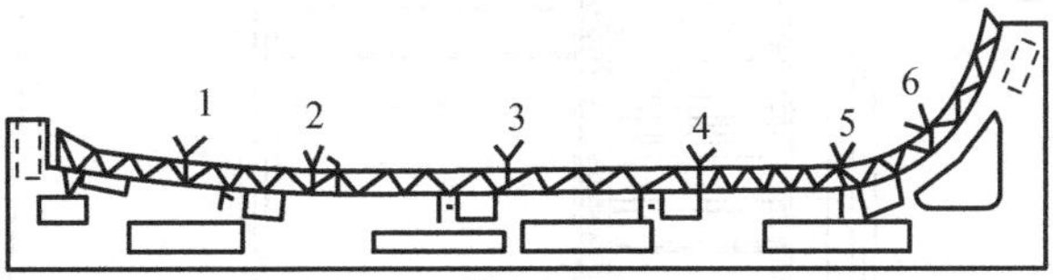

(b) 反装

图 8-10　侧墙焊接顺序

侧墙板自动焊接时一定要在门端部位增加垂向和纵向工艺梁。垂向工艺梁安装在侧墙端部，用于支撑第 6、7 块通长侧墙板，以免造成侧墙板焊接受热下垂；纵向工艺梁安装在门框侧墙板中间部位，如图 8-11 所示。

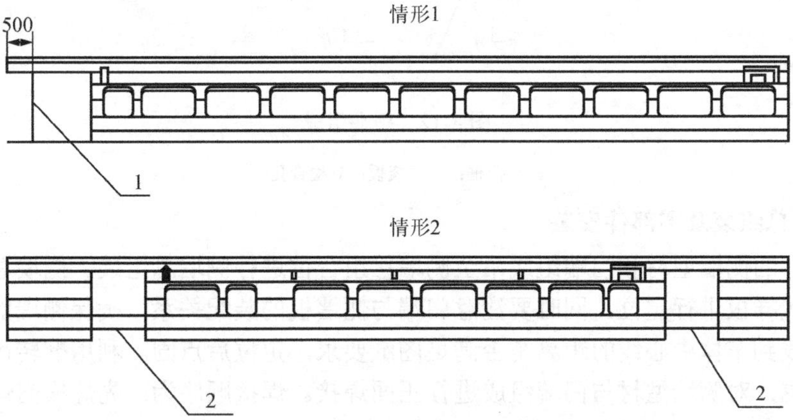

图 8-11　门端部位工艺梁的位置

1-垂向工艺梁；2-纵向工艺梁

(3) 将侧墙运送到双工位加工中心进行整体加工。

2. 门端组焊

门端组焊包括门组焊、户袋板组焊，以及门框与户袋板组焊，如图 8-12 所示。由于门框横梁是中空型材，焊接时里面的空气受热膨胀容易造成焊接缺陷，为此，一定要在门框上、下横梁中心开ϕ4mm 的排气孔。门框组焊后要根据样板进行火焰调修，调修时一定注意加热温度。用温度笔测量温度，将门框调修温度控制在 250℃以下。

户袋板是单层挤压型材，焊接时采用单面焊双面成形，两户袋板对接时根部间隙控制在 0.5～1mm。

门框与户袋板组焊前要将搭接面进行打磨和调平，使门框和户袋板组焊后整体在同一个曲面内，并且符合侧墙轮廓度。焊接检查孔边框时只在内侧进行点固焊，外侧焊缝要在侧墙总组成后再进行焊接，这样做可减少单层户袋板的焊接变形。组焊时为了减少焊接变形一定要在户袋板的边缘处加工艺板。

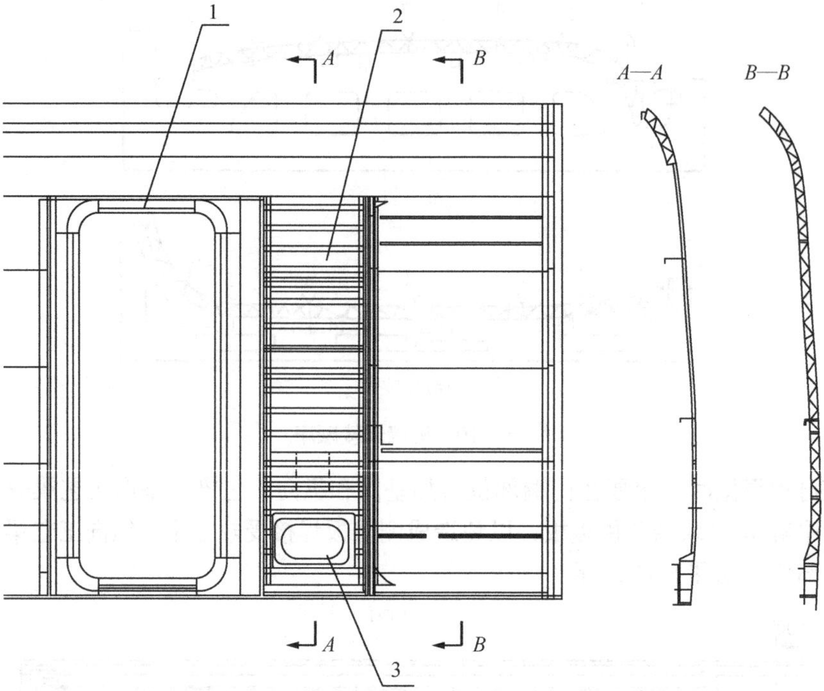

图 8-12　门端组成

1-门框；2-户袋板；3-检查孔

3. 侧墙总组装及零部件安装

将组焊好的侧墙型材和门端组成吊至侧墙总组台位进行侧墙总组装。侧墙总组装一定要严格按照带状样板进行定位，同时要注意门端与侧墙板的装配关系，确保侧墙的整体长度以及门口中心线到车体中心线的距离是否满足图纸要求，定位后点固。利用翻转吊具将侧墙翻转到调修台位，对侧墙型材与门端组成进行正面焊接。焊接顺序为：先焊横向焊缝再焊纵向焊缝。横向焊缝焊接时从内向外焊接，纵向焊缝焊接时按照从上向下的顺序，并且在焊接时应使用液压千斤顶和垫板在侧墙内侧、焊缝下方顶紧侧墙以免造成焊接塌陷。

侧墙零部件的安装主要根据各种样板定位画线，然后根据图纸标注的要求进行焊接和打磨。零件安装完成后，进行调修，使侧墙外轮廓满足要求。

4. 侧墙整体调修及 PT(浸透探伤实验)探伤

侧墙调修是非常关键的工序，也是技术要求很高的工序。在侧墙调修台位上，使用专用铣削机(MAC-II 或 FRC-200-1)铣去焊缝余高。使用样板进行卡样加热调修，使用火焰较细的 H07-20A 型焊炬配丙烷焊嘴 4 号，或使用 H07-12A 型焊炬配丙烷焊嘴 5 号进行局部调修。注意火焰必须垂直于焊缝，加热后，对焊缝两侧隆起部位用平锤调平。调修时加热温度必须控制在 250℃以下，局部加热时间不要超过 2min。调修时要注意使用细小火焰的火焰喷嘴，可以最大限度地防止焊缝周围受热隆起，减少调修时的锤痕。

侧墙调修后要进行侧墙外侧通长焊缝的 PT 探伤，对有焊接缺陷的部位一定要进行 TIG 焊补焊。

三、侧墙焊接变形分析及防止措施

1. 侧墙的焊接变形

图 8-13 为侧墙变形示意图，侧墙的焊接变形主要发生在侧墙上部与顶棚插接部分及侧墙下部与底架边梁搭接部分，焊接变形趋势主要是侧墙上下两端向内侧卷曲。用侧墙外轮廓度样板卡侧墙外形时，侧墙外表面与标准模板之间的间隙平均值为 20～30mm。

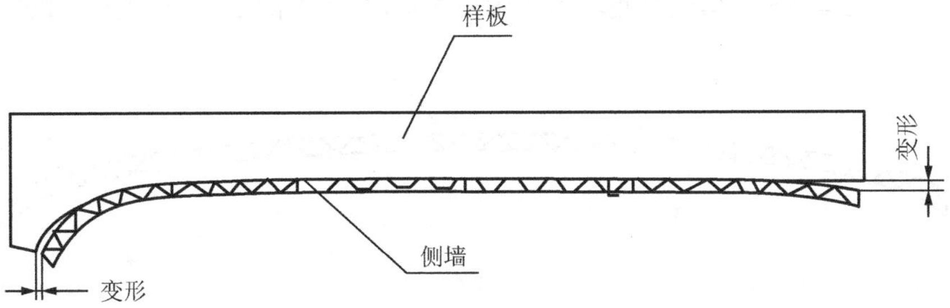

图 8-13　侧墙变形示意图

2. 原因分析

根据侧墙组焊工艺流程，侧墙型材组焊采用先正装后反装。中空型材拼接有内外侧焊缝，正装时焊接外侧焊缝(一次焊接)，反装时焊接内侧焊缝(二次焊接)。侧墙在自由状态下以同种规范进行焊接，一次焊接变形要大于二次焊接变形，这是由于一次焊接后侧墙的刚度增加，二次焊接时，侧墙整体抵抗焊接变形的能力加强。侧墙在夹具刚性固定下进行焊接，则二次焊接变形要大于一次焊接变形。这是因为二次焊接产生的收缩应力远大于一次焊接形成的残余应力，故产生如前所述的焊接变形。

3. 防止措施

以上分析得知，侧墙的焊接变形是反装焊接变形与正装焊接变形之差。为此，采用预置反变形法，通过对二次组焊夹具进行改造来控制侧墙的焊接变形。具体做法是，根据反面焊接时侧墙与工装模板之间的间隙，确定侧墙反面焊接夹具改造方案，如图 8-14 所示。

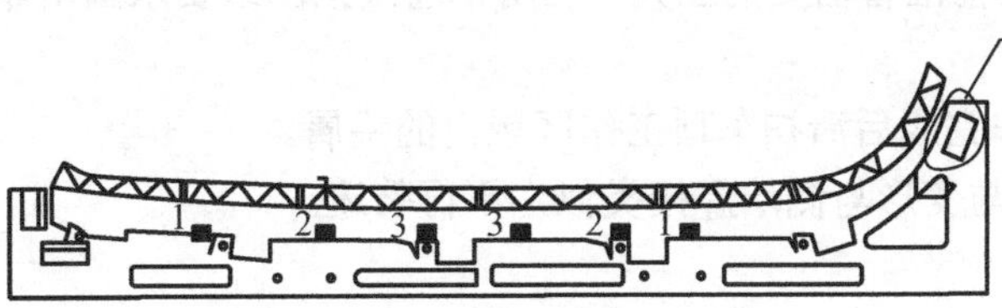

图 8-14　侧墙工装改造示意图

将图中云线处的模板割去，使具有一次焊接变形的侧墙放在反装夹具上能够下落，减小侧墙中部与夹具模板之间的间隙。根据侧墙下落后其中部与夹具模板之间的间隙值确定在阴影 1 处增加 6mm 厚的垫板，在阴影 2 处增加 8mm 厚的垫板，在阴影 3 处增加 10mm 厚的垫板，从而使侧墙与工装在反面焊接时实现贴靠。工装改造后，侧墙的焊接变形得到了很好的控制。同时，对于多条通长平行焊缝的焊接，尽量采用对称施焊顺序，侧墙焊接变形基本稳定在 4～6mm，达到了侧墙制造的质量要求。

第四节　车顶组焊工艺

一、车顶结构特点

车顶是车的上部结构，是受电弓、高压电缆等车顶设备的安装基础。车顶由 7 块大型中空挤压型材拼接组焊而成，车顶和侧墙的连接采用车内、外侧双面连续焊接，如图 8-15 所示。

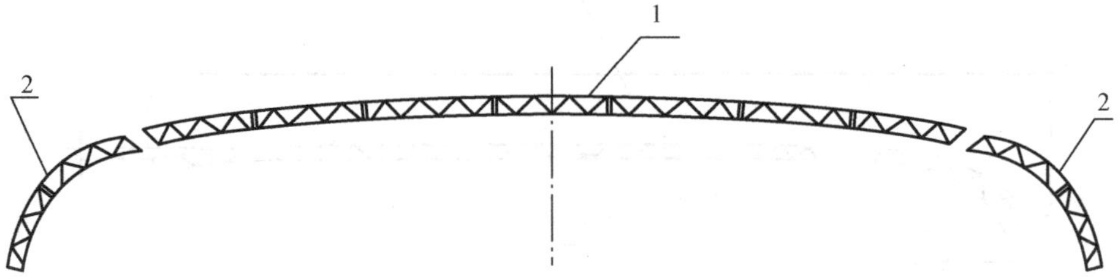

图 8-15　车顶组成图

1-车顶组成；2-侧墙组成

二、车顶组焊工艺过程

1. 车顶装配-焊接工艺流程

车顶预组—自动焊接—内部零件安装—外部零件安装—下道工序。

2. 车顶组焊工艺过程

(1)组装前准备，检查焊机，准备工具。

(2)车顶型材点固。将车顶板吊入车顶板组装工装，靠在定位装置上，进行点固焊，加装引弧板(收弧板)。

(3)车顶型材自动焊。在点固焊焊缝两端铣出 V 形坡口、打磨焊道，用自动焊机焊接通长焊道。

(4)零件安装。施工前准备需要的工具。利用钢卷尺按图纸要求画出零件位置，确定位置后进行零件的安装。

(5)现场清理。工作完成后清扫车顶工作区域内的铝屑。

车顶焊接工艺过程与变形与侧墙焊接类似，不再赘述。

第五节　端墙组焊工艺

一、端墙结构特点

本节所述的端墙是指外端墙。端车车体一端带有端墙，中间车两端均带有端墙。端墙根据车辆卫生间和洗脸间的布置分为两种结构形式，即分体式和整体式两种，如图 8-16 所示。端部设有卫生间和洗脸间的车体，其端墙是分体式结构，端墙板上设有用于搬运卫生间玻璃钢模块的开口，搬运完成后，将铝合金板与铝型材骨架组成的闭塞板用螺栓连接在开口处，并填充密封材料保持气密性。端部未设卫生间和洗脸间的车体，其端墙是整体式结构，采用铝合金板与铝型材骨架的焊接结构。

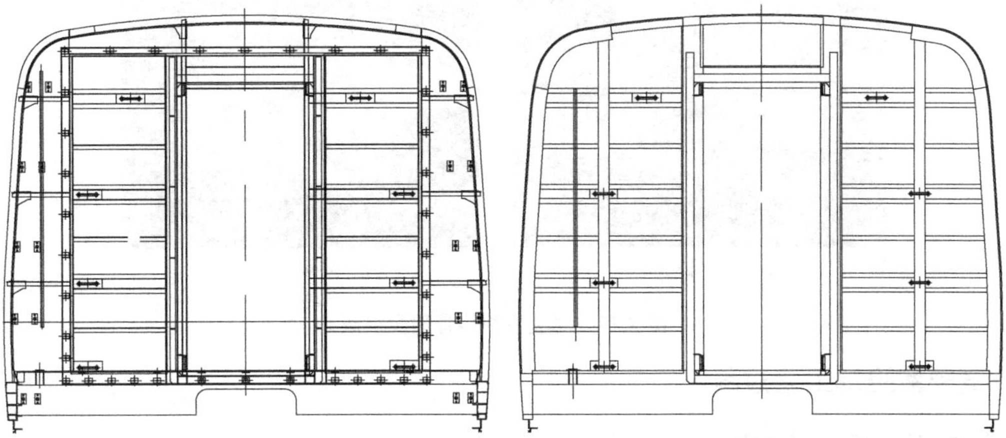

(a)分体式　　(b)整体式

图 8-16　端墙组成

分体式和整体式端墙都在外侧设置风挡安装结构，可以采用螺栓快速连接，端墙上还设有登车扶手。

二、端墙组焊工艺过程

端墙组焊工艺过程主要分为两步：骨架组焊调修和端墙板组焊。

1. 骨架组焊调修

骨架组焊分为小骨架组焊和骨架总组焊两部分。小骨架组焊在预组夹具中进行，以减小骨架的焊接变形。小骨架定位后进行点固。

骨架总组焊包括整体式端墙组焊和分体式端墙组焊两种。

2. 端墙板组焊

端墙板主要采用点焊机进行点焊，将点焊后的端墙板吊至外板组装工作台，对端墙板四周进行焊接，焊接时要使焊缝宽度均匀，跨过角支柱外沿。最后将端墙组成放到部件安装支架上，按照图纸要求安装各零件。

第六节　驾驶室组焊工艺

一、驾驶室结构特点

驾驶室由乘务员门框、客室门框、前窗框架预组、骨架组装和外板等组成。焊接时，先将整体骨架组成后再将外板贴到整体骨架上手工焊接。因其外形由不同的曲面组成，需要几十种不同规格的外板通过锤压机成形后方可贴到骨架上，所以需要很高的铆工操作技术。焊接后的驾驶室整体骨架如图 8-17 所示。

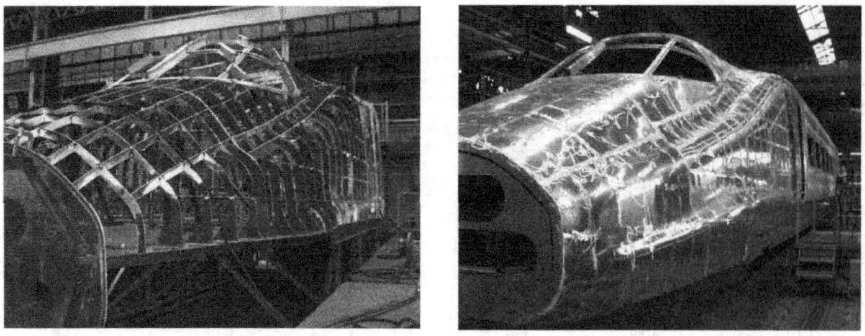

（a）驾驶室骨架　　（b）驾驶室组成

图 8-17　驾驶室整体骨架及组成

二、驾驶室组焊工艺过程

驾驶室组焊工艺流程如图 8-18 所示。

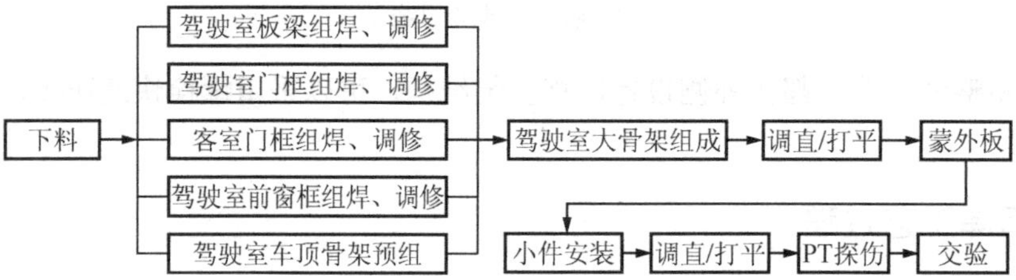

图 8-18　驾驶室组焊工艺流程

（一）下料

1. 外板成形

驾驶室外板共有 68 块，其中 8 块是通过模具直接成形的，另外 60 块是用压力机和卷床成形后再用锤压机整形的工艺制作完成的。

模具成形时，经常会出现外板成形后发生褶皱，这是由于在模具成形时外板的周围没有拉紧造成的，所以在模具成形时一定要把外板拉紧后再成形。锤压机的锤头是平的，在对外板进行整形时，弧度向外放比较方便。用卷床卷完后，弯曲半径要尽可能小于外板成形后的弯曲半径。锤压机的锤头间隙不能过小，否则使外板收放过大，降低铝合金板的延展性，使铝合金板出现裂纹。

2. 前窗框骨架成形

由于前窗框骨架是立体结构，采用正常的成形工艺无法完成。借鉴国外工艺技术，采用国产化双向压力机进行预成形，再根据木模型检测样板，用锤压机和 100t 压力机等设备进行手工调修成形。

3. 驾驶员门立柱成形

驾驶室门左右两根立柱分别由 7 块、3 块组成。每块都是由铝合金板经过压力机和锤压机成形，再由样板检测，用锤压机手工调修成形，与卡弧样板间隙不大于 3mm。

（二）部件组焊

1. 前窗框组焊

前窗框骨架组焊是在前窗框组焊夹具上进行的。首先根据夹具的定位点位置将骨架摆放好，利用卡拦压紧，检测各个定位尺寸无误后进行点固。点固完成后在易产生变形的位置焊接工艺梁以防止变形。由于前窗框是立体结构，在夹具上焊接时的变形很难控制，所以只在前窗组焊夹具上进行点固。在驾驶室骨架总组时，高度和宽度加装工艺梁后再进行焊接。

2. 驾驶室门组焊

驾驶室门的结构复杂，两侧立柱是由多块板成形后焊接而成的。为了保证驾驶室门组焊后的尺寸要求，要进行门立柱预组。门立柱预组是在简易工装上进行的，预组后根据样板检测，利用压力机和锤压机手工调修成形。

驾驶室门装配焊接顺序：(反面)门立柱、下门角、门槛—门角、门上横梁、零件—(正面)上下门角、门槛、门上横梁。驾驶室门组焊控制的工艺参数有：门框内侧的直线度，门立柱、支承以及安装座的平面度不大于 1mm/m，支承及门框的对角线差不大于 3mm。为保证门框的尺寸要求，组焊时要在门框内部加工艺梁支撑，同时，门框的高度和宽度分别增加 6mm 和 4mm 的工艺放量。

3. 驾驶室骨架总组

驾驶室骨架组装先对前端板和后端弯梁进行定位，采用从前向后、从上向下的顺序进行。首先确保前窗、驾驶室门、客室门、后端弯梁的中心位置，再根据这些中心位置对其他横梁、纵梁及车顶骨架进行调整。在进行骨架组装时，一定要注意各个插接处不要高出车体弧度，骨架组装完成后要在驾驶室高度和宽度方向加工艺梁支撑，防止其焊接变形。

驾驶室骨架焊接时，要采用由外向内、由上向下对称方式进行焊接，横梁与纵梁的插接处要进行封头焊接以保证焊接强度。由于窗骨架型材强度比较大，焊接时要先对其他的横梁、纵梁进行焊接，以免在对窗骨架进行焊接时，其他骨架产生变形。由于铝合金焊接收缩量较大，为了保证图纸要求尺寸，在驾驶室长度方向增加了 25mm 的工艺放量。

4. 外板组焊

驾驶室外板组装的顺序是：先组装板厚 6mm 的外板，然后依次组装客室门上板、窗上板、门窗之间板、窗下板、气密鼓前板、裙板。外板点固时，要在板厚 2.5mm 的外板对接焊缝下面加 4mm 的垫板，板与板之间留 3mm 的间隙，并且要使外板对接处向外翘 2～3mm，可以弥补焊接时的收缩变形，避免外板产生凹陷。前窗周围的外板与窗骨架的间距为 5mm。由于外板焊缝较长，全车焊缝总长达 90m 左右，焊接时采用两侧对称同时焊接。

第七节　车体总组装

一、车体总组装工艺特点

动车组车体是由底架、侧墙、端墙和车顶组成的，如图 8-19 所示。由于动车组车体大部分采用大型中空挤压铝型材制造，其各大工艺部件的结构与碳钢车体有很大区别。动车组车体底架、侧墙和车顶没有骨架结构，在动车组车体总组装中，可省去一些梁和柱的焊接，代之以四条长大焊缝(图 8-19 中的焊缝①、②、③和④)的焊接，这些长大焊缝非常适用于采用自动焊焊接。

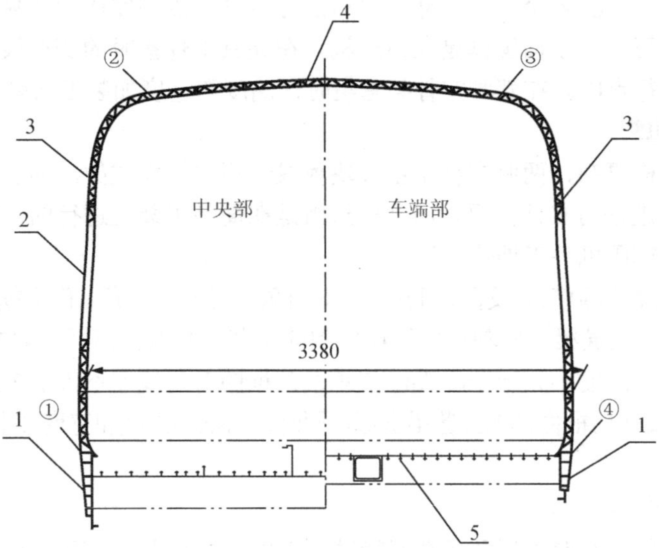

图 8-19　动车组车体断面

1-边梁；2-车窗；3-侧墙；4-车顶；5-地板

动车组车体采用的铝型材分为中空挤压型材和开口挤压型材。中空挤压型材是由两层板和筋板组成的结构，称为双壳结构，如图 8-20 所示。双壳结构拼接采用套入式结构，通常需要两面焊接。通常，外部能看到的焊缝要打磨，而内部的焊缝可以保留。

开口挤压型材由一层外板和筋板组成的结构，称为单壳结构，如图 8-21 所示。单壳结构的拼接采用对接形式，在焊缝底面加垫板焊接，单面焊双面成形。

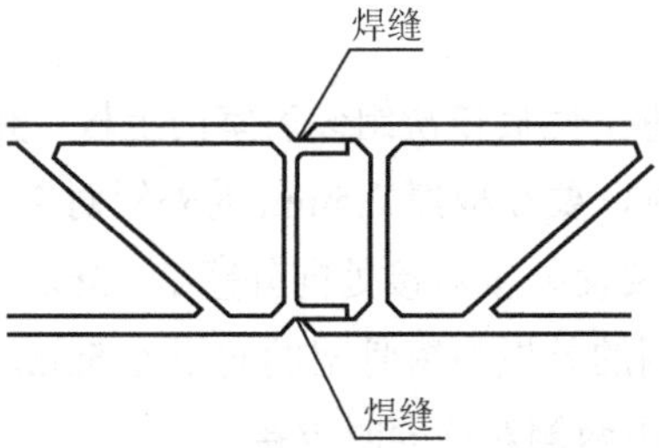

图 8-20　双壳结构焊缝

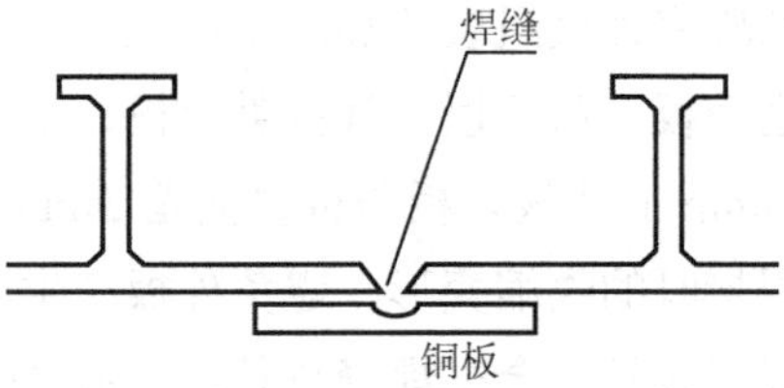

图 8-21　单壳结构焊缝

二、车体总组装工艺过程

车体总组装工艺过程为：预制挠度—底架安装—端墙吊装—侧墙吊装—车顶吊装—车顶自动焊接—车体打平—车体内部零部件安装—驾驶室内部件安装(端车)—雨淋试验和交验。

1. 预制挠度

用挠度器检测各个支撑立柱(包括假台车)的高度，进行预制挠度。

2. 底架安装

(1)将底架起吊并落到支撑上，尽量保证左右对称(进台位时务必注意一、二位端方向)，调整枕梁部位的高度，使底架处于水平状态，确认预制挠度值是否符合要求。

(2)在底架边梁上量出门口的宽度尺寸，划出门口中心线，将一、二侧墙门口的位置标注在边梁上平面。

3. 端墙吊装

对于端车，将端墙(驾驶室)组成放置于底架框架上。对于中间车，分别吊装一、二位外端墙，外端墙上部向外倾斜，预制倾斜度。

4. 侧墙吊装

首先对焊道进行清查和脱脂处理，以便侧墙吊装后施焊。将侧墙组成放置于底架上，对准门口定位线，用样板检查门口尺寸，用手扳葫芦进行调整并点固。

5. 车顶吊装

将车顶组成起吊并落到侧墙和端墙上部，利用中心定位并点固。

6. 车体自动焊接

打磨底架与侧墙、车顶与侧墙之间的四条通长外部焊缝，对焊接部位进行研磨加工后，对四条通长外部焊缝进行自动焊接。

7. 车体打平

测量端墙外板、侧墙车窗上下方的外侧面平整度，检查侧面出入口部位车门的接触状态及上下部的平整度。用手扳葫芦对车体内高进行定位，在车顶的通长焊缝上进行加热、调修，侧墙使用样板检测并进行打平。

8. 车体内部零部件安装

检查车门的平整度及车门与立柱的平行度并调修。安装车内零部件并焊接，打磨和调修。

9. 驾驶室内部件安装(端车)

在驾驶室内安装气密性隔板，在地板上安装高地板框架组成，安装驾驶台框架组成及侧面机器框架组成，安装驾驶员、副驾驶员背面隔板框架及乘务员出入口背面隔板框架，焊接和打磨。

10. 淋雨试验和交验

将车体运至淋雨试验台，通过试验装置进行放水，并进行淋雨试验，交验。

第八节　动车组总装

一、动车组总装工艺流程

动车组总装是动车组制造过程中的最后一道工序。当动车组车体制造完成并交验后进入此工序。动车组总装主要完成动车组车下设备的组装、车内设备的组装、驾驶室设备的组装、车顶设备的组装、落车及交验等。与传统客车总装相比，动车组总装内容繁多、工作量大、电气设备多、工艺复杂且组装质量要求高、采用新工艺多等。图 8-22 为某种类型的动车组总装工艺流程。

动车组总装由配线配管生产线、预组装生产线、总组装生产线组成。动车组配线配管生产线属于车下准备工序。预组装生产线和总组装生产线为动车组组装主生产线。动车组总装采用流水台位+固定台位生产模式。预组装设置为流水作业模式，总组装为固定台位生产作业模式。

动车组配管配线生产线配置数控切管机、数控弯管机、高架放线架、分线架自动卷线机，保证配管配线质量。主要负责动车组车下管排准备、车下线排准备、车顶高压线制作等工作。

动车组预组装厂房整体安装了中央空调设备，调节厂房环境满足粘接工序要求。同时，配备了相应的工作平台、气垫车、打胶泵、管排线排运输等设备。预组装流水线配置了基准点、内藏门、车窗、隔热材、地板、卫生间、车体地板以上布线、车底线排、空调机组、水箱、车顶高压设备、车钩及风挡等安装工序。

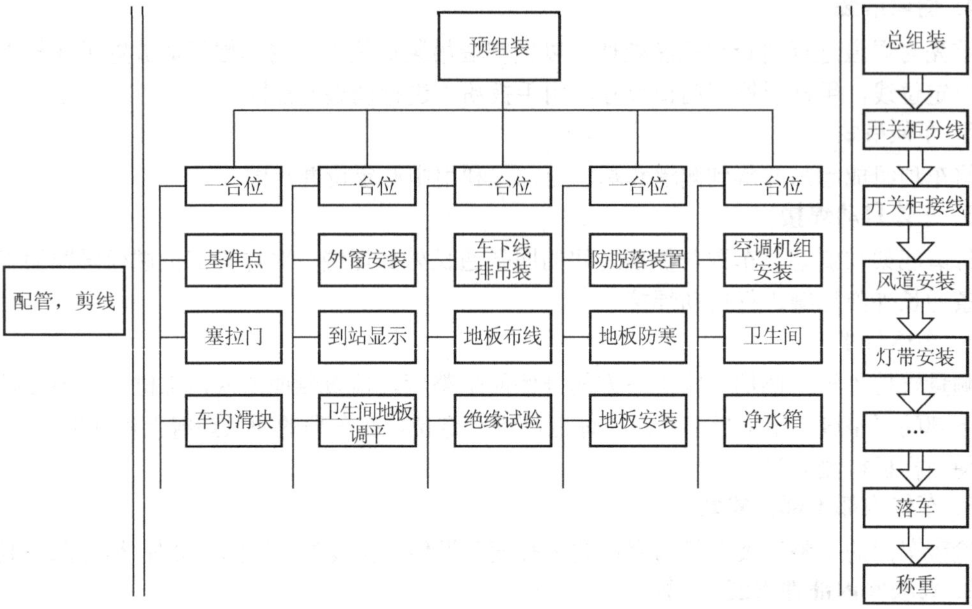

图 8-22　动车组总装工艺流程图

动车组总装设固定高架式台位，利于车下设备件的吊装，减轻工人劳动强度，提高劳动效率。主要完成动车组车内外设备、设施的总成装配、称重测量等，具体包括内装、车内设备、车下悬挂件、两端、驾驶室、电配、电器、接线、牵引、制动、落车(车体与转向架连接，承重，扭力检测，外形测量)、车辆返工等工序安装和装配。

动车组总装采用流水线和固定台位两种作业方式。

动车组涂装和预组装均采用流水作业方式。各台位的工序、物流及管理较为清晰，生产计划性强，物流及生产管理保障性要求较高，工序衔接紧密，台位利用率高。特殊工序作业台位(如高台位、驾车位、粘接等)配置需求量小，各台位的工序与周期之间形成匹配且稳定的节拍。

动车组总装采用固定台位作业方式，具有较大的灵活性，不同车厢之间影响较小，单车工序顺序化排布严谨，多工序并行开展。固定台位作业方式的工业化设施具备较大的柔性，可实现多项目多工步的同时作业。

二、车下设备安装

动车组车下设备组装包括整个列车牵引、网络、制动、辅助等主要部件的装配，均采用整体模块吊装方式。具体内容包括如下。

排障器的安装、前端导流罩组成安装、牵引电机通风机、变压器及其冷却单元、牵引变流器及其冷却单元、双辅助变流器、单辅助变流器、设备电器箱安装、挡板、护板、厨房变压器安装、厨房给水装置、电池箱安装、电池充电机、头车驾驶室空气压缩装置安装、IC 车空气压缩机安装、车下废水箱安装、废排单元安装、转向架轮缘润滑器安装、车下废排风道安装、设备舱支架安装、大裙板布置、设备舱底架下盖板安装、多普勒雷达安装、头车车头前端底部导流罩安装、EC车撒沙装置安装、IC车撒沙装置安装、注水口罩板安装等。

1. 排障器的安装

排障器安装在自动车钩的下面。将排障器运到端车的安装位置下，在排障器与车体的接触表面涂上密封胶，再将排障器升起使其涂胶部分与车体安装位置紧密接触。按照工艺要求定位并采用螺栓紧固，如图8-23所示。

图8-23　排障器安装位置图

2. 前端导流罩组成安装

导流罩位于端车的前端。如图8-24和图8-25所示，将导流罩自动车钩处的罩板打开并用木块卡住，吊起导流罩移运到车体安装位置。在车体前端安装双头螺栓和定位销，在双头螺栓和定位销放置3个左右的垫片。将导流罩安装到车体前端，缓慢移动导流罩使其定位孔与车体前端的定位销对准。将导流罩上部和下部螺栓紧固，最后用扭矩扳手将导流罩安装螺栓全部紧固。为防止水进入，在车体和导流罩之间的缝隙处用活化剂进行清理，填充密封材料，涂打密封剂并刮平。

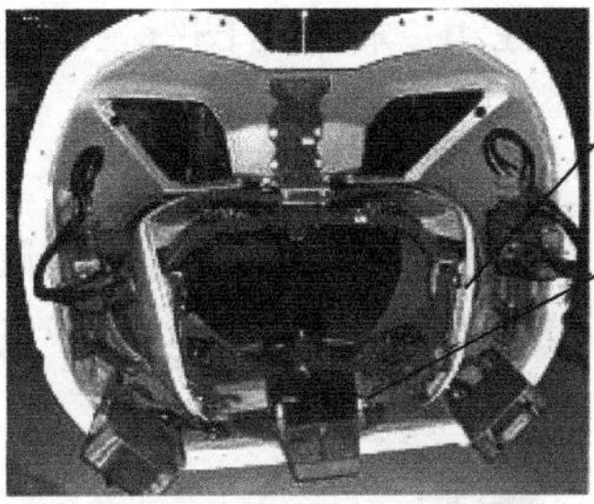

图8-24　导流罩

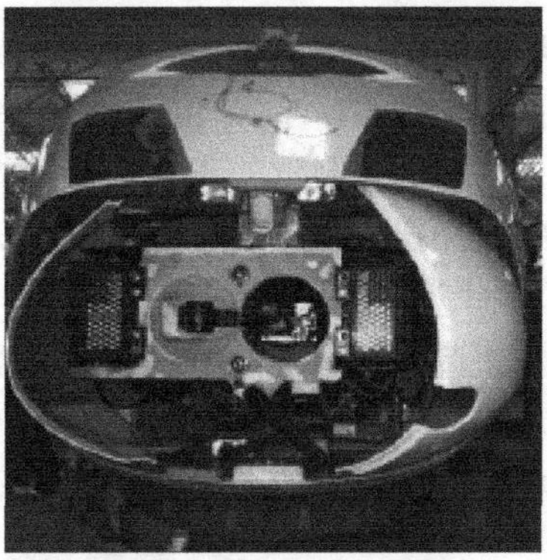
图8-25　导流罩安装

3. 牵引电机通风机安装

在牵引电机通风机支架的每一个安装孔上放置一个垫片，每个垫片上都要涂上高温胶。再将牵引电机通风机的支架安装在车体相应的滑槽上，用尺测量支架的位置，符合图纸尺寸要求后再紧固好支架。

在转向架通风口处紧固法兰和橡胶密封垫，用电钻在标记位置钻孔，固定法兰板。以法兰压板上的孔在车体上的位置做好标记，用电钻在标记位置钻孔，用拉铆钉将法兰压板拉铆在车体上。

在转向架通风口法兰板和通风机之间安装软风道，在螺栓上涂胶进行紧固。安装牵引电机通风机与车体之间的连接地线，用扭力扳手紧固螺栓并打防松标记。

4. 变压器及其冷却单元安装

将变压器及其附带油箱运送到车下安装位置，用大功率拉铆枪组装变压器的安装座，将变压器四个角的安装轴上涂满组装胶，再将安装座套在四个安装轴上。

如图8-26所示，将升降车向上升起对变压器进行微调，使4个角上的安装孔对准车体上边梁上的滑块安装孔，将吊装螺栓预旋入车体滑块安装孔中，将变压器缓缓升起并逐步紧固安装螺栓，最后将变压器安装在车体上。

安装并连接车顶膨胀油箱与变压器之间的输油管，仔细观察车下连接油管的各个接头是否有漏油。如果有漏油现象，必须马上对漏油的接头进行紧固，安装变压器以及冷却单元与车体之间的连接地线。加扭力并涂打防松标记。牵引变流器安装方式与变压器安装方法一致，不再赘述。

图 8-26　用升降车安装车下设备

5. 转向架轮缘润滑器安装

将轮缘润滑器的油箱安装支架紧固在车下的滑槽上，再将油箱安装在支架上并紧固螺栓。将电磁阀、球阀 G1/4、管卡安装在轮缘润滑油箱安装支架上。连接轮缘润滑的输油管。在车头前端的沙箱位置附近的车体电器箱内安装转向架轮缘润滑电控箱。将所有图纸要求加扭力的安装螺栓加扭矩并涂打防松标记，安装完毕。

6. 车下废排风道安装

在车下废排风道的风道口处粘贴密封材料，将风道口处粘贴好密封圈后，将废排风道顶入车体废排风道口中，紧固安装螺栓。在废排风道下部出风口外围粘贴密封圈以便于风道与废排风机之间密封，如图 8-27 所示。

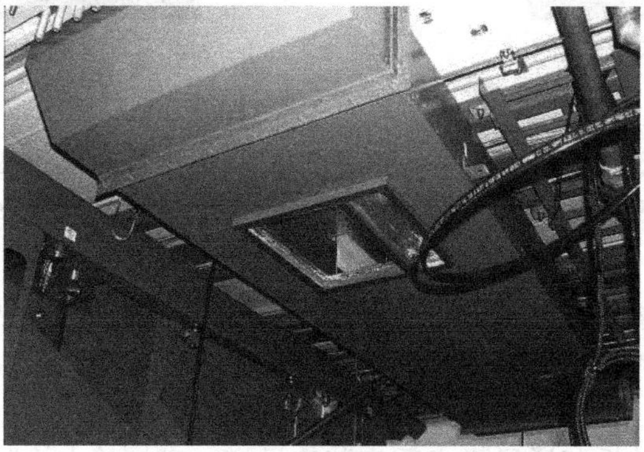

图 8-27　废排风道安装

7. 设备舱安装

首先安装设备舱支架。将螺纹板和滑块布置到设备舱支架上的滑槽中并移动到相应的位置，将设备舱支架的吊架安装在滑块上，安装裙板支撑架上的地线。

然后安装裙板。将各个裙板的外表面用胶带布做好防护，以免在安装过程中划伤表面。安装吊装裙板的挂钩和裙板的紧固支架，先不要紧固，以便安装裙板时对挂钩和支架进行调整，按照图纸要求将裙板挂在支撑架上，使裙板上的紧固螺栓与支撑架上的锁孔对准。各裙板之间的缝隙要均匀，加扭矩并涂打防松标记。转向架裙板支架和裙板在落车后安装。

最后安装设备舱底架下盖板。按图纸要求安装在裙板支撑架对应的位置上。

其他设备电器箱安装，包括多普勒雷达、撒沙装置、双辅助变流器、单辅助变流器、设备电器箱、厨房变压器、厨房给水装置、电池箱、电池充电机、头车驾驶室空气压缩装置、IC车空气压缩机、车下废水箱等安装，其吊装方式相同，不再赘述。

三、车内设备安装

车内设备按部位分为四大部分：内装、设备件、空调装置和给水卫生系统。内装包括防寒材料、侧墙、地板、中平顶板等安装；设备件包括座椅、行李架、木质柜体间壁、厨房等；空调装置主要是车上通风系统；给水卫生系统包括车上供水排水管道、卫生间等。

按照安装过程分为制造类和特殊类安装。制造类包括地板、侧墙装饰、平面天花板等；特殊类包括外部防护涂层、绝缘、窗户、地板、侧墙、顶板、乘客须知、行李架、座椅、隔板/门/橱、外饰、厨房、厨房/饮水设备、驾驶室等。不管是何种分类方式，各个部分之间是相对独立的，但同时又是互相依赖的一个整体。

车内设备安装时主要使用的工具有手电钻、棘轮扳手、十字螺丝刀、六角扳手、钳工工具箱和歪脖钻等。

（一）内装部位安装

内装部位包括防寒材料、侧墙、地板、中平顶板等。内装设计的现代化和高档化是高速列车车内设计水平现代化的标志之一。动车组在内装材料的选用方面体现出多样化和高技术含量的特点，内装材料及内装件主要分为GRP（玻璃钢）制件和木质件。

1. 车内防寒材料安装

车内防寒材料安装分五部分：侧墙防寒材料、端部防寒材料、车顶防寒材料、地板防寒材料和前端防寒材料。

防寒材料包括沥水板和玻璃棉毡。沥水板下料时，按给定的尺寸方向与车体接触面的型线方向一致进行下料。如图8-28（a）所示，从侧墙一端开始，在窗口下侧区域沥水板上涂胶，同时在图示的车体区域涂胶，15 min内粘贴沥水板。在侧墙两端区域涂胶，15min内粘贴玻璃棉粘件。防寒材料安装过程中根据现车结构需要开口的，在开口周边直接刷胶密封，确保密封完全，无玻璃纤维飞出，如图8-28（b）所示。

（a）车体涂胶　（b）防寒材料开口

图8-28　车内防寒材料组装

2. 地板木骨、防拔装置及地板组装

底架结构一次喷底漆后，粘贴木骨架。如图8-29所示，根据图纸要求画线，木骨架以车体纵向中心线为基准铺设。清洗木骨与车体接触面，木骨架涂胶后 30min 内粘贴在地板上，用 5kg/m 的压块压紧，5h 内车厢内不允许工作，木骨粘贴后在底架结构上喷涂绝缘漆。

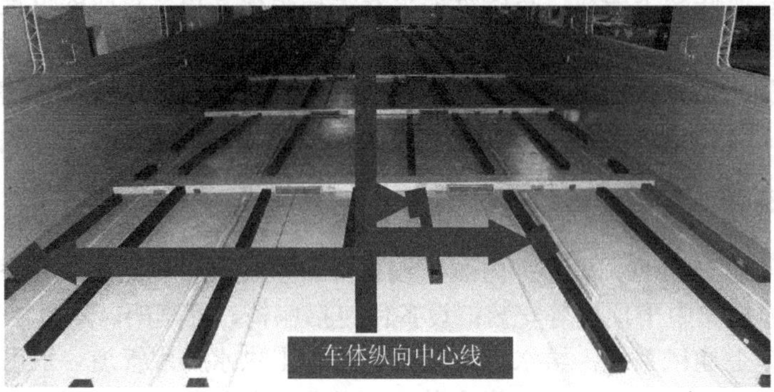

图 8-29　地板木骨铺设

地板木骨安装完成后，安装防拔装置，如图 8-30 所示。从车体中心分别向一二位端标出各防拔装置的位置，用螺母将防拔装置紧固在底架上。根据扭矩要求施加扭矩，并涂打防松标记。

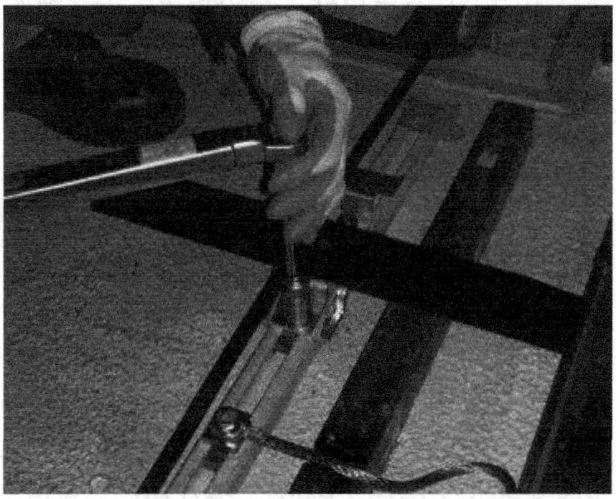

图 8-30　防拔装置安装

按图纸要求摆放木地板。如图 8-31 所示，将相邻两块地板的插接面刷上白胶。插接时，注意标记的中心线和两边缘均需对齐。木地板铺放时，注意不能挤压线缆和防拔装置。驾驶室木地板和客室木地板安装工序类似，如图 8-32 所示。

图 8-31　地板插接面刷白胶

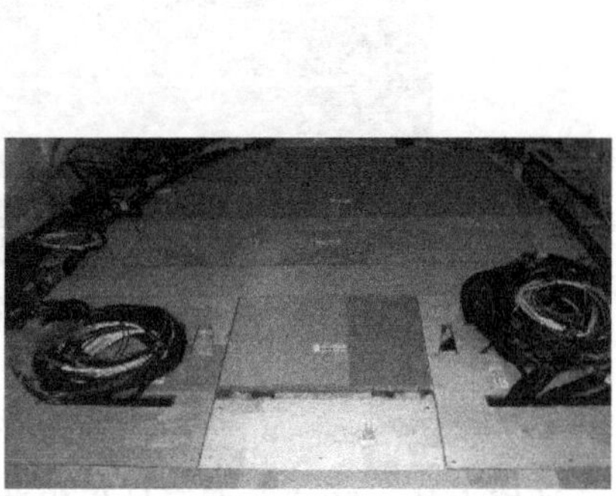

图 8-32　驾驶室地板安装

3. 侧墙板、边顶板、多孔顶板和平顶板安装

侧墙板安装之前，用清洁剂与无纺布清理安装码和座椅型材上的杂物，清理后在安装码上粘贴两片 3mm 厚度的垫片，在座椅型材上粘贴毛毡条并压紧。

将侧墙板抬入车内放置在座椅支承型材上，上部暂时用固定卡卡住。以窗口中心定位，依次预固定窗口处侧墙板，如图 8-33(a)所示。侧墙板调整完成后使用棘轮扳手紧固。用吸尘器吸去木屑，用密封胶密封钻孔，如图 8-33(b)所示。最后，将穿条从座椅支承型材下面穿入两墙板之间，自下而上嵌入两墙板之间，保证穿条与侧墙平齐。上部用螺钉固定，如图 8-33(c)所示。

边顶板安装分为两部分：边顶支架和边顶板安装，在确保行李架支架安装完成后，安装边顶板支架，如图 8-34(a)所示。将边顶板紧固件先预紧到风道支架上，从一位端开始依次安装边顶板，如图 8-34(b)所示。在顶板缝隙中插入弹性插条，从上向下插入，插条上表面与边顶板上表面平齐，如图 8-34(c)所示。

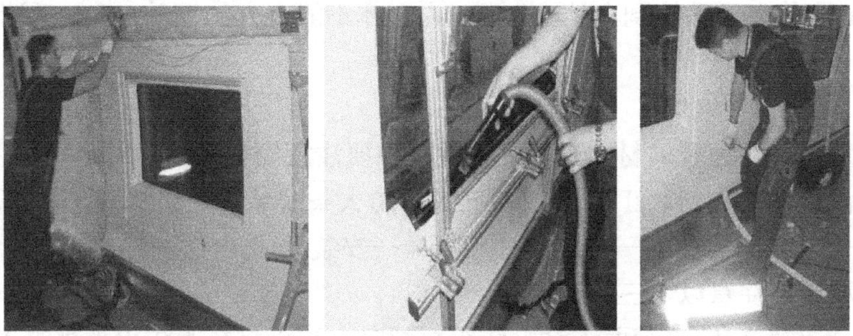

(a)　(b)　(c)

图 8-33　侧墙板安装

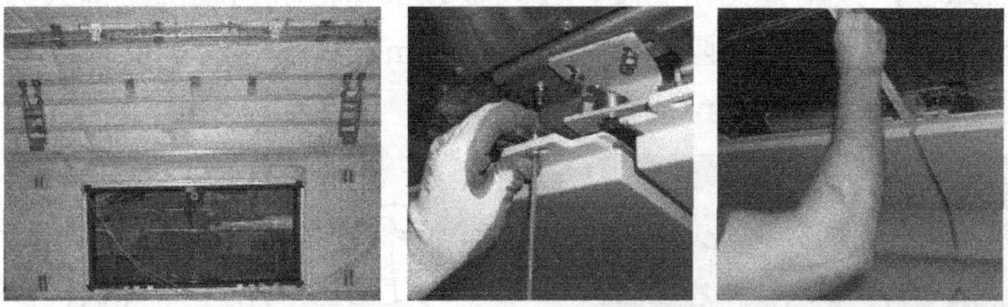

(a)　(b)　(c)

图 8-34　边顶板安装

多孔顶板分为休闲区多孔顶板和客室多孔顶板。客室先安装中顶板密封圈，在中顶板边缘分别粘上均匀分布的减振毛毡条，从二位端开始安装多孔顶板，顶板是通过折页固定的，将客室多孔顶板挂装到折页挂钩上，预紧中顶板折页挂钩，以及顶板挂钩防脱螺栓，合上多孔顶板，另外一侧用 L 形内六角扳手锁闭。调整多孔顶板密封圈，使多孔顶板与密封圈连接严密均匀。图 8-35 为安装完成的多孔顶板。

图 8-35　多孔顶板安装

(二)车内设备件组装

车内设备件包括车窗、端门、客室拉门、行李架、座椅、塞拉门罩板、厨房、茶桌、各类电器柜

体及外部间壁、乘务员室等，全车采用旋转座椅，厨房内配有冰箱、微波炉、烤箱等类似与航空服务的设备，一等座车顶板中央沿车体长度方向均匀布置有 4 个液晶显示器，座椅的扶手上安装有视听模块，包括耳机插孔、频道和音量调节等，不同的动车车型车内设备件结构外形均有所不同。

1. 车窗安装

车窗分为三种：客室侧窗、驾驶室旋转车窗和前端风挡玻璃，每种车窗在安装时都需要使用组装胶，因此在安装过程中对环境温湿度要求较高，一般温度范围为 15～30℃，相对空气湿度为 30%～70%。

车窗均为玻璃和窗框为一体粘接在车体窗口上的。车窗安装前要对车体窗口进行清洁，去除粘贴面上的可见颗粒物及尘土。安装侧窗时，先在车体内部安装工装，然后将侧窗安装在工装上，将工装抬起进行预安装，检测侧窗与车体平面度及四周缝隙满足要求后，在粘接面打胶，20min 内将车窗粘接到车体上，12h 内车体不能有大的振动。12h 后清除侧窗周围防护胶带。

2. 端门、客室拉门安装

端门和客室拉门均为玻璃材质，在安装过程中要注意物料保护，避免物料表面磕碰划伤。端门安装工艺流程为：物料、工具及工装准备—防火条安装—门机构安装—下导轨安装—门扇安装及调整—内部框架安装—安装盖板和屏风—安装完成，清理工作现场。

在安装过程中要注意以下三点：

(1) 在防火框与车门的平行面上粘贴防火材料时，防火材料距防火框外沿 15mm，防火材接接口对严，如图 8-36(a) 所示。

(2) 旋转安装螺栓，预调整拉门高度，使门板顶部与门机构底部距离大约 56mm。

(3) 测量门板与端部门框的间隙，标准为 3～4mm。紧固门板安装螺栓上的上、下螺母，拧紧下导轨的固定螺栓，如图 8-36(b) 所示。

(a)

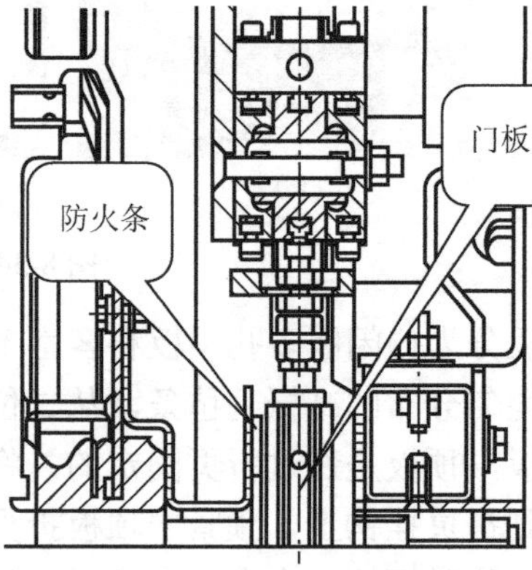

(b)

图 8-36　端门、客室拉门安装

客室拉门分为一位端客室拉门和二位端客室拉门，拉门安装方式相同，安装过程分为四步：门机构安装、玻璃间壁安装、门板安装及调整和门楣安装。门机构安装前，需要用拉力计测量机构空载拉力，最大值为 45N。

3. 行李架、座椅安装

行李架设置 5 种尺寸形式，供旅客存放随身行李使用，相邻行李架之间相互独立，但又通过同一根拉杆紧固，承重面采用进口安全玻璃。行李架安装分三部分：行李架支架安装(图 8-37(a))、行李架组成安装和行李架下部挡板安装(图 8-37(b))。

行李架组成安装工艺流程为：开工前准备—行李架支撑杆安装—行李架挂装—行李架找平—行李架后墙安装—行李架装饰板安装—防火胶条安装—清理工作场地。

(a)

(b)

图 8-37 行李架安装

座椅是旅客列车的主要设备之一，可分为一等座椅、二等座椅和残疾人座椅。不管是一等座椅还是二等座椅，安装流程大致相同，即物料工装工具准备—安装定位、钻孔工装—座椅安装地板孔的加工—座椅挂腿安装—座椅安装—清理工作现场。

座椅安装时需要在车体侧墙上预先安装座椅轴承座，如图 8-38(a)所示。然后在座椅轴承座上安装座椅支承型材，如图 8-38(b)所示。座椅挂腿紧固在支承型材内的滑块上，座椅支腿通过木地板与防拔装置紧固在一起，如图 8-38(c)所示。

(a)

(b)

(c)

图 8-38 座椅安装

4. 其他设施安装

厨房设施通常包括：供水管路系统、制冰机、壁挂碗柜、双开冰箱、微波炉、烤箱、普通小推车、大理石吧台结构等，整个配件以不锈钢材质为主，过道墙、间隔墙为木质结构等。图 8-39(a)为配餐厨房设施效果图。

乘务员室设有 PIS 柜面板、衣橱、顶板、手提箱橱、紧急制动器、带窗户的摆门、侧墙、座柜、R 操作单元、信息系统操作面板、MFD-监控、内部通信单元等。整体采用木质结构为主，玻璃隔墙为辅。图 8-39(b)为安装完成效果图。

车内设备其他部件安装过程相对比较简单，在此不做过多的介绍。

(a)　(b)

图 8-39　厨房设施、乘务员室安装效果图

(三)空调系统、卫生间安装

动车组空调系统分为客室空调系统和驾驶室空调系统。在中间车中，压缩空调装置安装在车的一端。空调装置安装在车体上的安装框架中，用螺钉将其紧固在车体外壳上，并在车身侧进行加压密封和防水密封。驾驶室中的空调系统为分体式空调系统，即压缩机组(冷却装置)位于车底下，而空调装置则位于驾驶室后休息室的天花板区域中。

客室空调安装流程为：在车体上连接地线—拆卸侧罩和导流罩—安装趁空固定码—吊装空调—安装空调并施加扭力—安装侧罩和导流罩—清理工作场地。驾驶室空调安装流程为：管路支撑座安装—车上空调管路安装—空调机组安装—车上废水管路安装—车下管路安装—清理工作场地，图 8-40 为驾驶室空调安装图。

图 8-40　驾驶室空调安装图

卫生设施分为标准卫生间、通用卫生间和残疾人卫生间。容量为 300L 的淡水箱位于车辆天花板区域内的各卫生间上方，容量为 450L 的废水箱位于车辆底架区域内。各种卫生间均由模块化结构组成，卫生间相对于车体结构是独立的模块。

如图 8-41 所示，标准卫生间安装流程为：卫生间车下准备—卫生间安装—卫生间固定预码安装—固定卫生间—安装螺栓—卫生间固定码安装—测量卫生间角度—卫生间门安装—清理工作场地。

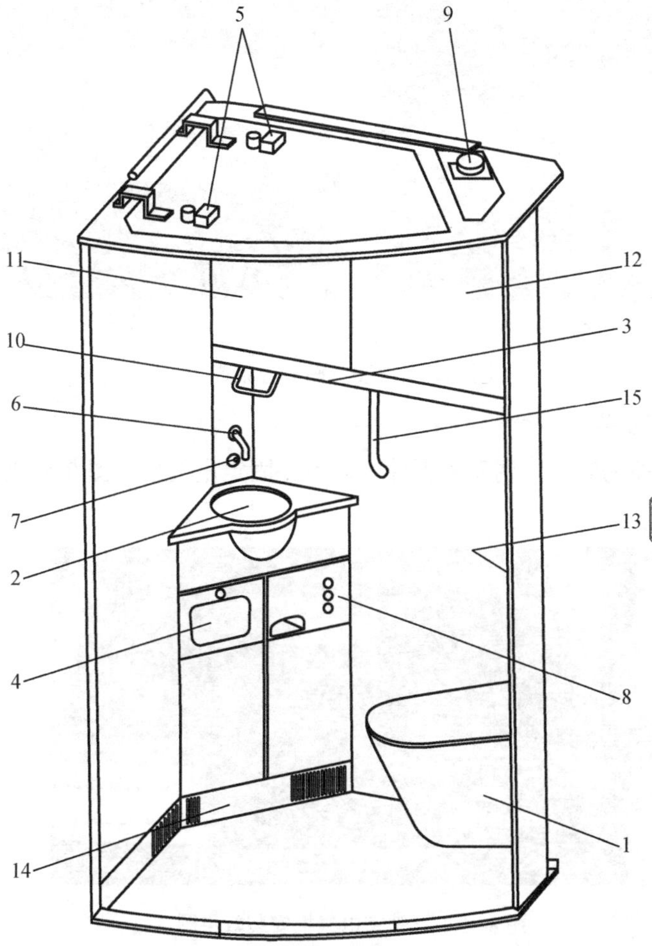

图 8-41　标准卫生间

1-真空马桶；2-盥洗盆；3-纸巾分发器；4-废物箱；5-照明设备；6-水龙头；7-水龙头传感器；8-卫生纸架和更换纸卷；9-顶棚扬声器；10-皂液机；11-镜子；12-控制面板；13-冲洗马桶按钮；14-再循环空气加热器；15-扶手

四、驾驶室设备组装

动车组驾驶室是驾驶员获取信息、做出决策并对有关系统进行指令控制、驾驶列车完成各种任务的工作场所。动车组驾驶室合理布局以及人性化设计对于保障人机效能的充分发挥和列车行驶安全至关重要。动车组驾驶室包含以下功能模块及部位：驾驶室操作台及电气柜，驾驶室内饰件，驾驶员座椅，空气控制元件，驾驶室空调，百叶窗等。

(一)驾驶室操纵台及电气柜

1. 驾驶室操纵台安装

驾驶员操纵台位于驾驶员正前方，包括通常需要使用的控制和指示元件。驾驶室操纵台是整体安装的，电气元件及连线均已经安装，如图 8-42 所示。驾驶员操纵台安装流程为：支撑座安装—驾驶室桌安装。

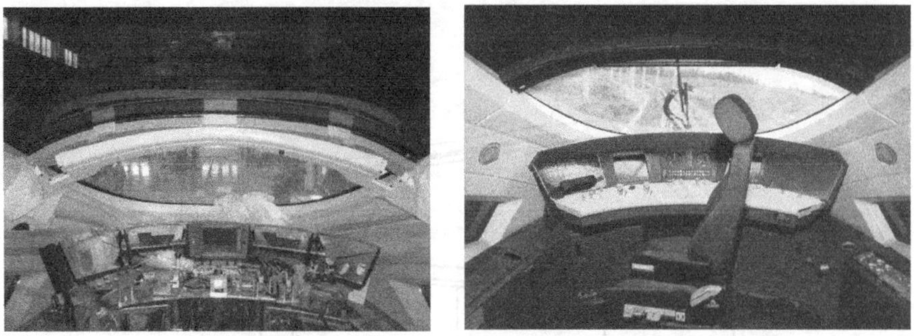

(a) 电气部分　　(b) 操纵台

图 8-42　驾驶室操纵台布置

2. 驾驶室电气柜安装

电气柜的安装顺序为钻孔，调整紧固件，调整并固定电气柜。图 8-43 为驾驶室电气柜安装效果图。

图 8-43　驾驶室电气柜安装效果图

(二) 驾驶室内饰件

驾驶室内饰件中包括由驾驶室侧墙板、驾驶室遮阳板及驾驶室后墙。

1. 驾驶室侧墙板安装

驾驶室侧墙板的安装流程为：侧墙罩板—活动窗罩板—风挡玻璃底部罩板—风挡玻璃顶部罩板—驾驶室后墙罩板—屏风安装—密封处理等。

2. 驾驶室遮阳板安装

如图 8-44 所示，驾驶室遮阳板用于防止太阳光直接从顶部射入驾驶室。主要有三处固定点：前端两侧的两点及后面中间的一点。前端两侧的固定点先将安装码固定在横梁上，再由旋转装置进行连接，保证遮阳板可以打开。上部中间的固定装置是四角锁通过旋转搭接在车体的 U 形码座上。

3. 驾驶室后墙

如图 8-45 所示，驾驶室后墙用于将驾驶室与外界隔离。其安装流程为：门组成安装－玻璃面板安装－地线及门挡安装。

图 8-44　驾驶室遮阳板安装图

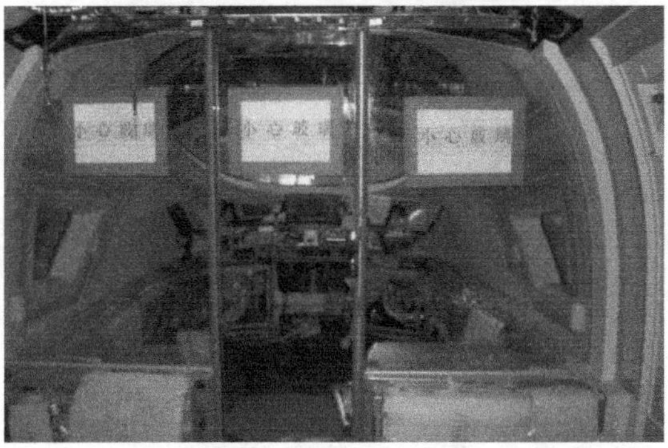

图 8-45　驾驶室后墙

(三)驾驶室内设备安装

驾驶室内设备有：空气管路及控制阀、遮阳帘、驾驶室空调、驾驶员座椅等。空气管路及控制阀是控制制动系统及雨刷系统回路。前挡风玻璃的上部配有电动式遮阳帘(图 8-46)，主要安装工作是：遮阳帘的支座与木骨的连接以及通电测试遮阳帘的功能。

图 8-46　遮阳帘

驾驶室空调为分体式，空调压缩机置于车下，空调单元置于驾驶室上部，两个单元通过冷凝管相连。

驾驶室座椅在安装时分为两个部分，一部分为工具箱；另一部分为工具箱以上部分，如图 8-47 所示。安装时先对地板上的孔进行处理，使其与车下孔对齐，将工具箱用螺栓与车体安装座固定。将另一部分整体放置在工具箱上并用螺栓连接紧固。

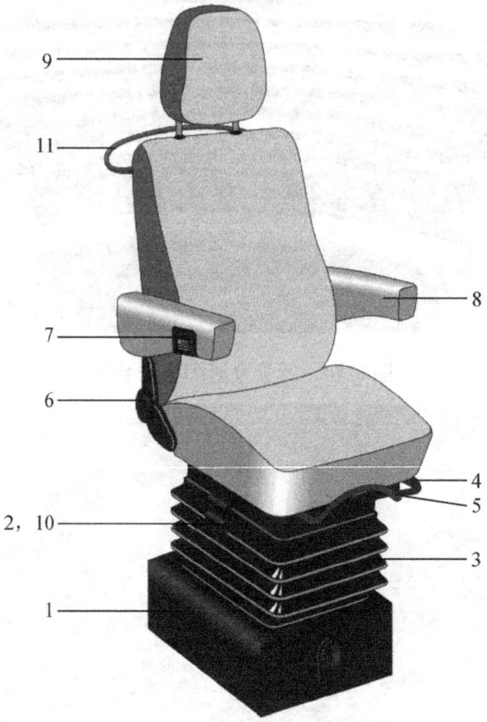

图 8-47　驾驶室座椅

1-工具箱；2-底座；3-旋转附件；4-倾斜调节用把手；5-调节座椅长度的把手；6-靠背调节的旋钮；7-调节靠背倾斜度的蝶形螺母；8-扶手向上折叠；9-安全头枕；10-可连续调节高度的把手；11-衣架

五、车顶设备组装

车顶设备包括车顶设备罩、膨胀油箱、车顶高压设备、车顶天线、MUB 电阻、MUB 设备罩等组件。

（一）车顶设备罩安装

车顶设备罩的功能是使车顶系统的气流从空气动力学的角度得到最佳化效果，还能有相同车厢的外观。车顶设备罩的部件包括前部罩板和左右侧罩板，如图 8-48 所示。

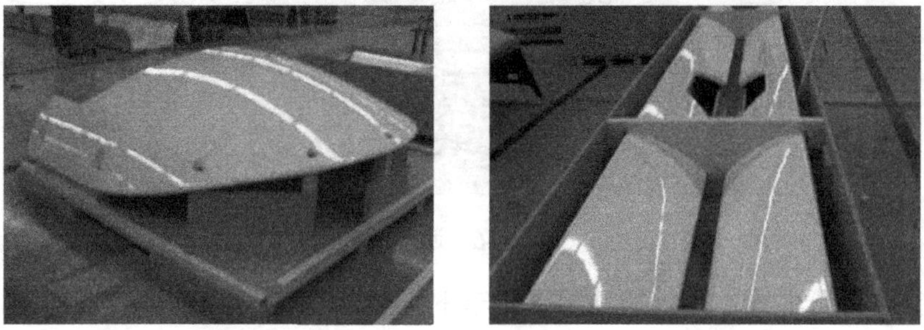

(a) 前部罩板　　(b) 左右侧罩板

图 8-48　车顶设备罩

(1)清洁安装部位。在设备罩安装前要对车体安装部位进行清洁。

(2)前部罩板安装。将前部罩板平稳吊运至车顶安装位置，使罩板上的每一螺栓安装位置都与车体上安装位置的螺纹孔对齐，用涂抹螺纹紧固剂的螺栓加垫片安装在车体上。

(3)侧部罩板安装。将滑块加上螺栓按照图纸尺寸布置在平顶两边的滑槽中，将一侧侧罩板运至安装位置正上方，比照罩板调整滑块螺栓，使每一个滑块螺栓都与罩板螺栓孔对齐，在螺栓上加上垫片，用螺母紧固。用同样方法安装另一侧罩板。

(4)施加扭力。用扭力扳手拧紧所有前罩板及侧罩板的紧固螺栓。

(5)安装完成，效果图如图 8-49 所示，最后清理工作场地。

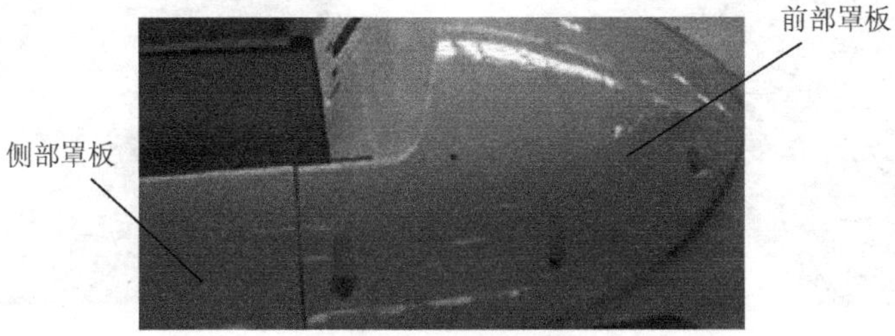

图 8-49　车顶设备罩

(二)车顶高压设备组装

受电弓是车顶高电压设备之一。受电弓通过三个支承绝缘子连接到车顶，图 8-50 为绝缘子安装图。

图 8-50　绝缘子安装

受电弓安装流程是：安装柱头螺栓—安装绝缘子—安装受电弓—安装电压互感器—安装隔离器—安装主断路器—安装接地开关—安装冲击波过压保险器和电流互感器—安装高压线卡—密封车顶设备—安装受电弓控制管路。

(三)车顶天线、MUB 电阻和 MUB 设备罩组装

1. 车顶天线安装

车顶天线主要用于接收和发射信号，包括 450MHz 和 800MHz 合路天线、GSM-R 语音/数据天线、GPS 天线等。

车顶天线安装流程是：预安装车顶天线—通信天线安装—安装 GPS 天线—顶部天线安装—安装 450MHz 和 800MHz 合路天线—调试。

2. MUB 电阻安装

MUB 电阻主要功能是消耗制动时产生的电能，安装流程是：MUB 电阻安装—安装螺母及固定—紧固螺栓—涂打防松标记，如图 8-51 所示。

图 8-51　MUB 电阻安装

图 8-52　MUB 设备罩

3. MUB 设备罩安装

MUB 设备罩必须在 MUB 电阻安装完成后进行安装，安装流程是：清洁罩板的安装面—滑块安装—支架安装—侧罩安装—调整—紧固螺栓—涂打防松标记，如图 8-52 所示。

六、落车及交验

动车组总装完成后，将要进行落车及交验。在落车及交验时，按照动车还是拖车分别进行，但它们落车及交验工艺过程相同。

（一）落车及交验工艺过程

(1) 车体配重：根据配重方案图对车体进行配重。

(2) 拆卸工艺衬套：用扳手将螺栓拆下，然后用三角拉子将工艺衬套拆卸下来。

(3) 安装滑块螺母及衬套：将滑块螺母从车体纵梁开口处放入纵梁中；用橡胶长管将滑块螺母送至安装位置；用扳手和螺栓将滑块螺母固定；用木柄钳工锤和防护垫片将衬套装到车体；纵梁衬套孔处用棘轮扳手及螺栓将衬套紧固。

(4) 安装称重工装：用工艺螺栓将称重支撑工装与车体相连。

(5) 安装四角称重仪：将车体及称重支撑工装放置在四角称重仪上，详细操作请见车体外形测量及称重说明。

(6) 车体称重及外形测量：详细操作请见车体外形测量及称重说明。

(7) 磨耗板调整垫片的安装：根据车体称重结果加垫片，用扳手将需要添加垫片的磨耗板的螺栓拆下，将垫片放在涂有组装胶一侧的上面，将磨耗板连同垫片安装到车体纵梁上。

(8) 转向架上管接头安装及销轴清洁：管件装配前要对接头内部、螺母螺纹、卡套是否附着异物进行检查，对于弯头、管接头等装配前必须采用高压风进行吹扫或无纺布进行清理。按照空气系统将安全阀、高度阀接头和空气弹簧供风软管接头分别组装，在转向架摇枕横向侧面安装安全阀，在转向架摇枕横向侧面安装空气弹簧供风软管管接头。将转向架定位销轴表面用异丙醇清洗干净后，在其表面涂抹组装胶。

(9)落车及车下软管连接：缓慢降低车体，将转向架上的定位销轴与车体纵梁定位衬套对正，继续缓慢降低车体，直至定位销完全落入孔中。连接车下空气弹簧供风软管，松开高度阀调整杆上的螺母，当车体完全落到转向架后，把转向架摇枕用螺栓(每侧 4 个，从下向上)连接到车体纵梁上，暂时用手拧紧。

(10)主制动软管安装：连接主制动软管。

(11)接地线缆安装：将车体接地线与转向架构架相连。

(12)松开抗侧滚扭杆：用棘轮扳手和普通扳手，分别将一、二位端转向架的一个抗侧滚扭杆及其弹性压缩杆卡子上的螺栓(中间管卡螺栓及下部安装座螺栓)松开，使扭杆与下部安装座之间有 5～10mm 的间隙，保证抗侧滚扭杆处于无应力状态。

(13)标记四角高测量点：分别在车体一、二位外端墙下部距车体纵向中心 710mm 的竖线位置，以底边为基准线，用深度游标卡尺量出表中数值，然后以此数值画出 5mm 长的横线，取交叉点；最终测量画出的横竖线，并取得交叉点。

(14)四角高度测量：在空气弹簧未充气的情况下，用盒尺测量车体四角至轨面的高度，依照公式计算检查是否超差。

(15)空气弹簧调整：如果四角高度超出其公差范围，可增减空气弹簧垫板来进行调整。

(16)测量一系弹簧高度。

(17)锁紧抗侧滚扭杆：在给空气弹簧充风之前，将抗侧滚扭杆的下部连接座无应力的与转向架构架安装座接触，弹性压缩杆中间紧固卡子调好后，将松开的抗侧滚扭杆的中间螺栓及下部固定螺栓全部拧紧，以防止车辆充风时侧倾。

(18)空气弹簧充风。

(19)车体水平测量调整。

(20)测量空气弹簧的垫片厚度。

(21)测量横向止挡间隙。

(22)紧固螺栓并施加扭矩。

(23)四角高测量基准点涂打永久标记：将车两端风挡处的四个测量基准点钻成直径为 ϕ5mm、深为 4～5mm 的孔，作为永久标记，并涂成红色。

(24)清理工作场地。

(二)落车及交验应注意的问题

(1)进行测定的场所不得有影响测定的风及振动等。

(2)动车、拖车应处于整备状态。

(3)车体配重时一定要按照以设定好的配重方案执行。

(4)安装衬套时，在衬套 ϕ90mm 的圆柱表面涂抹组装胶。

(5)安装称重过程中，推小车时不要碰伤车体，并用手拧紧螺栓且不应过紧。

(6)安装磨耗板调整垫片的安装过程中，在用扁铲拆卸磨耗板时，一定不要损伤车体纵梁型材和磨耗板。在安装磨耗板时，安装螺栓螺纹表面涂胶。安装结束后，将防护胶带纸去除。

(7)安全阀主体与接头连接时，螺纹连接处涂胶，其余连接头自身组装时，连接处涂抹 油。

(8)在转向架摇枕横向侧面安装空气弹簧供风软管管接头时，要在螺纹接触处涂抹油。安装结束后将管接头开口处用胶带纸防护。

(9)将转向架定位销轴表面用异丙醇清洗时，不要损伤摇枕纵梁表面的油漆面。

(10)落车及车下软管连接时，落车之前，先将转向架横梁(枕梁)调整成与轨道平行。车体落下之前，要将车体纵梁的滑槽螺钉均匀分置在衬套的两侧(每侧 3 个滑槽螺钉)。将固定所用扎带用刀具或剪线钳拆掉。在车体落成之前将转向架横梁(枕梁)下的支撑木块取出。组装之前，车体与转向架在同一车间存放超过 24h。车体与转向架之间温差不得超过 10℃。

(11)连接主制动软管时，要在螺纹接触处涂抹油，安装前，需要将工艺堵拆下，使用标准配件安装，安装过程要注意保持管路清洁。

(12)用棘轮扳手和普通开口扳手，将一位转向架的抗侧滚扭杆及其弹性压缩杆卡子上的螺栓松开，松开的(一)二位转向架的抗侧滚扭杆必须是同一侧的。

(13)落车过程中对空簧供风软管在使用前需要进行 1min 的高压风清扫，并且在落车调整后使用胶带对外漏管进行防护。

图 8-53 和图 8-54 分别是动车和拖车落车及交验完成效果图。

图 8-53　动车落车及交验

图 8-54　拖车落车及交验

复习思考题

1．简述底架组焊技术要求。
2．简述底架组焊工艺过程。
3．简述侧墙组焊工艺过程。
4．简述侧墙焊接变形产生原因及防止措施。
5．简述驾驶室组焊工艺流程。
6．简述车体总组装工艺过程。
7．动车组总装包括哪些内容？
8．车下设备组装包括哪些内容？
9．动车组车内设备组装包括哪些内容？
10．驾驶室组装包括哪些内容？
11．车顶设备包括哪些内容？
12．简述动车落车及交验的工艺流程。

参考文献

蔡颖，薛庆，徐弘山．2002．CAD/CAM 原理与应用．北京：机械工业出版社．
陈明．2002．机械制造技术．北京：北京航空航天大学出版社．
陈世和．2004．车辆修造工艺与装备．北京：中国铁道出版社．
陈书翔．2005．不锈钢车体焊接方法及工艺参数的选定，四机科技，(2)：14～16．
成虹．2000．冲压工艺与模具设计．成都：电子科技大学出版社．
董世康，唐衡郴，冯孝忠，等．2012．动车组铝合金车体制造技术．热加工工艺，41(3)：183～186．
段珍珍，张雪红，谷晓鹏．2011．轨道车辆焊接制造工艺现状及发展趋势．焊接技术，40(11)：1～5．
高瑞全．2007．浅析 200EMU 铝合金车体驾驶室工艺．四机科技，(2)：4～16．
韩德成．2007．200EMU 铝合金车体自动焊工艺．四机科技，(2)：17～19．
韩方，陆培德．2000．不锈钢车体钢结构侧墙制造技术．铁道车辆，38(6)：22～24．
黄治轶，耿非，李威．2008．铁路客车侧墙大板工艺与侧墙小板工艺分析．城市轨道交通，(5)：29～32．
姜奎华．1995．冲压工艺与模具设计．北京：机械工业出版社．
金昌海．2008．高速铝合金车辆制造焊接工艺流程．金属加工：热加工，(22)：11～14．
鞠在云．2006．我国铁路货车装备制造业的发展历程及展望．铁道车辆，44(9)：1～5，P18．
李法山．1997．客车钢结构通长侧墙板纵向下料组焊新方法．铁道车辆，35(11)：43～46．
李硕本．1982．冲压工艺学．北京：机械工业出版社．
李亚江，刘鹏，刘强．2005．气体保护焊工艺及应用．北京：化工工业出版社．
刘丙林．2005．铝合金车辆简述．四机科技，(3)：10～14．
刘静安．2002．铝型材挤压模具设计、制造、使用及维修．北京：冶金工业出版社．
刘学之，杨宗英．2008．铝合金车体侧墙组装工艺．机车车辆工艺，(3)：13～14，24．
马治国．2007．200EMU 铝合金车体侧墙焊接变形的控制．四机科技，(2)：1～4．
倪森寿．2003．机械制造工艺与装备．北京：化学工业出版社．
宋永增．2011．动车组制造．北京：中国铁道出版社．
宋永增．2013．动车组概论．北京：北京交通大学出版社．
陶传琦．1998．不锈钢车体侧墙结构制造工艺试验分析．四机科技，(3)：13～16．
童秉枢，吴志军，李学志．2010．机械 CAD 技术基础．3 版．北京：清华大学出版社．
涂富田．2004．全自动轮对压装机的研制．成都：西南交通大学．
王爱萍．2006．浅谈铝合金车体驾驶室组焊工艺及变形控制．四机科技，(3)：18～20．
王春山．2010．中国铁路货车制造技术．铁道车辆，48(2)：1～4．
王光明．2007．浅谈高速铁路动车组 200 公里 EMU 铝合金车体制造工艺．四机科技，(2)：31～35．
王淑芬．2004．普通型车轮车床的数控改造．第一届 SINUMERIK 数控应用与改造．
王先逵．2005．机械制造工艺学．北京：机械工业出版社．
王晓辉．2006．铝合金车体脉冲 MIG 焊接工艺研究．四机科技，(1)：28～31．
王信义．1990．机械制造工艺学．北京：北京理工大学出版社．
王永章，杜君文，程国全．2005．数控技术．北京：高等教育出版社．
翁其金，徐心成．2004．冲压工艺及冲模设计．北京：中国机械工业出版社．
严隽耄，傅茂海．2009．车辆工程．3 版．北京：中国铁道出版社．
叶朋飞，王煜，吕庆玉．2009．高速列车车体用铝合金型材的生产工艺．轻合金加工技术，37(3)：40～43．
易际明，彭浩舸，吴莉华．2005．Pro/Engineer Wildfire 模具设计与数控加工．北京：清华大学出版社．
曾志新．2001．机械制造技术基础．武汉：武汉理工大学出版社．
张福润，严晓光．1998．机械制造工艺学．武汉：华中科技大学出版社．
张曙光．2008．CRH2 型动车组．北京：中国铁道出版社．
郑宜庭，黄石生．2004．弧焊电源．北京：机械工业出版社．
周万盛，姚君山．2006．铝及铝合金的焊接．北京：机械工业出版社．
朱晓春，吴祥，任皓．2006．数控技术．北京：机械工业出版社．
邹侠铭，韩士宏，尹德猛．2013．新型动车组铝合金车体底架制造工艺研究．轨道交通装备与技术，(4)：4～5．

参考文献

[illegible]